기출이
답이다

NH
농협은행 5급

7개년 기출복원문제 + 기출유형분석 + 무료NCS특강

SD에듀
(주)시대고시기획

2024 최신판 SD에듀 All-New 기출이 답이다
NH농협은행 5급 필기전형 + 무료NCS특강

Always **with you**

사람의 인연은 길에서 우연하게 만나거나 함께 살아가는 것만을 의미하지는 않습니다.
책을 펴내는 출판사와 그 책을 읽는 독자의 만남도 소중한 인연입니다.
SD에듀는 항상 독자의 마음을 헤아리기 위해 노력하고 있습니다. 늘 독자와 함께하겠습니다.

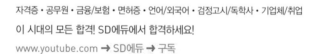

머리말

농협은 농업인의 경제적·사회적·문화적 지위 향상과 국민경제의 균형 있는 발전을 위해 1961년 창립되었다. 농업인의 복지 증진과 농촌 발전의 주역으로서 그 역할을 충실히 수행하고 있으며, 농업인이 전액 출자하고 농업인 대표에 의해 운영되는 자주적 생산자 단체이다. 창립 이래 지도·경제·신용·공제 사업 등 다양한 사업을 추진하는 종합 농협의 면모를 갖추어 국민의 생명 창고인 농업을 지원·육성하고 있다.

NH농협은행은 인재를 채용하기 위해 필기전형을 시행하여 지원자가 업무에 필요한 역량을 갖추고 있는지 평가한다. NH농협은행 5급 필기전형은 직무능력평가와 직무상식평가, 논술평가로 나뉘며, 채용분야에 따라 직무상식평가의 출제범위가 다르다. 공통 유형으로는 농업·농촌에 관한 상식을 묻고, 일반 분야에서는 경제 용어·상식 문제가, IT 분야에서는 데이터베이스·소프트웨어 공학·데이터 통신 등의 문제가 출제된다.

이에 SD에듀에서는 NH농협은행 5급 필기전형을 준비하는 수험생들이 시험에 효과적으로 대비할 수 있도록 다음과 같은 특징의 본서를 출간하게 되었다.

도서의 특징

❶ 기출유형 뜯어보기를 수록하여 출제영역별 유형분석과 풀이전략을 학습하도록 하였다.

❷ 2023~2019년, 2016~2015년 시행된 NH농협은행 5급 7개년 기출복원문제를 수록하여 최근 출제유형을 한눈에 파악하도록 하였다.

❸ 2023~2022년 시행된 주요 금융권 NCS 기출복원문제를 수록하여 변화하는 출제경향에 완벽히 대비하도록 하였다.

끝으로 본서를 통해 NH농협은행 5급 필기전형을 준비하는 여러분 모두에게 합격의 기쁨이 있기를 진심으로 기원한다.

SDC(Sidae Data Center) 씀

비전

사랑받는 일등 민족은행

사랑받는 은행 ▶ 고객, 임직원뿐만 아니라 국민 모두에게 사랑받는 신뢰할 수 있는 은행

일등은행 ▶ 고객서비스와 은행건전성, 사회공헌 모든 측면에서 일등이 되는 한국을 대표할 수 있는 은행

민족은행 ▶ 100% 민족자본으로 설립된 은행으로 진정한 가치를 국민과 공유하는 존경받을 수 있는 은행

경영목표

전략목표

고객이 먼저 찾는 매력적인 은행

고객 중심의 서비스 제공을 통해 고객이 진정으로 매력을 느낄 수 있는 은행으로 도약

추진전략

| 핵심사업 경쟁력 제고 | 디지털금융 생태계 구축 | 미래성장 수익구조 조성 | 지속가능 성장기반 마련 |

윤리경영

사랑과 신뢰를 받는 일등 민족은행

NH농협은행은 경제적, 법적, 윤리적 책임 등을 다함으로써 모든 이해관계자인 고객, 농민조합원, 협력업체, 지역농(축)협, 직원 등 모두가 함께 성장·발전하여 사랑과 신뢰를 받는 일등 민족은행을 만든다.

인재상

NH농협은행은 **사랑받는 일등 민족은행**으로 발돋움하기 위해 다음과 같은 **인재상**을 추구한다.

최고의 금융전문가	최고의 금융서비스를 제공하기 위해 필요한 금융전문지식을 갖추고 부단히 노력하는 사람
소통하고 협력하는 사람	고객 및 조직구성원을 존중하고 소통과 협력에 앞장서는 사람
사회적 책임을 실천하는 사람	도덕성과 정직성을 근간으로 고객과의 약속을 끝까지 책임지는 사람
변화를 선도하는 사람	다양성과 변화를 적극 수용하여 독창적 아이디어와 혁신을 창출하는 사람
고객을 먼저 생각하는 사람	항상 고객의 입장에서 고객을 먼저 생각하고 고객만족에 앞장서는 사람

◯ ESG 경영

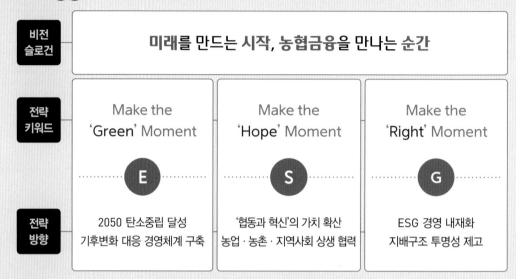

비전 슬로건	미래를 만드는 시작, 농협금융을 만나는 순간		
전략 키워드	Make the 'Green' Moment **E**	Make the 'Hope' Moment **S**	Make the 'Right' Moment **G**
전략 방향	2050 탄소중립 달성 기후변화 대응 경영체계 구축	'협동과 혁신'의 가치 확산 농업 · 농촌 · 지역사회 상생 협력	ESG 경영 내재화 지배구조 투명성 제고

◯ 사회공헌

사회공헌 지출 누계 은행권 1위, NH농협은행!(2006~2022년)

사회공헌 활동 금액 '2조 클럽' 은행권 최초 달성! 농협은행은 임직원의 정성과 마음을 바탕으로 농업인과 국민이 행복한 아름다운 미래를 만들기 위해 다양한 나눔의 손길을 펼치고 있다.

지역사회/공익	• 'NH농협은행 봉사단'을 통해 사회적 위기상황에 빠르게 대응하고 적극적으로 지원 • '대학생 농촌 일손돕기 활성화 사업'의 일환으로 114개교 대상 농촌봉사활동 학점인증연계 MOU 체결 및 일손나눔에 기여
서민금융	• 농가경영비 상승으로 어려움을 겪는 농업인에게 대출 우대금리를 제공하여 농가 소득에 기여 • 농식품펀드(PEF) 운용을 통해 성장 잠재력이 높은 유망 녹식품 기업 적극 발굴 및 투자 지원
학술/교육	• '초록사다리캠프'를 실시하여 농촌지역 학생들에게 양질의 교육 제공 • '행복채움 금융 교실'을 운영하여 소외계층을 대상으로 한 교육활동 지원
메세나/체육	• '매직 테니스' 프로그램을 통해 인프라가 부족한 지역의 학생에게 스포츠 체험 기회 제공 • 테니스 · 소프트테니스 · 당구 스포츠단 운영 및 비인기 스포츠 유망주 선수 후원
환경/글로벌	• 'NH교실숲' 프로젝트를 실시하여 환경보호의 중요성을 알리고 탄소중립 실천 • NH농협은행 해외영업점을 통해 베트남과 인도 등 글로벌 지역사회 발전에 기여
말벗서비스	• '농촌어르신 말벗서비스', '일손나눔', 보이스 피싱 같은 금융사기에 대한 대응법 안내 등 농촌지역 어르신들을 위한 활동

CI

미래를 향한 새 희망, NH농협은행의 CI

시그니처는 심볼과 로고타입을 가장 합리적이고 균형적으로 조화시킨 것으로 NH농협은행의
정식 표기를 의미하며, NH농협은행의 이미지를 인식시키는 가장 직접적인 표현 형식이다.

올원프렌즈

NH농협은행은 친근한 캐릭터를 통해 고객에게 금융을 쉽게 이해하고 더 가깝게 소통하기 위해
올원프렌즈를 개발하였다.
농협은행의 금융, 농업, 사회 공헌을 담은 올원프렌즈의 이야기를 농협은행의 온·오프라인 채
널을 통해 만날 수 있다.

신규직원 채용 안내 INFORMATION

⟳ 채용제도

❶ 정기채용 : 인력 수급 계획에 의거, 필요시 채용공고를 통해 진행
❷ 수시채용 : 수시채용 사이트를 통해 수시채용 정보를 제공

⟳ 채용절차

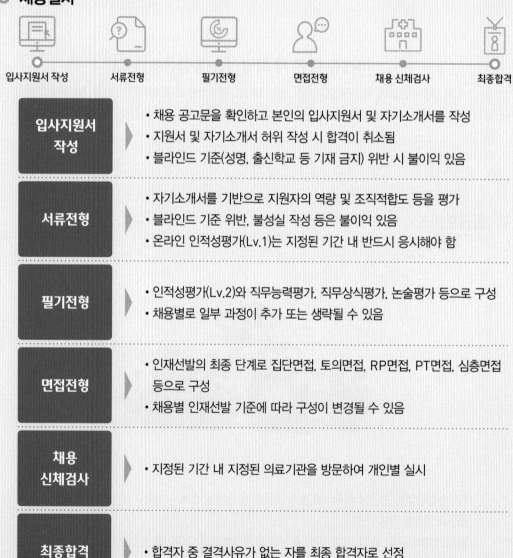

| 입사지원서 작성 | 서류전형 | 필기전형 | 면접전형 | 채용 신체검사 | 최종합격 |

입사지원서 작성	▶	• 채용 공고문을 확인하고 본인의 입사지원서 및 자기소개서를 작성 • 지원서 및 자기소개서 허위 작성 시 합격이 취소됨 • 블라인드 기준(성명, 출신학교 등 기재 금지) 위반 시 불이익 있음
서류전형	▶	• 자기소개서를 기반으로 지원자의 역량 및 조직적합도 등을 평가 • 블라인드 기준 위반, 불성실 작성 등은 불이익 있음 • 온라인 인적성평가(Lv.1)는 지정된 기간 내 반드시 응시해야 함
필기전형	▶	• 인적성평가(Lv.2)와 직무능력평가, 직무상식평가, 논술평가 등으로 구성 • 채용별로 일부 과정이 추가 또는 생략될 수 있음
면접전형	▶	• 인재선발의 최종 단계로 집단면접, 토의면접, RP면접, PT면접, 심층면접 등으로 구성 • 채용별 인재선발 기준에 따라 구성이 변경될 수 있음
채용 신체검사	▶	• 지정된 기간 내 지정된 의료기관을 방문하여 개인별 실시
최종합격	▶	• 합격자 중 결격사유가 없는 자를 최종 합격자로 선정

채용일정

채용공고	접수기간	서류발표	필기전형	필기발표
2023.10.19	2023.10.19~10.27	2023.11.22	2023.11.26	2023.12.08
2022.09.30	2022.09.30~10.07	2022.10.26	2022.10.30	2022.11.11
2021.10.26	2021.10.26~11.03	2021.11.24	2021.11.28	2021.12.10
2020.09.28	2020.09.28~10.06	2020.10.28	2020.11.01	2020.11.17

필기전형

교시	구분	문항수	시간	출제범위	
1	인·적성평가 (Level2)	325문항 (객관식)	45분	공통(전체)	조직적합성, 성취 잠재력
2	직무능력평가	50문항 (객관식)	70분	공통(전체)	의사소통능력, 문제해결능력, 수리능력, 정보능력 등
2	직무상식평가	30문항 (객관식)	25분	공통(전체)	농업·농촌/디지털 관련 상식 등
				일반, 카드, 글로벌	금융(경제) 분야 용어·상식 등
				디지털, IT 분야	데이터베이스, 전자계산기 구조, 운영체제, 소프트웨어 공학, 데이터 통신 등
3	논술평가	2문항 (약술1) (논술1)	50분	공통(전체)	**약술** 농업·농촌 주제 1문항
				일반, 카드, 글로벌	**논술** 금융(경제)·디지털 주제 2문항 중 택1
				디지털, IT 분야	**논술** 디지털·IT 주제 2문항 중 택1

출제경향

직무능력평가	• 이자율, 복리·단리, 보험료 계산 문제가 출제된다. • 엑셀, 알고리즘, 자원배분 문제가 출제된다.
직무상식평가	• 협동조합에 대한 문제가 출제된다. • **일반** 보험 파생상품, 약관, 구성요소 등 보험에 대한 문제가 출제된다. • **IT** DB 개념, IoT의 장점, 딥페이크에 대한 문제가 출제된다.
논술평가	• 고향사랑기부제에 대하여 약술하는 문제가 출제된다. • 기준금리에 대한 표를 제시하고, 기준금리의 미래를 묻는 문제가 출제된다.

❖ 자세한 채용절차는 직무별 채용방침에 따라 변경될 수 있으니 반드시 채용공고를 확인하기 바랍니다.

NH농협은행 5급

09 다음 기사문의 주제로 가장 적절한 것은?

> 정부는 조직 구성원의 다양성 확보와 포용 사회 구현을 위해 지난 2017년 11월 공공부문 여성 대표성 제고 5개년 계획을 수립하고, 2022년까지 고위공무원 여성의 비율 10%, 공공기관 임원 여성의 비율 20% 달성 등 각 분야의 목표치를 설정하였다.
>
> 12개 분야 가운데 고위공무원단은 지난해 목표치인 6.8%에 못 미쳤으나, 나머지 11개 분야는 2018년 목표치를 달성했다. 국가직 고위공무원단 여성 비율은 2017년 6.5%에서 2018년 6.7%로 상승했다. 국가직 본부 과장급 공무원 여성 비율은 같은 기간 14.8%에서 17.5%로, 공공기관 임원은 11.8%에서 17.9%로 확대됐다. 여성 국립대 교수는 15.8%에서 16.6%로, 여성 교장·교감은 40.6%에서 42.7%로 늘었다. 또한 여성군인 간부 비율은 5.5%에서 6.2%로 상승했으며, 일반 경찰 중 여성 비율은 10.9%에서 11.7%로, 해경은 11.3%에서 12.0%로 늘었다. 정부위원회 위촉직 여성 참여율은 41.9%까지 높아졌다.

※ 신입사원 A씨는 목돈 마련을 위해 일정액의 월급으로 적금 상품에 가입하고자 한다. A씨가 현재 가입 가능한 적금 상품에 대한 정보는 다음과 같을 때, 자료를 보고 이어지는 질문에 답하시오. **[12~13]**

〈적금 상품〉

구분	가입기간	기본 금리	우대금리	우대사항
A 적금	24개월	연 2%(연복리)	연 1.0%p	적금 기준일 주택청약저축 가입
B 적금	20개월	연 3%(연복리)	연 0.5%p	월 정기 납입금액 40만 원 이상
C 적금	30개월	연 4%(단리)	연 0.5%p	E 실비보험 상품 가입
D 적금	32개월	연 3%(단리)	연 1.0%p	F 화재보험 상품 가입

조건

- 모든 상품은 이자 지급방식으로 만기 이자 지급식으로 하며, 비과세 상품이다.
- $(1.02)^{\frac{1}{12}} ≒ 1.001$, $(1.03)^{\frac{1}{12}} ≒ 1.002$, $(1.035)^{\frac{1}{12}} ≒ 1.003$, $(1.04)^{\frac{1}{12}} ≒ 1.0035$,

09 N은행에 근무하는 임직원은 7월 19일부터 7월 21일까지 2박 3일간 워크숍을 가려고 한다. 워크숍 장소 예약을 담당하게 된 K대리는 〈조건〉에 따라 호텔을 예약하려고 한다. 다음 중 K대리가 예약할 호텔로 가장 적절한 것은?

〈워크숍 장소 현황〉

(단위 : 실, 명, 개)

구분	총 객실 수	객실 예약완료 현황			세미나룸 현황			
		7월 19일	7월 20일	7월 21일	최대수용인원	빔프로젝터	4인용 테이블	의자
A호텔	88	20	26	38	70	○	26	74
B호텔	70	11	27	32	70	×	22	92
C호텔	76	10	18	49	100		30	86
D호텔	68	12	21	22	90	×	18	100
E호텔	84	18	23	19	90	○	15	70

※ 4인용 테이블 2개를 사용하면 8명이 앉을 수 있다.

NH농협은행 6급

의사소통능력 ▶ 주제·제목찾기

14 다음은 NH농협은행의 홈페이지에 게시된 윤리경영을 주제로 자주 묻는 질문에 대한 답변들을 정리한 것이다. 다음 빈칸 (A) ~ (D)에 들어갈 질문에 해당되지 않는 것은?

> NH농협은행 윤리경영에 대해 궁금해 하시는 사항을 알려드립니다.
>
> 질문 : _____(A)_____
> 답변 : 정직과 신뢰를 바탕으로 공정하고 투명한 윤리경영을 통하여 기업가치 증대와 건전한 금융산업 발전에 이바지하고, 기업의 사회적 책임을 다함으로써 농업인의 경제·사회·문화적 지위 향상과 농업경쟁력 강화를 통한 농업인의 삶의 질 향상과 국민경제의 균형발전에 이바지한다는 농협의 설립목적을 달성하는 데 궁극적 가치가 있습니다.
>
> 질문 : _____(B)_____
> 답변 : 윤리헌장은 기업이 추구하는 가치와 목표를 제시하는 내용을 담고 있습니다. 또한 기업의 이해관계자에 대한 책임과 의무를 규정하며 '우리는 누구이며, 무엇을 하며, 무엇을 위하여

수리능력 ▶ 금융상품 활용

01 N은행에서 근무하는 A사원은 고객 甲에게 적금 만기를 통보하고자 한다. 甲의 가입 상품 정보가 다음과 같을 때, A사원이 甲에게 안내할 금액은?

> - 상품명 : N은행 희망적금
> - 가입자 : 甲(본인)
> - 가입기간 : 24개월
> - 가입금액 : 매월 200,000원 납입
> - 적용금리 : 연 2.0%
> - 저축방법 : 정기적립식
> - 이자지급방식 : 만기일시지급, 단리식

① 4,225,000원　　　　　　　　　　　② 4,500,000원

문제해결능력 ▶ 문제처리

02 같은 해에 입사한 동기 A, B, C, D, E는 모두 N은행 소속으로, 서로 다른 부서에서 일하고 있다. 이들이 근무하는 부서와 해당 부서의 성과급은 다음과 같다. 부서배치에 관한 조건 및 휴가에 관한 조건을 참고했을 때 다음 중 항상 옳은 것은?

〈부서별 성과급〉

비서실	영업부	인사부	총무부	홍보부
60만 원	20만 원	40만 원	60만 원	60만 원

※ 각 사원은 모두 각 부서의 성과급을 동일하게 받는다.

〈부서배치 조건〉

- A는 성과급이 평균보다 적은 부서에서 일한다.
- B와 D의 성과급을 더하면 나머지 세 명의 성과급 합과 같다.
- C의 성과급은 총무부보다는 적지만 A보다는 많이 받는다.

IBK기업은행

의사소통능력 ▶ 내용일치

01 다음은 개인정보보호 세칙의 일부 내용이다. 다음을 이해한 내용으로 적절하지 않은 것은?

〈개인정보보호 세칙〉

제11조(동의를 받는 방법)

① 개인정보책임자가 개인정보의 처리에 대하여 정보주체의 동의를 받을 때에는 정보주체의 동의 없이 처리할 수 있는 개인정보와 정보주체의 동의가 필요한 개인정보를 구분하여야 하며, 정보주체의 동의는 동의가 필요한 개인정보에 한한다. 이 경우 동의 없이 처리할 수 있는 개인정보라는 입증책임은 개인정보책임자가 부담한다.

② 개인정보책임자는 다음 각 호의 어느 하나에 해당하는 경우에는 정보주체에게 법 제15조 제2항 각 호 또는 법 제17조 제2항 각 호 또는 법 제18조 제3항 각 호의 사항을 알리고 각각 별도의 동의를 받아야 한다.

1. 개인정보를 수집·이용하고자 하는 경우로서 법 제15조 제1항 제2호부터 제6호까지에 해당

문제해결능력 ▶ 문제처리

05 I은행에서는 새로운 지점의 고객 유치를 위해 다음 〈조건〉과 같은 금융상품을 개발하였다. 해당 지점에서 고객이 개설할 수 있는 금융상품의 경우의 수는 몇 가지인가?(단, 동시에 여러 개 금융상품이 결합된 경우 별도의 경우의 수로 고려한다)

조건

• 금융 상품은 1번부터 10번까지 있다.
• 예금 상품은 1 ~ 3번, 적금 상품은 4번, 5번이다.
• 예금 또는 적금 상품 1 ~ 5번 내에서 중복해서 개설할 수 없고, 하나만 가입 가능하다.
• 투자 상품은 6, 7번, 카드 상품은 8번, 기타 상품은 9, 10번이다.
• 예금 또는 적금 상품을 개설할 경우에만 투자 상품이나 기타 상품을 개설할 수 있다.
• 카드 상품은 예금 상품을 개설해야 만들 수 있다.
• 투기를 막기 위해 각 고객은 투자 상품 또는 기타 상품을 최대 1개까지만 개설할 수 있다.

수리능력 ▶ 자료추론

15 I사는 현재 모든 사원과 연봉 협상을 하는 중이다. 연봉은 전년도 성과지표에 따라서 결정되고 직원들의 성과지표가 다음과 같을 때, 가장 많은 연봉을 받을 직원은 누구인가?

〈성과지표별 가중치〉

(단위 : 원)

성과지표	수익 실적	업무 태도	영어 실력	동료 평가	발전 가능성
가중치	3,000,000	2,000,000	1,000,000	1,500,000	1,000,000

〈사원별 성과지표 결과〉

구분	수익 실적	업무 태도	영어 실력	동료 평가	발전 가능성
A사원	3	3	4	4	4
B사원	3	3	3	4	4
C사원	5	2	2	3	2
D사원	3	3	2	2	5

※ 당해 연도 연봉=3,000,000원+(성과금)

KB국민은행

의사소통능력 ▶ 내용일치

Hard

01 다음은 K은행의 송금과 관련된 내용이다. 자료의 내용을 바르게 이해한 것은?

구분		영업시간	영업시간 외
송금 종류		소액 송금, 증빙서류 미제출 송금, 해외유학생 송금, 해외체재자 송금, 외국인 또는 비거주자 급여 송금	
송금 가능 통화		USD, JPY, GBP, CAD, CHF, HKD, SEK, AUD, DKK, NOK, SAR, KWD, BHD, AED, SGD, NZD, THB, EUR	
송금 가능 시간		03:00 ~ 23:00(단, 외화계좌출금은 영업시간 09:10 ~ 23:00에 가능)	
인출 계좌		원화 또는 외화 인터넷뱅킹 등록계좌	
환율 우대		매매마진율의 30%	환율 우대 없음
	소액 송금	건당 미화 3,000불 상당액 이하	
	증빙서류 미제출 송금	1일 미화 5만 불 상당액 이하, 연간 미화 5만 불 상당액 이하	

수리능력 ▶ 금융상품 활용

25 은행 출장을 간 A사원과 B팀장은 은행 직원의 추천으로 각각 다른 상품에 가입하였다. 다음 〈정보〉를 고려할 때, A사원과 B팀장 중 만기 시 받는 세전 총 이자금액은 누가 얼마나 더 많이 받는가? (단, 백 원 단위에서 반올림한다)

〈정보〉

- A사원
  - 5개월 만기 연이율 12% 월복리 적금상품 가입
  - 매월 초 10만 원 납입
- B팀장
  - 1년 만기 연이율 2% 단리 예금상품 가입
  - 원금 200만 원

① A사원, 15,000원   ② A사원, 25,000원

③ B팀장, 10,000원   ④ B팀장, 25,000원

문제해결능력 ▶ 참·거짓

17 일남 ~ 오남 5형제가 둘러앉아 마피아 게임을 하고 있다. 이 중 1명은 경찰, 1명은 마피아이고, 나머지는 시민이다. 다음 5명의 진술 중 2명의 진술이 거짓일 때 옳은 것을 고르면?(단, 모든 사람은 진실 또는 거짓만 말한다)

- 일남 : 저는 시민입니다.
- 이남 : 저는 경찰이고, 오남이는 마피아예요.
- 삼남 : 일남이는 마피아예요.
- 사남 : 확실한 건 저는 경찰은 아니에요.
- 오남 : 사남이는 시민이 아니고, 저는 경찰이 아니에요.

① 일남이가 마피아, 삼남이가 경찰이다.

② 오남이가 마피아, 이남이가 경찰이다.

도서 200% 활용하기 STRUCTURES

1 기출유형 뜯어보기

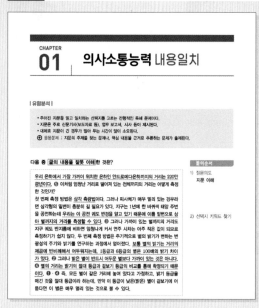

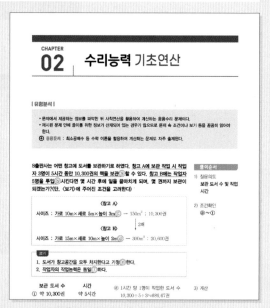

▶ 출제유형별 유형분석과 풀이전략을 수록하여 NH농협은행 5급 필기전형을 완벽히 준비할 수 있도록 하였다.

2 7개년 기출복원문제

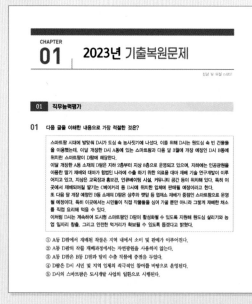

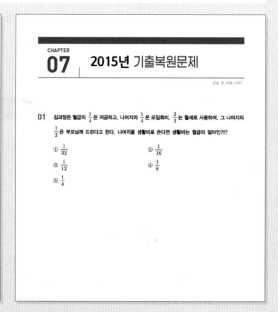

▶ 2023~2019년, 2016~2015년 시행된 NH농협은행 5급 기출복원문제로 출제유형을 한눈에 파악할 수 있도록 하였다.

3 주요 금융권 NCS 기출복원문제

CHAPTER 01 | 2023년 주요 금융권 NCS 기출복원문제

CHAPTER 02 | 2022년 주요 금융권 NCS 기출복원문제

▶ 2023~2022년 주요 금융권 NCS 기출복원문제로 변화하는 출제경향에 대비할 수 있도록 하였다.

4 정답 및 해설

CHAPTER 01 | 2023년 기출복원문제

CHAPTER 01 | 2023년 주요 금융권 NCS 기출복원문제

▶ 정답에 대한 꼼꼼한 해설과 오답분석을 통해 혼자서도 체계적인 학습이 가능하도록 하였다.

이 책의 차례 CONTENTS

PART 1   기출유형 뜯어보기

CHAPTER 01 의사소통능력   2

CHAPTER 02 수리능력   6

CHAPTER 03 문제해결능력   12

CHAPTER 04 자원관리능력   16

CHAPTER 05 정보능력   20

PART 2   기출복원문제

CHAPTER 01 2023년 기출복원문제   24

CHAPTER 02 2022년 기출복원문제   44

CHAPTER 03 2021년 기출복원문제   57

CHAPTER 04 2020년 기출복원문제   77

CHAPTER 05 2019년 기출복원문제   96

CHAPTER 06 2016년 기출복원문제   115

CHAPTER 07 2015년 기출복원문제   122

PART 3   주요 금융권 NCS 기출복원문제

CHAPTER 01 2023년 주요 금융권 NCS 기출복원문제   130

CHAPTER 02 2022년 주요 금융권 NCS 기출복원문제   178

별 책   정답 및 해설

PART 2 기출복원문제   2

PART 3 주요 금융권 NCS 기출복원문제   56

PART

1

기출유형 뜯어보기

CHAPTER 01 의사소통능력

CHAPTER 02 수리능력

CHAPTER 03 문제해결능력

CHAPTER 04 자원관리능력

CHAPTER 05 정보능력

의사소통능력 내용일치

| 유형분석 |

- 주어진 지문을 읽고 일치하는 선택지를 고르는 전형적인 독해 문제이다.
- 지문은 주로 신문기사(보도자료 등), 업무 보고서, 시사 등이 제시된다.
- 대체로 지문이 긴 경우가 많아 푸는 시간이 많이 소요된다.
- ⊕ 응용문제 : 지문의 주제를 찾는 문제나, 핵심 내용을 근거로 추론하는 문제가 출제된다.

다음 중 | 글의 내용을 잘못 이해 | 한 것은?

풀이순서

1) 질문의도
   지문 이해

우리 은하에서 가장 가까이 위치한 은하인 안드로메다은하까지의 거리는 220만 광년이다. ❺ 이처럼 엄청난 거리로 떨어져 있는 천체까지의 거리는 어떻게 측정한 것인가?

첫 번째 측정 방법은 삼각 측량법이다. 그러나 피사체가 매우 멀리 있는 경우라면 삼각형의 밑변이 충분히 길 필요가 있다. 지구는 1년에 한 바퀴씩 태양 주변을 공전하는데 우리는 이 공전 궤도 반경을 알고 있기 때문에 이를 밑변으로 삼아 별까지의 거리를 측정할 수 있다. ❸ 그러나 가까이 있는 별까지의 거리도 지구 궤도 반지름에 비하면 엄청나게 커서 연주 시차는 아주 작은 값이 되므로 측정하기가 쉽지 않다. 두 번째 측정 방법은 주기적으로 별의 밝기가 변하는 변광성의 주기와 밝기를 연구하는 과정에서 얻어졌다. 보통 별의 밝기는 거리의 제곱에 반비례해서 어두워지는데, 1등급과 6등급의 별은 100배의 밝기 차이가 있다. ❷ 그러나 밝은 별이 반드시 어두운 별보다 가까이 있는 것은 아니다. ❹ 별의 거리는 밝기의 절대 등급과 겉보기 등급의 비교를 통해 확정되기 때문이다. ❶·❹ 즉, 모든 별이 같은 거리에 놓여 있다고 가정하고, 밝기 등급을 매긴 것을 절대 등급이라 하는데, 만약 이 등급이 낮은(밝은) 별이 겉보기에 어둡다면 이 별은 매우 멀리 있는 것으로 볼 수 있다.

2) 선택지 키워드 찾기

① 절대 등급과 겉보기 등급은 다를 수 있다.
② 별은 항상 같은 밝기를 가지고 있지 않다.
③ 삼각 측량법은 지구의 궤도 반경을 알아야 측정이 가능하다.
④ 어두운 별은 밝은 별보다 항상 멀리 있기 때문에 밝기에 의해 거리의 차가 있다.
⑤ 우리 은하와 안드로메다은하 간 거리는 약 220만 광년이다.

3) 지문독해
   선택지와 비교

4) 정답도출

유형풀이 TIP

먼저 선택지의 키워드를 체크한 후, 지문의 내용과 비교하며 내용의 일치유무를 신속히 판단한다.

CHAPTER 01 의사소통능력 추론하기

| 유형분석 |

- 주어진 지문에 대한 이해를 바탕으로 유추할 수 있는 내용을 고르는 문제이다.
- 지문은 주로 업무 보고서, 기획서, 보도자료 등이 제시된다.
- 일반적인 독해 문제와는 달리 선택지의 내용이 애매모호한 경우가 많으므로 꼼꼼히 살펴보아야 한다.

다음 글을 바탕으로 한 추론으로 옳은 것을 고르면?

예술의 각 사조는 특정한 역사적 현실 위에서, 특정한 이데올로기를 표현하기 위하여 등장한다. 따라서 특정한 예술 사조를 받아들일 때, 그 예술의 형식 뒤에 숨은 이데올로기를 충분히 소화하고 있느냐가 문제가 된다. 그렇지 못한 모방행위는 형식 미학 또는 관념 미학이 갖는 오류에서 벗어나지 못한다. 가령 어느 예술가가 인상파의 영향을 받았다면, 동시에 그는 그것의 시대적 한계와 약점까지 추적해야 한다. 그리고 그것을 자신이 사는 시대에 접목하였을 경우 현실의 문화적 풍토 위에서 성장할 수 있는가를 가늠해야 한다.

① 모방행위는 예술 사조에 포함되지 않는다.
☑ 예술 사조는 역사적 현실과 불가분의 관계이다.
③ 예술 사조는 현실적 가치만을 반영한다.
④ 예술 사조는 예술가가 현실과 조율한 타협점이다.
⑤ 모든 예술 사조는 오류를 피하고 완벽을 추구한다.

풀이순서

1) 질문의도
   내용추론 → 적용

2) 지문파악

4) 지문독해
   선택지와 비교

3) 선택지 키워드 찾기

5) 정답도출

유형풀이 TIP

주어진 지문이 어떠한 내용을 다루고 있는지 파악한 후 선택지의 키워드를 체크한다. 그러고 나서 지문의 내용에서 도출할 수 있는 내용을 선택지에서 찾아야 한다.

의사소통능력 어법 · 맞춤법

| 유형분석 |

- 주어진 지문에서 밑줄 친 단어의 유의어 및 반의어를 찾는 문제이다.
- 자료는 지문, 보고서, 약관, 공지사항 등 다양하게 제시된다.
- 다른 문제들에 비해 쉬운 편에 속하지만 실수를 하기 쉽다.
- ⊕ 응용문제 : 틀린 단어를 올바르게 고치는 등 맞춤법과 관련된 문제가 출제된다.

다음 밑줄 친 단어와 유사한 의미 를 가진 단어로 적절한 것은?

> 같은 극의 자석이 지니는 동일한 자기적 속성과 그로 인해 발생하는 척력

ⓥ 성질 : 사람이 지닌 본바탕
② 성급 : 성질이 급함
③ 성찰 : 자신의 마음을 반성하고 살핌
④ 종속 : 자주성이 없이 주가 되는 것에 딸려 붙음
⑤ 예속 : 다른 사람의 지배 아래 매임

| 풀이순서 |

1) 질문의도
   유의어

2) 지문파악
   문맥을 보고 단어의
   뜻 유추

3) 정답도출

유형풀이 TIP

앞뒤 문장을 읽어 문맥을 파악하여 밑줄 친 단어의 의미를 찾는다.

CHAPTER
01 의사소통능력 모듈형

| 유형분석 |

- 실무에서 적용할 수 있는 공문서 작성 방법에 대해 알고 있는지 평가하는 문제이다.
- 문서 유형별 문서작성 방법은 맞고 틀리고의 문제가 아니라 적합한 방법을 묻는 것이기 때문에 구분이 안 되어 있으면 틀리기 쉽다.
- ⊕ 응용문제 : 문서 작성 외에도 경청을 방해하는 요인, 효과적인 의사표현 방법 등을 묻는 문제 등이 주로 출제된다.

기획안을 작성할 때 유의할 점에 대해 김대리가 조언했을 말로 가장 적절하지 않은 것은?

> 발신인 : 김□□
> 수신인 : 이○○
> ○○씨, 김□□ 대리입니다. 기획안 잘 받아봤어요. 검토가 더 필요해서 결과는 시간이 좀 걸릴 것 같고요, 기왕 메일을 드리는 김에 기획안을 쓸 때 지켜야 할 점들에 대해서 말씀드리려고요. 문서는 내용 못지않게 형식을 지키는 것도 매우 중요하니까 다음 기획안을 쓸 때 참고하시면 도움이 될 겁니다.

① 표나 그래프를 활용하는 경우에는 내용이 잘 드러나는지 꼭 점검하세요.
② 마지막엔 반드시 '끝'을 붙여 문서의 마지막임을 확실하게 전달해야 해요.
  → 문서의 마지막에 꼭 '끝'을 써야하는 것은 공문서이다.
③ 전체적으로 내용이 많은 만큼 구성에 특히 신경을 써야 합니다.
④ 완벽해야 하기 때문에 꼭 여러 번 검토를 하세요.
⑤ 내용 준비 이전에 상대가 요구하는 것이 무엇인지 고려하는 것부터 해야 합니다.

풀이순서

1) 질문의도
   문서작성 방법

3) 정답도출

2) 선택지 확인
   기획안 작성법

유형풀이 TIP

각 문서의 작성법을 익히고 해당 내용이 올바르게 적용되었는지 파악한다.

| 유형분석 |

- 문제에서 제공하는 정보를 파악한 뒤 사칙연산을 활용하여 계산하는 응용수리 문제이다.
- 문제 안에 풀이를 위한 정보가 산재되어 있는 경우가 많으므로 문제 속 조건이나 보기 등을 꼼꼼히 읽어야 한다.
- ⊕ 응용문제 : 최소공배수 등 수학 이론을 활용하여 계산하는 문제도 자주 출제된다.

S출판사는 어떤 창고에 도서를 보관하기로 하였다. 창고 A에 보관 작업 시 작업자 3명이 5시간 동안 10,300권의 책을 보관ⓐ할 수 있다. 창고 B에는 작업자 5명을 투입ⓑ시킨다면 몇 시간 후에 일을 끝마치게 되며, 몇 권까지 보관이 되겠는가?(단, 〈보기〉에 주어진 조건을 고려한다)

풀이순서

1) 질문의도
    보관 도서 수 및 작업 시간

2) 조건확인
    ⓐ ~ ⓕ

〈창고 A〉

사이즈 : 가로 10m×세로 5m×높이 3mⓒ → 150m³ : 10,300권

↓ 2배

〈창고 B〉

사이즈 : 가로 15m×세로 10m×높이 2mⓓ → 300m³ : 20,600권

보기

1. 도서가 창고공간을 모두 차지한다고 가정ⓔ한다.
2. 작업자의 작업능력은 동일ⓕ하다.

	보관 도서 수	시간
①	약 10,300권	약 5시간
②	약 10,300권	약 6시간
③	약 20,600권	약 5시간
✓	약 20,600권	약 6시간
⑤	약 25,100권	약 5시간

ⓐ 1시간 당 1명이 작업한 도서 수
    $10,300 \div 5 \div 3 \fallingdotseq 686.67$권

ⓑ 1시간 당 보관 도서 수
    $686.67 \times 5 = 3,433.35$권

    $\therefore 20,600 \div 3,433.35 \fallingdotseq 6$시간

3) 계산

4) 정답도출

유형풀이 TIP

문제에서 요구하는 답을 정확히 이해하고, 주어진 상황과 조건을 식으로 치환하여 신속하게 계산한다.

CHAPTER 02 | 수리능력 거리 · 속력 · 시간

| 유형분석 |

- 문제에서 제공하는 정보를 파악한 뒤 방정식을 세워 계산하는 응용수리 문제이다.
- 거리, 속력, 시간의 상관관계를 이해하고 이를 바탕으로 원하는 값을 도출할 수 있는지를 확인하므로 기본적인 공식은 알고 있어야 한다.
- ⊕ 응용문제 : 농도, 확률 등 방정식 및 수학 공식을 활용하여 계산하는 문제도 자주 출제된다.

둘레의 길이가 10km@인 원형의 공원이 있다. 어느 지점에서 민수와 민희는 서로 반대 방향ⓑ으로 걷기 시작했다. 민수의 속력이 시속 3km©, 민희의 속력이 시속 2km@일 때, 둘은 몇 시간 후에 만나는가?

① 1시간 ✓ 2시간
③ 2시간 30분 ④ 2시간 50분
⑤ 3시간 20분

풀이순서

1) 질문의도
   만나는 데 걸린 시간

2) 조건확인
   @∼@

ⓒ 민수의 속력 : 3km/h
@ 민희의 속력 : 2km/h
민수와 민희가 걸은 시간은 x시간으로 같다.

3) 계산

4) 정답도출

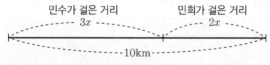

$3x+2x=10 \rightarrow 5x=10$
$\therefore \ x=2$

유형풀이 TIP

문제에서 요구하는 답을 미지수로 하여 방정식을 세우고, (거리)=(속력)×(시간) 공식을 통해 필요한 값을 계산한다.

| 유형분석 |

- 표를 통해 제시된 자료를 해석하고 계산하는 자료계산 문제이다.
- 주어진 자료를 통해 증가율이나 감소율 등의 정보를 구할 수 있는지 확인하는 문제이다.
- ⊕ 응용문제 : 주어진 자료에 대한 해석을 묻는 문제도 자주 출제된다.

다음은 2019 ~ 2021년의 행정구역별 인구에 관한 자료이다. 전년 대비 2021년의 대구 지역의 인구 증가율을 구하면?(단, 소수점 둘째 자리에서 반올림한다)

풀이순서

1) 질문의도
2021년 대구의 전년 대비 인구 증가율

⟨행정구역별 인구⟩

(단위 : 천 명)

구분	2019년	2020년	2021년
전국	20,726	21,012	21,291
서울	4,194	4,190	4,189
부산	1,423	1,438	1,451
대구	971	982	994
(중략)			
경북	1,154	1,170	1,181
경남	1,344	1,367	1,386
제주	247	257	267

2) 조건확인
ⓐ 대구의 2020년
인구수 : 982천 명
ⓑ 대구의 2021년
인구수 : 994천 명

① 약 1.1%
② 약 1.2%
③ 약 1.3%
④ 약 1.4%
⑤ 약 1.5%

- 2020년 대구의 인구수 : 982천 명
- 2021년 대구의 인구수 : 994천 명
- 2021년 대구의 전년 대비 인구수 증가율 : $\frac{994-982}{982} \times 100 ≒ 1.2\%$

3) 계산

4) 정답도출

유형풀이 TIP

제시되는 자료의 양이 많지만 문제를 푸는 데 반드시 필요한 정보는 적은 경우가 많으므로 질문을 빠르게 이해하고, 필요한 정보를 먼저 체크하면 풀이 시간을 줄일 수 있다.

CHAPTER

02 | 수리능력 자료추론

| 유형분석 |

- 제시된 도표를 분석하여 각 선택지의 정답 유무를 판단하는 자료해석 문제이다.
- 막대그래프, 꺾은선그래프 등 다양한 형태의 그래프가 제시되며, 증감률·비율·추세 등을 확인하는 문제이다.
- 경영·경제·산업 등 최신 이슈를 많이 다룬다.
- ⊕ 응용문제 : 표의 형식으로 자료를 제시하고 그래프로 변환하는 등의 문제도 자주 출제된다.

다음은 2009 ~ 2021년 축산물 수입 추이를 나타낸 그래프이다. 이에 대한 설명으로 옳지 않은 것은?

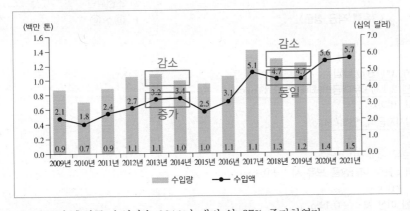

풀이순서

1) 질문의도
   도표분석

3) 도표분석
   축산물 수입량 / 수입
   액 추이

① 2021년 축산물 수입량은 2011년 대비 약 67% 증가하였다.
② 처음으로 2009년 축산물 수입액의 두 배 이상 수입한 해는 2017년이다.
③ 전년 대비 축산물 수입액의 증가율이 가장 높았던 해는 2017년이다.
④ 축산물 수입량과 수입액의 변화 추세는 동일하다.
⑤ 2011년부터 2014년까지 축산물 수입액은 전년 대비 증가했다.

2) 선택지 키워드 찾기

4) 정답도출

유형풀이 TIP

각 선택지의 진위 여부를 파악하는 문제이므로 선택지별로 필요한 정보가 무엇인지 빠르게 파악하고, 필요한 부분을 체크하여 혼동하지 않도록 한다.

| 유형분석 |

- 금융상품을 정확하게 이해하고 문제에서 요구하는 답을 도출해낼 수 있는지 평가한다.
- 단리식, 복리식, 이율, 우대금리, 중도해지, 만기해지 등 조건에 유의해야 한다.
- ⊕ 응용문제 : 상품 설명에 대한 해석을 묻는 문제도 자주 출제된다.

S은행은 적금 상품 '더 커지는 적금'을 새롭게 출시하였다. K씨는 이 적금의 모든 우대금리 조건을 만족하여 이번 달부터 이 상품에 가입하려고 한다. 만기 시 K씨가 얻을 수 있는 이자액은 얼마인가?(단, $1.024^{\frac{1}{12}}=1.0019$로 계산하고, 금액은 백의 자리에서 반올림한다)

풀이순서

1) 질문의도
   적금 이자액 계산

2) 조건확인
   ⓐ ～ ⓔ

〈S은행 적금 상품〉

- 상품명 : 더 커지는 적금
- 가입기간 : 12개월ⓐ
- 가입금액 : 매월 초 200,000원ⓑ 납입
- 적용금리 : 기본금리(연 2.1%)+우대금리(최대 연 0.3%p)ⓒ
- 저축방법 : 정기적립식, 비과세
- 이자지급방식 : 만기일시지급식, 연복리식ⓓ
- 우대금리 조건ⓔ
  - S은행 입출금통장 보유 시 : +0.1%p
  - 연 500만 원 이상의 S은행 예금상품 보유 시 : +0.1%p
  - 급여통장 지정 시 : +0.1%p
  - 이체 실적이 20만 원 이상 시 : +0.1%p

① 131,000원
② 132,000원
③ 138,000원
④ 141,000원
⑤ 145,000원

3) 정답도출

K씨는 모든 우대금리 조건을 만족하므로 최대 연 0.3%p가 기본금리에 적용되어 2.1+0.3=2.4%가 된다.

n개월 후 연복리 이자 : (월납입금)$\times\dfrac{(1+r)^{\frac{n+1}{12}}-(1+r)^{\frac{1}{12}}}{(1+r)^{\frac{1}{12}}-1}-$(적립원금)

K씨의 연복리 적금 이자액 : $200,000\times\dfrac{(1.024)^{\frac{13}{12}}-(1.024)^{\frac{1}{12}}}{(1.024)^{\frac{1}{12}}-1}-200,000\times12$

$=200,000\times1.0019\times\dfrac{1.024-1}{0.0019}-2,400,000$

$≒2,531,000-2,400,000=131,000$원

금융상품의 이자액을 묻는 문제이므로 이자지급방식과 적금 또는 예금 상품인지 주어진 자료를 확인한 후 그에 맞는 계산 공식에 필요한 값들을 파악하여 풀어야 한다.

다음은 금융상품 활용 문제를 풀 때 필수적으로 알아두어야 하는 공식이므로 반드시 숙지해두자.

1) 단리
   ① 개념 : 원금에만 이자가 발생
   ② 계산 : 이율이 $r\%$인 상품에 원금 a를 총 n번 이자가 붙는 동안 예치한 경우 $a(1+nr)$
2) 복리
   ① 개념 : 원금과 이자에 모두 이자가 발생
   ② 계산 : 이율이 $r\%$인 상품에 원금 a를 총 n번 이자가 붙는 동안 예치한 경우 $a(1+r)^n$
3) 이율
   ① (월이율)$=\dfrac{(연이율)}{12}$

   ② 계산
   원금 a원, 연이율 $r\%$, 예치기간 n개월일 때,
   • 월단리 예금의 원리금 합계 : $a\left(1+\dfrac{r}{12}n\right)$

   • 월복리 예금의 원리금 합계 : $a\left(1+\dfrac{r}{12}\right)^n$

4) 기간
   ① n개월$=\dfrac{n}{12}$년

   ② 계산
   원금 a원, 연이율 $r\%$, 예치기간 n개월일 때,
   • 연단리 예금의 원리금 합계 : $a\left(1+\dfrac{n}{12}r\right)$

   • 연복리 예금의 원리금 합계 : $a(1+r)^{\frac{n}{12}}$

5) 적금의 원리금 합계
   월초 a원, 연이율 $r\%$일 때,
   • 단리 적금의 n개월 후 원리금 합계 : $an+a\times\dfrac{n(n+1)}{2}\times\dfrac{r}{12}$

   • 월복리 적금의 n개월 후 원리금 합계 : $\dfrac{a\left(1+\dfrac{r}{12}\right)\left\{\left(1+\dfrac{r}{12}\right)^n-1\right\}}{\dfrac{r}{12}}$

   • 연복리 적금의 n개월 후 원리금 합계 : $\dfrac{a(1+r)\left\{(1+r)^{\frac{n}{12}}-1\right\}}{(1+r)^{\frac{1}{12}}-1}$

문제해결능력 모듈형

| 유형분석 |

- 주어진 설명을 통해 이론이나 개념을 활용하여 풀어가는 문제이다.
- ⊕ 응용문제 : 주로 빠른 시간 안에 정답을 도출하는 문제가 출제된다.

다음 〈보기〉 중 │창의적 사고│에 대한 설명으로 적절하지 않은 것을 모두 고르면?

보기

ⓐ 창의적 사고는 아무것도 없는 무에서 유를 만들어 내는 것이다.
   └▶ 창의적 사고는 끊임없이 참신하고 새로운 아이디어를 만들어 내는 것
ⓑ 창의적 사고는 끊임없이 참신한 아이디어를 산출하는 힘이다.
ⓒ 우리는 매일 끊임없이 창의적 사고를 계속하고 있다.
ⓓ 필요한 물건을 싸게 사기 위해서 하는 많은 생각들은 창의적 사고에 해당하지 않는다. └▶ 창의적 사고는 일상생활의 작은 것부터 위대한 것까지 포함되며, 우리는 매일 창의적 사고를 하고 있음
ⓔ 창의적 사고를 대단하게 여기는 사람들의 편견과 달리 창의적 사고는 누구에게나 존재한다.

① ㉠, ㉢   ② ㉠, ㉣
③ ㉡, ㉣   ④ ㉢, ㉤
⑤ ㉣, ㉤

풀이순서

1) 질문의도
   창의적 사고 이해

2) 보기(㉠ ~ ㉤) 확인

3) 정답도출

유형풀이 TIP

모듈이론에 대한 전반적인 학습을 미리 해 두어야 하며, 이를 토대로 주어진 문제에 적용하여 문제를 해결해 나가도록 한다.

문제해결능력 명제

| 유형분석 |

- 주어진 문장을 토대로 논리적으로 추론하여 참 또는 거짓을 구분하는 문제이다.
- 대체로 연역추론을 활용한 명제 문제가 출제된다.
- ⊕ 응용문제 : 자료를 제시하고 새로운 결과나 자료에 주어지지 않은 내용을 추론해 가는 형식의 문제가 출제된다.

게임 동호회 회장인 귀하는 주말에 진행되는 게임 행사에 동호회 회원인 A ~ E의 참여 가능 여부를 조사하려고 한다. 다음을 참고하여 E가 행사에 참여하지 않는다고 할 때, 행사에 참여 가능한 사람은 모두 몇 명인가? ~e

풀이순서

- A가 행사에 참여하지 않으면, B가 행사에 참여한다. ~a → b의 대우
  ~a   b   : ~b → a
- A가 행사에 참여하면, C는 행사에 참여하지 않는다.
  a   ~c
- B가 행사에 참여하면, D는 행사에 참여하지 않는다. b → ~d의 대우
  b   ~d   : d → ~b
- D가 행사에 참여하지 않으면, E가 행사에 참여한다. ~d → e의 대우
  ~d   e   : ~e → d

1) 질문의도
   명제 추리

2) 문장분석
   기호화

3) 정답도출
   ~e → d
   d → ~b
   ~b → a
   a → ~c
   ∴ 2명

① 0명
③ 2명
⑤ 4명

② 1명
④ 3명

유형풀이 TIP

명제와 관련한 기본적인 논법에 대해서는 미리 학습해 두며, 이를 바탕으로 각 문장에 있는 핵심단어 또는 문구를 기호화하여 정리한 후, 선택지와 비교하여 참 또는 거짓을 판단한다.

03 | 문제해결능력 환경분석

| 유형분석 |

- 상황에 대한 환경 분석 결과를 통해 주요 과제를 도출하는 문제이다.
- 주로 3C 분석 또는 SWOT 분석을 활용한 문제들이 출제되고 있으므로 해당 분석도구에 대한 사전 학습이 요구된다.

다음은 분식점에 대한 SWOT 분석 결과이다. 이에 대한 대응 방안으로 가장 적절한 것은?

S(강점)	W(약점)
• 좋은 품질의 재료만 사용 • 청결하고 차별화된 이미지	• 타 분식점에 비해 한정된 메뉴 • 배달서비스를 제공하지 않음
O(기회)	T(위협)
• 분식점 앞에 곧 학교가 들어설 예정 • 최근 TV프로그램 섭외 요청을 받음	• 프랜차이즈 분식점들로 포화 상태 • 저렴한 길거리 음식으로 취급하는 경향이 있음

풀이순서

1) 질문의도
   SWOT 분석

2) SWOT 분석

① ST전략 : 비싼 재료들을 사용하여 가격을 올려 저렴한 길거리 음식이라는 인식을 바꾼다.
② WT전략 : 다른 분식점들과 차별화된 전략을 유지하기 위해 배달서비스를 시작한다.
⑤ SO전략 : TV프로그램에 출연해 좋은 품질의 재료만 사용한다는 점을 부각시
          O   S
   킨다.
④ WO전략 : TV프로그램 출연용으로 다양한 메뉴를 일시적으로 개발한다.
⑤ WT전략 : 포화 상태의 시장에서 살아남기 위해 다른 가게보다 저렴한 가격으로 판매한다.

3) 정답도출

유형풀이 TIP

문제에 제시된 분석도구를 확인한 후, 분석 결과를 종합적으로 판단하여 각 선택지의 전략 과제와 일치 여부를 판단한다.

CHAPTER
03 | 문제해결능력 문제처리

| 유형분석 |

- 주어진 상황과 정보를 종합적으로 활용하여 풀어가는 문제이다.
- 비용, 시간, 순서, 해석 등 다양한 주제를 다루고 있어 유형을 한 가지로 단일화하기 어렵다.

다음은 제품 생산에 소요되는 작업 시간을 정리한 자료이다. 〈조건〉이 다음과 같을 때, 이에 대한 설명으로 가장 적절한 것은?

풀이순서

1) 질문의도
   공정 관리 이해

3) 정답도출

〈제품 생산에 소요되는 작업 시간〉

(단위 : 시간)

제품 \ 작업 구분	절삭 작업	용접 작업
a	2	1
b	1	2
c	3	3

조건

- a, b, c제품을 각 1개씩 생산한다.
- 주어진 기계는 절삭기 1대, 용접기 1대이다.
- 각 제품은 절삭 작업을 마친 후 용접 작업을 해야 한다.
- 총 작업 시간을 최소화하기 위해 제품의 제작 순서는 관계없다.

2) 조건확인

✔ 가장 적게 소요되는 총 작업 시간은 8시간이다.
  ┌ b → c → a의 순서
② 가장 많이 소요되는 총 작업 시간은 12시간이다.
   a → c → b의 순서 : 총 10시간
┌③ 총 작업 시간을 최소화하기 위해 제품 b를 가장 늦게 만든다.
└④ 총 작업 시간을 최소화하기 위해 제품 a를 가장 먼저 만든다.
⑤ b → c → a의 순서로 작업할 때, b 작업 후 1시간 동안 용접을 더 하면 작업
   시간이 늘어난다.
   b 작업 후 1시간의 유휴 시간이 있으므로 작업 시간 변함 없음

유형풀이 TIP

문제에서 묻는 것을 정확히 파악한 후, 필요한 상황과 정보를 찾아 이를 활용하여 문제를 풀어간다.

자원관리능력 시간계획

| 유형분석 |

- 시간자원과 관련된 다양한 정보를 활용하여 문제풀이를 이어간다.
- 업무수행에 필요한 기술의 개념·원리·절차, 관련 용어, 긍정적·부정적 영향에 대한 이해를 평가한다.
- ⊕ 응용문제 : 대체로 교통편 정보나 국가별 시차 정보가 제공되며, 이를 근거로 '회의에 참석할 수 없는 지사'를 고르는 문제가 출제된다.

H공사는 한국 현지 시각 기준으로 오후 4시부터 5시까지 외국 지사와 화상 회의를 진행하려고 한다. 모든 지사는 각국 현지 시각으로 오전 8시부터 오후 6시까지 근무한다고 할 때, 다음 중 회의에 참석할 수 없는 지사 는?(단, 서머타임을 시행하는 국가는 +1:00을 반영한다)

국가	시차	국가	시차
파키스탄	-4:00	불가리아	-6:00
호주	+1:00	영국	-9:00
싱가포르	-1:00		

※ 오후 12시부터 1시까지는 점심시간이므로 회의를 진행하지 않는다.
※ 서머타임 시행 국가 : 영국

⓪ 파키스탄 지사(오후 12 ~ 1시) → 회의 참석 불가능(점심시간)
② 호주 지사(오후 5 ~ 6시) → 회의 참석 가능
③ 싱가포르 지사 (오후 3 ~ 4시) → 회의 참석 가능
④ 불가리아 지사(오전 10 ~ 11시) → 회의 참석 가능
⑤ 영국 지사(오전 8 ~ 9시) → 회의 참석 가능

풀이순서

1) 질문의도
   회의에 참석할 수 없는 지사

2) 조건확인
   (i) 오후 12시부터 1시까지 점심시간
   : 회의 ×
   (ii) 서머타임 시행 국가 : 영국

3) 조건적용

4) 정답도출

유형풀이 TIP

먼저 문제에서 묻는 것을 정확히 파악한다. 특히 제한사항에 대해서는 빠짐없이 확인해야 한다. 이후 제시된 정보(시차 등)에서 필요한 것을 선별하여 문제를 풀어간다.

04 | 자원관리능력 비용계산

| 유형분석 |

• 가장 저렴한 비용으로 예산관리를 수행할 수 있는 업무에 대해 묻는 문제이다.

K공사 임직원은 신입사원 입사를 맞아 워크숍을 가려고 한다. 총 13명의 임직원이 워크숍에 참여한다고 할 때, 다음 중 가장 저렴한 비용으로 이용할 수 있는 교통편의 조합은 무엇인가?

풀이순서

1) 질문의도
   가장 저렴한 비용인
   교통편의 조합

2) 조건확인
   비고란

3) 조건적용

4) 정답도출

〈이용 가능한 교통편 현황〉

구분	탑승 인원	비용	주유비	비고
소형버스	10명	200,000원	0원	1일 대여 비용
대형버스	40명	500,000원	0원	–
렌터카	5명	80,000원(대당)	50,000원	동일 기간 3대 이상 렌트 시 렌트비용 5% 할인
택시	3명	120,000원(편도)	0원	–
대중교통	제한 없음	13,400원 (1인당, 편도)	0원	10명 이상 왕복티켓 구매 시 총금액에서 10% 할인

① 대형버스 1대 → 500,000원

② 소형버스 1대, 렌터카 1대 → 200,000+130,000=330,000원

③ 소형버스 1대, 택시 1대 → 200,000+(120,000×2)=440,000원

④ 렌터카 3대 → (80,000×3×0.95)+(50,000×3)=378,000원

⑤ 대중교통 13명 → 13,400×13×2×0.9=313,560원

유형풀이 TIP

제한사항인 예산을 고려하여 문제에서 묻는 것을 정확히 파악한 후 제시된 정보에서 필요한 것을 선별하여 문제를 풀어간다.

| 유형분석 |

- 물적자원과 관련된 다양한 정보를 활용하여 풀어가는 문제이다.
  ⊕ 응용문제 : 주로 공정도 · 제품 · 시설 등에 대한 가격 · 특징 · 시간 정보가 제시되며, 이를 종합적으로 고려하는 문제가 출제된다.

대학교 입학을 위해 지방에서 올라온 대학생 S씨는 자취방을 구하려고 한다. 대학교 근처 자취방의 월세와 대학교까지 거리는 아래와 같다. 한 달을 기준으로 S씨가 지출하게 될 자취방 월세와 자취방에서 대학교까지 왕복 시 거리비용을 합산할 때, S씨가 선택할 수 있는 가장 저렴한 비용 의 자취방은?

구분	월세	대학교까지 거리
A자취방	330,000원	1.8km
B자취방	310,000원	2.3km
C자취방	350,000원	1.3km
D자취방	320,000원	1.6km
E자취방	340,000원	1.4km

※ 대학교 통학일(한 달 기준)=15일
※ 거리비용=1km당 2,000원

풀이순서

1) 질문의도
   조건에 적합한 가장 저렴한 비용의 장소 찾기

2) 조건확인
   ① 대학교 통학일(한 달 기준)=15일
   ② 거리비용=1km 당 2,000원

3) 조건적용

4) 정답도출

① A자취방
  330,000+(1.8×2,000×2×15)=438,000원
② B자취방
  310,000+(2.3×2,000×2×15)=448,000원
③ C자취방
  350,000+(1.3×2,000×2×15)=428,000원
✓ D자취방
  320,000+(1.6×2,000×2×15)=416,000원
⑤ E자취방
  340,000원+(1.4km×2,000원×2(왕복)×15일)=424,000원

유형풀이 TIP

문제에서 묻고자 하는 바를 정확히 파악하는 것이 중요하다. 문제에서 제시한 물적자원의 정보를 문제의 의도에 맞게 선별하면서 풀어간다.

04 | 자원관리능력 인원선발

| 유형분석 |

- 인적자원과 관련된 다양한 정보를 활용하여 문제를 풀어가는 문제이다.
- ⊕ 응용문제 : 주로 근무명단, 휴무일, 업무할당 등의 주제로 다양한 정보를 활용하여 종합적으로 풀어나가는 문제가 출제된다.

다음은 어느 회사의 승진대상과 승진 규정이다. 다음의 규정에 따를 때, 2022년 현재 직급이 대리인 사람은?

풀이순서

1) 질문의도
현재 직급 확인

〈승진규정〉

- 2021년까지 근속연수가 3년 이상인 자 ⓐ 를 대상으로 한다.
- 출산 휴가 및 병가 기간은 근속 연수에서 제외 ⓑ 한다.
- 평가연도 업무평가 점수가 80점 이상 ⓒ 인 자를 대상으로 한다.
- 평가연도 업무평가 점수는 직전연도 업무평가 점수에서 벌점을 차감한 점수 ⓓ 이다.
- 벌점은 결근 1회당 − 10점, 지각 1회당 − 5점 ⓔ 이다.

2) 조건확인
ⓐ ~ ⓔ

〈승진후보자 정보〉

구분	근무기간	작년 업무평가	근태현황 지각	근태현황 결근	기타
사원 A	1년 4개월	79	1	–	–
주임 B	3년 1개월	86	–	1	출산휴가 35일
대리 C	7년 1개월	89	1	1	병가 10일
과장 D	10년 3개월	82	–	–	–
차장 E	12년 7개월	81	2	–	–

3) 조건적용

① A
② B
③ C
④ D
⑤ E

4) 정답도출

유형풀이 TIP

문제에서 근무자배정 혹은 인력배치 등의 주제가 출제될 경우에는 주어진 규정 혹은 규칙을 꼼꼼히 확인하여야 한다. 이를 근거로 각 선택지가 어긋나지 않는지 검토하며 문제를 풀어간다.

| 유형분석 |

- 주어진 상황에 사용할 적절한 엑셀 함수가 무엇인지 묻는 문제이다.
- 주로 업무 수행 중에 많이 활용되는 대표적인 엑셀 함수가 출제된다.
- ⊕ 응용문제 : 엑셀시트를 제시하여 각 셀에 들어갈 함수식을 고르는 문제가 출제된다.

「=INDEX(배열로 입력된 셀의 범위, 배열이나 참조의 행 번호, 배열이나 참조의 열 번호)」

다음 시트에서 [E10] 셀에 수식 「=INDEX(E2:E9,MATCH(0,D2:D9,0))」
를 입력했을 때, [E10] 셀에 표시되는 결괏값은?

「=MATCH(찾으려고 하는 값, 연속된 셀 범위, 되돌릴 값을 표시하는 숫자)」

	A	B	C	D	E
1	부서	직위	사원명	근무연수	근무월수
2	재무팀	사원	이수연	2	11
3	교육사업팀	과장	조민정	3	5
4	신사업팀	사원	최지혁	1	3
5	교육컨텐츠팀	사원	김다연	0	2
6	교육사업팀	부장	민경희	8	10
7	기구설계팀	대리	김형준	2	1
8	교육사업팀	부장	문윤식	7	3
9	재무팀	대리	한영혜	3	0
10					

① 0   ② 1

❸ 2   ④ 3

⑤ 4

풀이순서

1) 질문의도
엑셀 함수의 활용
방법

2) 자료비교

3) 정답도출

「=INDEX(E2:E9,MATCH(0,D2:D9,0))」을 입력하면
근무연수가 0인 사람의 근무월수가 셀에 표시된다.
따라서 2가 표시된다.

유형풀이 TIP

제시된 조건의 엑셀 함수를 파악 후, 함수를 적용하여 값을 구한다. 엑셀 함수에 대한 기본적인 지식을 익혀 두면 풀이시
간을 단축할 수 있다.

CHAPTER
05 | 정보능력 프로그램 언어(코딩)

| 유형분석 |

- 주어진 정보를 통해 결괏값이 무엇인지 묻는 문제이다.
- 주로 C언어 연산자를 적용하여 나오는 값을 구하는 문제가 출제된다.
- ⊕ 응용문제 : 정보를 제공하지 않고, 기본적인 C언어 지식을 통해 결괏값을 구하는 문제가 출제된다.

다음 프로그램의 결괏값으로 옳은 것은?

```
#include 〈stdio.h〉

int main(){
        int i = 4;
        int k = 2;
        switch(i) {
                case 0:
                case 1:
                case 2:
                case 3: k = 0;
                case 4: k += 5;
                case 5: k -= 20;
                default: k++;
        }
        printf("%d", k);
}
```

i가 4기 때문에 case 4부터 시작한다.
k는 2이고, k+=5를 하면 7이 된다.
case 5에서 k-=20을 하면 −13이 되고,
default에서 1이 증가하여 결괏값은 −12가
된다.

풀이순서

1) 질문의도
   C언어 연산자의 이해

2) 자료비교
   · 연산자 +
   · 연산자 −
   · 연산자 ++

3) 정답도출

① 12
② −12
③ 10
④ −10
⑤ −11

유형풀이 TIP

제시된 C언어 연산자를 파악 후, 연산자를 적용하여 값을 구한다. C언어에 대한 기본적인 지식을 익혀두면 코딩 및 풀이
시간을 줄일 수 있다.

아이들이 답이 있는 질문을 하기 시작하면 그들이 성장하고 있음을 알 수 있다.

- 존 J. 플롬프 -

PART 2

기출복원문제

CHAPTER 01 2023년 기출복원문제

CHAPTER 02 2022년 기출복원문제

CHAPTER 03 2021년 기출복원문제

CHAPTER 04 2020년 기출복원문제

CHAPTER 05 2019년 기출복원문제

CHAPTER 06 2016년 기출복원문제

CHAPTER 07 2015년 기출복원문제

01 다음 글을 이해한 내용으로 가장 적절한 것은?

> 스마트팜 시대에 발맞춰 D시가 도심 속 농사짓기에 나섰다. 이를 위해 D시는 원도심 속 빈 건물들을 이용했는데, 이달 개장한 D시 A동에 있는 스마트팜과 다음 달 3월에 개장 예정인 D시 B동에 위치한 스마트팜이 D팜에 해당한다.
>
> 이달 개장한 A동 소재의 D팜은 지하 2층부터 지상 8층으로 운영되고 있으며, 지하에는 인공광원을 이용한 딸기 재배와 대마가 합법인 나라에 수출 하기 위한 의료용 대마 재배 기술 연구개발이 이루어지고 있고, 지상은 교육장과 홍보관, 인큐베이팅 시설, 커뮤니티 공간 등이 위치해 있다. 특히 이곳에서 재배되어질 딸기는 C베이커리 등 D시에 위치한 업체에 판매될 예정이라고 한다.
>
> 또 다음 달 개장 예정인 B동 소재의 D팜은 상추와 깻잎 등 엽채소 재배가 중점인 스마트팜으로 운영될 예정이다. 특히 이곳에서는 시민들이 직접 작물들을 심어 가꿀 뿐만 아니라 그렇게 재배한 채소를 직접 요리해 먹을 수 있다.
>
> 이처럼 D시는 계속하여 도시형 스마트팜인 D팜이 활성화될 수 있도록 지원해 원도심 살리기와 농업 일자리 창출, 그리고 안전한 먹거리가 확보될 수 있도록 돕겠다고 밝혔다.

① A동 D팜에서 재배된 작물은 지역 내에서 소비 및 판매가 이루어진다.
② A동 D팜의 작물 재배과정에서는 자연광원을 사용하지 않는다.
③ A동 D팜은 B동 D팜과 달리 수출 작물에 중점을 두었다.
④ D팜은 D시 시민 및 지역 업체의 적극적인 참여를 바탕으로 운영된다.
⑤ D시의 스마트팜은 도시개발 사업의 일환으로 시행된다.

02 다음 글에 대한 추론으로 적절하지 않은 것은?

> 2023년 1월 1일부터 본격적으로 시행되었던 '고향사랑기부제'가 어느덧 2년 차를 맞이했다. 고향사랑기부제란 자신이 현재 거주하는 지역 이외의 지역에 최대 연 500만 원 이내의 금액을 기부할 경우 일정 금액의 세액을 공제받을 수 있고 이에 더불어 답례품까지 받을 수 있는 제도이다. 이는 기부를 받는 지방자치단체 측에서도 정부 보조금이나 지역 내 세금 외에 재정을 확충할 수 있는 새로운 길이 생긴 것이라 재정난을 해소할 수 있고, 지역 농산물 등이 답례품으로 활용될 수 있어 지역경제 활성화에 이바지할 것으로 기대되고 있는 사업이다.
>
> 이 사업의 고향사랑 기부금 명목으로 기부할 수 있는 금액은 1인당 연간 500만 원 한도이며 기부자들은 기부금의 30% 이내에서 답례품을 제공받을 수 있다. 또 기부금 중 10만 원 이하는 전액을, 10만 원을 넘는 부분에 대해서는 16.5%의 세금공제 혜택을 받을 수 있어 기부자의 대다수가 30 ~ 50대 직장인으로 이루어져 있으며, 기부금액 역시 10만 원 이하의 소액기부가 주를 이루고 있다.
>
> 이와 같은 고향사랑 기부금은 농협 창구를 통해 직접 기부하는 대면 방식과 고향사랑e음을 활용해 기부할 수 있는 비대면 방식으로 진행되고 있으며, 후자의 경우 국세청 연말정산시스템과 연계가 되어 있기 때문에 별도의 세액공제 신청이 없더라도 자동으로 세액공제가 가능하다.

① 자신이 태어나 자란 지역에서 거주 중인 사람은 고향사랑기부제를 이용할 수 없다.
② 답례품 선정이 고향사랑기부제 유치에 큰 영향을 끼칠 수 있다.
③ 10만 원을 기부할 경우 기부하는 금액보다 혜택받는 금액이 더 크다.
④ 고향사랑기부제 이용자들은 절세를 목적으로 기부할 수 있다.
⑤ 농협 창구를 통해 고향사랑기부제를 이용할 경우 비대면 방식에 비해 연말정산이 더 번거롭다.

03 다음 제시된 문단 뒤에 이어질 내용을 논리적 순서대로 바르게 나열한 것은?

농어촌공사는 '경영이양직불사업' 제도가 종료됨에 따라 올해부터 퇴직한 고령 농업인들의 노후 생활 안정화를 위한 '농지이양은퇴직불금' 제도를 본격적으로 실시하겠다고 밝혔다.

(가) 이때, 여기서 말하는 '고령 농업인'이란 연속하여 10년 이상 농업에 종사한 65세 이상 79세 이하에 해당하는 농업 종사자를 말한다.

(나) 농어촌공사는 이와 같은 새로운 제도의 도입을 통해 퇴직한 고령 농업인들은 안정적인 노후를 제공받고, 새로운 시작을 준비하는 청년 농업인들은 안정적인 일자리를 제공받을 수 있도록 노력하겠다고 밝혔다.

(다) 기존 '경영이양직불사업' 제도가 농지를 공사에 매도 및 임대하여 일정 금액을 지급받는 방식이라면, 올해 새로 도입된 '농지이양은퇴직불금' 제도는 고령 농업인이 농지를 공사 또는 청년 농업인에게 매도하여 월 최대 200만 원의 직불금을 최대 10년간 최대 84세까지 지급받을 수 있는 방식이다.

(라) 농지 이양 시, 농지는 최대 4ha 방식까지 신청이 가능하며, 매도 방식과 매도 조건부 임대 방식 중 선택할 수 있다. 전자의 경우, 매도 대금과 매월 농지 1ha당 50만 원을 지급받을 수 있으며, 후자의 경우 '은퇴형농지연금'에 가입되고 농지는 공사에 임대되었다가 농지연금 지급 종료 시 매도되어 매도 대금과 매월 농지 1ha당 40만 원을 지급받을 수 있다.

① (가) - (나) - (다) - (라)
② (가) - (다) - (나) - (라)
③ (다) - (가) - (라) - (나)
④ (다) - (나) - (가) - (라)
⑤ (다) - (라) - (가) - (나)

04 다음 중 빈칸에 들어갈 내용으로 적절한 것은?

포논(Phonon)이라는 용어는 소리(Pho-)라는 접두어에 입자(-non)라는 접미어를 붙여 만든 단어로, 실제로 포논이 고체 안에서 소리를 전달하기 때문에 이런 이름이 붙었다. 어떤 고체의 한쪽을 두드리면 포논이 전파해 반대쪽에서 소리를 들을 수 있다.

아인슈타인이 새롭게 만든 고체의 비열 공식(아인슈타인 모형)은 실험결과와 상당히 잘 맞았다. 그런데 그의 성공은 고체 내부의 진동을 포논으로 해석한 데에만 있지 않다. 그는 포논이 보존(Boson) 입자라는 사실을 간파하고, 고체 내부의 세상에 보존의 물리학(보즈 – 아인슈타인 통계)을 적용했다. 비로소 고체의 비열이 온도에 따라 달라진다는 결론을 얻을 수 있었다.

양자역학의 세계에서 입자는 스핀 상태에 따라 분류된다. 스핀이 1/2의 홀수배(1/2, 3/2, …)인 입자들은 원자로를 개발한 유명한 물리학자 엔리코 페르미의 이름을 따 '페르미온'이라고 부른다. 오스트리아의 이론물리학자 볼프강 파울리는 페르미온들은 같은 에너지 상태를 가질 수 없고 서로 배척한다는 사실을 알아냈다(즉, 같은 에너지 상태에서는 + / – 반대의 스핀을 갖는 페르미온끼리만 같이 존재할 수 있다). 이를 '파울리의 배타원리'라고 한다. 페르미온은 대개 양성자, 중성자, 전자 같은 물질을 구성하며, 파울리의 배타원리에 따라 페르미온 입자로 이뤄진 물질은 우리가 손으로 만질 수 있다.

스핀이 0, 1, 2, … 등 정수 값인 입자도 있다. 바로 보존이다. 인도의 무명 물리학자였던 사티엔드라 나트 보즈의 이름을 본떴다. 보즈는 페르미가 개발한 페르미 통계를 공부하고 보존의 물리학을 만들었다. 당시 그는 박사학위도 없는 무명의 물리학자여서 논문을 작성한 뒤 아인슈타인에게 편지로 보냈다. 다행히 아인슈타인은 그 논문을 쓰레기통에 넣지 않고 꼼꼼히 읽어본 뒤 자신의 생각을 첨가하고 독일어로 번역해 학술지에 제출했다. 바로 보존 입자의 물리학(보즈 – 아인슈타인 통계)이다. 이에 따르면, 보존 입자는 페르미온과 달리 파울리의 배타원리를 따르지 않는다. 따라서 같은 에너지 상태를 지닌 입자라도 서로 겹쳐서 존재할 수 있다. 만져지지 않는 에너지 덩어리인 셈이다. 이들 보존 입자는 대개 힘을 매개한다.

빛 알갱이, 즉 ＿＿＿＿＿＿＿＿＿＿＿＿＿＿＿＿＿ 빛은 실험을 해보면 입자의 특성을 보이지만, 질량이 없고 물질을 투과하며 만져지지 않는다. 포논은 어떨까? 원자 사이의 용수철 진동을 양자화한 것이므로 물질이 아니라 단순한 에너지의 진동으로서 파울리의 배타원리를 따르지 않는다. 즉, 포논은 광자와 마찬가지로 스핀이 0인 보존 입자다.

① 광자는 파울리의 배타원리를 따른다.

② 광자는 스핀 상태에 따라 분류할 수 없다.

③ 광자는 스핀이 1/2의 홀수배인 입자의 대표적인 예다.

④ 광자는 보존의 대표적인 예다.

⑤ 광자는 페르미온의 대표적인 예다.

05 다음 그래프는 환율 변동을 나타낸 것이다. A ~ C시점에 대한 설명으로 옳은 것을 〈보기〉에서 모두 고르면?(단, 환율 이외의 사항은 고려하지 않는다)

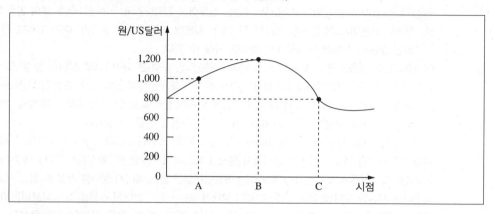

보기

㉠ A시점보다 B시점에 원화 가치가 높다.
㉡ A시점보다 B시점에, 미국에 대한 외채 상환 부담이 크다.
㉢ B시점보다 C시점에 원화를 US달러로 환전하는 것이 유리하다.
㉣ A시점에 환전한 US달러를 C시점에 원화로 환전하는 경우 환차익이 발생한다.

① ㉠, ㉡　　　　　　　　　　② ㉠, ㉢
③ ㉡, ㉢　　　　　　　　　　④ ㉡, ㉣
⑤ ㉢, ㉣

06 A씨는 N은행에서 1,200만 원을 대출받았다. 대출금은 4년 동안 월 복리식으로 원리금균등상환을 하기로 하였으며, 연 이자율은 6%이다. A씨는 4년 동안 한 달에 얼마씩 상환해야 하는가?[단, 상환금은 십의 자리에서 반올림하며, $\left(1 + \dfrac{0.06}{12}\right)^{48} = 1.27$로 계산한다]

① 262,200원　　　　　　　　② 271,200원
③ 281,200원　　　　　　　　④ 282,200원
⑤ 292,200원

07 P씨는 일본으로 여행을 가기 전 N은행에서 9.13원/엔의 환율로 250만 원을 엔화로 환전하였다. 일본에서 150,000엔을 사용하고 귀국한 날 엔화 환율이 10.4원/엔으로 변동되었을 때, 이날 남은 엔화를 원화로 환전하면 얼마인가?(단, 환전수수료는 고려하지 않으며, 소수점 둘째 자리에서 반올림한다)

① 1,287,755원   ② 1,396,187원

③ 1,517,684원   ④ 1,737,486원

⑤ 1,952,687원

08 연봉 실수령액을 다음과 같이 계산할 때, 연봉이 3,480만 원인 A씨의 연봉 실수령액은?(단, 십원 단위 미만은 절사한다)

- (연봉 실수령액)=(월 실수령액)×12
- (월 실수령액)=(월 급여)−{(국민연금)+(건강보험료)+(고용보험료)+(장기요양보험료)+(소득세)+(지방세)}
- (국민연금)=(월 급여)×4.5%
- (건강보험료)=(월 급여)×3.12%
- (고용보험료)=(월 급여)×0.65%
- (장기요양보험료)=(건강보험료)×7.38%
- (소득세)=68,000원
- (지방세)=(소득세)×10%

---

① 30,944,400원   ② 31,078,000원

③ 31,203,200원   ④ 32,150,800원

⑤ 32,850,800원

09 다음은 N은행에서 판매하고 있는 보험상품과 적금상품에 대한 자료이다. N은행 이용자 1,230,000명 중 25%는 보험상품에 가입했고 40%는 적금상품에 가입했다. 보험상품과 적금상품에 중복으로 가입한 사람은 없으며, 보험상품 가입자의 10%, 적금상품 가입자의 20% 그리고 두 상품 모두 가입하지 않은 N은행 이용자의 30%가 예금상품에 가입했다고 할 때, 자료에 대한 해석으로 옳은 것을 〈보기〉에서 모두 고르면?(단, 소수점 둘째 자리에서 반올림한다)

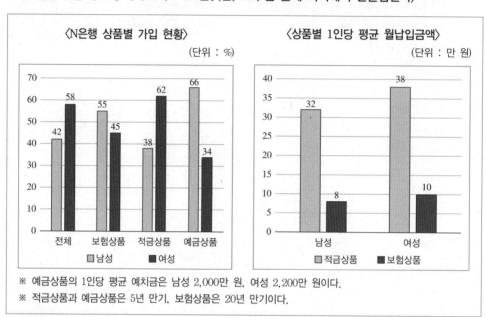

〈N은행 상품별 가입 현황〉
(단위 : %)

〈상품별 1인당 평균 월납입금액〉
(단위 : 만 원)

※ 예금상품의 1인당 평균 예치금은 남성 2,000만 원, 여성 2,200만 원이다.
※ 적금상품과 예금상품은 5년 만기, 보험상품은 20년 만기이다.

보기

㉠ N은행 이용자 중 예금상품 가입자가 차지하는 비율은 20% 이하이다.
㉡ 예금상품에 가입한 여성 중에는 보험상품 또는 적금상품에 가입한 여성이 없을 때, 예금상품만 가입한 남성이 N은행 남성 이용자 전체에서 차지하는 비율은 8%이다.
㉢ 보험·적금·예금상품 전체 가입건수에서 남성 가입건수와 여성 가입건수의 차이는 5,000건 이하이다.
㉣ 남성과 여성의 1인당 평균 총 납입금액의 차액이 가장 적은 상품은 예금상품이다.

① ㉠, ㉢
② ㉡, ㉣
③ ㉠, ㉡, ㉣
④ ㉠, ㉢, ㉣
⑤ ㉡, ㉢, ㉣

10 다음은 N은행의 'NH고향사랑기부예금'에 대한 자료이다. 이에 대한 설명으로 가장 적절한 것은?

〈NH고향사랑기부예금〉

구분	세부내용
상품설명	• 고향사랑기부금 납부 시 우대금리를 제공하고 공익기금을 적립하는 지역사회공헌 상품
가입대상	• 개인
가입기간	• 1년(12개월) 가능
가입금액	• 1백만 원 이상 가입 가능
이자지급방식	• 만기일시지급식
만기지급 금리	• 기본금리 : 연 3.1% • 특별금리 : 연 0.1%p(가입고객 모두에게 적용)

우대금리	• 우대금리 최대 연 0.7%p

항목	내용	금리(%p)
고향사랑기부 우대	고향사랑기부금 납부자	0.5
고령자 우대	만 65세 이상 가입자	0.1
청년(MZ세대) 우대	만 19세 이상 만 34세 이하	0.1
범N은행 계열 이용실적 우대	가입월부터 만기 전전월 말까지 농협은행 NH채움카드로 전국농협판매장, 농협주유소 이용실적이 월 평균 5만 원 이상 있는 경우	0.1

※ 고향사랑기부금 납부 우대금리 적용 방법(영업점 창구, 고향사랑e음 사이트 납부)
  (1) 적금 가입연도 초일부터 만기 전전월까지 고향사랑기부금을 납부한 경우
    : 별도의 서류 없이 우대금리 자동 반영
  (2) (1)의 기간 이후 고향사랑기부금을 납부한 경우
    : 적금 만기일 전 영업일까지 고객이 납부 증빙서류 제출 후 우대금리 적용 신청

유의사항	• 만기 자동해지 서비스 등록계좌의 경우 우대금리 신청은 반드시 만기 전 영업일까지 신청하여야 한다.

① 본 상품에 가입하기 위해서는 고향사랑기부금 납부가 필요하다.

② 본 상품에 가입하여 고향사랑기부금 납부를 한 중년층 고객이 NH채움카드 이용실적을 충족할 때 적용받을 수 있는 최대 우대금리는 0.5%p이다.

③ 만기 전월에 고향사랑기부금을 납부한 고객이 우대금리를 적용받기 위해서는 적금 만기일까지 납부 증빙서류 제출을 통한 별도의 신청이 필요하다.

④ 만기 자동해지 서비스를 가입한 고객이 고향사랑기부 우대금리를 적용받기 위해서는 별도의 우대금리 적용 신청이 필요하다.

⑤ 우대금리 조건에 해당하지 않는 고객이 적용받을 수 있는 최대금리는 연 3.1%이다.

11 다음은 N은행의 'NH성공파트너적금'에 대한 자료이다. 이에 대한 설명으로 적절하지 않은 것은?

〈NH성공파트너적금〉

구분	세부내용
상품설명	• 다양한 복합거래에 따라 우대금리를 제공하는 개인사업자 전용 적금
가입대상	• 개인사업자
가입기간	• 12개월 이상 36개월 이내 월 단위
가입금액	• 초입금 5만 원 이상 • 매회 1만 원 이상, 매월 1천만 원 이내(1인당) • 총입금가능액 2억 원 이내(1인당)에서 자유적립 (단, 계약기간 3/4 경과 후 적립할 수 있는 금액은 이전 적립누계액의 1/2 이내)
이자지급방식	• 만기일시지급식
만기지급 기본금리	• 12개월 이상 24개월 미만 : 연 3.38% • 24개월 이상 36개월 미만 : 연 3.25% • 36개월 이상 : 연 3.42%
우대금리	• 우대금리 최대 0.3%p (1) N은행 신용·체크카드 이용실적 월 평균 50만 원 이상 : 0.2%p (2) N은행 입출식 통장으로 N은행 카드 가맹점 대금을 3개월 이상 입금 시 : 0.3%p (3) 만기해지 시 적립원금(이자금액 제외)이 1천만 원 이상 : 0.1%p (4) 환전 500달러 또는 해외송금 1,000달러 이상 : 0.1%p (5) 가입월 기준 6개월 전부터 1년 이내 신규 창업한 경우 : 0.1%p ※ 이 적금 가입월부터 만기 전월까지 상품우대조건 충족 후 만기해지 시 기본금리에 우대금리가 가산되어 적용
만기앞당김해지	• 만기일이 금융휴무일, 일요일, 법정공휴일인 경우 만기앞당김 해지 가능 (단, 앞당김 일수만큼 이자계산기간에서 차감)

① 'NH성공파트너적금' 상품은 최초 입금 이후에도 추가 적립이 가능한 적금상품이다.

② 매월 가능한 최대금액을 입금할 때 납입 가능한 최대기간은 1년 8개월이다.

③ 'NH성공파트너적금' 상품 가입일이 '23.6.20'인 경우에는 '22.12.1' 이후부터 '23.11.30' 사이에 창업이 이루어져야 우대금리 (5)를 적용받을 수 있다.

④ 'NH성공파트너적금' 상품은 가입기간이 증가할수록 적용받는 기본금리도 증가한다.

⑤ '만기앞당김해지' 서비스를 이용할 경우, 기존 만기일에 지급받는 금액보다 적은 금액을 지급받게 된다.

12 N사의 인력 등급별 임금이 다음과 같을 때, 〈조건〉에 따라 N사가 2주 동안 근무한 근로자에게 지급해야 할 임금의 총액은?

<표>

〈인력 등급별 임금〉

구분	초급	중급	특급
시간당 기본임금	45,000원	70,000원	95,000원
주중 초과근무수당	시간당 기본임금의 1.5배		시간당 기본임금의 1.7배

- 기본 1일 근무시간은 8시간이며, 주말 및 공휴일에는 근무하지 않는다.
- 각 근로자들이 주중 근무일 동안 결근 없이 근무한 경우, 주당 1일(8시간)의 임금에 해당하는 금액을 주휴수당으로 각 근로자에게 추가로 지급한다.
- 주중에 근로자가 기본 근무시간을 초과로 근무하는 경우, 초과한 근무한 시간에 대하여 시간당 주중 초과근무수당을 지급한다.

조건

- N사는 초급인력 5명, 중급인력 3명, 특급인력 2명을 고용하였다.
- 모든 인력은 결근 없이 근무하였다.
- N사는 1개월 전 월요일부터 그다음 주 일요일까지 2주 동안 모든 인력을 투입하였으며, 근무기간 동안 공휴일은 없다.
- 초급인력 1명, 중급인력 2명, 특급인력 1명은 근무기간 동안 2일은 2시간씩 초과로 근무하였다.

① 47,800,000원 ② 55,010,500원
③ 61,756,000원 ④ 71,080,000원
⑤ 73,100,000원

13 다음 중 다익스트라 알고리즘을 구현할 때 선형 탐색의 시간복잡도와 우선순위 큐의 시간복잡도를 바르게 짝지은 것은?(단, 노드의 개수는 N개이고, 간선의 수는 E개이다)

	선형 탐색	우선순위 큐
①	$O(N)$	$O(N^2)$
②	$O(N)$	$O(E\log N)$
③	$O(N^2)$	$O(N)$
④	$O(N^2)$	$O(N^2)$
⑤	$O(N^2)$	$O(E\log N)$

14 다음과 같이 거주지가 강원특별자치도인 사람에게 값 1을 부여하고, 그 외 지역인 사람에게 0을 부여하고자 할 때, [D3] 셀에 입력해야 할 함수로 적절한 것은?

	A	B	C	D	E
1					
2		이름	거주지	값	
3		A	서울 송파	0	
4		B	경기 하남	0	
5		C	경남 창원	0	
6		D	강원 홍천	1	
7		E	전북 군산	0	
8		F	경기 남양주	0	
9		G	강원 태백	1	
10		H	인천 강화	0	
11		I	강원 동해	1	
12		J	경북 울릉	0	
13					

① =IF(RIGHT(C3,2)= 강원,1,0)

② =IF(RIGHT(C3,4)= "강원",1,0)

③ =IF(LEFT(C3,2)= 강원,1,0)

④ =IF(LEFT(C3,2)= "강원",1,0)

⑤ =IF(LEFT(C3,2)= "강원",0,1)

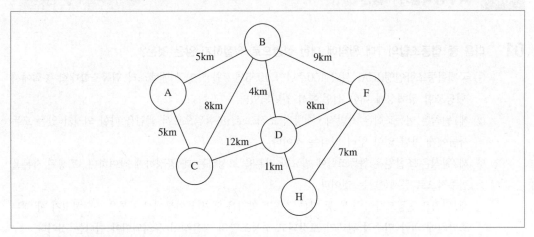

15 한 섬에서 다른 섬으로의 최소 이동거리를 구하는 알고리즘을 선형 탐색으로 구현하고자 한다. 이때 필요한 이차원 배열의 초기 배열로 옳은 것은?(단, 직접 갈 수 없을 때는 inf로 표현하며, 배열의 순서는 A, B, C, D, F, H이다)

① {0, 5, 5, inf, inf, inf}, {5, 0, 8, 4, 9, inf}, {5, 8, 0, 12, inf, inf}, {inf, 4, 12, 0, 8, 1}, {inf, 9, inf, 8, 0, 7}, {inf, inf, inf, 1, 7, 0}

② {0, 5, 5, 0, 0, 0}, {5, 0, 8, 4, 9, 0}, {5, 8, 0, 12, 0, 0}, {0, 4, 12, 0, 8, 1}, {0, 9, 0, 8, 0, 7}, {0, 0, 0, 1, 7, 0}

③ {inf, 5, 5, inf, inf, inf}, {5, inf, 8, 4, 9, inf}, {5, 8, inf, 12, inf, inf}, {inf, 4, 12, inf, 8, 1}, {inf, 9, inf, 8, inf, 7}, {inf, inf, inf, 1, 7, inf}

④ {0, 5, 5, 9, 14, 10}, {5, 0, 8, 4, 9, 5}, {5, 8, 0, 12, 20, 13}, {9, 4, 12, 0, 8, 1}, {14, 9, 20, 8, 0, 7}, {10, 5, 13, 1, 7, 0}

⑤ {inf, 5, 5, 0, 0, 0}, {5, inf, 8, 4, 9, 0}, {5, 8, inf, 12, 0, 0}, {0, 4, 12, inf, 8, 1}, {0, 9, 0, 8, inf, 7}, {0, 0, 0, 1, 7, inf}

16 A섬에서 각 섬으로 가는 최소거리를 구한 배열은?(단, 배열의 순서는 A, B, C, D, F, H이다)

① {0, 5, 5, 4, 1, 7}
② {0, 5, 5, 8, 12, 9}
③ {0, 5, 5, 9, 14, 7}
④ {0, 5, 5, 9, 14, 10}
⑤ {0, 5, 5, 9, 17, 21}

01 다음 중 협동조합의 7대 원칙에 대한 설명으로 적절하지 않은 것은?

① 국제협동조합연맹(ICA) 설립 100주년인 1995년 9월에 영국 맨체스터 협동조합대회 총회에서 '협동조합 정체성에 대한 선언'에서 천명되었다.

② 제1원칙은 협동조합은 자발적·개방적 조직으로, 조합원으로서 책임을 다할 의지가 있는 모든 사람에게 차별 없이 열려 있다는 것이다.

③ 제2원칙은 조합원은 협동조합에 필요한 자본을 조성하는 데 공정하게 참여하며, 조성된 자본을 민주적으로 통제한다는 것이다.

④ 제4원칙은 협동조합이 정부 등 다른 조직과 약정을 맺거나 외부에서 자본을 조달하고자 할 때는 조합원에 의한 민주적 관리가 보장되고 협동조합의 자율성이 유지되어야 한다는 것이다.

⑤ 제6원칙은 협동조합은 지방, 전국, 국제적으로 함께 협력 사업을 전개함으로써 협동조합 운동의 힘을 강화시키고 조합원에게 가장 효과적으로 봉사한다는 것이다.

02 NH농협은행이 '비전 2025'에서 제시한 5대 핵심가치 중 다음 〈보기〉의 내용에 해당하는 것은?

> **보기**
>
> 농업인 영농지원 강화 등을 통한 농업 경쟁력 제고로 농업인 소득 증대 및 삶의 질 향상

① 농업인과 소비자가 함께 웃는 유통 대변화

② 미래 성장동력을 창출하는 디지털 혁신

③ 경쟁력 있는 농업, 잘사는 농업인

④ 지역과 함께 만드는 살고 싶은 농촌

⑤ 정체성이 살아 있는 든든한 농협

03 다음 〈보기〉에서 채권(Bond)의 투자에 대한 설명으로 옳지 않은 것을 모두 고르면?

> **보기**
>
> ㉠ 투자자가 채권을 보유함으로써 얻을 수 있는 수익에는 이자소득과 자본소득이 있다.
> ㉡ 공급과 수요 중에 채권수익률에 더 큰 영향을 끼치는 요인은 일반적으로 공급이다.
> ㉢ 채권은 현금화할 수 있는 유동성이 매우 크기 때문에 유동성 위험으로부터 완전히 자유롭다.
> ㉣ 개인투자자는 채권을 직접 매매하기보다는 채권형 펀드투자를 통한 간접투자를 하는 것이 일반적이다.

① ㉠, ㉡   ② ㉠, ㉢

③ ㉠, ㉣   ④ ㉡, ㉢

⑤ ㉡, ㉣

04 다음은 K씨가 A채권을 매입한 내역을 정리한 내용이다. 이에 따라 K씨가 A채권을 구입한 때로부터 만기까지 보유할 경우 예상할 수 있는 총투자수익률은?

> 〈K씨의 A채권 매수 내역〉
>
> • 발행일 : 2022년 9월 5일
> • 만기일 : 2024년 9월 2일
> • 액면가 : 10,000원
> • 채권단가 : 9,490.3원
> • K씨의 매수일 : 2022년 10월 4일(1주 매수)
> • 표면금리 : 연 1.925%
> • 이자지급 주기 : 3개월(분기별)

① 약 8.12%   ② 약 8.55%

③ 약 8.89%   ④ 약 9.08%

⑤ 약 9.43%

05 다음 〈보기〉에서 옵션에 대한 설명으로 옳지 않은 것을 모두 고르면?

> **보기**
> ㉠ 옵션 소유자는 자신에게 불리할 경우에도 옵션을 포기할 수 없다.
> ㉡ 옵션 매입자에게 기초자산의 매매를 선택할 권리가 있듯 옵션 매도자 또한 옵션 매입자의 선택
> 을 거부할 권리가 인정된다.
> ㉢ 콜옵션은 미래에 기초자산을 특정 가격에 살 수 있는 권리로서, 가격 상승으로 인한 위험을 회피
> 할 수 있게 한다.
> ㉣ 풋옵션은 미래에 기초자산을 특정 가격에 팔 수 있는 권리로서, 가격 하락으로 인한 위험을 회피
> 할 수 있게 한다.

① ㉠, ㉡   ② ㉠, ㉢

③ ㉠, ㉣   ④ ㉡, ㉢

⑤ ㉡, ㉣

06 다음 〈보기〉에서 보험료·보험금 등에 대한 설명으로 옳은 것을 모두 고르면?

> **보기**
> ㉠ 보험료는 순보험료와 부가보험료의 합으로 계산되며, 순보험료는 생명보험에서는 위험보험료·
> 저축보험료 등을, 일반손해보험에서는 지급보험금을 말한다.
> ㉡ 위험보험료는 보험계약 만기 시에 보험사업자가 보험계약자에게 보험금을 지급하기 위한 재원
> 을 가리킨다.
> ㉢ 보험료지수는 보험료가 표준순보험료보다 얼마나 더 많은지 나타내는 지수로, 이 수치가 높을수
> 록 저렴하다고 볼 수 있다.
> ㉣ 보험사고 발생 시 보험사업자가 보험계약자에게 보험금을 지급하는 경우 생명보험에서는 정액
> 보상이, 손해보험에서는 실손보상이 일반적이다.

① ㉠, ㉡   ② ㉠, ㉢

③ ㉠, ㉣   ④ ㉡, ㉢

⑤ ㉡, ㉣

07 다음 〈보기〉에서 단기금융시장에 대한 설명으로 옳은 것을 모두 고르면?

> **보기**
>
> ㉠ 단기금융시장은 자금 수급 불균형에 대응해 만기 1년 초과의 금융상품을 거래하는 자본시장이다.
> ㉡ 금리의 변동 등에 따른 단기금융시장의 손실발생 위험은 장기금융시장보다 상대적으로 높다.
> ㉢ 단기금융시장은 중앙은행 통화정책의 시발점으로서, 금융시장 전체에 파급효과를 끼칠 수 있다.
> ㉣ 단기금융시장은 유휴자금의 보유에 따른 기회비용을 줄임으로써 자금 운용의 효율성을 높이는
> 수단이 될 수 있다.

① ㉠, ㉢ ② ㉠, ㉣
③ ㉡, ㉢ ④ ㉡, ㉣
⑤ ㉢, ㉣

08 다음 〈보기〉에서 고전학파, 케인스학파 등에 대한 설명으로 옳지 않은 것을 모두 고르면?

> **보기**
>
> ㉠ 경제에 대한 국가(정부)의 개입 배제를 주장한 고전학파와 달리 케인스학파는 국가의 개입을 인
> 정한다.
> ㉡ 고전학파는 '경제주체는 합리적이며 자유로운 시장하에서 매매를 결정한다.'고 전제한다.
> ㉢ 케인스학파는 '경제는 수요보다는 공급에 의해 결정되며, 유효공급에 영향력을 행사하는 국가의
> 개입을 통해 완전생산 상태에 더 빨리 도달할 수 있다.'고 전제한다.
> ㉣ 케인스학파는 대공황을 극복하기 위해 정부가 경제에 관여해 정부지출을 늘려 유효수효를 창출
> 함으로써 대량 실업을 해소해야 한다고 주장했다.
> ㉤ 고전학파는 경제는 본질적으로 불규칙적인 충격에 노출된 상태이지만, 경제주체들은 시장 여건
> 에 대한 완전한 정보를 가지고 있기에 불안정성을 충분히 극복할 수 있다고 낙관한다.

① ㉠, ㉡ ② ㉠, ㉢
③ ㉡, ㉣ ④ ㉢, ㉤
⑤ ㉣, ㉤

09 다음 〈보기〉에서 완전경쟁시장, 불완전경쟁시장 등에 대한 설명으로 옳은 것을 모두 고르면?

> **보기**
> ㉠ 완전경쟁시장은 이론으로만 상정 가능한 이상적인 형태의 시장이다.
> ㉡ 완전경쟁시장에서 소비자와 생산자는 가격에 영향력을 끼칠 수 없는 가격수용자이다.
> ㉢ 완전경쟁시장에서 생산자(기업)들은 장기적으로 초과이윤을 기대할 수 있다.
> ㉣ 불완전경쟁시장은 완전경쟁과 완전독점 사이의 경쟁 형태가 이루어지는 시장, 즉 완전경쟁시장의 조건 중 하나 이상을 결여한 시장이다.
> ㉤ 불완전경쟁시장에서 상품·재화 가격의 작은 변동은 수요의 증감에 큰 영향을 끼친다.

① ㉠, ㉢   ② ㉡, ㉣
③ ㉡, ㉤   ④ ㉢, ㉤
⑤ ㉠, ㉡, ㉣

10 다음 〈보기〉에서 선물옵션(Future Option)에 대한 설명으로 옳지 않은 것을 모두 고르면?

> **보기**
> ㉠ 선물옵션은 선물계약과 옵션계약이 복합된 형태로서, 미리 약속된 선물가격으로 선물가격에 대한 포지션을 취할 수 있는 권리를 부여하는 것이다.
> ㉡ 선물옵션은 현물옵션에 비해 거래 비용이 높고, 선물계약은 기초자산보다 유동성이 낮고 거래가 번거롭다.
> ㉢ 선물옵션의 매입자는 선물의 포지션을 취할 수 있는 권리와 함께 거래 의무를 지는 것이 일반적이다.
> ㉣ 선물옵션에 있어 옵션 소지자가 콜을 행사하면 행사가격으로 선물의 매수 포지션이 발생된다.

① ㉠, ㉡   ② ㉠, ㉢
③ ㉠, ㉣   ④ ㉡, ㉢
⑤ ㉡, ㉣

01 다음 〈보기〉에서 데이터 표현·저장 단위인 비트와 바이트에 대한 설명으로 옳은 것을 모두 고르면?

> 보기
> ㉠ 비트는 '0' 또는 '1'의 2가지 상태만을 표현할 수 있다.
> ㉡ 바이트는 10개의 비트가 모인 단위로 2의 10제곱, 즉 1,024가지의 다른 상태를 표현할 수 있다.
> ㉢ 비트와 바이트의 기호를 구분하기 위해 비트는 대문자(B)로, 바이트는 소문자(b)로 표시한다.
> ㉣ 처리 속도를 나타낼 때는 주로 비트를, 저장 용량의 크기를 나타낼 때는 주로 바이트를 사용한다.

① ㉠, ㉡   ② ㉠, ㉢
③ ㉠, ㉣   ④ ㉡, ㉢
⑤ ㉡, ㉣

02 다음 〈보기〉에서 빈칸에 들어갈 용어로 가장 적절한 것은?

> 보기
> _____는 데이터를 암호화하거나 시스템을 잠가 사용자가 정상적으로 사용할 수 없게 만든 뒤 이를 볼모로 금전을 요구하는 악성 프로그램이다. 주로 이메일(첨부파일, 메일 웹주소), 웹사이트, P2P 사이트, SNS 등을 통해 컴퓨터뿐만 아니라 스마트폰 등을 감염시킨다.

① 랜섬웨어   ② 펌웨어
③ 그룹웨어   ④ 미들웨어
⑤ 트랙웨어

03 다음 〈보기〉에서 설명하는 머신러닝(ML) 모델링 기법은?

> 보기
> 비지도 학습 모델링 기법의 일종으로 데이터 집합 내에서 상호 연관성이 있거나 성격이 유사한 데이터 포인트를 함께 그룹화하는 방식이다. 고객 분류, 불규칙성 감지, 이미지 분할 등의 목적으로 자주 사용된다.

① 회귀 모델   ② 군집 모델
③ 분류 모델   ④ 수학적 기법 모델
⑤ 의사결정 나무 모델

04 다음 중 딥페이크(Deepfake) 이미지 생성에 이용되는 인공신경망 기술은?

① GAN   ② RNN

③ CNN   ④ SNN

⑤ FNN

05 다음 중 데이터베이스(DB)에 대한 설명으로 옳지 않은 것은?

① 데이터베이스는 여러 사람이 공유해 사용할 목적으로 논리적으로 연관된 자료들을 통합해 조직적으로 관리하는 데이터의 집합체이다.

② 데이터베이스의 특징으로는 실시간 접근 가능, 데이터의 지속적인 변화, 동시 공유, 내용에 의한 참조, 데이터의 논리적 독립성 등이 있다.

③ 통합 데이터는 컴퓨터가 접근할 수 있는 저장 매체에 저장해 관리하는 데이터를 뜻한다.

④ 운영 데이터는 단순한 데이터의 집합이 아니라 특정 조직의 주요한 고유 기능을 수행하는 데 필수불가결한 데이터이다.

⑤ 공용 데이터는 특정 조직의 사용자들과 응용 시스템들이 서로 다른 목적으로 데이터를 공동으로 동시에 이용할 수 있는 데이터이다.

06 다음 중 사물인터넷(IoT)에 대한 설명으로 옳지 않은 것은?

① 사물인터넷은 사물에 센서와 통신 장치를 장착해 실시간으로 정보를 수집·교환하고 제어·관리할 수 있도록 인터넷으로 연결된 시스템을 말한다.

② 사물인터넷을 통해 네트워크에 연결된 기기들은 인간의 간섭을 필수적으로 요구한다.

③ 사물인터넷을 구현하려면 센싱 기술, 유·무선통신 기술, 빅데이터, 인공지능(AI) 등의 제반 기술이 필요하다.

④ 사물인터넷은 사물을 통해 자료 수집과 결론 도출에 드는 에너지와 비용을 크게 절감할 수 있게 한다.

⑤ 사물인터넷은 사물들을 인터넷을 통해 연결해 사물이 가진 특성을 지능화하고, 다양한 연결을 통한 정보 융합으로 다양한 서비스를 제공할 수 있게 한다.

07 다음 〈보기〉에서 OR, XOR, NOR 게이트 등의 논리 연산자에 대한 설명으로 옳은 것을 모두 고르면?

> **보기**
>
> ㉠ OR 게이트는 여러 개의 입력 정보 가운데 하나라도 '참(1)'이 있으면 '참'이 출력되고, 입력이 모두 '거짓(0)'인 경우에만 '거짓'이 출력된다.
> ㉡ XOR 게이트는 출력이 OR(논리합) 게이트의 반대로 나오는 연산자로, A와 B가 입력 정보로 주어졌을 때 A와 B 모두 '거짓(0)'일 때에만 출력이 '참(1)'으로 나온다.
> ㉢ A와 B의 NOR 게이트를 'A∨B' 또는 'A↓B'라고 표기하기도 한다.

① ㉠
② ㉡
③ ㉢
④ ㉠, ㉢
⑤ ㉡, ㉢

08 다음 〈보기〉에서 설명하는 정보통신(IT) 용어는?

> **보기**
>
> 운영체제(OS)의 기능 가운데 운영체제를 구성하는 프로세서와 운영체제의 제어로 수행되는 프로그램에 대하여 자원 할당(Resource Allocation)을 수행하는 부분을 뜻한다. 즉, 운영체제의 핵심 부분으로서, 디바이스·프로세스·메모리 등의 컴퓨터 자원을 관리하는 기능을 수행한다.

① 커널(Kernel)
② 센티널(Sentinel)
③ 백 패널(Back Panel)
④ 리버스 채널(Reverse Channel)
⑤ 실렉터 채널(Selector Channel)

01 다음 제시된 문단 뒤에 이어질 내용을 논리적 순서대로 바르게 나열한 것은?

> 인터넷은 삶에서 훨씬 더 중심적인 역할을 한다. 엔터테인먼트, 정보, 사회적 연결을 위한 공간으로 시작된 인터넷은 오늘날 필수적인 재화와 서비스에 접근하고, 업무를 하기 위한 플랫폼 역할까지 하고 있다. 심지어 이러한 전환은 팬데믹 여파로 가속화됐다.
>
> 이에 따라 자연스럽게 소비자, 특히 젊고 디지털에 익숙한 소비자는 모든 오프라인 경험이 웹에 복제되고, 가능하면 더 개선되길 기대한다. 여기에는 소비자가 있는 모든 디지털 환경에서 현금 없는 결제, 신용한도, 대출 및 보험 등 다양한 금융 서비스를 사용하는 것이 포함된다.
>
> 그리고 이 지점에서 '임베디드 금융'이 등장한다. 소비자의 기대치를 잘 알고 있는 비금융 회사가 고객 및 이해관계자로 하여금 디지털 플랫폼에서 금융 서비스에 원활하게 액세스할 수 있도록 기존 금융회사 및 핀테크와 협력하기 시작한 것이다.
>
> (가) 가장 잘 알려진 예로는 중국의 슈퍼 앱 '위챗(WeChat)'과 '알리페이(Alipay)'가 있다. 둘 다 사용자가 로컬 비즈니스 및 대형 브랜드를 검색하고 거래할 수 있는 단일 창구 역할을 하며, 아울러 이를 통해 차량 공유, 모바일 충전, 자산 관리 등 다양한 서비스에도 액세스할 수 있다.
>
> (나) 그렇다면 전통적인 금융기관은 어떻게 대응하고 있을까? 딜로이트 인도의 금융 서비스 컨설팅 파트너 비자이 알 마니는 전통적인 금융기관이 위기를 절박하게 느껴야 한다고 말했다. "젊은 고객을 잡아야 한다. 따라서 기존의 금융기관은 모바일 앱과 웹사이트를 넘어 창의적인 제안을 내놓을 필요가 있다."라고 전했다.
>
> (다) 지금까지 전통적인 금융기관은 최종 사용자에게 임베디드 금융을 제공하는 데 있어 핵심 기반이었다. 이미 자본, 라이선스, 핵심 시스템을 보유하고 있기 때문에 핀테크 및 비금융 회사가 이러한 금융회사와 협력하는 것이 합리적이었다. 하지만 예상치 못한 파트너십이 발생했다. 사용자는 금융 서비스 분야에서도 친숙하고 잘 알려진 브랜드를 찾을 수 있게 됐다는 이야기다. 이를테면 월마트는 투자 핀테크 리빗(Ribbit)과 협력하여 핀테크 사업에 진출했다. 동남아시아에서는 그랩과 싱텔이 이끄는 컨소시엄이 싱가포르와 말레이시아에서 은행 라이선스를 취득했다.
>
> (라) 또한 딜로이트 컨설팅의 미국 FSI 전략 및 혁신 부문 리더 고피 빌라는 "운영 방식을 위협받고 있다고 생각하는 전통적인 금융기관도 있고 그렇지 않은 곳도 있다."라면서, "그렇지 않다고 보는 곳은 계속해서 영향력을 행사할 것이며 기존 프로세스를 디지털화하기만 하면 된다고 생각한다. 반면에 디지털화만으론 충분하지 않다고 보고 서비스형 뱅킹(Banking-as-a-Service; BaaS) 등의 제품을 선보이며 기술을 적극 활용하는 곳이 있다."라고 언급했다.

① (가) - (나) - (라) - (다)
② (가) - (다) - (나) - (라)
③ (나) - (가) - (다) - (라)
④ (나) - (다) - (라) - (가)
⑤ (다) - (가) - (나) - (라)

02 다음 글의 내용으로 적절하지 않은 것은?

> 핀테크(FinTech)란 Finance(금융)와 Technology(기술)의 합성어로 금융과 IT의 융합을 통한 금융 서비스 제공을 비롯한 산업의 변화를 통칭하는 신조어다. 금융 서비스의 변화로는 모바일(Mobile), SNS(Short Networking Service), 빅데이터(Big Data) 등 새로운 IT기술을 활용하여 기존의 금융 기법과 차별화된 서비스를 제공하는 기술 기반의 혁신이 대표적이다. 최근에 대중이 널리 사용하는 모바일 뱅킹(Mobile Banking)과 앱카드(App Card)도 이러한 시대적 흐름 가운데 나타난 핀테크의 한 예라고 볼 수 있다.
>
> 이에 따라 금융위원회는 핀테크 산업 발전을 위한 디지털 금융의 종합혁신방안을 발표하였다. 규제 완화와 이용자보호 장치마련이 주목적이었다. 종합지급결제업과 지급지시전달업의 신설로 핀테크 기업들은 고도화된 디지털 금융 서비스 창출과 수익 다각화의 기반을 마련했다. 간편결제에 소액 후불결제 기능을 추가한 것이라든지 선불결제 충전한도 상향 등은 중요한 규제완화의 예라고 볼 수 있다. 전자금융업종의 통합과 간소화를 통해 이제는 자금이체업, 대금결제업, 결제대행업으로 산업이 재편된 셈이다.
>
> 핀테크 산업의 미래는 데이터 기반의 마이데이터 서비스체계를 구축하는 것이다. 개인이 정보이동 권에 근거하여 본인의 데이터에 대한 개방을 요청하면 기업이 해당 데이터를 제3자에게 개방하도록 하는 것이 마이데이터의 개념이다. 그동안 폐쇄적으로 운영·관리되어 왔던 마이데이터를 통한 개인정보의 활용으로 맞춤형 재무 서비스나 금융상품 추천 등 다양한 데이터 기반의 금융 서비스 활성화가 기대되는 바이다. 또한 마이데이터의 도입으로 고객데이터 독점이 사라지는 상황에서 금융업 간 경쟁심화는 필연적일 것으로 보인다. 마이데이터 사업자와의 협력과 직접진출 등이 활발하게 나타날 것으로 전망되기 때문이다.
>
> 사이버 관련 사고가 지능화되고 고도화되면서 보안기술과 시스템에 대한 수요도 높은 수준을 요구하고 있다. 정부가 D.N.A(Data, Network, AI) 생태계 강화 등을 기반으로 디지털 뉴딜을 추진 중이며 전 산업의 디지털화가 진행 중이라 대부분의 산업에 있어서도 보안기술의 향상이 요구된다. 특히 최근에는 금융권 클라우드나 바이오 정보에 대한 공격증가로, 금융기관 등의 피해가 커질 수 있어 주의를 요한다.
>
> 개인정보보호법, 신용정보법, 정보통신망법 등 개인정보보호 관련 3개 법률(데이터 3법) 개정안이 발표되었다. 이는 가명정보의 도입, 개인정보의 활용 확대, 마이데이터 산업 도입 등을 주요내용으로 한다. 데이터 3법 개정으로 마이데이터 사업이 본격화되고 핀테크 기업 중심의 정보공유 활성화, 데이터 기반 신산업 발전 등이 효과를 볼 것으로 전망된다. 반면 개인정보 및 금융정보의 노출 가능성이 높아지고, 보안사고의 위험과 개인정보 보호의 이슈가 부각될 현실을 맞이하는 것이다.

① 빅데이터를 활용한 금융 서비스 제공 역시 핀테크의 일종이다.

② 핀테크 산업 활성을 위해서는 기존의 규제를 완화하는 것이 필요하다.

③ 마이데이터 서비스체계에서 기업은 개인의 동의하에 제3자에게 데이터를 제공할 수 있다.

④ 마이데이터 사업자 간의 협력이 활발해진다면 금융업 간 경쟁심화는 완화될 것으로 보인다.

⑤ 데이터 3법 개정과 함께 기업들은 개인정보 보호를 위한 보안기술 구축을 위해 별도로 노력해야 한다.

03 C기업은 해외 기업으로부터 대리석을 수입하여 국내 건설업체에 납품하고 있다. 최근 파키스탄의 H기업과 대리석 1톤을 수입하는 거래를 체결하였다고 할 때, 수입대금으로 내야 할 금액은 원화로 얼마인가?

- 환율정보
  - 1달러＝100루피
  - 1달러＝1,160원
- 대리석 10kg당 가격 : 35,000루피

---

① 3,080만 원   ② 3,810만 원

③ 4,060만 원   ④ 4,600만 원

⑤ 5,800만 원

04 O씨는 구매대행사인 N사에서 신용카드를 사용하여 청소기와 영양제를 직구하려고 한다. 직구 사이트에서 청소기와 영양제의 가격이 각각 540달러, 52달러이다. 두 제품을 따로 주문하였을 때 원화로 낼 금액은 총 얼마인가?

- 200달러 초과 시 20% 관세 부과
- 배송비 : 30,000원
- 구매 당일 환율(신용카드 사용 시 매매기준율을 적용) : 1,128원/달러

---

① 845,600원   ② 846,400원

③ 848,200원   ④ 849,600원

⑤ 850,000원

※ H기업은 전기에너지의 원활한 공급을 위해 태양광발전을 추가 설치하려고 한다. 이어지는 질문에 답하시오. **[5~6]**

〈A, B태양광발전 정보〉

구분	설치비용	유효기간	잔존가치	연간수익	연간유지비용
A태양광발전	1,000만 원	10년	20만 원	250만 원	없음
B태양광발전	5,000만 원	15년	50만 원	1,500만 원	수익의 35%

※ (연 감가상각비)=[(취득원가)−(잔존가치)]÷(내용연수)
- 취득원가 : 자산 매입에 소요된 금액
- 잔존가치 : 고정자산의 내용연수가 만료되는 시점에 남아있는 자산적 가치
- 내용연수 : 고정자산의 이용가능 연수

05 H기업이 A, B태양광발전을 같은 날 설치한다면 설치비용을 회수하는 데 걸리는 최소기간은?

① 6년   ② 7년

③ 8년   ④ 9년

⑤ 10년

06 A, B태양광발전을 6년 동안 사용하고 C기업에게 1,000만 원에 팔았다면 감가상각된 장부가액에 따라 처분할 때와 비교하여 얼마가 이익 또는 손해인가?

① 2,432만 원 손해   ② 3,432만 원 손해

③ 2,432만 원 이익   ④ 3,432만 원 이익

⑤ 같음

※ 다음은 N은행의 1월 월간일정표이다. 이어지는 질문에 답하시오. [7~9]

〈1월 일정표〉

월	화	수	목	금	토	일
		1 신정	2	3	4	5 N은행 단합대회
6	7	8	9	10 가래떡 데이 홍보행사	11 가래떡 데이	12
13	14	15	16 N은행 회장 방문	17	18	19
20	21 1인 가구 대상 소포장 농산물 홍보행사	22	23	24 설 연휴	25 설 연휴	26 설 연휴
27 대체공휴일	28	29	30	31		

07 다음 〈조건〉을 고려할 때, 명절선물세트 홍보일로 가능한 날짜는?

> **조건**
> • 홍보행사는 요일에 상관없이 진행할 수 있다.
> • N은행에서는 명절선물세트를 3일간 홍보한다.
> • 명절선물세트 홍보는 설 연휴 전에 마친다.
> • 명절선물세트는 다른 상품 홍보행사와 겹치지 않게 홍보한다.
> • 사내행사가 있는 날짜를 피해서 홍보한다.

① 1월 3～5일

② 1월 8～10일

③ 1월 13～15일

④ 1월 19～21일

⑤ 1월 27～29일

08 N은행은 1월 중에 직원 진급공고를 내려고 한다. 〈조건〉이 다음과 같을 때 공고가 가능한 날짜는?

> **조건**
> • 사내행사와 홍보행사 당일 및 전날, 다음 날을 제외하고 진급공고를 낸다.
> • 공휴일 및 공휴일 전날이나 다음 날을 제외하고 진급공고를 낸다.
> • 명절선물세트 홍보일은 **07**번 문제에서 정한 날짜로 한다.

① 1월 6일   ② 1월 8일
③ 1월 15일   ④ 1월 23일
⑤ 1월 28일

09 N은행 직원들은 1월에 연차 휴가를 하루씩 쓰려고 한다. 연차 사용 조건과 다른 직원들의 연차일이 다음과 같을 때 한대리가 연차를 쓸 수 있는 날은?

> **조건**
> • 모든 직원들은 명절을 포함하는 주 이전에 연차 휴가를 사용한다.
> • 공휴일은 연차에 포함되지 않는다.
> • 연차일은 사내행사나 홍보행사가 없는 날짜로 한다.
> • 명절선물세트 홍보일은 **07**번 문제에서 정한 날짜로 한다.
> • 연차는 다른 직원과 겹칠 수 없다.
> • 김부장은 1월 3일, 박차장은 1월 8일, 유과장은 1월 17일, 정과장은 1월 2일, 하사원은 1월 6일에 연차를 쓴다.

① 1월 7일   ② 1월 10일
③ 1월 14일   ④ 1월 20일
⑤ 1월 31일

※ N은행은 2022년 상반기 승진후보자 중 승진자를 선발하고자 한다. 다음은 2022년 상반기 승진자 선발 방식 등에 대한 자료이다. 이어지는 질문에 답하시오. [10~11]

〈2022년 상반기 승진자 선발〉

• 승진자 선발 방식
 - 승진후보자 중 승진점수가 가장 높은 순서대로 승진한다.
 - 승진점수는 100점 만점으로 평가한다. 단, 가점을 합산하여 100점을 초과할 수 있다.
 - 승진점수는 분기실적(40), 부서동화(30), 성실고과(20), 혁신기여점(10) 항목별 점수의 총합에 연수에 따른 가점을 합산하여 산정한다.
 - 각 연수 이수자에게는 다음 표에 따라 가점을 부여한다. 단, 한 승진후보자가 받을 수 있는 가점은 5점을 초과할 수 없다.
 - 동점자가 발생한 경우, 분기실적 점수와 성실고과 점수의 합이 높은 직원을 우선한다.

〈연수별 가점〉

(단위 : 점)

구분	혁신선도	조직융화	자동화적응	대외협력
가점	2	1	4	3

〈승진후보자 항목별 평가점수〉

(단위 : 점)

구분	분기실적	부서동화	성실고과	혁신기여	이수한 연수
A주임	29	28	12	4	조직융화
B주임	32	29	12	5	혁신선도
C주임	35	21	14	3	자동화적응, 대외협력
D주임	28	24	18	3	–
E주임	30	23	16	7	자동화적응

10 승진자 선발 방식에 따라 승진후보자 A~E주임 중 1명을 승진시키고자 할 때, 승진할 직원은?

① A주임 ② B주임
③ C주임 ④ D주임
⑤ E주임

11 승진자가 배치될 부서의 상황이 변경됨에 따라 승진자 선발 방식이 다음과 같이 변경되었다. 변경된 승진자 선발 방식을 따를 때, 승진할 직원을 모두 고르면?

<승진자 선발 방식 변경>

변경 전

1. 승진점수(100) 총점 및 배점
   - 분기실적(40), 부서동화(30), 성실고과(20), 혁신기여(10)
2. 가점상한 : 5점
3. 승진인원 : 1명

⇩

변경 후

1. 승진점수(100) 총점 및 배점
   - 분기실적(40), 부서동화(30), 성실고과(30)
   ※ 혁신기여 점수를 삭제하고 성실고과 점수를 기존의 성실고과 점수에 50%를 가산하여 산출한다.
2. 가점상한 : 10점
3. 승진인원 : 2명

① A주임, B주임
② A주임, C주임
③ B주임, E주임
④ C주임, D주임
⑤ C주임, E주임

12 다음은 Python으로 구현된 프로그램이다. 실행결과로 옳은 것은?

```
kks = ['두', '바', '퀴', '로', '가', '는', '자', '동', '차']

kks.insert(1, '다')
del kks[3]
print(kks[4], kks[6])
```

① 가 자
② 로 는
③ 로 자
④ 는 동
⑤ 퀴 가

01   다음 중 농협이 하는 일이 아닌 것은?

① 상호금융사업   ② 농협금융지주
③ 농업경제사업   ④ 수산경제사업
⑤ 교육지원사업

02   다음 중 자본시장통합법상의 적용을 받지 않는 집합투자기구는?

① 기업구조조정 투자회사   ② 상장지수집합투자기구
③ 투자익명조합   ④ 단기금융집합투자기구
⑤ 사모투자전문회사

03   다음 밑줄 친 부분에 들어갈 내용으로 적절한 것을 〈보기〉에서 모두 고르면?

> 1985년 플라자합의(Plaza Accord) 당시 G5(미국, 영국, 독일, 프랑스, 일본)가 국제수지 불균형을 해소하려는 목적으로 미 달러화 강세를 완화하여 엔화와 달러화의 ____이/가 하락하는 시기에 맞춰 ____와/과 ____을/를 낮추면서 '3저'라는 용어가 처음 등장하였다.
> ____ · ____ · ____이/가 동시에 내려가는 현상을 3저(低)라고 하고, 동시에 올라가는 현상을 3고(高)라고 한다. 한국 경제는 수출지향적 정책을 추진하고 있어 수출구조가 가격경쟁력에 크게 의존하고 있다. 따라서 3고 현상이 나타나면 ____ · ____ · ____이/가 불리하게 작용하여 경제 불황을 야기한다.

보기	
㉠ 유가	㉡ 수입
㉢ 금리	㉣ 환율
㉤ 세율	㉥ 투자

① ㉠, ㉡, ㉣   ② ㉠, ㉢, ㉣
③ ㉡, ㉢, ㉣   ④ ㉢, ㉣, ㉤
⑤ ㉣, ㉤, ㉥

04 국제협동조합연맹(ICA)은 1995년 ICA 100주년 총회에서 '협동조합 정체성에 대한 선언(Statement on the Co-operative Identity)'으로 협동조합 7대 원칙을 발표하였다. 다음에서 설명하는 원칙은?

> • 협동조합의 기본은 공정하게 조성되고 민주적으로 통제된다.
> • 자본금의 일부는 조합의 공동재산이며, 출자배당이 있는 경우에 조합원은 출자액에 따라 제한된 배당금을 받는다.
> • 잉여금은 (1) 협동조합의 발전을 위해 일부는 배당하지 않고 유보금으로 적립, (2) 사업이용 실적에 비례한 편익 제공, (3) 여타 협동조합 활동지원 등에 배분한다.

① 지역사회에 대한 기여   ② 협동조합 간의 협동
③ 자발적·개방적인 협동조합   ④ 조합원에 의한 민주적 관리
⑤ 조합원의 경제적 참여

05 다음 중 농업협동조합법상 농협중앙회의 농업경제사업이 아닌 것은?

① 회원을 위한 구매·판매·제조·가공 등의 사업
② 산지 유통의 활성화 및 구조개선 사업
③ 인삼 경작의 지도, 인삼류 제조 및 검사
④ 회원에 대한 자금 대출
⑤ 회원과 출자법인의 경제사업의 조성, 지원 및 지도

06 다음 중 생산요소시장에 대한 설명으로 옳은 것은?

① 완전경쟁시장에서도 경우에 따라서는 수요독점적 착취가 나타날 수 있다.
② 생산요소공급곡선이 우상향의 형태를 취한다는 것은 한계요소비용이 평균비용보다 작다는 것을 의미한다.
③ 재화의 시장가격이 하락한다는 것은 그 재화의 생산을 위해서 고용되는 생산요소에 대한 수요곡선이 우측으로 이동하는 것을 의미한다.
④ 완전경쟁기업의 경우 한계생산물가치는 한계수입생산물과 동일하게 된다.
⑤ 완전경쟁시장의 경우 임금수준은 한계요소비용과 동일하게 된다.

07 비금융기업이 상품과 서비스를 판매하는 과정에서 관련된 금융상품을 함께 제공하는 것은?

① 레드칩
② 프로젝트 파이낸싱
③ 그림자 금융
④ 임베디드 금융
⑤ 비소구 금융

08 다음 중 본원통화에 대한 설명으로 옳은 것은?

① 은행 밖에 존재하는 모든 현금과 시중은행의 지급준비금을 합한 것이다.
② 은행 밖에 존재하는 모든 현금과 시중은행이 중앙은행에 예치한 예금을 합한 것이다.
③ 은행 밖에 존재하는 모든 현금과 시중은행의 금고에 있는 금액을 합한 것이다.
④ 시중은행 밖에 존재하는 모든 현금과 시중은행이 중앙은행에 예치한 예금을 합한 것이다.
⑤ 시중은행 밖에 존재하는 모든 현금과 중앙은행 금고에 있는 금액을 합한 것이다.

09 다음 중 투자의 이자율 탄력성이 클수록 나타나는 결과로 옳지 않은 것은?

① 고전학파의 견해와 일치한다.
② 투자곡선의 기울기가 작아진다.
③ IS곡선의 기울기가 작아진다.
④ 구축효과가 작아진다.
⑤ 재정정책 효과가 작아진다.

10 다음 중 빈칸 ㉠, ㉡에 들어갈 내용을 바르게 짝지은 것은?

은행과 보험회사, 은행과 증권회사 등 업종이 다른 금융기관들끼리의 업무제휴가 활발히 이루어지는 현상은 ___㉠___ 때문이다. 반면, 은행 간의 합병은 규모가 커짐에 따라 평균 비용이 낮아지는 효과인 ___㉡___ 때문이다.

	㉠	㉡
①	범위의 경제	규모의 경제
②	규모의 경제	범위의 경제
③	규모의 경제	규모의 불경제
④	범위의 경제	네트워크 외부성
⑤	범위의 경제	규모의 불경제

01 다음 중 빅데이터 5V에 해당하지 않는 것은?

① 크기(Volume) ② 속도(Velocity)
③ 정확성(Veracity) ④ 다양성(Variety)
⑤ 타당성(Validity)

02 다음 중 가상현실(VR)의 분야가 아닌 것은?

① MR ② AR
③ SR ④ HR
⑤ XR

03 인터넷상의 서버를 통하여 데이터 저장, 네트워크, 콘텐츠 사용 등 IT 관련 서비스를 한 번에 사용할 수 있는 컴퓨팅 환경은?

① 유비쿼터스(Ubiquitous) ② 스트리밍(Streaming)
③ IoT(Internet of Things) ④ 클라우드(Cloud)
⑤ 알고리즘(Algorithm)

04 다음 〈보기〉에서 제4차 산업혁명에 대한 설명으로 옳지 않은 것을 모두 고르면?

㉠ IT산업의 발달로 인해 등장하게 된 산업혁명을 말한다.

㉡ 이전 산업혁명보다 일자리 창출의 폭이 커질 것으로 기대하고 있다.

㉢ 각 공장기기가 중앙시스템의 제어 없이 수동적으로 작동하는 공장자동화가 실행되었다.

㉣ 정보의 파급력 및 전달속도가 기존 산업혁명보다 더 넓은 범위에서 더 크고 빠르게 진행되고 있다.

① ㉡, ㉢　　　　　　　　　　　　　　② ㉢, ㉣

③ ㉠, ㉡, ㉢　　　　　　　　　　　　④ ㉠, ㉡, ㉣

⑤ ㉡, ㉢, ㉣

05 다음 중 자율주행 자동차의 핵심기술과 그에 대한 설명으로 옳지 않은 것은?

① HDA : 자동차 간 거리를 자동으로 유지해주는 기술

② BSD : 후진 중 주변 차량을 감지하고 경보를 울리는 기술

③ LKAS : 방향 지시등 없이 차선을 벗어나는 것을 보완하는 기술

④ LDWS : 방향 지시등을 켜지 않고 차선을 벗어났을 때 전방 차선의 상태를 인식하는 기술

⑤ ASCC : 차선 이탈 시 핸들 진동, 경고음 등으로 운전자에게 알려 사고를 예방하는 기술

06 다음 중 TCP/IP 4계층에 대한 설명으로 옳지 않은 것은?

① 인터넷 프로토콜 수트(IPS; Internet Protocol Suite)라고도 불린다.

② TCP/IP 4계층은 애플리케이션, 전송, 인터넷, 링크 계층으로 구분된다.

③ 서로 다른 컴퓨터를 연결하고 인터넷 액세스, 데이터 전송 등에 사용하는 프로토콜의 집합이다.

④ 전송 계층은 애플리케이션과 인터넷 계층 사이의 데이터 전달 시 중계 역할을 한다.

⑤ 인터넷 계층에는 FTP, HTTP, SSH, SMTP, DNS 등의 프로토콜이 포함된다.

2021년 기출복원문제

정답 및 해설 p.021

01 | 직무능력평가

01 다음 제시된 문단 뒤에 이어질 내용을 논리적 순서대로 바르게 나열한 것은?

> 아시아 미술시장이 팬데믹(감염병 대유행) 이후 뜨겁게 타오르고 있다. 아시아시장은 지난해 세계 양
> 대 경매사 중 한 곳인 크리스티 낙찰총액의 31%를 차지하며 북미(34%)를 위협할 정도로 성장했다.
>
> (가) 또한 아시아시장 세대교체의 비결에 대해서는 "게임을 비롯한 디지털 기업으로 부유해진 세대
> 가 몰려왔다. 이들은 스스로 번 돈으로 스스로 결정한다. 그림 선택도 남다르다. 젊은 작가들의
> 이미지와 화법을 더 선호한다. 라이프스타일로서 그림을 수집하고, 스트리트(Street) 작가들도
> 선호한다."고 했다.
> 크리스티 등을 통해 세계시장에도 활발하게 참여하는 한국 컬렉터 취향은 매우 동시대적이라
> 고 설명했다. 그는 "서울은 세계에서 손꼽히는 트렌드세터(유행선도자)다. 서양 미술을 매우
> 빨리 받아들이고 문화와 패션도 서양과 동시대로 호흡한다고 느꼈다."고 했다.
>
> (나) 올해는 미국을 중심으로 금융시장 긴축이 예정된 해다. 유동성으로 달아오른 미술시장 거품이
> 꺼지는 해가 될까? 에벌린 린(Evelyn Lin) 크리스티 20 · 21세기 미술 공동대표 · 아시아태평
> 양 지역 부회장은 단호하게 '그렇지 않다.'라고 예측했다. 그는 "금융과 미술시장은 직접 연동
> 되지는 않는다. 미술시장은 특별하고 독립적이다. 2008년 금융위기 때도 데이미언 허스트(영
> 국 현대미술가) 등이 기록 경신을 했다. 지금 미술시장은 젊고 부유한 새 고객이 끊임없이 유입
> 되고 있어 과거와는 다른 시장이다. 게다가 아시아는 런던, 미국 뉴욕보다도 매우 강한 시장이
> 됐다."고 진단했다.
>
> (다) 한국, 그리고 전 세계의 미술시장은 언제나 '새로운 피'를 원하는 것이다. 작년 크리스티에서는
> NFT(대체불가토큰) 경매가 100차례 이상 열려 1억 5,000만 달러(약 1,800억 원) 이상의 판매
> 액을 올렸다. NFT의 미래는 밝을까? "그렇다. 미술시장은 늘 새 아이디어를 찾는다. 미술사
> (史)가 회화, 조각, 비디오아트를 찾아낸 이유다. NFT는 새로운 세대를 상징한다. 미래에는
> 회화처럼 되지 않을까. 작품 자체의 특별한 스타일과 콘셉트가 중요한 판단 가치가 될 것이다.
> 미래 세대의 미술이 될 수 있다."

① (가) - (나) - (다)
② (나) - (가) - (다)
③ (나) - (다) - (가)
④ (다) - (나) - (가)
⑤ (다) - (가) - (나)

N은행의 모바일뱅킹 플랫폼이 고객감동브랜드지수 1위 스마트뱅킹 앱 부문을 6년 연속 석권했다. 이 앱은 '고객의 모든 금융활동을 알아서 해결하는 Solution'이라는 브랜드 철학을 담아 출시한 것으로, 고객 편의를 극대화한 것이 특징이다. 고객들이 오픈뱅킹을 더 편리하게 사용할 수 있도록 메인 화면을 당행 계좌와 다른 은행 계좌로 구분했다. 소비자 요구에 발맞춰 계좌별 잔액보기를 켜고 끌 수 있게 한 것도 눈길을 끈다. 최근에는 고객들이 자산을 더 세부적으로 관리할 수 있도록 등록이나 잔액 등 순서대로 메인 화면을 맞춤 구성할 수 있도록 해 고객들의 호평을 받고 있다.

지난달에 출시한 고자산 고객 전용 서비스도 인기를 끌고 있다. 코로나19로 인해 오프라인 은행 방문이 어려운 고객층에게 모바일 앱을 통해 최적의 포트폴리오를 제안하는 기능을 탑재했다. N은행과 H투자에서 운용되고 있는 자산의 종합 현황 및 수익률 추이도 손쉽게 확인할 수 있다.

지난해에는 개인사업자 및 법인 고객 맞춤형 플랫폼도 출시했다. 영업점을 방문하지 않고도 기업뱅킹 서비스를 가입할 수 있도록 한 게 특징이다. 기업용 인증서를 사용하지 않고 지문과 패턴을 통한 간편 로그인을 지원하는 것도 큰 장점으로 꼽힌다. 관계자는 "앞으로 기업 고객도 개인 뱅킹만큼이나 쉽게 은행 서비스를 이용할 수 있도록 서비스를 계속 발전시켜 나갈 것"이라고 말했다.

이 앱이 고객감동브랜드지수 1위를 고수한 데는 다양한 생활편의 서비스를 제공해 삶의 질을 향상시키고자 노력한 것도 한몫했다. 대표적인 건 '실손보험 빠른청구 서비스'이다. 이를 통해 실손보험 청구 고객은 보험사에 직접 찾아가거나 오랜 시간 전화를 붙잡고 있지 않아도 즉시 실손보험을 청구할 수 있게 됐다. 진단서와 영수증 등을 사진으로 찍어 첨부하면 청구가 가능해졌기 때문이다. 이 서비스는 작년에 출시된 뒤 2만 200여 건이 청구되는 등 큰 인기를 끌고 있다.

또한 N은행은 지난해 코로나19 사태로 어려운 국민을 위해 정부 긴급재난지원금을 앱을 통해 직접 신청 가능하도록 개발했다. 뿐만 아니라 소상공인 지원을 위한 다양한 대출 상품을 빠르게 탑재해 N은행의 따뜻한 금융을 디지털에서 선제적으로 구현했다.

① 재석 : 긴급재난지원금을 이 앱을 통해 신청할 수 있도록 한 것은 코로나 시기에 적절한 서비스였다고 생각해.

② 명수 : 공개된 장소에서 잔액이 나오는 화면이 떠 있는 게 불편했는데 이 앱은 사용자가 잔액 표시 여부를 선택할 수 있어서 좋아.

③ 준하 : 메인 화면에서 당행 계좌와 타 은행 계좌가 통합되어 있어서 한눈에 보기 좋아.

④ 하하 : 저번에 이 앱을 통해 실손보험을 신청했는데, 직접 보험사에 방문하는 것보다 빠르게 할 수 있어서 좋아.

⑤ 홍철 : 요즘 개인화를 목표로 하는 상품들이 많이 등장하고 있는데, 이 앱도 그 트렌드에 맞춰 메인 화면을 자신에게 필요한 것으로 직접 구성할 수 있어서 좋아.

※ A씨는 매달 30만 원을 납입하는 적금 상품에 가입하고자 한다. A씨가 현재 가입 가능한 적금 상품에 대한 정보가 다음과 같을 때, 이어지는 질문에 답하시오(단, 〈조건〉에 맞추어 계산한다). [3~4]

〈적금 상품〉

구분	기간	상품	기본금리	우대사항	우대금리
K은행	5년	단리 상품	연 5.0%p	App 가입 시	연 2.0%
K은행	5년	복리 상품	연 2.0%p	App 가입 시	연 4.0%
C은행	5년	단리 상품	연 6.0%p	적금 가입 시	연 1.5%
C은행	5년	복리 상품	연 3.0%p	적금 가입 시	연 2.0%
W은행	5년	단리 상품	연 6.5%p	보험 가입 시	연 0.5%

조건

- $(1.02)^{\frac{1}{12}} = 1.002$, $(1.03)^{\frac{1}{12}} = 1.003$, $(1.05)^{\frac{1}{12}} = 1.004$, $(1.06)^{\frac{1}{12}} = 1.005$
- $(1.02)^{\frac{61}{12}} = 1.106$, $(1.03)^{\frac{61}{12}} = 1.162$, $(1.05)^{\frac{61}{12}} = 1.281$, $(1.06)^{\frac{61}{12}} = 1.345$

03 A씨가 별도 상품 가입 없이 예금한다고 할 때, 만기 환급액이 가장 높은 적금 상품은?(단, 십 원 단위에서 반올림한다)

① K은행 단리 상품
② K은행 복리 상품
③ C은행 단리 상품
④ C은행 복리 상품
⑤ W은행 단리 상품

04 A씨가 우대사항에 해당되는 모든 상품 가입까지 고민하여 예금한다고 할 때, 만기 환급액이 가장 많은 적금 상품과 적은 금액의 차이는?(단, 십 원 단위에서 반올림한다)

① 921,100원
② 942,500원
③ 1,031,300원
④ 1,200,500원
⑤ 1,124,000원

05 제시된 명제가 모두 참이라고 할 때, 빈칸에 들어갈 말로 가장 적절한 것은?

- 영화를 좋아하는 사람은 모두 책을 좋아한다.
- 연극을 좋아하는 사람은 모두 책을 좋아하지 않는다.
- _____
- 영화를 좋아하는 사람은 모두 뮤지컬을 좋아하지 않는다.

① 연극을 좋아하는 사람은 모두 영화를 좋아한다.

② 뮤지컬을 좋아하는 사람은 모두 연극을 좋아한다.

③ 책을 좋아하는 사람은 모두 뮤지컬을 좋아한다.

④ 뮤지컬을 좋아하지 않는 사람은 모두 연극을 좋아한다.

⑤ 영화를 좋아하는 사람은 뮤지컬을 좋아하는 사람이다.

06 제시된 명제가 모두 참이라고 할 때, 빈칸에 들어갈 말로 적절하지 않은 것은?

- 우산을 선호하는 사람은 장화를 선호한다.
- 우비를 선호하는 사람은 장화를 선호하지 않는다.
- _____

① 우산을 선호하는 사람은 우비를 선호하지 않는다.

② 우비를 선호하는 사람은 우산을 선호하지 않는다.

③ 장화를 선호하는 사람은 우비도 선호한다.

④ 장화를 선호하지 않는 사람은 우산을 선호하지 않는다.

⑤ 장화를 선호하는 사람은 우비를 선호하지 않는다.

07 다음은 연구원들의 성과급 지급 체계에 대한 자료이다. 제시된 기준에 따라 포장재연구팀 연구원들에게 성과급을 지급할 때, 가장 많은 성과급을 지급받을 연구원은?

<연구원 성과급 지급 기준>

• 성과급은 전년도 연구 종합기여도에 따른 지급률에 기본급을 곱한 금액을 지급한다.

구분	A등급	B등급	C등급	D등급
지급률	40%	35%	25%	20%

• 연구원 학위별 기본급은 다음과 같다.

구분	학사	석사	박사
성과급	200만 원	240만 원	300만 원

• 전년도 종합기여도는 성과점수 구간에 따라 다음과 같이 산정된다.

구분	90점 이상 100점 이하	80점 이상 90점 미만	72점 이상 80점 미만	72점 미만
종합기여도	A등급	B등급	C등급	D등급

• 성과점수는 개인연구점수, 팀연구점수, 전략기여점수 가점 및 벌점을 합산하여 산정한다.
 – 개인연구점수, 팀연구점수는 각각 100점 만점으로 산정된다.
 – 전략기여점수는 참여한 중점전략프로젝트의 개수에 3을 곱하여 산정한다.
 – 성과점수는 '(개인연구점수)×60%+(팀연구점수)×40%+(전략기여점수)+(가점)−(벌점)'이다.

• 가점 및 벌점 부여기준
 – 전년도 수상내역 1회, 신규획득 자격증 1개당 가점 2점 부여
 – 전년도 징계내역 1회당 다음에 따른 벌점 부여

구분	경고	감봉	정직
벌점	1점	2점	4점

<포장재연구팀 성과평가>

구분	학위	개인연구점수	팀연구점수	중점전략프로젝트 참여개수	전년도 상·벌
A	석사	75	85	2	경고 1회
B	박사	80	80	1	–
C	석사	65	85	–	자격증 1개
D	학사	90	75	–	–
E	학사	75	60	3	수상 1개

① A ② B
③ C ④ D
⑤ E

※ 다음은 N은행 대출상품 이용 고객 중 일부 고객에 대한 자료이다. 이어지는 물음에 답하시오. [8~10]

<대출고객 정보>

구분	신용등급	대출상품	대출상환 기간	대출금액
A고객	5	X	2018.8. ~ 2023.7.	4,000만 원
B고객	4	Y	2020.5. ~ 2023.4.	7,000만 원
C고객	6	Y	2019.12. ~ 2022.11.	3,000만 원
D고객	3	Z	2021.1. ~ 2021.12.	5,000만 원
E고객	6	X	2019.4. ~ 2023.3.	6,000만 원

<대출상품별 정보>

구분	이자율	대출가능 신용등급	중도상환 수수료 유무	중도상환 수수료율	중도상환수수료 면제대상
X상품	5,000만 원 이하 12.5% 5,000만 원 초과 16.9%	5등급 이상	무	–	–
Y상품	3,000만 원 이하 11.8% 3,000만 원 초과 19.4%	6등급 이상	유	15.8%	총대출기간 1년 미만 또는 남은 대출기간 1년 미만
Z상품	8,000만 원 이하 8.8% 8,000만 원 초과 14.4%	4등급 이상	유	12.2%	없음

※ A고객, B고객, C고객, D고객, E고객 모두 원리금균등상환 방식이다.
※ 중도상환수수료율은 남은 대출원금에 대해서만 부과한다.

08 신입직원이 실수로 대출고객 정보를 잘못 기입했다. 어느 고객의 정보인가?

① A고객 ② B고객
③ C고객 ④ D고객
⑤ E고객

09 2021년 9월 현재, 총대출기간 중 절반 이상 지난 고객은 올해 10월에 중도상환을 하기로 하였다. 다음 중 해당하지 않는 고객은?(단, E고객의 신용등급은 5등급이다)

① A고객 ② B고객
③ C고객 ④ D고객
⑤ E고객

10 2021년 9월 현재, 모든 고객이 중도상환을 신청하였다. 예상되는 중도상환수수료는 총 얼마인가? (단, 고객마다 중도상환수수료 계산 시 천의 자리에서 버림한다)

① 748만 원 ② 891만 원
③ 993만 원 ④ 1,014만 원
⑤ 1,102만 원

11 G고등학교에서 5명의 학생 A~E가 달리기 시합을 한 후, 등수에 대해 다음과 같이 대화를 나누었다. 이 중 1명의 진술은 거짓이라고 할 때, 다음 중 옳은 것은?

> A : A는 1등이고, C는 E보다 등수가 높다.
> B : C는 A보다는 등수가 낮고, D와 C의 등수 차이는 2이다.
> C : B는 D보다는 등수가 높지만, E보다는 낮다.
> D : D가 B보다 등수가 높다.
> E : D는 C보다 등수가 낮으며, 4등이다.

① C가 3등이다.
② C가 2등이다.
③ B가 4등이다.
④ E가 4등이다.
⑤ B가 2등이다.

12 K초등학교 5명의 학생 A~E가 소풍을 가기 위해 일렬로 서 있다. 줄의 순서에 대해 5명의 학생이 다음과 같은 대화를 나누었는데, 이 중 1명의 진술만 거짓이다. 다음 중 옳은 것은?

> A : 나는 E와 B의 사이에 있어.
> B : 나는 맨 마지막에 서 있고 A는 내 앞에 서 있어.
> C : B는 A보다 앞에 서 있어.
> D : 내 바로 앞에는 C가 있고, B와 나 사이에는 두 명이 있어.
> E : 나는 A보다 앞에 서 있어.

① C가 두 번째다.
② D가 세 번째다.
③ E가 첫 번째다.
④ A가 네 번째다.
⑤ B의 진술은 거짓이다.

※ 다음은 N은행의 성과급 지급 제도에 대한 자료이다. 이어지는 질문에 답하시오. [13~14]

〈성과급 지급 제도〉

- (성과급 지급액)=(직급별 기본급)×(성과급 지급비율)
- 성과급 지급비율은 평가등급에 따라 결정된다.
- 평가점수는 100점 만점으로 산정되며 다음과 같은 비율과 가중치로 결정된다.
  항목별 점수는 항목별 만점에 등급에 따른 가중치를 곱하여 산출한다.
  - 항목별 만점

구분	난이도평가	중요도평가	신속성	총점
30	20	30	20	100

  - 각 항목에 대한 등급별 가중치

구분	실적	난이도평가	중요도평가	신속성
1	1	1	1	1
2	0.8	0.8	0.8	0.8
3	0.6	0.6	0.6	0.6
4	0.4	0.4	0.4	0.4

- 직급별 기본급

(단위 : 천 원)

구분	사원	주임	대리	과장	차장	팀장	부장
기본급	2,000	2,200	2,800	3,500	3,800	4,200	5,500

- 성과평가 결과에 따른 성과급 지급액

구분	평가점수 구간	성과급 지급비율
A	85점 이상	0.8
B	75점 이상 85점 미만	0.6
C	65점 이상 75점 미만	0.4
D	55점 이상 65점 미만	0.2
E	55점 미만	0

〈N은행 해외사업팀 팀원들의 개인 성과평가 등급〉

구분	실적	난이도평가	중요도평가	신속성
김사원	1	3	2	1
최주임	2	2	3	4
박대리	4	1	2	2
임과장	3	1	1	4
장차장	3	4	1	3

13 N은행의 성과급 지급 제도에 따를 때, 다음 중 N은행 해외사업팀 팀원들이 가장 많이 부여받을 평가등급으로 옳은 것은?

① A등급
② B등급
③ C등급
④ D등급
⑤ E등급

14 다음 중 N은행 해외사업팀 팀원들 중 최대성과급 수령액과 최저성과급 수령액의 차이는?

① 910,000원
② 1,050,000원
③ 1,100,000원
④ 1,220,000원
⑤ 1,300,000원

15 다음은 농협의 행복이음정기적금 상품에 대한 내용이다. A고객이 본 상품에 가입 후 만기시점에 받을 세전 금액의 합은?(단, 상품은 비과세ㆍ단리 상품이다)

- 상품특징 : 도시와 농촌이 상생할 수 있도록 맺고 이어주는 금융상품
- 가입자격 : 실명의 개인
- 대상과목 : 정기적금
- 가입금액 : 최소 가입금액 1만 원 이상(불입한도 없음)
- 기본이율 : 연 2%
- 계약기간 : 1년 이상 3년 이내 연 단위(계약기간 연장 불가)
- 우대이율(연 %p, 세전)

  우대조건을 충족하고 이 예금을 만기해지하는 경우 해당 우대이율을 기본 이율에 추가하여 제공
  단, 우대조건 범위 내에서 농ㆍ축협별로 적용하되 우대이율의 최고한도는 연 0.7%p 이내로 적용

우대조건	우대금리
1. 조합원(준조합원 포함) 우대금리	0.1%p
2. 가족 동반가입 우대	0.1%p
3. 행복이음 패키지 보유고객	0.1%p
4. 가입월부터 만기전전월까지 농ㆍ축협 채움/BC카드주 승인실적 300만 원 이상(현금서비스 제외)	0.1%p
5. 가입월부터 만기전전월까지 경제사업이용실적주 100만 원 이상	0.1%p
6. 농ㆍ축협별 자체 우대(하나로 가족고객, 공과금 이체 등)	0.2%p

〈A고객의 가입내역〉

- 기간 : 3년
- 금액 : 월 100만 원
- 기타 : 행복이음 패키지 보유, 준조합원, 해당 지점 계좌로 공과금 이체

① 36,221,000원   ② 36,462,000원

③ 37,221,000원   ④ 37,332,000원

⑤ 37,452,000원

01 다음 〈보기〉에서 조합원 의결권에 대한 내용으로 적절하지 않은 것을 모두 고르면?

보기

㉠ 조합원은 출자금에 따라 의결권의 수를 차등적으로 부여받는다.
㉡ 주식회사와 비교할 때, 조합이 어떠한 결정을 내릴 때보다 민주적 진행이 가능하다.
㉢ 소수에 의해 전체적인 경영이 이루어진다.
㉣ 어떠한 문제에 대한 결정에 있어 주식회사보다 신속한 결정이 가능하다.

① ㉠, ㉢   ② ㉡, ㉣
③ ㉠, ㉢, ㉣   ④ ㉡, ㉢, ㉣
⑤ ㉠, ㉡, ㉢, ㉣

02 다음 중 농협이 기존에 진행해왔던 일방향적인 농업·농촌운동과 달리 도시와 농촌의 일대일 쌍방향 소통 및 교류를 중점으로 진행하는 농업·농촌운동에 해당하는 것은?

① 디지털 새마을 운동
② 농산어촌 유토피아 마을
③ 농촌사랑 1사1촌 자매결연
④ 농업농촌 탄소중립 실천운동
⑤ 또 하나의 마을 만들기 운동

03 다음 중 농산어촌 유토피아에 대한 설명으로 적절한 것은?

① 전국 농촌지역을 대상으로 2022년부터 시범 시행되는 사업이다.
② 기존의 낙후된 농촌들을 중심으로 다양한 지원 사업을 펼쳐 농촌에 활력을 불어넣는 사업이다.
③ 마을개발, 주거, 교육, 문화, 복지, 인프라향상, 일자리지원, 지역역량강화 등의 사업 중 각 마을이 필요로 하는 사업을 개별적으로 선택하여 지원받는 사업이다.
④ 농촌유학생은 홈스테이형, 지역센터형, 가족체류형 중 하나의 형태로 농촌지역에 체류할 수 있다.
⑤ 농촌유학생은 교육청을 통해 지원금을 지원받을 수 있으며, 해당 지원금이 종료될 경우 농촌유학 또한 종료된다.

04 다음 〈보기〉에서 도시농업에 대한 설명으로 적절한 것을 모두 고르면?

> **보기**
> ㉠ 도시농업의 추진 목적은 귀농·귀촌하는 도시민들의 농촌지역에서의 성공적인 정착을 위한 경제적 지원에 있다.
> ㉡ 코로나19 이후 도시농업은 도시에서 직접 작물을 재배하여 판매함으로써 수익을 창출해내는 사업으로 인식이 변화되었다.
> ㉢ 도시농업은 청년층을 대상으로 도시농업 전문인력을 양성하기 위해 전문교육을 실시하고 있다.
> ㉣ 도시농업 사업은 현재 먹거리 재배뿐만 아니라 미래 먹거리 개발도 추진하고 있다.

① ㉢
② ㉣
③ ㉠, ㉡
④ ㉡, ㉣
⑤ ㉢, ㉣

05 다음 〈보기〉에서 농협 역사에 대한 내용으로 적절한 것을 모두 고르면?

> **보기**
> ㉠ 1962년부터 농협은 식량 증산을 위해 농촌지역에 비료, 농약, 영농자재 등의 공급을 정부에 요구했다.
> ㉡ 1969년 농협은 농가의 경제적 문제 해소와 농촌지역의 물가 안정을 위해 중앙부 운영 방식의 소매점을 설립하였다.
> ㉢ 1980년 농협은 농기계 이용에 있어 경제적인 어려움을 겪고 있는 농가들을 위해 농기계 구입을 위한 대출을 확대하거나 공동으로 농기계를 이용할 수 있도록 사업을 추진하였다.
> ㉣ 1990년 농협은 농가소득의 증대를 위해 농축산물시장 개방에 힘썼으며, 농산물의 해외유통을 위한 사업을 추진하였다.

① ㉠, ㉡
② ㉠, ㉣
③ ㉡, ㉢
④ ㉡, ㉣
⑤ ㉢, ㉣

06 다음은 A국가와 B국가의 로렌츠곡선과 완전균등선을 나타낸 그래프이다. 그래프를 통해 알 수 있는 내용으로 적절하지 않은 것은?

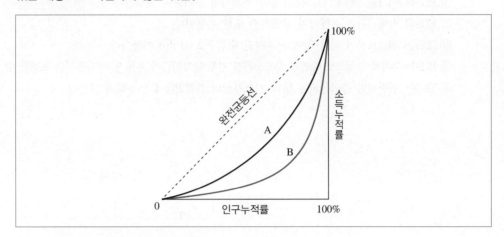

① A국가의 소득불평등 수준이 B국가보다 낮다.

② A국가의 지니계수는 B국가의 지니계수보다 1에 더 가깝다.

③ 지니계수는 1에 가까울수록 소득불평등 수준이 높아진다.

④ B국가의 로렌츠곡선은 소수의 인구가 높은 소득비율을 가지고 있다고 볼 수 있다.

⑤ A국가의 로렌츠곡선은 인구누적률에 따른 소득비율이 비교적 균등하다고 볼 수 있다.

07 다음 중 금리선물에 대한 설명으로 적절하지 않은 것은?

① 금리선물은 기초자산인 금리를 거래대상으로 한다.

② 금리선물의 대표적인 상품으로는 미국의 단기, 중기, 장기 국채, 유로달러, 미국지방채 인덱스 등이 있다.

③ 금리선물은 통상적으로 선물에는 만기가 있지만, 현물 상품에는 만기가 없다.

④ 금리선물은 만 1년을 기준으로 그 이하를 단기금리선물이라고 하고, 그 이상을 장기금리선물이라고 분류한다.

⑤ 금리선물거래는 주로 금융자산의 가격변동리스크를 헤지(Hedge)하기 위하여 장래 일정시점에서 예상이자율을 매매하는 거래를 말한다.

08 다음 중 ELS(주가연계증권)에 대한 설명으로 적절한 것은?

① ELS는 이자율, 통화, 금, 원유 등과 연계하여 수익률이 결정된다.

② ELS의 발행기관은 은행이며 판매기관 또한 은행이다.

③ ELS는 원금보장이 되어 있어 보수적인 수익구조 실현이 가능하다.

④ ELS는 투자자 요청으로 증권을 중도상환할 경우 투자원금의 손실 및 평가손실을 초래할 수 있다.

⑤ ELS는 일반적인 증권들과는 달리 기초자산의 가격변동에 연동되지 않는다.

09 다음 중 증권시장에서 공개매수에 대한 설명으로 적절하지 않은 것은?

① 공개매수란 주로 경영권을 지배하기 위한 목적으로 적대적 M&A전략으로 사용된다.

② 공개매수는 매입 희망자가 매입기간, 주식 수, 가격을 공표해서 증권시장 밖에서 공개적으로 매수하는 방법이다.

③ 공개매수를 할 경우 매수희망자는 보통 시가보다 비싼 가격으로 주식을 매입한다.

④ 공개매수는 영문으로 Take Over Bid(TOB) 또는 Tender Offer라고 한다.

⑤ 공개매수는 증권시장 내에서 매입기간, 주식 수, 가격이 공표된 이후 거래가 시작된다.

10 다음 중 소득효과와 대체효과의 발생에 대한 설명으로 적절하지 않은 것은?

① 상품의 가격하락이 소비자의 실질소득을 증가시켜 그 상품의 구매력이 늘게 된다.

② 상품의 가격하락이 소비자의 명목소득을 증가시켜 그 상품의 구매력이 늘게 된다.

③ 기존의 품질이 우수하고 가격이 높은 상품의 가격이 하락하면, 품질과 가격이 약간 떨어지는 대체상품의 수요량이 낮아진다.

④ 이러한 효과들은 경제학자 힉스에 의해 주장되었고 주로 소득분배이론에 응용된다.

⑤ 국제무역 분석에서 가격이 불변인 경우 소득이 증가하면 수입이 증가하는 관계가 발생한다.

11 다음 중 채권가격의 변동성에 대한 설명으로 적절하지 않은 것은?

① 채권의 가격은 채권수익률과 역의 관계이다.

② 채권의 만기가 길수록 채권가격의 변동폭은 작아진다.

③ 채권의 변동폭은 만기가 길어질수록 증가하나 그 증가율은 체감한다.

④ 만기가 일정할 때 채권수익률의 하락으로 인한 가격상승폭은 같은 폭의 채권수익률 상승으로 인한 하락폭보다 크다.

⑤ 표면이자율이 낮은 채권이 큰 채권보다 일정한 수익률 변동에 대한 가격변동폭이 크다.

12 다음 빈칸 A ~ D에 해당하는 용어가 바르게 짝지어진 것은?

> - __A__ 은/는 실질적인 증자와 달리 자본의 구성과 발행주식 수만 변경하는 형식적인 증자이다.
> - __B__ 은/는 기업이 신주를 발행해 주주로부터 자금을 납입받아 자본금을 늘리는 것을 말한다.
> - __C__ 은/는 주식의 매입 희망자가 매입기간, 주식 수, 가격을 공표해서 증권시장 밖에서 공개적으로 매수하는 방법이다.
> - __D__ 은/는 주식회사가 주주에 대한 이익배당으로 현금 대신 이에 상당하는 신주를 발행하여 배당하는 것이다.

① A – 무상증자   ② A – 주식배당

③ B – 신주발행   ④ C – 유상증자

⑤ D – 옵션거래

13 다음 밑줄 친 내용과 바꾸어 쓸 수 있는 용어는?

> 〈예보, 우리금융 지분 2.2% 블록딜로 매각 … 2,400억 원 회수〉
> 지난 11일 예금보험공사가 우리금융지주 지분 2.2%를 주식시장 개장 전 시간 외 대량매매 방식으로 매각했다고 밝혔다. 이를 통해 회수한 공적자금은 2,392억 원이며, 우리금융 공적자금 회수율은 96.6%에서 98.5%로 1.9%p 상승했다. 이번 거래는 M증권, S증권, JP증권이 주관했다. 이는 지난해 우리금융지주의 사실상 완전 민영화 달성 이후 예보가 보유한 잔여지분 5.8% 중 일부를 매각한 것이라고 예보 측은 전했다.

① 블록 세일(Block Sale)   ② 그린 닥(Green DAQ)

③ 오픈 API(Open API)   ④ 딜러 론(Dealer Loan)

⑤ 그린 슈트(Green Shoots)

14 다음 중 집합투자기구에 대한 설명으로 적절하지 않은 것은?

① 자본시장과 금융투자업에 대한 법률상으로 집합투자기구는 통칭 펀드(Fund)이다.

② 집합투자기구란 집합투자를 수행하기 위한 기구를 뜻한다.

③ 집합투자기구의 법적 형태는 회사형, 신탁형, 조합형으로 분류 가능하다.

④ 집합투자기구의 환매권을 투자자에게 준다면 폐쇄형 집합투자기구이다.

⑤ 일반적인 집합투자기구는 환매권을 인정하지만 특수한 경우에는 환매권을 제한할 수 있다.

15 다음 중 공매도에 대한 설명으로 적절하지 않은 것은?

① 공매도는 특정 종목의 주가가 하락할 것으로 예상될 때 하는 전략이다.

② 공매도는 단기간 주가 하락 효과를 나타낸다.

③ 한국에서는 무차입 공매도를 채택하고 있다.

④ 결제 불이행이 발생하면 시장 체계에 혼란이 온다.

⑤ 결제 불이행을 막기 위해 일정한 담보를 제공하기도 한다.

16 다음 중 완전경쟁시장과 독점시장에 대한 설명으로 적절하지 않은 것은?

① 완전경쟁시장에서의 개별 경제주체는 가격에 영향을 줄 수 없고, 시장에서 결정된 가격에 따라서 소비와 생산을 결정한다.

② 독점시장에서는 생산자 간의 경쟁이 전혀 나타나지 않으며, 생산자는 생산량 혹은 가격을 자신의 이윤이 가장 커지도록 조절한다.

③ 완전경쟁시장에서는 한계비용과 한계수입이 시장에서 결정된 가격과 같다.

④ 독점시장에서는 한계비용과 한계수입이 시장에서 결정된 가격보다 낮다.

⑤ 개별 경제주체 관점에서 완전경쟁시장의 수요곡선은 우하향하며, 독점시장의 수요곡선은 수평이다.

17 다음 〈보기〉는 환율에 대한 설명이다. 빈칸 A ~ D에 들어갈 용어를 바르게 짝지은 것은?

> **보기**
>
> • __A__ 은/는 명목환율에 실제 구매력까지 반영하여 조정한 환율이다.
> • __B__ 은/는 외환시장에서 매일 고시되는 국제 통화 간 환율을 말한다.
> • __C__ 은/는 교역상대국의 명목환율을 교역량 등으로 가중평균한 환율이다.
> • __D__ 은/는 교역상대국의 물가지수 변동까지 감안해 만든 환율이다.

	A	B	C	D
①	명목환율	실질실효환율	실질환율	명목실효환율
②	명목환율	실질환율	명목실효환율	실질실효환율
③	실질환율	명목환율	명목실효환율	실질실효환율
④	실질환율	명목환율	실질실효환율	명목실효환율
⑤	명목실효환율	실질환율	실질실효환율	명목환율

18 다음 중 이자율 상승이 가격효과에 미치는 영향으로 적절하지 않은 것은?

① 이자율이 상승하면, 차입자의 소득효과는 감소한다.
② 이자율이 상승하면, 차입자의 대체효과는 증가한다.
③ 이자율이 상승하면, 저축자는 대체효과에 의해 현재소비가 감소한다.
④ 이자율이 상승하면, 저축자는 대체효과에 의해 미래소비가 증가한다.
⑤ 이자율이 상승하면, 미래소비는 증가하나 현재소비는 증가하거나 감소한다.

01 다음 〈보기〉의 내용 중 적절하지 않은 것을 모두 고르면?

> 보기
>
> ㉠ 빅데이터란 디지털 환경에 들어서면서 단일화된 형태로 단시간 동안 생성된 막대한 양의 데이터를 말한다.
> ㉡ 블록체인은 데이터를 변형시키거나 거짓으로 생성하는 데이터 해킹수법을 막기 위하여 모든 데이터를 하나의 서버에서 전적으로 관리하는 기술을 말한다.
> ㉢ 사물인터넷은 인터넷을 통해 유형의 사물들 상호 간 데이터를 공유하는 기술로, 이를 통해 이용자들은 별도의 조작 없이도 편리한 서비스를 제공받을 수 있다.
> ㉣ 인공지능은 인간의 개입 없이도 컴퓨터 스스로가 학습하고 판단하여 이를 결정하는 지능을 말한다.

① ㉠, ㉡   ② ㉡, ㉢
③ ㉢, ㉣   ④ ㉠, ㉡, ㉢
⑤ ㉠, ㉢, ㉣

02 다음 중 사람들이 습관적 혹은 반복적으로 행하는 패턴에 대한 자료를 수집하고 분석하여 이를 바탕으로 맞춤형 콘텐츠를 제시해주는 기술은?

① 만물인터넷   ② 사물인터넷
③ 소물인터넷   ④ 행동인터넷
⑤ 협대역사물인터넷

03 다음 자료의 빈칸에 들어갈 말로 가장 적절한 것은?

> 아마존에서 시행 중인 북매치(Bookmatch) 기능은 소비자들로 하여금 여러 책들에 대해서 평가를 하도록 하여, 각 소비자들의 평가 결과를 바탕으로 소비자 개개인의 취향을 파악해 관심 있을 만한 책을 소개해주는 서비스이다. 이는 상품과 상품 간의 _____을 기반으로 만들어진 기능으로, 이를 통해 아마존은 고객 개개인에게 맞춤형 서비스를 제공할 수 있게 되었다.

① 근접성   ② 상대성
③ 유사성   ④ 절대성
⑤ 총체성

04 다음 중 하나의 앱이 다른 여러 기능을 지원하고 있어, 타 앱의 추가 설치 없이도 하나의 앱으로 다양한 기능을 이용할 수 있게 하는 앱은?

① 웹 앱(Web App)

② 슈퍼 앱(Super App)

③ 킬러 앱(Killer App)

④ 해로드 앱(OceanRoad App)

⑤ 하이브리드 앱(Hybrid App)

05 다음 〈보기〉에서 규제 샌드박스에 대한 설명으로 적절한 것을 모두 고르면?

> **보기**
>
> ㉠ 신제품 및 서비스 산업의 양성을 활발하게 하기 위한 제도이다.
> ㉡ 신제품 및 서비스 출시에 따른 기존 제품 및 서비스의 생존권 보호를 위한 제도이다.
> ㉢ 신제품 및 서비스라 하더라도 사람의 생명과 안전에 위협을 줄 경우 규제 대상이다.
> ㉣ 신제품 및 서비스 출시 시 기존 법령이나 규제 한도를 벗어나더라도 이에 대한 규제를 완화해주는 제도이다.

① ㉡

② ㉠, ㉢

③ ㉠, ㉣

④ ㉡, ㉢

⑤ ㉠, ㉢, ㉣

06 대량의 주식 거래 시 발생할 수 있는 주가의 급등락으로 인해 시장이 영향을 받지 않도록, 대량의 주식 거래에서 해당 지분을 주식 장 마감 이후 인도하는 제도는?

① 블록 딜(Block Deal)

② 오버행(Overhang)

③ 로스 컷(Loss Cut)

④ 공매도(Short Stock Selling)

⑤ 숏 커버링(Short Covering)

07 다음 〈보기〉에서 사물인터넷(IoT; Internet of Things)에 대한 설명으로 적절한 것을 모두 고르면?

> **보기**
>
> ㉠ 인터넷 없이도 사물 간의 정보 공유가 가능한 기술이다.
> ㉡ 물리적 센서가 부착된 사물에 한해 사물 간의 정보 공유가 가능하다.
> ㉢ 사물 간의 자율적인 정보 공유를 위해서 일정부분 사람의 개입이 필요하다.
> ㉣ 시간과 장소, 사물의 형체 유무에 관계없이 인터넷 공간을 통해 각 사물 간 데이터를 공유하는 인터넷 환경을 말한다.

① ㉠, ㉡
② ㉡, ㉣
③ ㉠, ㉡, ㉣
④ ㉠, ㉢, ㉣
⑤ ㉠, ㉡, ㉢, ㉣

08 다음 중 네트워크 슬라이싱(Network Slicing)에 대한 설명으로 적절한 것은?

① 물리적인 하나의 네트워크 인프라를 이용자 수에 따라 여러 개의 가상 네트워크로 나누어 제공하는 기술을 말한다.
② 물리적인 하나의 네트워크 인프라를 기능별로 여러 개의 종속적인 가상 네트워크로 분리하는 기술을 말한다.
③ 물리적인 하나의 네트워크 인프라를 기능에 따라 나누어 여러 개의 독자적인 네트워크를 구축하는 기술을 말한다.
④ 다수의 이용자가 사용하고 있는 각각의 가상 네트워크를 하나로 합쳐 하나의 물리적인 네트워크 인프라를 구축하는 기술을 말한다.
⑤ 제공하는 서비스가 상이한 여러 개의 가상 네트워크를 하나로 합쳐 하나의 물리적인 네트워크 인프라를 구축하는 기술을 말한다.

정답 및 해설 p.032

01 | 직무능력평가

01 다음은 최근 농촌에서 부각되고 있는 문제 중 하나에 대한 자료이다. 자료에 핵심적으로 나타난 농촌 문제로 가장 적절한 것은?

> 충청남도가 최근 농촌 문제의 해결사로 불리는 '맞춤형 농작업지원단'을 확대 운영한다. 농작업지원단은 농가의 소규모 경운작업과 영농철 농촌 문제를 해소하기 위해 맞춤형 농작업을 지원하는 사업이다. 소규모 고령농가에는 밭작물, 수도작에 필요한 농기계 작업을 지원하고 작업료 70%를 지원한다. 과수 및 시설채소 등 전업농가에는 파종, 적과, 수확 등 농작업에 필요한 인력을 중개하고 교통비와 간식비, 마스크 구입비 및 상해보험 가입을 지원한다.
> 도는 2018년 5개 시군 5개소를 시작으로 올해 14개 시군 82개소로 확대 운영 중이며 내년에는 충남권역 전 농협으로 확대할 방침이다. 지난해의 경우 소규모 고령농가 2,252ha, 5,987농가에 농기계 작업을 지원했고 대규모 전업농가에는 35만 4,490명의 인력을 중계하기도 했다.
> 올해 개선사항으로는 농기계 작업 지원을 '1ha 이하, 65세 이상' 기준에서 여성농가주, 기초생활수급자, 재해피해농가 등으로 확대하여 사회적 약자를 배려했다. 또 '밭작물'에 한해 농기계 작업을 지원해주던 것을 '수도작'도 포함해 범위를 넓혔다. 일손이 필요한 농가는 시군 농정 부서나 해당 지역농협에 문의·신청하면 된다. 농기계 작업 지원 및 전문 인력으로 활동하고 싶은 대상자 역시 지역농협에 신청하면 관련 교육을 거쳐 작업자로 활동할 수 있다. 도 관계자는 "코로나19 장기화에 따라 국내외 인력 수급문제가 심화되고 있다."며 "도는 맞춤형 농작업지원단을 지속적으로 확대 운영, 적기에 영농활동이 이뤄질 수 있도록 노력하겠다."라고 말했다.
> 한편, 우려와 달리 코로나19가 확산되면서 대도시 중심의 고밀도 주거문화에서 벗어나 저밀도 주거형태로 전환해야 한다는 데 공감대가 높아져 농촌이 주목받을 잠재력도 있다. 하지만 실질적인 인구 증가를 기대하기 위해선 개선해야 할 문제도 산적해 있다. 의료서비스나 문화여가시설 등 필수적인 생활서비스에 대한 접근성이 낮고, 농촌환경을 해치는 무분별한 개발행위도 여전히 나타나고 있어서다. 코로나19의 확산은 농촌의 잠재력을 높였지만 교육과 보건·복지 분야에서 농촌의 취약성을 노출시키기도 했다. 이런 문제를 극복하기 위해 농촌공간을 계획적이고 체계적으로 정비하는 농촌재생사업도 병행될 예정이다.

① 시설낙후 문제 ② 도농 소득격차
③ 일손부족 문제 ④ 환경오염 문제
⑤ 빈집활용 문제

02 다음은 코로나19와 관련하여 본 한국 경제에 대한 전망이다. 이를 읽고 추론한 내용으로 가장 적절한 것은?

> 코로나19 팬데믹으로 촉발된 온택트(Ontact) 시장의 고성장이 예상된다. 일부 분야에서 낮은 진입 장벽으로 인한 과당 경쟁과 팬데믹의 추세적 완화로 인한 수요 정체로 성장의 한계에 직면할 것으로 예상되었으나 물리적 이동성이 제약되면서 다양한 온택트 분야들이 급부상 중이다. 온택트 시장의 대표적인 분야는 비대면 온라인 소비 시장으로, 감염에 대한 심리적 불안감이 확산되면서 시장 규모가 빠르게 증가하고 있다. 온택트 확산의 영향은 서비스 시장을 넘어 상품 시장으로 범위를 확대하고 있는데, 최근 ICT 관련 제품의 수출이 호조를 보이는 이유가 여기에 있다고 판단된다. 다만, 온택트 시장의 성장도 근본적인 한계를 가질 수밖에 없기 때문에 분야별로 명암이 엇갈릴 것으로 전망된다.
>
> 코로나19로 인한 경제위기에 직면하여 정책 당국의 대규모 유동성 확대 정책이 지속되는 것은 불가피하나, 주식 및 부동산 등의 자산시장 버블과 3대 경제주체들의 부채 급증 확대가 경제의 건전성을 약화시킬 것으로 전망된다. 2021년에도 팽창적 통화정책과 확장적 재정정책 기조가 유지되면서 시중 과잉유동성이 확대될 것으로 예상된다. 정부의 유동성 공급이 투자 등 실물경제의 활성화로 이어지는 것이 바람직하나, 사상 초유의 경제위기로 정상 수익률이 보장되기 어려워 시중 풍부한 유동성의 자산시장 유입 동기는 확대될 것으로 예상된다. 과잉유동성 이슈의 핵심은 가계, 기업의 민간 경제주체들의 부채가 급증한다는 점이며, 민간의 신용 과다는 금융시장을 외부 충격에 취약하게 만들어 경제의 건전성을 훼손할 우려가 있다. 한편, 정부주체에서도 국가채무가 빠르게 증가하면서 2021년에는 재정건전성 논란이 부상할 것으로 전망된다.
>
> 2021년도 한국 경제는 3% 성장률로의 회귀가 가능할 것으로 전망된다. 내수 소비와 투자, 대외 교역의 전반적인 개선 흐름이 예상되기 때문이다. 2020년과 마찬가지로 2021년에도 코로나19 재확산 여부가 경기 흐름을 좌우하는 요인이 될 것이기는 하나, 경제주체들의 적응력 역시 이전보다 강화되면서 코로나19 발생 초기와 같은 경제 활동의 급격한 위축이 재발할 가능성이 낮다는 점을 전제로 한다. 2021년 전반적인 경기 흐름은 상반기보다 하반기에 개선세가 강화되는 '상저하고'를 예상한다.

① 코로나19로 인한 경기침체는 민간 경제주체들의 부채를 증가시키지만 국가 경제의 건전성을 개선시킬 여지가 있다.

② 온라인 소비 시장의 경우, 공급자의 급증에도 불구하고 수요의 감소로 인해 시장규모가 감소하고 있다.

③ 온택트 시장에서는 상품 수요의 증대가 서비스 수요로 확장되는 양상을 보인다.

④ 한국 경제의 경우 2021년도 상반기에는 2020년도의 역성장이 유지되겠지만, 하반기에 성장세가 역전되어 회복기에 진입할 것이다.

⑤ 2021년에 코로나19가 재확산 되어 내수 소비의 증가폭이 예상보다 줄어들더라도 2020년만큼의 경기위축은 발생하지 않을 가능성이 크다.

03 다음은 N사에 근무 중인 박과장이 적용받는 확정기여형 퇴직금에 대한 설명이다. 박과장의 근무정보가 아래와 같을 때, 박과장이 퇴직 시 수령하게 되는 퇴직금을 도출하는 수식으로 옳은 것은?

• 확정기여형(DC형)

　회사가 부담해야 할 부담금 수준이 사전에 결정되어 있는 제도로써, 회사가 회사부담금을 금융기관에 납부하고, 회사부담금 및 근로자부담금을 근로자가 직접 운용해서 부담금(원금) 및 그 운용손익을 퇴직금으로 받는 제도이다.

〈박과장의 근무정보〉

• 박과장은 N사에 1995년 1월 1일에 입사하여, 2022년 12월 31일에 퇴직할 예정이다.
• 박과장의 월급은 매년 1월 1일을 기점으로 전월 대비 10%씩 인상되었다.
• 박과장이 입사 후 처음 수령한 월급은 150만 원이다.
• 확정기여형 퇴직금의 수익률은 매년 15%이다.

---

① $1,500,000 \times \left(\dfrac{(1.10)^{27} - 1}{(1.10) - 1} \right) \times (1.10)$

② $1,500,000 \times \left(\dfrac{(1.10)^{27} - 1}{(1.10) - 1} \right) \times (1.15)$

③ $1,500,000 \times \left(\dfrac{(1.10)^{28} - 1}{(1.10) - 1} \right) \times (1.10)$

④ $1,500,000 \times \left(\dfrac{(1.10)^{28} - 1}{(1.10) - 1} \right) \times (1.15)$

⑤ $1,500,000 \times \left(\dfrac{(1.10)^{29} - 1}{(1.10) - 1} \right) \times (1.15)$

04 다음 〈보기〉 중 'On-Off 해외여행보험'에 대한 설명으로 적절한 것을 모두 고르면?

〈On-Off 해외여행보험〉

- 가입연령
  해외여행 또는 단기 유학 · 출장 : 19세(만 나이)부터 80세(보험 나이)
- 보험기간
  - 포괄계약기간 : 보험가입조건을 미리 정하고, 해외출국마다 여행일정 설정 및 보험료 결제만으로 간단하게 보장을 개시할 수 있는 계약기간
  - 보험기간 : 계약에 따라 보장을 받는 기간 2일 ~ 3개월
- 납입방법
  일시납
- 비고
  - 상품형태 : 순수보장형(소멸성)
  - 상품구성 : 보통약관+특별약관
- 주계약

구분	보장상세	지급금액
상해사망 및 후유장해	여행 중 사고로 상해를 입고 그 직접 결과로써 사망 또는 후유장해가 발생한 경우	- 사망 시 가입금액 전액 지급 - 후유장해가 발생한 경우 가입금액에 장해지급률(3 ~ 100%)을 곱한 금액을 지급

※ 보험계약 체결일 현재 만 15세 미만자일 경우 상해사망은 가입할 수 없다.

- 특약

구분	보장상세	지급금액
질병사망 및 질병 80% 이상 후유장해	여행 중 발생한 질병으로 사망하거나 장해지급률 80% 이상의 후유장해가 남았을 경우	가입금액 전액 지급
배상책임 손해	여행 중 우연한 사고로 타인의 신체 또는 재물에 손해를 가하여 법률상 배상책임을 부담하게 된 경우	가입금액 한도에서 실손 보상 (자기부담금 1만 원)
중대사고 구조송환비용	여행 중 탑승한 항공기 또는 선박이 조난된 경우, 상해나 질병을 직접 원인으로 사망 또는 14일 이상 입원한 경우, 급격하고도 우연한 외래의 사고에 따라 긴급수색 · 구조 등이 필요한 상태인 것이 경찰 등의 공공기관에 의해 확인된 경우	수색구조비용, 항공운임 등 교통비, 숙박비, 이송비용, 제잡비 등 피보험자의 법적상속인이 부담하는 비용을 가입금액한도로 보상
항공기 납치	피보험자가 승객으로 탑승한 항공기가 납치되어 여행 목적지 도착이 지연된 경우	1일당 7만 원씩 총 20일 한도로 보상 (최대 140만 원)

보기

㉠ 해당 해외여행보험은 순수보장형으로서 최대 3개월간 보장받을 수 있다.
㉡ 만 25세의 단기 유학생이 보험기간 중 자신의 과실로 인해 행인의 핸드폰을 파손시켜 배상 책임이 발생한 경우, 배상 범위 전액을 보장받는다.
㉢ 피보험자가 해외여행 중 선박 사고로 인해 골절상을 입고 이로 인해 심각한 후유증을 갖게 되더라도 가입금액 전액을 지급받을 수 없다.
㉣ 피보험자가 영국으로 여행을 가던 중 탑승한 항공기가 납치되어 도착이 12일 지연된 경우, 피보험자는 이에 대해 84만 원을 보상받을 수 있다.

① ㉠, ㉢
② ㉠, ㉣
③ ㉡, ㉢
④ ㉡, ㉣
⑤ ㉢, ㉣

05 다음은 농협손해보험의 농작물재배보험 중 수확전종합위험보장방식 보장내용에 대한 자료이다. 〈보기〉 중 농작물재배보험에 대한 설명으로 적절하지 않은 것을 모두 고르면?

〈농작물재배보험〉

• 수확전종합위험보장방식 보장내용

구분				보험기간	
약관	보장	보상재해	보험목적	시기	종기
보통 약관	경작불능 보장	자연재해, 조수해, 화재	복분자	계약체결일 24시	수확 개시 지점 (단 이듬해 5.31을 초과할 수 없음)
보통 약관	과실손해 약관	이듬해 5.31 이전 / 자연재해, 조수해, 화재	복분자	계약체결일 24시	이듬해 5.31
보통 약관	과실손해 약관	이듬해 6.1 이후 / 태풍(강풍), 우박	복분자	이듬해 6.1	이듬해 수확기 종료 시점 (단, 이듬해 6.20을 초과할 수 없음)
보통 약관	과실손해 약관	이듬해 7.31 이전 / 자연재해, 조수해, 화재	무화과	계약체결일 24시	이듬해 7.31
보통 약관	과실손해 약관	이듬해 8.1 이후 / 태풍(강풍), 우박	무화과	이듬해 8.1	이듬해 수확기 종료 시점 (단, 이듬해 11.20을 초과할 수 없음)
특별 약관	나무손해 보장	자연재해, 조수해, 화재	무화과	계약체결일 24시	이듬해 11.30

보기

㉠ 2021년 9월에 수확할 무화과의 화재에 따른 과실손해를 보상받기 위해서는 2020년 중에 농작물재배보험에 가입하여야 한다.

㉡ 2019년 중에 농작물재배보험에 가입한 경우, 보통약관에 따라 조수해로 인해 2020년 7월에 발생한 무화과 나무 손해를 보상받을 수 있다.

㉢ 2020년 1월에 농작물재배보험에 가입한 경우, 2020년 7월에 수확을 시작할 복분자가 화재로 인해 경작불능 상태일 때 피해를 보상받을 수 있다.

㉣ 2020년 2월에 농작물재배보험에 가입한 상태에서 2021년 9월에 발생한 태풍으로 인해 해당월에 무화과 과실에 손해가 발생한 경우, 피해를 보상받을 수 있다.

① ㉠, ㉡
② ㉠, ㉢
③ ㉡, ㉢
④ ㉡, ㉣
⑤ ㉢, ㉣

※ 다음은 농협은행의 적금 상품 중 'NH오팔적금' 상품에 대한 자료이다. 이어지는 질문에 답하시오.
[6~7]

〈NH오팔적금〉

- 가입대상
  만 40세 이상 개인 및 개인사업자(1인 1계좌)
- 가입기간
  12개월
- 가입금액
  매월 1 ~ 30만 원(단, 초입금은 10만 원 이상)
- 기본금리
  연 0.70%p, 단리식
- 우대금리
  최대 연 0.3%p

우대금리 조건내용	우대금리
가입 월부터 만기 전전월말까지 급여 또는 연금 또는 신용카드 가맹점대금이 2개월 이상 입금 시	0.2%p
비대면채널(인터넷/스마트뱅킹)에서 가입	0.1%p

  ※ 우대금리는 만기해지 시 적용된다(중도해지 시 미적용).
  ※ 연금 : 4대 연금(국민/공무원/사학/군인연금), 농협은행 연금 및 기타연금(타행에서 입금되는 기타연금은 '연금' 문구가 포함된 경우 연금으로 인정)
- 세제혜택안내
  비과세종합저축으로 가입 가능(전 금융기관 통합한도 범위 내)
- 이자지급방법
  만기일시지급식
- 가입/해지안내
  - 가입 : 가입영업점, 인터넷/스마트뱅킹에서 가능
  - 해지 : 영업점, 인터넷/스마트뱅킹, 올원뱅크에서 가능
- 추가적립
  자유적립식 상품으로 가입금액 한도 내 추가입금 가능
- 양도 및 담보제공
  은행의 승인을 받은 경우 양도 및 질권설정 가능
- 원금 또는 이자지급 제한
  계좌에 질권설정 및 법적지급제한이 등록될 경우 원금 및 이자 지급제한

06 다음 〈보기〉의 설명 중 'NH오팔적금'에 대한 설명으로 적절한 것을 모두 고르면?

> **보기**
>
> ㉠ 해당 적금은 옴니채널(Omni-channel) 방식으로 판매되고 있다.
> ㉡ 은행에 신고하는 경우 해당 상품에 대해 질권설정이 가능하다.
> ㉢ 타행의 연금에 가입한 경우에도 만기 전전월말 이전의 가입기간 중 2개월 이상 연금이 입금된다면 우대금리를 적용받을 수 있다.
> ㉣ 중도에 해지하더라도 요건을 충족하는 항목에 대하여는 우대금리를 적용받을 수 있다.

① ㉠, ㉡
② ㉠, ㉢
③ ㉡, ㉢
④ ㉡, ㉣
⑤ ㉢, ㉣

07 최과장은 'NH오팔적금' 상품에 가입하였다. 최과장에 대한 〈정보〉가 다음과 같을 때, 최과장이 만기에 수령할 원리금은?

> **〈정보〉**
>
> • 최과장은 만 41세로, 2020년 11월부터 자신의 명의로 농협은행의 적금상품 중 하나에 가입하고자 하였다.
> • 최과장은 2020년 12월 1일에 스마트뱅킹을 통하여 농협은행의 NH오팔적금에 가입하였다.
> • 최과장은 가입기간 동안 매월 1일마다 20만 원을 적립한다.
> • 최과장은 2020년 1월부터 만기까지의 납입금 전액을 급여에서 납입한다.
> • 해당 적금계좌에 대하여 질권설정을 하지 않았으며, 지급제한 사항에도 해당되지 않는다.

① 2,075,000원
② 2,210,000원
③ 2,350,000원
④ 2,413,000원
⑤ 2,620,000원

※ 다음은 농협은행의 예금 상품 중 'NH포디 예금Ⅱ' 상품에 대한 자료이다. 이어지는 질문에 답하시오.
[8~9]

〈NH포디 예금Ⅱ〉

- 상품특징
  봉사활동 알림톡 메시지 수신 및 오픈뱅킹 이용 실적에 따라 우대금리를 제공하며, 농협은행이 기금을 출연하여 디지털 소외 계층을 위한 사업에 지원하는 상품
- 가입대상
  개인
- 가입기간
  12개월
- 가입금액
  1백만 원 이상 3억 원 이내
- 상품과목
  정기예금
- 금리
  - 기본금리 : 연 0.80%
  - 우대금리 : 최고 연 0.35%p
  - 아래 우대조건을 만족하는 경우 가입일 현재 기본금리에 가산하여 만기해지 시 적용됩니다.

우대조건	우대금리 (세전, %p)
최근 1년 이내 비대면 채널에서 적립식/거치식 예금(주택청약종합저축 포함) 가입이력이 없을 경우	0.10
지점에 봉사활동(농촌일손돕기 등) 관련 마케팅 수신 동의	0.10
농협은행에서 오픈뱅킹서비스에 계좌 등록 후 해당 서비스를 이용하여 타행계좌로부터 농협은행 계좌로 이체 실적 5회(최대 월 1회 인정) 이상인 경우 ① 실적인정기준 : 상품 가입일로부터 만기가 속한 달의 전전월말 이내 오픈뱅킹 이체 실적이 있는 경우(오픈뱅킹 등록은 상품 가입 이전 계좌 등록분도 인정) ② 이체 실적은 최대 월 1회만 인정	0.15

  ※ 비대면채널 : 농협은행 인터넷/스마트뱅킹, 올원뱅크, NH링크, 텔레뱅킹 등
  ※ 개인정보 수집・이용・제공동의서에 별도로 동의해야 합니다(가입 이후 변경불가).
- 세제혜택안내
  비과세종합저축 가능(개인만 가입 가능, 전 금융기관 통합한도 범위 내)
- 이자지급방법
  만기일시지급식(가입기간 동안 약정이율에 따라 월복리로 계산하여 만기에 일시지급)
- 추가적립
  거치식 상품으로 추가입금 불가
- 분할해지
  만기해지 포함 총 3회까지 가능(단, 분할해지는 해지 후 잔액이 1백만 원 이상인 경우에만 가능하며, 분할해지 금액에 대해서는 중도해지금리 적용)

08 다음 〈보기〉의 설명 중 'NH포디 예금Ⅱ'에 대한 설명으로 적절한 것을 모두 고르면?

> **보기**
> ㉠ 분할해지 후 잔액을 150만 원으로 유지한다면, 만기 전 2회까지 분할해지가 가능하다.
> ㉡ 오픈뱅킹서비스를 통한 이체 실적 우대금리를 인정받기 위해서는 최소 5개월에 걸쳐 타행에서 농협은행 계좌로의 이체실적이 필요하다.
> ㉢ 초기 거치금에 대해 3회에 한하여 중도에 예치금을 추가로 납입할 수 있다.
> ㉣ 법인이 가입하는 경우에도 개인과 동일한 조건에 따라 기본금리 및 우대금리를 적용받을 수 있다.

① ㉠, ㉡   ② ㉠, ㉢
③ ㉡, ㉢   ④ ㉡, ㉣
⑤ ㉢, ㉣

09 김대리는 'NH포디 예금Ⅱ' 상품에 가입하였다. 김대리에 대한 〈정보〉가 다음과 같을 때, 김대리가 만기에 수령할 이자는?(단, $\dfrac{0.01}{12} = 0.001$, $1.001^{12} = 1.012$로 계산한다)

> **〈정보〉**
> • 김대리는 2020년 10월 1일에 자신의 명의로 NH포디 예금Ⅱ에 가입하였다.
> • 김대리의 가입금액은 1억 5천만 원이다.
> • 김대리는 2019년 8월 20일에 비대면 채널을 통해 농협은행의 주택청약종합저축에 가입하였다.
> • 김대리는 가입 시 봉사활동 관련 마케팅 수신을 동의하였다.
> • 김대리는 농협은행의 오픈뱅킹서비스를 이용하지 않는다.
> • 김대리는 최근 1년 동안 예금 가입이력이 없다.

① 1,698,000원   ② 1,750,000원
③ 1,800,000원   ④ 1,916,000원
⑤ 2,020,000원

10 다음은 농협은행의 '올바른 New Have 체크카드'에 대한 자료이다. 〈보기〉 중 해당 체크카드에 대한 설명으로 적절하지 않은 것을 모두 고르면?

〈올바른 New Have 체크카드〉

• 주요 서비스
 1. 기본 적립
  국내/외 이용가맹점 0.7% NH포인트 적립
  – 적립한도 및 전월실적 조건 없음
  – 해외이용 시 국제브랜드수수료 및 해외서비스수수료가 별도로 포함되어 청구
 2. 스마트 적립
  ① 온라인쇼핑, ② 오프라인쇼핑, ③ 이동통신, ④ 대중교통, ⑤ 커피/편의점, ⑥ 해외가맹점
  등 6개 사용영역 중 당월(1일 ～ 말일) 이용금액 1위/2위 영역은 기본적립의 3배/2배 자동적용
  – 1위 영역 : 기본적립 0.7%＋추가적립 1.4%＝총 2.1% 적립
  – 2위 영역 : 기본적립 0.7%＋추가적립 0.7%＝총 1.4% 적립
  이외 영역 및 기타 이용금액은 기본적립만 제공
 ※ 잡화/커피/편의점의 경우 역사, 백화점 및 할인점(아울렛) 입점매장 결제 건은 이용금액 산정 및 적립 대상
  에서 제외한다.
 ※ 대중교통은 실물카드 후불교통(RF) 결제 건에 한한다.
 ※ 상품권 및 선불카드류 구매(충전 포함), 거래취소금액, 포인트(전부/일부)결제 시 포인트 사용분, 무이자
  할부(무이자 할부 행사 및 우수고객 무이자 할부 지원 포함) 결제 건은 이용금액 산정 및 적립 대상에서
  제외한다.
 ※ 해외 및 교통카드 이용금액, 통신료 자동이체금액은 매출표 접수일 기준으로 이용금액이 산정 및 적립 적
  용된다.

  • 기본적립과 별개로 추가적립은 이용월 익월 15일 이후에 일괄 적립되며, 적립내역은 홈페이지에서 확
   인 가능합니다.
  • 영역별 이용금액이 동일한 경우 영역 번호(① ～ ⑥)순서로 순위가 적용됩니다.

• 적립한도

전월실적	월 적립한도
40만 원 이상	1만 NH포인트

 – 전월실적 조건 및 적립한도는 추가적립에 대해서만 적용
 – 적립 제외 대상 : 대학(대학원)등록금, 교육비(학부모부담금), 임대료, 각종 세금 및 공과금, 상
  하수도요금, 과태료(범칙금), 우체국 우편요금, 아파트관리비, 도시가스요금, 전기요금, 각종
  수수료 및 이자, 연체료, 연회비

⊙ 카드 사용자가 6개의 사용영역에서 모두 동일한 금액을 이용한 경우, 대중교통 영역에서는 이용 금액의 1.4%를 적립받을 수 있다.

ⓛ 전월실적이 40만 원 미만인 경우, 전월 이용금액 전액에 대하여 적립을 받을 수 없다.

ⓒ 통신요금 자동이체를 설정해 둔 경우, 결제 승인일을 기준으로 이용금액이 산정되어 적립이 적용된다.

ⓔ 아파트관리비를 해당 체크카드로 납부한 경우는 전월실적으로 인정되지 않는다.

① ⊙, ⓔ   ② ⓛ, ⓒ

③ ⊙, ⓛ, ⓒ   ④ ⊙, ⓛ, ⓔ

⑤ ⓛ, ⓒ, ⓔ

11 다음은 세계역사의 흐름 속 협동조합의 형태 중 하나에 대한 설명이다. 이 협동조합은?

18세기 산업혁명이 영국에서 시작되어 유럽 전역으로 퍼져나가기 시작했다. 독일도 이 물결을 피해 갈 수 없었으나 주변국에 비해서 독일의 산업화 과정은 느렸다. 당시 도시의 영세 독립 소생산자들과 농촌의 소작농들은 불가피하게 상업자본가의 고리채에 의존해야 했고, 경제적으로 수탈당했다. 엎친 데 덮친 격으로 1847년 대기근이 강타하면서 독일 농민들은 기아에 허덕였고, 영양 부족과 기근으로 사람들은 각종 질병에 걸려 죽어가고 있었지만, 돈이 없는 그들은 약도 제대로 먹을 수 없었다.

당시 라인강 중류 농촌지역 바이어부쉬의 시장은 사람들을 동원하여 마을 기금을 조성해 굶주린 주민들에게 곡식을 외상으로 나누어 주었다. 그리고 1849년에는 프람멜스펠트 빈농구제조합을 설립해 농민들이 가축을 구입할 수 있도록 하였다. 조합원 60명이 무한연대책임으로 자본가의 돈을 빌려 가축을 사고, 5년 동안 나누어 갚는 제도를 도입한 것이다.

이렇게 농민들을 중심으로 세워진 신용협동조합은 1862년에 은행으로 성장했다. 이곳은 이익을 추구하는 기업이 아니기 때문에 증권거래소에 상장이 되어 있지 않았고, 외부자금조달에 어려움이 많아 1890년 당시에는 조합원들에게 배당을 하지 않았다. 하지만 이후 이 자금은 차곡차곡 쌓여서 은행의 순자기자본이 되었으며 덕분에 독일이 금융위기에도 견고하게 버틸 수 있는 힘의 원천이 되었다.

① 라이파이젠 신용협동조합

② 미그로 소비자협동조합

③ 비도 우레 풍력협동조합

④ 폰테나 낙농협동조합

⑤ 제스프리 농협협동조합

12 다음 중 주식회사와 협동조합의 차이에 대한 설명으로 적절하지 않은 것은?

① 협동조합과 주식회사는 모두 사업을 운영하기 위한 조직이지만, 협동조합에는 더 많은 공적 가치와 책임이 강조된다.

② 협동조합의 소유자는 조합원이므로 지분거래가 없는 반면, 주식회사의 소유자는 주주이므로 지분거래가 이루어진다.

③ 협동조합에서는 조합원에게 상환책임이 있으나, 주식회사에서는 주주에 대해 상환책임이 없다.

④ 협동조합의 의결권은 1인 1표제를 따르는 반면, 주식회사에서는 1주 1표제를 따른다.

⑤ 협동조합에서는 출자배당에 따른 배당률에 제한을 두지 않는 반면, 주식회사에서는 배당률을 제한한다.

13 다음 중 농촌운동의 역사를 오래된 순서대로 나열한 것은?

① 새마을운동 - 신토불이운동 - 새농민운동 - 농도불이운동 - 농촌사랑운동

② 새마을운동 - 신토불이운동 - 농도불이운동 - 새농민운동 - 농촌사랑운동

③ 새농민운동 - 새마을운동 - 신토불이운동 - 농도불이운동 - 농촌사랑운동

④ 새농민운동 - 새마을운동 - 신토불이운동 - 농촌사랑운동 - 농도불이운동

⑤ 새농민운동 - 신토불이운동 - 농도불이운동 - 새마을운동 - 농촌사랑운동

01 다음 중 확장적인 재정정책이 가장 큰 효과를 발휘하는 경우는?

① 투자가 이자율에 민감하게 반응한다.

② 화폐수요가 이자율의 영향을 거의 받지 않는다.

③ 한계소비성향이 1이다.

④ 화폐수요가 소득에 민감하게 반응한다.

⑤ 소득세율이 크게 인상되었다.

02 CAPM이 성립하는 시장에서 주식 A가 거래되고 있다. 현재 시장포트폴리오의 기대수익률이 10%이고, 주식 A의 베타는 2, 기대수익률은 18%이다. 무위험이자율이 현재보다 1%p 상승할 때, 주식 A의 기대수익률은?

① 17% ② 17.5%

③ 18% ④ 18.5%

⑤ 19%

03 다음 중 옵션 투자전략에 대한 설명으로 옳지 않은 것은?

① 기초자산 가격이 상승할 것으로 예상하는 경우 콜옵션을 매입하거나 풋옵션을 매도한다.

② 보호풋 전략(Protective Put)과 방비콜 전략(Covered Call)은 옵션 투기전략에 해당한다.

③ 기초자산을 보유한 투자자가 콜옵션을 매도하고 풋옵션을 매입하여 가격변동 위험을 없앨 수 있다.

④ 기초자산 가격의 변동성이 커질 것으로 예상할 경우 스트래들 매입전략(Bottom Straddle)을 이용할 수 있다.

⑤ 기초자산 가격의 변동성이 커지며 가격이 상승할 것으로 예상할 경우 스트랩(Strap) 전략을 이용할 수 있다.

04 A국의 인구는 1,600명이다. 이 중 15세 미만 인구는 600명이고, 실업자는 32명이다. 고용률이 76.8%라고 할 때, A국의 실업률은?

① 2%

② 3.29%

③ 4%

④ 13.79%

⑤ 23.2%

05 초콜릿과 커피의 수요를 분석한 결과가 다음과 같을 때, 〈보기〉 중 옳지 않은 설명을 모두 고르면?

<표>

〈초콜릿과 커피의 수요 분석 결과〉		
구분	수요의 소득탄력성	수요의 교차탄력성
초콜릿	-0.4	-1.5
커피	1.2	-0.9

보기

㉠ 초콜릿은 정상재이다.

㉡ 커피는 정상재이다.

㉢ 커피는 사치재이다.

㉣ 초콜릿과 커피는 독립재이다.

㉤ 초콜릿과 커피는 보완재이다.

① ㉠, ㉢

② ㉠, ㉣

③ ㉠, ㉤

④ ㉡, ㉣

⑤ ㉢, ㉣

06 어느 아파트 단지에서 입주민들이 이용할 수 있는 영화관을 유치하여 C사가 영화관의 독점운영권을 획득하였다. C사는 입주민들에게 '영화 1회 관람에 대한 이용료'와 '연회비'를 각각 책정하는 이부가격제를 도입하려 한다. 입주민 1명의 영화에 대한 월별 수요함수가 $P=24-2Q$이고, C사가 영화를 1회 상영하는 데 소요되는 비용은 4라고 할 때, C사가 이윤을 극대화하기 위해 책정할 1인당 연회비는?(단, P는 영화 1회 관람 이용료, Q는 월별 영화 관람 횟수를 의미한다)

① 40

② 100

③ 140

④ 480

⑤ 1,200

07 다음 기사에 대한 설명으로 적절하지 않은 것은?

금융감독원의 '2020년 9월 말 은행 및 은행지주사 국제결제은행(BIS) 자본비율 현황'에 따르면 국내은행 BIS 기준 총자본비율은 16.02%로 전분기 말 대비 1.46%p 상승했다. 이는 코로나19 확산 전인 지난 2018년 말(15.41%)과 2019년 말(15.26%)보다 오히려 각각 1.11%p, 1.26%p 오른 것이다.

S은행(18.77%)·W은행(17.64%)·H은행(15.36%)·K은행(17.22%)·농협(18.12%) 등 대형 은행을 비롯한 주요 은행의 총자본비율은 15 ~ 18%로 안정적인 수준이었다. 은행지주회사들의 자산건전성도 개선됐다. 9월 말 은행지주회사의 BIS 기준 총자본비율은 14.72%로 전분기 말 대비 1.02%p 올랐다.

그러나 이러한 상승세는 금융당국이 바젤Ⅲ 최종안 중 신용리스크 산출방법 개편안을 앞당겨 도입한 영향이 컸다는 분석이다. 금융위원회는 바젤Ⅲ 최종안을 당초 오는 2023년 1월에 도입하려 했으나, 중소기업 등 실물경제에 대한 은행의 지원 역량을 강화하기 위해 조기시행했다.

한국신용평가(한신평)도 이러한 자본적정성 개선 현상은 현 금융규제 유연화방안에 따른 '착시효과'라고 평가했다.

한신평 선임연구원은 "3분기 상당수 은행이 바젤Ⅲ 개편안을 적용해 BIS 자기자본비율이 직전 분기보다 큰 폭으로 상승했는데, 단순기본자본비율은 소폭 상승하는 데 그쳤고 오히려 작년 말 대비로는 하락했다."며 "실질적인 자본완충력은 크지 않은 것으로 판단되며, 기존 자본적정성 지표를 보완할 수 있는 단순기본자본비율을 모니터링할 필요가 있다."고 짚었다.

금융당국도 "바젤Ⅲ 등 건전성 규제 유연화 등에 기인한 측면이 있다."며 "코로나19로 인한 불확실성이 지속되고 있어 충분한 손실흡수능력을 확보하고 자금공급기능을 유지할 수 있도록 자본확충·내부유보 확대 등을 지도할 예정"이라고 말했다.

① BIS 비율은 은행의 자기자본을 위험가중자산으로 나눈 값이다.
② 우리나라의 현행 규정상 은행의 BIS 비율은 10.5% 이상을 유지해야 한다.
③ 바젤Ⅲ 개편안에서는 위험자산에 대한 가중치를 하향 조정하였다.
④ 바젤Ⅲ 개편안에서는 기업 무담보대출의 부도 시 손실률을 상향 조정하였다.
⑤ 단순기본자본비율은 위험의 양적인 측면만을 고려하는 지표이다.

08 다음 〈보기〉 중 인플레이션에 대한 설명으로 옳지 않은 것을 모두 고르면?

> **보기**
>
> ㉠ 인플레이션이 예상되지 못한 경우, 채무자에게서 채권자에게로 부가 재분배된다.
> ㉡ 인플레이션이 예상된 경우, 메뉴비용이 발생하지 않는다.
> ㉢ 인플레이션이 발생하면 현금 보유의 기회비용이 증가한다.
> ㉣ 인플레이션이 발생하면 수출이 감소하고 경상수지가 악화된다.

① ㉠, ㉡   ② ㉠, ㉢

③ ㉡, ㉢   ④ ㉡, ㉣

⑤ ㉢, ㉣

09 현물환율이 1,000원/달러, 선물환율이 1,200원/달러, 한국의 이자율이 3%, 미국의 이자율이 2%이고, 이자율평가설이 성립할 때, 〈보기〉 중 적절하지 않은 설명을 모두 고르면?

> **보기**
>
> ㉠ 한국의 이자율이 상승할 것이다.
> ㉡ 미국의 이자율이 상승할 것이다.
> ㉢ 현물환율이 상승할 것이다.
> ㉣ 현재 한국에 투자하는 것이 유리하다.

① ㉠, ㉡   ② ㉠, ㉢

③ ㉡, ㉢   ④ ㉡, ㉣

⑤ ㉢, ㉣

01 감염된 대량의 숙주 컴퓨터를 이용해 특정 시스템을 마비시키는 사이버공격으로, 공격자는 다양한 방법으로 일반 컴퓨터를 감염시켜 공격 대상의 시스템에 다량의 패킷이 무차별로 보내지도록 조정한다. 이로 인해 공격 대상 시스템의 성능이 저하되거나 마비되게 하는 공격은?

① DDos
② Sniffing
③ Ping of Death
④ SYN Flooding
⑤ TearDrop

02 DDos 공격에 의해 감염된 컴퓨터를 좀비PC라고 한다. 이러한 좀비PC를 조정하는 것을 나타내는 용어는?

① C&C서버
② 봇넷
③ APT(Advanced Persistent Threat)
④ 스턱스넷
⑤ 트랩도어

03 다음 설명에 적합한 저장장치는?

- 자기디스크가 아닌 반도체를 이용해서 데이터를 저장한다.
- 빠른 속도로 데이터를 읽고 쓰기가 가능하다.
- 물리적으로 움직이는 부품이 없기 때문에 작동에 대한 소음이 없으며 전력 소모가 적다.
- 기계적 지연과 소음이 적고 소형화, 경량화되어 있다.

① HDD
② ODD
③ SSD
④ S-RAM
⑤ D-RAM

04 스토리지는 단일 디스크로 처리할 수 없는 대용량의 데이터를 저장하기 위해 서버와 저장장치를 연결하는 기술이다. 스토리지의 종류 중 다음과 같은 특징을 갖고 있는 것은?

> • DAS의 빠른 처리와 파일 공유 장점을 혼합한다.
> • 서버와 저장장치를 연결하는 전용 네트워크를 별도로 구성한다.
> • 광케이블로 연결하므로 속도가 빠르다.
> • 확장성, 유연성, 가용성이 뛰어나지만 초기 설치 시 비용이 많이 든다.

① DAS   ② NAS
③ SAN   ④ LAN
⑤ VAN

05 프라이빗 블록체인은 퍼블릭 블록체인과 다르게 기업이나 특정 개인만 참여할 수 있도록 시스템 되어있는 폐쇄형의 블록체인의 네트워크를 뜻한다. 프라이빗 블록체인은 운영과 참여의 주체가 분명하기 때문에 인센티브 제도인 코인을 사용하지 않아도 된다는 점이 특징이다. 이러한 프라이빗 블록체인의 특징으로 옳지 않은 것은?

① 허가성   ② 빠른 처리속도
③ 프라이버시   ④ 그룹화
⑤ 개방성

06 다음 중 핀테크의 장점으로 옳지 않은 것은?

① 비대면 금융거래의 확대
② 정보의 질적, 양적 격차 해소
③ 금융산업과 금융시장의 개편
④ 금융업무의 효율성 향상
⑤ 미시적 금융위험 요인 감소

07 다음 빈칸에 들어갈 알맞은 용어는?

> 마이데이터란 개인이 자신의 정보를 적극적으로 관리 및 통제하는 것은 물론이고, 이러한 정보를 신용이나 자산관리 등에 능동적으로 활용하는 일련의 과정을 말한다. 즉, 금융데이터의 주인을 금융회사가 아닌 개인으로 정의하는 개념이다. 데이터 3법의 개정으로 2020년 8월부터 사업자들이 개인의 동의를 받아 금융정보를 통합관리 해주는 _____이 가능해졌다.

① 마이데이터 산업
② 마이데이터 활용
③ 마이데이터 통합관리
④ 마이데이터 재사용
⑤ 마이데이터 분석관리

08 다음 중 시도응답방식인 OTP 비동기화 방식 절차를 바르게 나열한 것은?

> ㉠ 인증서버는 사용자에게 시도를 보낸다.
> ㉡ 토큰장치는 사용자에게 일회용 패스워드로 값을 돌려준다.
> ㉢ 사용자는 OTP와 사용자 이름을 인증서버로 전송한다.
> ㉣ 사용자는 임의값인 nonce를 토큰장치에 입력시킨다.
> ㉤ 인증서버는 이전에 보낸 값과 동일하면 사용자를 인증한다.

① ㉠ – ㉡ – ㉢ – ㉤ – ㉣
② ㉠ – ㉡ – ㉣ – ㉤ – ㉢
③ ㉠ – ㉢ – ㉡ – ㉣ – ㉤
④ ㉠ – ㉣ – ㉢ – ㉡ – ㉤
⑤ ㉠ – ㉣ – ㉡ – ㉢ – ㉤

09 FDS(Fraud Detection System) 이상금융거래 탐지시스템의 구성 중 다음 설명에 적합한 것은?

> 수집, 분석 대응 등의 종합적인 절차를 통합하여 관리하는 모니터링 기능과 해당 탐지 시스템을 침해하는 다양한 유형에 대한 감사기능

① 정보수집기능
② 분석 및 탐지기능
③ 대응기능
④ 모니터링 및 감사기능
⑤ 통합 감사기능

01 직무능력평가

※ 다음 자료를 보고 이어지는 질문에 답하시오. [1~2]

〈올바른 POINT카드〉

• 기본 정보

가입대상	개인
후불교통카드	신청 가능
연회비	국내 전용 1만 원 / 국내·외 겸용 1만 2천 원

※ 온라인에서 카드 신규 발급 후 익월 말까지 10만 원 이상 이용 시 연회비 캐시백을 제공한다(카드 발급 익익월 15일경 카드 결제계좌로 입금).

• 포인트 적립 : 적립 한도 없이 0.7 ~ 1.5% NH포인트 적립
  – 기본 적립

구분	전 가맹점 기본 적립			
적립률	0.7%	0.8%	0.9%	1.0%
전월 실적	30만 원 미만	30만 원 이상 100만 원 미만	100만 원 이상 200만 원 미만	200만 원 이상

  – 추가 적립

구분		적립률	전월 실적
쇼핑	하나로마트·클럽, 농협몰(nonghyupmall.com)	총금액의 0.5%	30만 원 이상
편의점·잡화	GS25, CU, 올리브영		
영화	CGV		
커피·제과	스타벅스, 파리바게뜨		
해외 관련	해외 일시불, 면세점		

※ 편의점·잡화, 커피·제과 : 역사, 백화점 및 아웃렛 입점 매장은 적립을 제공하지 않는다.

• NH포인트 적립 관련 유의사항
  – 전월 실적 30만 원 미만 시 기본 적립 0.7%만 적용
  – 하나로고객 우대 적립은 하나로고객의 모든 등급(블루, 그린, 로얄, 골드, 탑클래스)에 해당할 경우 적용
  – 전월 실적 및 포인트 적립 제외 대상

> 대학(대학원)등록금, 교육비(학부모 분담금), 임대료, 각종 세금 및 공과금, 우체국 우편 요금, 사회보험료(국민건강 / 국민연금 / 고용 / 산재), 아파트 관리비, 도시가스요금, 전기요금, 상품권 및 선불카드류 구매(충전 포함), 단기카드대출(현금서비스), 장기카드대출(카드론), 각종 수수료 및 이자, 연체료, 연회비, 거래 취소금액, 가상 화폐 거래 관련 금액, 포인트 결제 시 포인트 사용분

- NH포인트 사용 방법 : 1점 이상 시 현금처럼 사용 가능(1점=1원)
  - 사용처 : 하나로마트·클럽, NH-OIL, 농협운영주유소, 농협몰, NH여행, 안성팜랜드, 11번가, CGV 등
  - 농협 인터넷뱅킹에서 금융거래 : 카드 대금 및 연회비 선결제, 장기카드대출(카드론) 선결제 및 중도상환, SMS 이용 요금, CMS 이체 수수료, 대출 원리금 상환
  - 농촌사랑상품권·기프트카드 구입
  - 포인트 기부 및 양도 가능

01 다음 중 올바른 POINT카드에 대한 설명으로 적절한 것은?

① 교통카드로 사용하고자 할 경우 별도의 신청 없이 금액을 충전하여 사용할 수 있다.

② 온라인을 통해 신규 발급받은 경우 익월 말까지의 이용 금액이 10만 원 이상이면 청구금액에서 연회비가 자동으로 면제된다.

③ 전월 실적이 35만 원인 하나로고객의 경우 적립 한도 없이 최대 1.5%의 포인트를 적립할 수 있다.

④ 카드를 통해 적립된 포인트는 1점당 1원으로, 1,000점 이상 적립된 경우에 지정된 사용처에서 현금처럼 사용할 수 있다.

⑤ 카드를 통해 적립된 포인트는 인터넷뱅킹의 금융거래에서 수수료 등으로 사용할 수 있으며, 타인에게 기부나 양도가 가능하다.

02 K씨는 블루 등급에 해당하는 하나로고객으로 올바른 POINT카드를 사용하고 있다. K씨의 5 ~ 6월 카드 사용내역이 다음과 같을 때, 6월에 적립된 K씨의 NH포인트는 총 얼마인가?(단, 실적 및 포인트 적립 제외 대상 외에 모든 포인트가 적립되며, 소수점 이하는 계산하지 않는다)

- 5월 카드 사용내역

구분	내역	구분	내역
5/2	CGV 영화관 15,000원	5/18	스타벅스(P빌딩점) 22,500원
5/8	Z의류매장 105,000원	5/19	농협몰 240,600원
5/15	CU편의점(P빌딩점) 30,800원	5/20	전기세 납부 42,500원
5/16	N식당 58,000원	5/27	5월분 아파트 관리비 152,000원
5/17	A백화점 상품권 200,000원	5/28	V미용실 선불카드 충전 150,000원

- 6월 카드 사용내역

구분	내역	구분	내역
6/1	스타벅스(S백화점) 4,100원	6/19	올리브영(P빌딩점) 34,900원
6/4	GS25편의점(P빌딩점) 9,800원	6/20	전기세 납부 80,500원
6/11	하나로마트 10,700원	6/23	스타벅스(P빌딩점) 5,500원
6/12	우체국 우편 발송 2,500원	6/27	6월분 아파트 관리비 152,000원
6/17	N식당 48,200원	6/30	S면세점 300,400원

① 4,429점
② 4,696점
③ 5,081점
④ 5,725점
⑤ 6,941점

03 다음 글을 읽고, 〈보기〉의 ㉠~㉭을 순서대로 바르게 나열한 것은?

> 농협의 온라인 거래소는 산지 농산물을 인터넷이나 모바일을 통해 경매 혹은 정가·수의매매로 거래할 수 있는 농산물 공영유통시장이다. 기존의 도매시장처럼 경매나 정가·수의매매로 거래하되, 거래 방법은 출하처가 지정한다. 입찰 경매는 하루에 두 번, 오전과 오후에 진행되지만, 정가 거래는 별도의 시간 제약이 없다.
> 온라인 거래소는 생산자의 결정권이 강화되었다는 평가를 받는다. 정가 거래 시 출하처가 등록한 희망 가격으로만 거래할 수 있으며, 입찰 거래 시에도 출하처가 입찰 최저가격과 출하권역, 배송 최소물량 등을 미리 지정하기 때문이다. 구매자는 출하처가 제시한 최저가격과 물량으로만 입찰할 수 있다. 대신 가격 안정과 거래 활성화를 위해 입찰 거래는 낙찰자 제시가 중 최저가를 일괄 적용한다.
> 온라인 거래소는 일반 도매시장과 달리 출하 표준규격이 없다. 중도매인 외에 식자재 업체나 마트 바이어 등 다양한 구매자가 참여하는 만큼 특정 규격을 지정하기보다 주요 생산 품목을 다양하게 등록할 수 있도록 했다. 또한 낙찰 이후 배송이 지체되면 가격변동으로 인해 구매 의욕 저하가 발생할 수 있기 때문에 산지직송을 통한 익일배송을 원칙으로 한다.
> 온라인 거래소는 정산 주체의 역할도 수행한다. 출하처에 대금을 선지급하고, 차후 구매자가 결제하는 방식이다. 다만 클레임 발생으로 인한 재정산, 정산취소를 방지하기 위해 구매자 상품 수령과 검품 절차를 마친 거래 확정 건에 대해서만 정산한다.

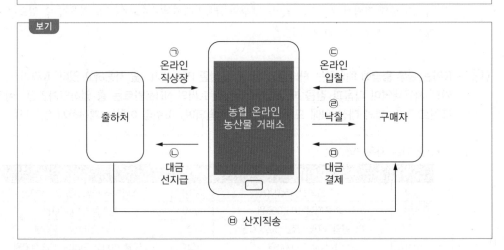

① ㉠-㉡-㉢-㉣-㉤-㉭
② ㉠-㉢-㉡-㉣-㉭-㉤
③ ㉠-㉢-㉣-㉤-㉡-㉭
④ ㉠-㉢-㉣-㉭-㉡-㉤
⑤ ㉢-㉠-㉣-㉭-㉤-㉡

04 N은행은 부서별 프린터 배분을 위해 월평균 사용량을 조사하였고, 소유하고 있는 프린터 종류에 따른 기능을 정리한 자료는 다음과 같다. 이를 바탕으로 부서별 3개월간 사용량을 계산하여 프린터를 나눠준다고 할 때, 부서별로 사용할 프린터가 잘못 짝지어진 것은?

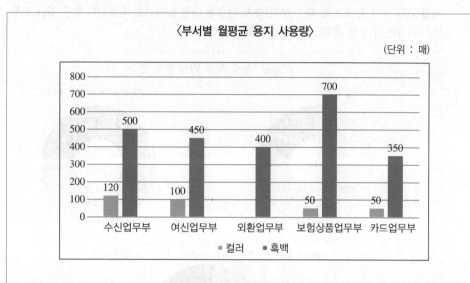

〈프린터 종류별 세부사항〉

(단위 : 매)

구분	용지 매수		기타 기능
	컬러	흑백	
A프린터	–	1,500	없음
B프린터	500	2,000	팩스 · 복사 · 스캔
C프린터	400	2,500	복사 · 스캔
D프린터	360	1,700	스캔

〈상황〉

• 보험상품업무부와 카드업무부는 팩스 기능이 반드시 필요하다.
• 수신업무부와 여신업무부는 스캔 기능이 반드시 필요하다.
• 프린터 1대당 2개의 부서까지 같이 사용할 수 있다.
• 하나의 부서만 2대의 프린터를 사용하고, 잉크가 떨어지면 프린터는 사용할 수 없다.

① 수신업무부 – D프린터   ② 여신업무부 – C프린터
③ 외환업무부 – A프린터   ④ 보험상품업무부 – C프린터
⑤ 카드업무부 – D프린터

05 다음은 N은행에서 추천하는 적금 및 예금 상품에 대한 가입현황을 그래프로 나타낸 자료이다. '올원 5늘도 적금(= 적금)'의 가입 계좌 수는 23,000건이고, '왈츠회전예금(= 예금)'의 가입 계좌 수는 350,000건이다. 적금에 가입한 고객 중 30%는 예금도 함께 가입하였으며, 가입 계좌 수와 가입 고객 수가 같다고 할 때, 〈보기〉에서 자료에 대한 설명으로 적절하지 않은 것을 모두 고르면? (단, 비율은 소수점 둘째 자리에서 반올림한다)

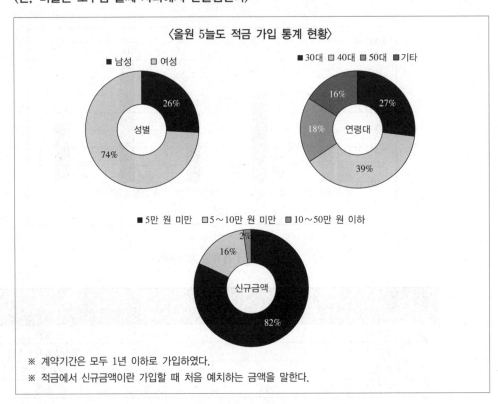

〈올원 5늘도 적금 가입 통계 현황〉

※ 계약기간은 모두 1년 이하로 가입하였다.
※ 적금에서 신규금액이란 가입할 때 처음 예치하는 금액을 말한다.

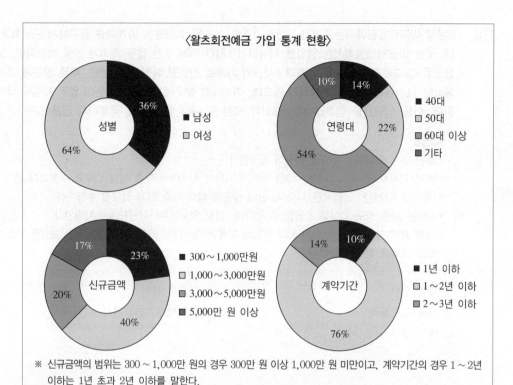

〈왈츠회전예금 가입 통계 현황〉

성별
36% 남성
64% 여성
■ 남성
□ 여성

연령대
10% 14%
22%
54%
■ 40대
□ 50대
■ 60대 이상
■ 기타

신규금액
17% 23%
20%
40%
■ 300~1,000만원
□ 1,000~3,000만원
■ 3,000~5,000만원
■ 5,000만 원 이상

계약기간
14% 10%
76%
■ 1년 이하
□ 1~2년 이하
■ 2~3년 이하

※ 신규금액의 범위는 300~1,000만 원의 경우 300만 원 이상 1,000만 원 미만이고, 계약기간의 경우 1~2년 이하는 1년 초과 2년 이하를 말한다.

보기

㉠ 예·적금상품에 한 개 이상 가입한 총고객은 남성보다 여성이 더 많다.

㉡ 적금은 40대, 예금은 60세 이상 고객이 각각 가장 많으며, 두 계좌 수의 차이는 170,030건이다.

㉢ 예금에 가입한 남성 고객 중 0.8%가 적금도 가입하였을 때, 예·적금상품을 동시에 가입한 전체 고객 중 남성 고객 비율은 15% 이상이다.

㉣ 적금의 계약기간은 1년 이하이며, 예금은 예치금이 300만 원 이상이고 계약기간은 최대 3년이다.

㉤ 예금의 신규금액에서 비율이 가장 낮은 범위에 가입한 계좌의 25%가 계약기간이 1년 이하일 때, 이 계좌 수는 예금 전체 계좌 수에서 약 6.3%를 차지한다.

① ㉠, ㉢, ㉣ ② ㉠, ㉡, ㉤
③ ㉡, ㉢, ㉤ ④ ㉡, ㉣, ㉤
⑤ ㉢, ㉣, ㉤

06 N은행 마포영업점에서는 L과장, J대리, I주임, K사원, H사원이 가계대출 창구에서 근무하고 있다. 오늘 마포영업점에서는 영업을 시작하기 1시간 전에 주간 업무 회의가 있을 예정이며, 오전 중으로 CS교육과 상품교육이 각각 1시간씩 차례로 진행될 예정이다. 한편, 빠른 창구에 고객이 붐비는 11시에는 교육이 진행되지 않으며, 가계대출 창구에는 2명의 직원이 업무 지원을 나가야 한다. 다음 〈조건〉을 참고할 때, J대리가 오전 중 해야 할 업무로 적절하지 않은 것은?

조건

- 주간 업무 회의에는 주임급 이상이 참석한다.
- 영업시간(09:00 ~ 16:00)에는 2명 이상의 직원이 창구에서 대출 상담 업무를 수행해야 한다.
- I주임과 K사원은 영업시간 시작 시 안내 방송과 함께 대출 상담 업무를 수행한다.
- 사원은 빠른 창구 업무를 지원할 수 없으며, 과장 역시 업무 지원자에서 제외된다.
- 사원 및 주임, 대리는 반드시 하나 이상의 교육에 참석해야 하며, 교육 담당자인 과장은 반드시 모든 교육에 참석해야 한다.

---

① 대출 상담   ② CS교육 참석
③ 상품교육 참석   ④ 주간 업무 회의 참석
⑤ 빠른 창구 업무 지원

07 다음은 N은행의 '올원 5늘도 적금'에 대한 세부사항이다. 30대인 장과장은 저축습관을 기르기 위해 6월 1일에 계좌 하나를 개설하였으며, 가입한 내용이 〈정보〉와 같고 자동이체를 빠짐없이 한다고 할 때, 만기 시 받는 이자액은?(단, $\dfrac{150}{365}=0.4$이고, 이자액의 소수점 이하는 버림한다)

〈올원 5늘도 적금〉

상품특징	매일 자동이체를 통해 저축습관의 생활화를 추구하는 비대면전용 적립식 상품
가입대상	개인(1인 최대 3계좌)
가입기간	6개월(＝183일)
가입금액	• 매회 1천 원 이상 10만 원 이내 • 계좌당 매월(1일부터 말일까지) 70만 원 이내에서 자유적립 (단, 자동이체 입금 : 1천 원 이상 3만 원 이내)
적립방법	자유적립식, 비과세

우대조건을 만족하는 경우 가입일 현재 기본금리에 가산하여 만기해지 시 적용(기본금리 : 0.75%)

	조건내용	금리(%p)
우대금리	평일 18:00 ~ 24:00 또는 휴일 신규가입 시	0.1
	만기 전일까지 매일 자동이체를 통한 입금 60회 이상 성공 시	0.3
	적립 원금(이자 제외)에 따른 우대(중복불가) – 만기해지 시 적립 원금 200만 원 이상 : 0.1% – 만기해지 시 적립 원금 300만 원 이상 : 0.2%	최대 0.2

※ 입금건별 입금일부터 해지 전일까지 기간에 대하여 약정 이율로 계산한 이자금액을 합산하여 지급한다.
　[(입금건별 이자 계산 예시)＝(입금액)×(약정금리)×(예치일수)÷365]
※ 약정금리는 만기해지 시 적용되는 금리이다.

〈정보〉

• 장과장의 신규금액 및 자동이체 금액은 매일 만 원이다.
• 6월 1일 월요일 오후 8시에 비대면으로 신규 가입하였다.
• 적금은 자동이체만 이용하며 적금 납입 기간 동안 매일 입금된다.
• 장과장은 가입기간 도중 해지하지 않는다.

① 1,817,822원 　　　　　　　② 1,826,502원

③ 1,830,730원 　　　　　　　④ 1,836,734원

⑤ 1,843,822원

다음은 N은행의 보험상품인 '노란우산'에 대한 자료이다. 빈칸 A, B, C에 들어갈 내용이 바르게 짝지어진 것은?

〈노란우산〉

- 상품설명
  소기업·소상공인이 폐업이나 노령 등의 생계위협으로부터 생활의 안정을 기하고, 사업재기의 기회를 얻을 수 있도록 중소기업협동조합법 제115조에 따라 중소기업중앙회가 관리 운용하는 사업주의 퇴직금(목돈)마련을 위한 공제제도

- 상품혜택
  - 연간 최대 500만 원 소득공제
  - 납입부금에 대해 연간 최대 500만 원 소득공제 혜택을 부여하므로 세 부담 높은 사업자의 절세전략으로 탁월

구분	사업(또는 근로) 소득금액	최대소득공제한도	예상세율	최대절세효과
개인·법인	4천만 원 이하	A	6.6~16.5%	330,000~825,000원
개인	4천만 원 초과 1억 원 이하	300만 원	16.5~38.5%	B
법인	4천만 원 초과 5,675만 원 이하			
개인	1억 원 초과	200만 원	C	770,000~924,000원

※ 위 예시는 노란우산 소득공제만 받았을 경우의 예상 절세효과 금액이다.
※ 2018년 종합소득세율(지방소득세 포함)적용 시 절세효과이며, 세법 제·개정에 따라 변경될 수 있다.
※ 법인대표자는 총급여 약 7천만 원(근로소득금액 5,675만 원)초과 시 근로소득금액에서 소득공제를 받을 수 없다.
※ 부동산임대업소득은 소득공제를 받을 수 없다.

① A – 450만 원
② B – 495,000 ~ 1,135,000원
③ B – 475,000 ~ 1,155,000원
④ C – 38.5 ~ 46.2%
⑤ C – 37.5 ~ 43.2%

09 다음은 연도별 국고채, 회사채, CD금리, 콜 금리, 기준금리에 해당되는 평균 금리를 나타낸 표와 용어에 대한 설명이다. 이에 대한 설명으로 적절한 것은?(단, 평균은 소수점 셋째 자리에서 반올림한다)

<연도별 평균 금리 현황>

(단위 : %)

구분	2012년	2013년	2014년	2015년	2016년	2017년	2018년	2019년
국고채3년	3.13	2.79	2.59	1.79	1.44	1.80	2.10	1.53
국고채5년	3.24	3.00	2.84	1.98	1.53	2.00	2.31	1.59
국고채10년	3.45	3.28	3.18	2.30	1.75	2.28	2.50	1.70
회사채3년	3.77	3.19	2.99	2.08	1.89	2.33	2.65	2.02
CD금리	3.30	2.72	2.49	1.77	1.49	1.44	1.68	1.69
콜 금리(1일물)	3.08	2.59	2.34	1.65	1.34	1.26	1.52	1.59
기준금리	2.75	2.50	2.00	1.50	1.25	1.50	1.75	1.25

- 콜 금리 : '콜'이란 일시적으로 자금이 부족한 금융기관이, 자금이 남는 다른 기관에 자금을 빌려 달라고 요청하는 것을 뜻한다. 금융기관 간에 발생한 자금 거래시장을 '콜 시장'이라고 한다. 빌려 주는 금융기관이 '콜 론'을 내놓으면 자금이 부족한 금융기관이 '콜 머니'를 빌릴 때 형성되는 금리이다. 즉, 콜 시장에서 결정되는 금리이다.
- CD금리 : CD(Certificate of Deposit)는 '양도성예금증서'를 뜻하고, 은행에서 단기 자금조달을 위해 해당증서의 양도를 가능하게 하는 무기명 상품으로 발행한다. 만기는 보통 91일(3개월) 또는 181일(6개월)금리가 있다. CD금리는 매일 금융투자협회에서 고시하며, 오전과 오후, 하루에 두 번씩 10개의 증권사가 적정 금리를 보고하고, 최고·최저 금리를 제외한 8개 금리의 평균으로 결정된다.
- 국고채 : 정부가 공공목적에 필요한 자금 확보 및 공급하는 공공자금관리기금의 부담으로 발행되는 채권이다. 국가가 보증하는 만큼 나라가 망하지 않는 한 떼일 위험이 없으므로 다른 채권에 비해 비싸다. 만기는 3년·5년·10년·20년·30년으로 5가지의 고정금리부 채권과 만기 10년의 물가연동 국고채권이 있다.
- 회사채 : 기업이 자금조달을 위해 직접 발행하는 채권으로 '사채'라고도 한다. 금융기관에서 지급을 보증하는 보증사채와 무보증사채, 담보부사채가 있으며, 상장기업 또는 증권감독원에 등록된 법인이 기업자금조달을 위해서 직접 발행한다. 회사채는 주식과는 달리 회사의 수익에 관계없이 일정률의 이자가 지급되고, 약속한 날짜에 원금을 상환해야 한다. 또한 회사가 해산했을 시 잔여 재산으로 주식보다 먼저 상환되어야 한다.

① 2019년 금융기관 간에 발생한 자금 거래시장에서 형성된 금리는 2012년 기준금리의 60% 이상이다.
② 2012 ~ 2019년 동안 정부가 자금 확보를 위해 발행한 채권은 만기 기간이 짧을수록 평균 금리는 높아진다.
③ 2012 ~ 2019년 동안 회사채3년 금리가 국고채10년 금리보다 높았던 해는 5번이다.
④ 2012 ~ 2019년까지 매일 금융투자협회에서 고시하는 금리의 평균은 약 3%이다.
⑤ 기업자금조달을 위한 사채로 만기 3년인 금리는 전년 대비 2013년부터 2017년까지 감소했다.

※ 다음 자료를 보고 이어지는 질문에 답하시오. [10~11]

〈NH 포디 예금〉

오픈뱅킹 거래 실적에 따라 우대금리를 제공하며, 기금을 출연하여 디지털 소외계층을 위한 사업에 지원하는 비대면 전용 상품

• 가입대상 : 개인(1인 1계좌)
• 가입기간 : 12개월
• 가입금액 : 1백만 원 이상 1억 원 이내(원 단위)
• 적립방법 : 거치식
• 기본금리(연 %)

이자지급방식	금리
만기일시지급식	1.3
월이자지급식	1.2

• 우대금리(연 %p)
아래 우대조건을 만족하는 경우 가입일 현재 기본금리에 가산하여 만기해지 시 적용(최고 0.5%p 우대)

우대조건	우대금리
비대면 가입 특별 금리	0.20
당행에서 오픈뱅킹 서비스에 계좌 등록 후 해당 서비스를 이용하여 타행 계좌로부터 당행 계좌로 이체 실적이 5회(최대 월 1회 인정) 이상인 경우 1) 실적 인정 기준일 : 상품 가입일로부터 만기가 속한 달의 전월 말 이내에 오픈뱅킹 이체 실적이 있는 경우(오픈 뱅킹 등록은 상품 가입 이전 계좌 등록분도 인정) 2) 이체 실적은 최대 월 1회만 인정	0.30

• 중도해지금리(연 %)

경과기간	적용금리 / 적용률
1개월 미만	0.10
3개월 미만	0.20
6개월 미만	(중도해지 기준금리)×40%
9개월 미만	(중도해지 기준금리)×60%
12개월 미만	(중도해지 기준금리)×80%

※ 중도해지 기준금리 : 가입일 당시 기본금리
• 이자지급방식

만기일시지급식	(신규금액)×(약정금리)×(예치일수)/365
월이자지급식	[(신규금액)×(약정금리)×(예치일수)/365]/(개월 수)

• 유의사항
이 예금은 별도의 판매 한도(총 3천억 원)를 정하여 판매하는 상품으로 한도 소진 시 조기 판매 종료될 수 있습니다.

10 다음 중 'NH 포디 예금' 상품에 대해 적절하게 이해하지 못한 사람은?

① A : 해당 상품은 비대면 전용 상품이야.

② B : 계약 시 저축 기간과 금리를 미리 정하고 맡긴 돈을 만기에 찾는 방식이므로 만기 전에는 자유롭게 출금할 수 없어.

③ C : 월이자지급식의 이자지급방식을 선택한 경우 만기에 받을 수 있는 총이자를 개월 수로 나누어 매월 지급받으므로, 같은 금액이면 만기일시지급식을 선택한 경우의 이자금액과 차이가 없어.

④ D : 해당 상품에 가입하는 사람들의 가입금액에 따라 상품의 판매가 종료되는 시점이 달라질 수 있겠군.

⑤ E : 오픈뱅킹 서비스를 통해 한 달 동안 다른 은행 계좌에서 당행 계좌로 10회 이상 이체하였더라도 이체 실적은 1회만 인정되므로 우대금리를 적용받으려면 최소 5개월 이상 이용해야 해.

11 5개월 전 L씨는 'NH 포디 예금'에 6,000만 원을 월이자지급식으로 비대면 가입하였고, B씨는 8개월 전 4,000만 원을 만기지급식으로 비대면 가입하였으며, 오픈뱅킹 서비스에 계좌 등록 후 해당 서비스를 이용하여 지금까지 타행 계좌로부터 당행 계좌로 이체 실적이 6회이다. 하지만 L씨와 B씨는 부득이한 사정으로 현재 예금을 중도해지하려고 한다. 각자 받을 수 있는 총이자의 차액은 얼마인가?(단, 한 달은 30일이며, 예치일수는 각각 5개월과 8개월이고, 이자는 백 원 단위에서 반올림한다)

① 78,000원
② 80,000원
③ 83,000원
④ 85,000원
⑤ 87,000원

※ 다음 자료를 보고 이어지는 질문에 답하시오. [12~13]

〈Biz Tax(비즈택스) 플래티늄 카드〉

부가세 환급 지원 서비스 제공	
가입대상	법인 및 개인사업자
후불 교통카드	신청 가능
연회비	국내·외 겸용 15,000원

부가세 환급 업무 지원 서비스를 이용하려면?
① 나이스데이타(주) 홈페이지에 회원 가입 / 로그인
② '부가세 환급 지원 – 신용카드 매입' 메뉴에서 조회
③ 부가세 공제 대상, 비대상을 확정
④ 직접 다운로드 또는 세무 대리인에게 E-mail로 발송
⑤ 직접 신고 또는 세무 대리인을 통해 신고
※ 나이스데이타(주) 고객센터 : 1580-0000

주요 서비스
• 전국 모든 주유소·충전소 청구 할인(3%)
– 월 4회, 회당 할인 한도 3천 원
• 농협판매장 청구 할인(5%)
– 월 2회, 회당 할인 한도 5천 원
– 농협판매장 : 하나로클럽, 하나로마트, 파머스클럽, 신토불이매장, NH여행, 한삼인 체인점, 목우촌 체인점, 안성팜랜드 등
• 커피전문점 청구 할인(10%)
– 월 2회, 회당 할인 한도 5천 원
– 스타벅스, 커피빈, 탐앤탐스
– 상품권 구매 및 백화점·할인점 입점 점포 할인 제외

주요 서비스 이용 조건
• 주유소·농협판매장·커피전문점 할인은 해당 카드로 전월(1일 ~ 말일) 일시불 / 할부 이용 금액이 30만 원 이상일 시 제공(단, 주유 할인은 영업용 차량 주유 금액을 제외한 이용 금액이 30만 원 이상 시 제공)한다.
• 최초 발급 시 카드 발급일로부터 다음 달 말일까지는 이용 금액에 관계없이 서비스를 제공한다.
• 월간 할인 횟수가 제한된 서비스는 매월별 해당 카드 이용 실적 기준으로 순차적 할인이 적용된다.
• 이용 금액 산정 시 상품권, 보험료, 제세공과금(국세, 지방세, 우체국우편요금) 등의 이용 금액은 제외한다.

12 다음 중 비즈택스 플래티늄 카드를 법인카드로 사용하는 A ~ E법인에 대한 설명으로 적절한 것은?

① 지난달 카드를 처음 발급받아 현재 사용 내역이 없는 A법인은 모든 청구 할인 서비스를 받을 수 있다.

② 세 달째 이용 중인 카드로 지난달 영업용 차량의 주유비 총 35만 원을 결제한 B법인은 이번 달 주유소 청구 할인 서비스를 받을 수 있다.

③ 1년째 이용 중인 카드로 지난달 선물용 상품권을 40만 원 이상 구매한 C법인은 이번 달 모든 청구 할인 서비스를 받을 수 있다.

④ D법인이 지난달 카드 이용 실적을 모두 채웠다면, S백화점 내 스타벅스를 방문하여 결제할 경우 이번 달 총 2번의 청구 할인을 받을 수 있다.

⑤ E법인이 지난달 카드 이용 실적을 모두 채웠다면, 하나로마트에서 1회 결제한 15만 원에 대하여 7,500원의 청구 할인을 받을 수 있다.

13 옷가게를 운영하는 개인사업자 A씨는 '비즈택스 플래티늄 카드'를 업무에 사용하면 좋을 것 같아 두 달 전부터 사용 중이다. 이번 달 A씨가 카드로 결제한 사용내역을 다음과 같이 정리했을 때, 청구 할인받은 총금액은?(단, A씨는 지난달 카드실적을 달성했다)

〈5월 카드사용 내역〉

- 주유소(영업용 차량 주유 ×) : 2회 이용, 합계 50,000원
- 하나로마트 : 1회 사용, 130,000원
- 안성팜랜드 : 1회 사용, 55,000원
- 커피전문점 영수증

STARBUCKS
현금(소득공제)
Q백화점 지점

주문번호 A-99

아메리카노　　　2　　4,100
카페라테　　　　1　　4,600
자몽블랙티　　　2　　6,300

결제금액 _____

카드 종류 :　　　　　BIZ****
회원 번호 :　　　　9845***7
승인 번호 :　　20548963100

COFFEE BEAN
현금(소득공제)
시흥시내점

진동기번호 : 07

아이스 커피　　　　1　　5,000
Ice 카페라테　　　2　　5,300
블랙슈가라테　　　1　　7,200

총액 _____
합계 _____

카드 종류 : 7777-****-****-83
할부 개월 : 일시불
승인 번호 : 4789621

---

① 11,530원 　　　　　② 11,730원

③ 14,070원 　　　　　④ 14,430원

⑤ 15,570원

01 다음 중 1933년 미국에서 은행개혁과 투기규제를 위해 만든 것으로 상업은행과 투자은행의 업무를 분리한다는 내용을 담고 있는 것은?

① 글래스 – 스티걸법   ② 볼커 룰

③ 그램 – 리치 – 블라일리법   ④ 프랍 트레이딩

⑤ 브레튼우즈 체제

02 다음 중 현재가치를 기준으로 채권에 투자한 원금을 회수하는 데 걸리는 시간을 의미하는 것은?

① 컨벡시티   ② 채권 스프레드

③ 듀레이션   ④ 이표채

⑤ 환 리스크

03 다음 중 임금 상승률과 실업률의 사이에 있는 역의 상관관계를 나타낸 곡선은?

① 래퍼 곡선   ② 로렌츠 곡선

③ 오퍼 곡선   ④ 생산 가능 곡선

⑤ 필립스 곡선

04 다음 빈칸에 들어갈 용어로 옳은 것은?

> 주가가 확실한 이유 없이 시기에 따라 강세나 약세를 보이는 계절적 이례 현상으로 _____의 주가 상승률은 월평균 상승률보다 약 2% 정도 높으며, 선진국보다는 개발도상국에서의 상승률이 더 높다.

① 1월   ② 3월

③ 6월   ④ 9월

⑤ 12월

05 다음 중 클라우드 컴퓨팅의 특징으로 옳지 않은 것은?

① 자신의 컴퓨터가 아닌 인터넷으로 연결된 다른 컴퓨터로 정보를 처리하는 기술이다.

② 인터넷상의 서버를 통하여 IT 관련 서비스를 한 번에 사용할 수 있는 컴퓨팅 환경을 의미한다.

③ 모든 컴퓨팅 기기를 네트워크로 연결하여 컴퓨터의 계산능력을 극대화한 분산 컴퓨팅을 의미한다.

④ 이용자가 정보를 인터넷상의 서버에 저장하면, 여러 IT 기기를 통해 언제 어디서든 해당 정보를 이용할 수 있다.

⑤ 컴퓨팅 자원을 필요한 만큼 빌려 쓰고 이에 대한 사용요금을 지급하는 방식의 컴퓨팅 서비스를 말한다.

06 다음 중 IoT(Internet of Things)에 대한 특징으로 옳지 않은 것은?

① 사물에 부착된 센서를 통해 실시간으로 데이터를 주고받는다.

② 사용자가 언제 어디서나 컴퓨터 자원을 활용할 수 있도록 정보 환경을 제공한다.

③ 인터넷에 연결된 기기는 인간의 개입 없이도 서로 알아서 정보를 주고받는다.

④ 유형의 사물 외에 공간이나 결제 프로세스 등의 무형의 사물도 연결할 수 있다.

⑤ 블루투스, NFC, 네트워크 등의 기술은 IoT를 통한 기기들의 소통을 돕는다.

07 다음 중 유로채와 외국채에 대한 설명으로 옳지 않은 것은?

① 유로채는 채권의 표시통화 국가에서 발행되는 채권이다.

② 유로채는 이자소득세를 내지 않는다.

③ 외국채는 감독 당국의 규제를 받는다.

④ 외국채는 신용 평가가 필요하다.

⑤ 아리랑본드는 외국채, 김치본드는 유로채이다.

08 다음 중 제4차 산업혁명의 특징으로 옳은 것은?

① 증기기관과 방적기의 발명으로 발생하였다.

② 초연결, 초지능 등으로 대표할 수 있다.

③ IT 정보기술과 산업의 접목으로 이루어졌다.

④ 전기 동력의 개발로 자동화에 의한 대량생산 체계를 구축했다.

⑤ 컴퓨터와 인터넷 기반의 지식정보 혁명이다.

09 다음 협동조합 중 사업 이용 규모에 비례해 의결권(투표권)을 부여하는 형태의 조합은?

① 소비자협동조합
② 농업협동조합
③ 노동자협동조합
④ 신세대협동조합
⑤ 사회적협동조합

10 다음 중 농업협동조합의 특징으로 옳지 않은 것은?

① 경제·지도·신용사업을 수행한다.
② 조합원은 출자자이자 경영자이며 이용자이기도 하다.
③ 우리나라는 종합농협보다 전문농협의 형태를 취하고 있다.
④ 농업금융은 농업은행이, 경제사업은 농업협동조합이 각각 담당한다.
⑤ 중앙회는 최상위 기관으로 비영리적인 연합조직체이다.

11 다음 중 농업협동조합중앙회에 대한 설명으로 옳지 않은 것은?

① 교육지원사업, 농업경제사업, 상호금융사업 등의 업무를 수행한다.
② 각 지역 단위 농업협동조합이 갖는 지역적 한계를 극복하고, 회원으로 가입한 조합 공통의 이익을 추구하기 위해 만들어졌다.
③ 단위 농협과 같은 법인으로 단위 농협을 대표한다.
④ 총회에서 직접 선출하는 회장은 회원인 조합의 조합원이어야 한다.
⑤ 회원의 조합원이 생산한 농산물 등의 원활한 유통을 지원하기 위하여 유통지원자금을 운용할 수 있다.

12 다음 중 NH농협은행의 특징으로 옳지 않은 것은?

① NH농협금융지주의 계열사이다.
② 일반은행이 아닌 특수은행에 속한다.
③ 제2금융권에 속한다.
④ 로또복권 1등에 당첨되면 수령할 수 있는 곳이다.
⑤ P2P 금융증서 블록체인 서비스가 있다.

13 다음은 도덕적 해이와 역선택에 대한 사례이다. 역선택의 사례에 해당하는 것을 모두 고르면?

> ⊙ A사장으로부터 능력을 인정받아 대리인으로 고용된 B씨는 A사장이 운영에 대해 세밀히 보고를 받지 않는다는 것을 알게 되었고, 이후 보고서에 올려야 하는 중요한 사업만 신경을 쓰고 나머지 회사 업무는 신경을 쓰지 않았다.
> ⓛ C회사가 모든 사원에게 평균적으로 책정한 임금을 지급하기로 결정하자, 회사의 임금 정책에 만족하지 못한 우수 사원들이 퇴사하게 되었다. 결국 능력이 뛰어나지 않은 사람들만 C회사에 지원하게 되었고, 실제로 고용된 사원들은 우수 사원이 될 가능성이 낮았다.
> ⓒ 중고차를 구입하는 D업체는 판매되는 중고차의 상태를 확신할 수 없다고 판단하여 획일화된 가격으로 차를 구입하기로 하였다. 그러자 상태가 좋은 중고차를 가진 사람은 D업체에 차를 팔지 않게 되었고, 결국 D업체는 상태가 좋지 않은 중고차만 구입하게 되었다.
> ⓔ 공동생산체제의 E농장에서는 여러 명의 대리인이 함께 일하고, 그 성과를 나누어 갖는다. E농장의 주인은 최종 결과물에만 관심을 갖고, 대리인 개개인이 얼마나 노력하였는지는 관심을 갖지 않았다. 시간이 지나자 열심히 일하지 않는 대리인이 나타났고, 그는 최종 성과물의 분배에만 참여하기 시작하였다.

① ㉠
② ㉡
③ ㉠, ㉣
④ ㉡, ㉢
⑤ ㉢, ㉣

14 다음 중 국제 상품의 가격이 크게 오르내림으로써 수출국과 수입국을 비롯하여 세계 경제에 큰 영향을 미치는 것을 막기 위하여 맺는 협정은?

① ICA
② GPA
③ FTA
④ GATT
⑤ CPTPP

15 다음 〈보기〉 중 데이터 마이닝에 대한 설명으로 옳은 것을 모두 고르면?

> **보기**
> ㉠ 기대했던 정보 뿐만 아니라 기대하지 않았던 정보를 찾아내는 기술을 의미한다.
> ㉡ 계획적으로 축적한 대용량의 데이터를 대상으로 한다.
> ㉢ 통계분석기술을 적용하여 유형화한 패턴과 관계를 찾는다.
> ㉣ 선형 회귀분석이나 로지스틱 분석방법 등이 적용된다.

① ㉠
② ㉣
③ ㉠, ㉡
④ ㉠, ㉢
⑤ ㉢, ㉣

16 다음 〈보기〉 중 빅데이터에 대한 설명으로 옳은 것을 모두 고르면?

> **보기**
>
> ㉠ 빅데이터는 정형화된 수치 자료뿐만 아니라 비정형의 문자, 영상, 위치 데이터도 포함한다.
> ㉡ 빅데이터는 클라우드 컴퓨팅 등 비용 효율적인 장비의 활용이 가능하다.
> ㉢ 빅데이터의 소프트웨어 분석 방법으로는 통계패키지(SAS), 데이터 마이닝 등이 대표적이다.
> ㉣ 빅데이터는 크기(Volume), 속도(Velocity), 다양성(Variety), 가치(Value), 복잡성(Complexity)의 특징을 가지고 있다.

① ㉠, ㉣　　　　　　　　　　　② ㉡, ㉢
③ ㉠, ㉡, ㉢　　　　　　　　　④ ㉠, ㉡, ㉣
⑤ ㉡, ㉢, ㉣

17 다음 중 IT 용어에 대한 설명으로 옳지 않은 것은?

① AI - 인간의 학습능력, 지각능력, 이해능력 등을 컴퓨터 프로그램으로 실현한 기술
② 딥러닝 - 인간이 가르친 다양한 정보를 학습한 결과에 따라 새로운 것을 예측하는 기술
③ 머신러닝 - 데이터를 분석하고 스스로 학습하는 과정을 통해 패턴을 인식하는 기술
④ 딥페이크 - 인공 지능을 기반으로 한 인간의 이미지 합성 기술
⑤ 블록체인 - 가상 화폐 거래 시 발생할 수 있는 해킹을 막기 위한 공공 거래 장부

01 A농협지역본부장은 잇따른 신상품 개발 추진과 더불어 최근 판매 부진으로 적자를 보이고 있는 A지역 내 농협 영업소의 발전을 위해 농협중앙회에 컨설팅 교육지원을 신청했다. 다음 조직도를 참고할 때, 농협지역본부의 종합적인 컨설팅 교육을 지원하는 부서는?

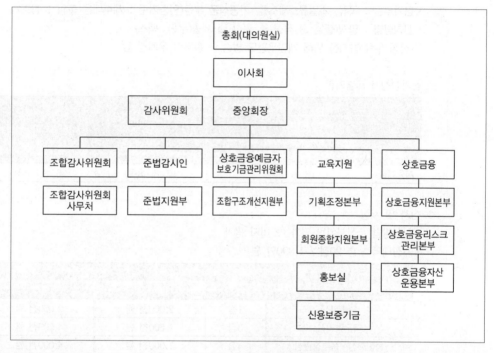

① 준법지원부
② 조합구조개선지원부
③ 상호금융지원본부
④ 회원종합지원본부
⑤ 홍보실

02 다음은 '2016년 전국친환경농산물 품평회' 참가 협조 요청문이다. 공문을 읽고 이해한 내용으로 적절하지 않은 것은?

◇ 품평회 개요
- 행사명 : 2016년 전국친환경농산물 품평회
- 일시 : 16. 8. 18(목), 09:00 ~ 17:00
- 장소 : K관 D홀(서울 강남구 삼성동)
- 주최·주관 : (사)전국친환경농업협의회, 농협중앙회
- 후원 : 농림축산식품부, 국립농산물품질관리원, 한국농수산식품유통공사, KOTRA

◇ 참가신청 안내
- 참가대상 : 친환경농업인, 생협, 영농법인, 가공업체, 농협, 조공법인, 연합사업단 등
- 참가부문 : 곡류, 과일류, 채소류, 가공식품 부문(인증기준 : 세부내용 붙임 1 참조)
- 신청방법 : 양식(붙임 2) 작성 후 기한 내 제출(우편, 팩스)
  (신청 누락 방지를 위해 개인우편도 발송 - 총무팀 우차장 앞)

◇ 참가신청서 제출기한

구분	농업인 → 지역(품목)농협 각 지자체(시·군), (사)한국유기농업협회 회원 → (사)한국유기농업협회	농협, 영농법인, 가공공장 → 농협지역본부	농협지역본부, (사)한국유기농업협회 → 농협 회원경제지원부
제출기한	16. 8. 3(수)	16. 8. 4(목)	16. 8. 5(금)

◇ 심사 및 시상
- 심사방법 : 심사위원 평가·소비자 평가
- 시상내역 : 총 20점 / 1,890만 원

구분	수량	시상금	
		개별 시상금	총액
대통령상	1점	2,000천 원	2,000천 원
국무총리상	3점	1,500천 원	4,500천 원
농림축산식품부장관상	4점	1,000천 원	4,000천 원
국립농산물품질관리원장상	4점	800천 원	3,200천 원
농협중앙회장상 (곡류, 과일)	2점	700천 원	2,800천 원
한국농수산식품유통공사장상 (채소, 가공식품)	2점		
전국친환경농업협의회장상 (곡류, 과일)	2점	600천 원	2,400천 원
한국유기농업협회장상 (채소, 가공식품)	2점		

※ 상(賞)은 부문별 1점씩 선정, 대통령상이 수여되는 부문에서는 국무총리상은 제외

◇ 부상내역
  농협흙사랑(주)에서 유기질 퇴비 총 750포 수여
  (단, 가공식품류 제외한 수상자당 각 50포 제공)

붙임 1. 2016년 전국 친환경농산물 품평회 개최 계획
붙임 2. 친환경농산물 품평회 출품 명세서
붙임 3. 역대 친환경농산물 품평회 수상자 명단(13 ~ 15년)
붙임 4. 지역본부 친환경업무 담당자 명단

① 참가신청서는 신청 누락 방지를 위해 개인우편으로도 발송해야 한다.
② 심사는 심사위원 평가와 소비자 평가를 함께 진행한다.
③ 품평회는 2016년 8월 18일 목요일 오전 9시부터 오후 5시까지이다.
④ 부상으로 모든 수상자에게 농협흙사랑(주)에서 유기질 퇴비를 수여한다.
⑤ 참가부문은 곡류, 과일류, 채소류, 가공식품 부문이다.

03 귀하는 이번 달 행사 일정을 정리하기 위하여 파일을 작성하고 있다. 다음 워크시트에서 [A1:B1] 영역을 선택한 후 채우기 핸들을 이용하여 [B3] 셀까지 드래그했을 때 [A3] 셀, [B3] 셀의 값으로 옳은 것은?

〈출근시간 워크시트〉

	A	B
1	가—011	01월15일
2		
3		
4		

① 가—011, 01월15일
② 다—011, 03월15일
③ 가—013, 03월15일
④ 가—013, 01월17일
⑤ 다—011, 01월17일

04 다음은 N은행 갑 ~ 정 지점의 대표적인 상품들에 대한 설명이다. 〈보기〉의 A ~ D사원 각자의 성향에 맞는 상품을 바르게 짝지은 것은?

〈지점별 금융상품〉

구분	상품 특징
갑	□□투자 ELS지수연계솔루션 증권투자신탁(주식혼합-파생형) • 운용대상 : 주식관련 50% 미만, 채권 50% 미만 투자 • 투자기간 : 적립식(2년 이상), 임의식(제한 없음) • 가입금액 : 최초가입금 및 추가금액 5만 원 이상 • 가입대상 : 제한 없음
을	☆☆주거래우대적금 • 가입기간 : 12개월 이상 36개월 이내(월 단위) • 가입금액 : 초입금 및 매회 입금 1만 원 이상, 1인당 분기별 3백만 원 이내 자유적립 • 가입대상 : 개인 • 적립방법 : 목돈모으기(자유적립식)
병	지수연동예금(ELD) 12-1호 1형 • 상품특징 : 기초자산 지수(주가)의 변동에 연동하여 수익률이 결정되는 원금보장 예금상품 • 가입기간 : 1년 • 가입금액 : 계좌당 100만 원 이상 • 가입대상 : 개인, 법인
정	◇◇코스닥 150 1.5배레버리지 증권투자신탁(주식-파생형) • 운용대상 : 주식 80% 이상, 집합투자증권 20% 이하 • 투자기간 : 자유적립식(2년 이상), 임의식(제한 없음) • 가입금액 : 최초가입 5만 원 이상 • 가입대상 : 제한 없음

보기

A사원 : 난 내가 투자한 원금의 손실이 전혀 없었으면 좋겠어.

B사원 : 그래도 원금의 손실이 전혀 없다는 건 수익도 없는 것 아냐? 나도 물론 대부분의 내 투자금에 대한 손실이 없으면 좋겠지만, 어느 정도의 위험은 감수할 수 있어.

C사원 : 난 투자를 하면 투자에 상응하는 위험은 늘 어느 정도 발생한다고 생각해. 그래서 내가 얻고자 하는 기대 수익에 대한 원금 손실은 상관없어. 이왕이면 안전성과 수익 두 가지를 다 잡아야 하지 않겠어?

D사원 : 너희 모두 간이 작구나! 이왕 투자하려면 나처럼 화끈하게 해야지! 난 무조건 높은 수익률만 생각하며 투자할 거야.

① 갑 - A사원 　　　　　　　② 을 - C사원

③ 병 - D사원 　　　　　　　④ 정 - D사원

⑤ 을 - B사원

05 N은행의 'N주거래우대정기예금' 상품에 가입했던 L씨는 다음 달 만기를 앞두고 N은행의 직원에게 세후 수령액을 문의했다. L씨의 예금 거치금액은 2,000만 원이고 상품 가입기간은 2년 6개월이다. 가입 당시 상품설명서 내용과 L씨의 N은행 거래실적이 다음과 같을 때 L씨가 N은행의 직원에게 안내받을 세후 수령액은?

〈N주거래우대정기예금 상품설명서〉

가입일 : 2014년 10월 1일

- 상품특징 : 은행 거래실적에 따라 우대금리를 제공하는 거치식 상품
- 가입대상 : 개인
- 가입기간 : 1년 이상 ~ 3년 이내(월 단위)
- 가입금액 : 1백만 원 이상, 1인당 5억 원 이내
- 상품과목 : 정기예금
- 적립방법 : 일시거치
- 이자과세 : 15.4%
- 이자지급방법 : 만기일시지급식 – 단리적용
- 우대금리 : 우대사항에 충족되는 경우 기본 만기지급금리에 가산하여 만기해지 시 우대금리를 적용

〈가입기간별 기본 만기지급금리〉

(단위 : %)

구분	12개월 이상 24개월 미만	24개월 이상 36개월 미만	36개월 이상
기본금리(연)	1.4	1.5	1.6

〈우대사항 및 우대금리〉

(단위 : %p)

우대사항	우대금리
가입일부터 만기 전월까지 기간 중 3개월 이상 N은행에 급여이체 시	0.1
만기 전전월에 N주거래우대통장에서 납부자(타행) 자동이체 또는 출금이체(자동납부)로 3건 이상 출금(단, 실시간 이체는 제외)	0.1
가입월부터 만기 전월까지 기간 중 N은행 채움카드(개인 신용·체크) 월 평균 20만원 이상 이용(단, 현금서비스 제외)	0.1
만기일 전월 말 기준으로 N은행의 주택청약종합저축(청약저축 포함) 또는 적립식(임의식) 펀드 중 1개 이상 가입 시	0.1

〈L씨의 거래실적내용〉

기간 : 2014년 10월 1일 ~ 2017년 3월 1일

- 2016년 3월부터 매달 N주거래우대통장에서 휴대전화 요금, 아파트 관리비, 실비 보험료 자동이체
- 채움 체크카드로 월 평균 25만 원 사용
- N주거래우대정기예금 상품 가입 시 N은행의 주택청약종합저축 상품도 함께 가입하고 유지 중

① 20,500,400원
② 20,651,400원
③ 20,761,400원
④ 20,856,000원
⑤ 20,900,000원

06 다음은 N은행의 적금 상품 중 하나인 '희망채움 적립식 통장'에 대한 자료이다. 자료를 검토한 뒤 이해한 내용으로 적절하지 않은 것은?

<희망채움 적립식 통장>

■ 상품특징
적립식 통장 : 3년 가입 시 2.5%p의 우대금리 제공
■ 가입기간
6개월 이상 36개월 이내 월 단위
■ 가입금액
1천 원 이상, 월 50만 원 이내에서 자유적립
(단, 만기일 전 3개월 이내에는 그 이전에 적립한 금액의 합계액을 초과하여 적립 불가)
■ 적립방법
자유적립
■ 우대금리
• 가입기간 3년 미만 : 1.5%p
• 가입기간 3년 : 2.5%p
■ 가입대상
• 차상위계층 이하의 장애인 : 장애수당(장애아동수당)수급자확인서, 차상위계층확인서 − 주민센터
• 차상위계층 이하의 다문화가정 : 결혼이민자 본인으로 가족관계증명서 및 혼인관계증명서, 차상위계층확인서 등(단, 귀화한 경우 초본 또는 기본증명서 추가) − 주민센터
• 북한이탈주민(새터민) : 북한이탈주민 등록 확인서 및 북한이탈주민의 보호 및 정착지원에 관한 법률에 따른 정부 지원을 받고 있는 자 − 시·군·구청
• 기초생활수급자 : 국민기초생활수급자 증명서 − 주민센터, 군청
• 차상위계층 : 차상위계층확인서(우선돌봄 차상위확인서, 자활근로자 확인서, 차상위 본인부담 경감 대상자 증명서 등) − 주민센터
• 차상위계층 이하 만 65세 이상 노인 : 노인복지법에 의거한 노인돌봄종합서비스 대상자 또는 기초연금수급자(노인돌봄종합서비스 대상자 확인서 또는 기초연금수급자 증명서 등) − 주민센터
• 소년소녀가장 : 소년소녀가장이 확인되는 서류(수급자 증명서 등) − 증명센터
• 근로장려금 수급자 : 근로장려금 수급자 확인서 또는 근로장려금 결정(환급) 통지서 − 국세청
• 한부모가족 대상자 : 한부모가족 지원법에 의거한 한부모가족 복지급여 수급자(수급자 확인서, 당행에서 발급한 문화누리카드 등) − 시·군·구청
• 노숙인 : 행정기관·사회복지법인의 노숙인확인서, 보건복지부장관의 허가를 받은 사회복지법인에서 비치하고 있는 신상명세서 사본
■ 대상예금
자유로우대적금

① 이 상품은 적립식 통장으로 3년 가입 시 2.5%p의 우대금리를 제공해주는 상품이야.

② 귀화 여부와 상관없이 차상위계층 이하의 다문화가정의 결혼이민자가 상품을 가입하려면 필요한 서류로 가족관계증명서 및 혼인관계증명서, 차상위계층확인서만 있으면 되겠네.

③ 만기일 전 3개월 이내에는 그 이전에 적립한 금액의 합계액을 초과하여 적립할 수 없어.

④ 가입금액은 1천 원 이상, 월 50만 원 이내에서 자유적립이야.

⑤ 가입기간은 6개월 이상 36개월 이내 월 단위야.

07 다음 자료는 FTA 이행 이후 우리나라 농축산물 수입 개황에 대한 그래프이다. 자료를 이해한 내용으로 적절하지 않은 것은?

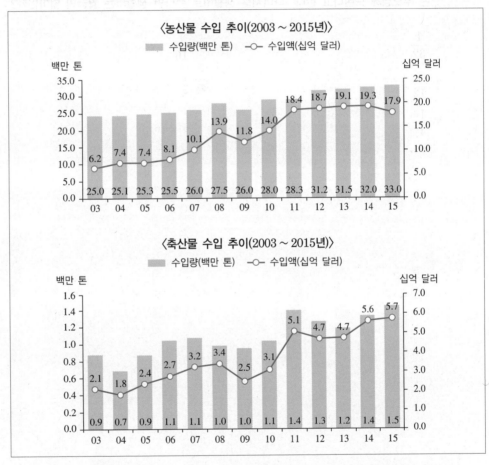

① 농산물 수입량은 2003년 약 2,500만 톤에서 2015년 약 3,300만 톤으로 증가했다.

② 농산물 수입량은 2003년부터 2006년까지 변동폭이 상대적으로 크지 않다.

③ 농산물 수입액은 2003년부터 2014년까지 2009년을 제외하고 지속적으로 증가하고 있으며, 곡류를 제외하면 더 빠르게 증가함을 알 수 있다.

④ 축산물 수입량은 2003년 90만 톤에서 2015년 150만 톤으로 증가했다.

⑤ 축산물 수입액은 2004년부터 2008년까지 꾸준히 증가하고 있다.

01 김과장은 월급의 $\frac{1}{4}$ 은 저금하고, 나머지의 $\frac{1}{4}$ 은 모임회비, $\frac{2}{3}$ 는 월세로 사용하며, 그 나머지의 $\frac{1}{2}$ 은 부모님께 드린다고 한다. 나머지를 생활비로 쓴다면 생활비는 월급의 얼마인가?

① $\frac{1}{32}$

② $\frac{1}{16}$

③ $\frac{1}{12}$

④ $\frac{1}{8}$

⑤ $\frac{1}{4}$

02 A가 시속 40km/h로 30km를 가는 데 45분이 걸렸고, B가 시속 30km/h로 $x$km만큼 갔을 때, B의 시간은 A보다 5분 덜 걸렸다. B가 이동한 거리는?

① 15km

② 20km

③ 25km

④ 30km

⑤ 35km

03 A, B, C 세 병에 담긴 물의 양이 총 13L일 때, A:B=1:2, B:C=3:1이면 C에 담긴 물의 양은?

① $\dfrac{13}{11}$ L

② $\dfrac{26}{11}$ L

③ $\dfrac{39}{11}$ L

④ $\dfrac{78}{11}$ L

⑤ $\dfrac{89}{11}$ L

04 다음 식을 이용해 c는 a의 몇 배인지 구하면?

a+3b=550   b+3c=1,050   c+3d=1,200   d+3a=1,800

① $\dfrac{56}{99}$

② $\dfrac{69}{101}$

③ $\dfrac{71}{103}$

④ $\dfrac{73}{105}$

⑤ $\dfrac{75}{107}$

05 다음 제시된 9개의 단어 중 3개의 단어로 공통 연상할 수 있는 단어는?

바람	해	대륙
진돗개	기러기	돌
남자	태극기	여자

① 제주도

② 성별

③ 새

④ 독도

⑤ 동물

※ A고객은 노후대비 은퇴자금을 마련하기 위하여 N은행을 방문하였다. N은행의 행원인 귀하는 다음과 같은 상품을 고객에게 추천할 예정이다. 이어지는 물음에 답하시오. [6~7]

〈N은행 100세 플랜 적금 상품설명서〉

1) 상품 개요
  - 상품명 : N은행 100세 플랜 적금
  - 상품 특징 : 여유롭고 행복한 은퇴를 위한 은퇴자금 마련 적금 상품
2) 거래 조건

구분		내용
가입자격		개인
계약기간		1 ~ 20년 이내(연 단위) (계약기간 만료 전 1회 연장 가능, 단 총계약기간이 20년을 초과할 수 없다)
적립방식		자유적립식
가입금액		초입 10만 원 이상, 매입금 1만 원 이상(계좌별) / 매월 5백만 원(1인당), 총불입액 10억 원(1인당) 이내
만기금리 (연%, 세전)	기본금리	계약기간별 금리(실제 적용금리는 가입일 당시 고시금리에 따른다) ㅤ가입기간ㅤ/ㅤ12개월 이상 연 2.55%ㅤ/ㅤ24개월 이상 연 2.75%ㅤ/ㅤ36개월 이상 연 3.00%
	우대금리 (최고 0.5%)	아래 우대조건을 충족하고 이 적금을 만기해지하는 경우 각 호에서 정한 우대금리를 계약기간 동안 합산 적용함(중도인출 또는 해지 시에는 적용하지 않는다) ㅤ우대조건ㅤ/ㅤ우대금리 ㉠ 이 적금 가입시점에 'N은행 100세 플랜 통장'을 보유하고 있는 경우 / 0.1% ㉡ 같은 날 부부가 모두 가입하고 신규금액이 각 10만 원 이상인 경우(각 적금은 만기까지 보유하고 있어야 한다) / 0.1% ㉢ 이 적금 계약기간이 3년 이상이고 만기 시 월 평균 10만 원 이상 입금된 경우 / 0.2% ㉣ 이 적금 신규일로부터 만기일까지 'N은행 100세 플랜 연금'을 6개월 이상 보유하고 있는 경우(신규만 포함한다) / 0.2% ㉤ 인터넷 또는 스마트뱅킹으로 본 적금에 가입 시 / 0.1%
이자 지급 방식		만기일시지급식
양도 및 담보 제공		은행의 승낙을 받은 경우 양도 및 담보 제공이 가능하다.
제한사항		이 적금은 1년 이상 납입이 없을 경우 계약기간 중이라도 추가 적립할 수 없으며, 질권설정 등의 지급 제한사유가 있을 때에는 원리금을 지급하지 않는다.
예금자보호 여부	해당	이 상품은 「예금자보호법」에 따라 예금보험공사가 보호하되, 보호한도는 본 은행에 있는 귀하의 모든 예금보호대상 금융상품의 원금과 소정의 이자를 합하여 1인당 '최고 5천만 원'이며, 5천만 원을 초과하는 나머지 금액은 보호하지 않는다.

06 귀하는 A고객이 'N은행 100세 플랜 적금' 상품을 계약하기 전 해당 상품에 대한 이해를 돕기 위해 자세히 설명하고자 한다. 다음 설명 중 적절하지 않은 것은?

① 고객님, 해당 상품은 목돈이 들어가는 예금과 달리 첫 입금 시 10만 원 이상 그리고 계약기간 동안 매월 1만 원 이상 납입하시면 되는 적금이므로 지금 당장 큰 부담이 없습니다.

② 고객님, 해당 상품을 3년 이상 계약하시게 되면 기본금리가 3.00%로 적용되며, 다만 오늘 계약하시지 않을 경우에는 실제로 적용되는 금리가 변동될 수 있습니다.

③ 고객님, 우대금리는 최고 0.5%까지만 적용되는데, 중도인출이나 혹은 중도해지 시에는 우대금리가 적용되지 않습니다.

④ 고객님, 적금 계약기간 중 1년 이상 납입을 하시지 않았을 때, 계약기간 중이더라도 추가 적립을 할 수 없는 부분에 대해서 유의하여 주시길 바랍니다.

⑤ 고객님, 해당 상품은 예금자보호법에 따라 원금과 이자를 합쳐서 1인당 최고 5천만 원까지 보호되는 상품이며, 본 은행의 다른 상품과 별도로 보호되는 금융상품입니다.

07 다음 제시된 A고객의 상담 내역을 바탕으로 예상할 때, A고객이 만기시점에 받을 수 있는 세전금리는?

〈A고객의 상담 내역〉

• N은행과의 금융거래는 이번이 처음이며, 해당 적금상품만을 가입하였다.

• 행원의 설명에 따라, 매월 납입금액은 20만 원, 계약기간은 5년으로 계약하였다.

• 타 은행보다 높은 금리조건에 만족하여 A고객의 배우자도 함께 가입하였으며, 각각 100만 원을 초입하였다.

• 행원의 추천에 따라 한 달 뒤 'N은행 100세 플랜 연금'을 신규로 가입할 예정이며, 1년간 보유할 계획이다.

• 해당 적금의 계약기간 동안 중도인출 또는 해지할 계획이 없으며, 연체 없이 모두 만기까지 보유할 예정이다.

---

① 2.75% ② 3.05%

③ 3.25% ④ 3.50%

⑤ 3.70%

08 2016년 5월 1일 N은행 콜센터에 근무 중인 귀하에게 B고객으로부터 금융 상품 해지 건이 접수되었다. 상담한 결과 B고객은 1년 전에 A예금을 가입하였으나 불가피한 사정으로 해당 예금 상품을 해지할 계획이며, 해지할 경우 환급금이 얼마인지 문의하였다. 귀하가 B고객에게 안내할 A예금의 세전 환급금은?

〈1년 전 B고객의 A예금 가입내역〉

• 가입기간 : 5년
• 가입금액 : 1백만 원
• 이자 지급 방식 : 만기일시지급 – 단리식
• 기본금리 : 3.0%
• 우대금리 : 0.2%(중도인출 및 해지 시에는 적용하지 않음)
• 중도해지이율(연 %, 세전)
  – 3개월 미만 : 0.2%
  – 6개월 미만 : 0.3%
  – 12개월 미만 : (기본금리)×20%
  – 18개월 미만 : (기본금리)×30%
  – 24개월 미만 : (기본금리)×40%
• 만기 후 이율(세전)
  – 만기 후 3개월 이내 : 만기 시점 국고채 1년물 금리
  – 만기 후 6개월 이내 : 일반정기예금 계약기간별 기본금리의 20%
  – 만기 후 6개월 초과 : 일반정기예금 계약기간별 기본금리의 10%
• 예금자보호 여부 : 해당됨

① 1,003,000원
② 1,006,000원
③ 1,009,000원
④ 1,012,000원
⑤ 1,030,000원

09 C고객은 N은행으로부터 예금만기 문자를 통보받고 은행을 방문하였다. 다음 조건을 바탕으로 할 때, C고객이 만기 시 수령할 금액은?

〈C고객의 꿈드림 예금상품 가입내역〉

- 상품명 : N은행 꿈드림 예금상품
- 가입자 : 본인
- 계약기간 : 20개월
- 저축금액 : 1백만 원
- 저축방법 : 거치식
- 이자지급방식 : 만기일시지급 – 단리식
- 기본이자율(계약 당시, 세전)

1개월	6개월	12개월	24개월	36개월	48개월
연 0.75%	연 1.20%	연 1.30%	연 1.35%	연 1.50%	연 1.60%

- 우대금리(세전)
  - 계약 당시 자신이 세운 목표 혹은 꿈을 성취했을 경우 : 0.1%p 가산
  - 본인의 추천으로 해당 상품을 지인이 가입할 경우 : 0.1%p 가산
  - 타인의 추천으로 해당 상품을 본인이 가입할 경우 : 0.1%p 가산
- 기타사항
  - C고객은 지인으로부터 추천을 받아 해당 상품을 가입하였음
  - 해당 상품 계약 시 세운 목표를 성취하였으며, 은행에서 확인받음
  - 해당 상품에서 발생되는 이자는 15.4%가 과세됨

① 1,019,000원
② 1,019,800원
③ 1,020,050원
④ 1,021,150원
⑤ 1,025,000원

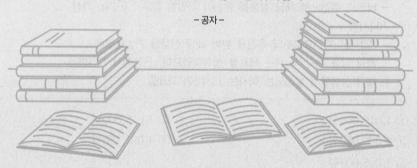

배우기만 하고 생각하지 않으면 얻는 것이 없고,
생각만 하고 배우지 않으면 위태롭다.

- 공자 -

PART 3

주요 금융권 NCS 기출복원문제

CHAPTER 01 2023년 주요 금융권 NCS 기출복원문제

CHAPTER 02 2022년 주요 금융권 NCS 기출복원문제

정답 및 해설 p.056

| 하나은행

01 다음 글의 주제로 가장 적절한 것은?

> 시중은행 대출금리가 가파르게 증가하자 경매에 넘어간 부동산이 2010년대 하락장 수준으로 증가하고 있다. 이는 대부분 대출금리의 인상으로 인한 이자 부담 가중으로 주택담보대출을 상환하지 못하는 경우와 이로 인한 부동산 경기 침체로 집값이 하락해 세입자의 보증금을 상환하지 못하는 경우 때문이다.
>
> 법원에 따르면 임의경매가 신청된 부동산은 2014년 10월 이후 최대치를, 강제경매가 신청된 부동산은 2020년 3월 이후 가장 많은 수치를 보이고 있다. 특히 이들 대부분은 집값 급등 시기에 대출을 받아 내 집을 마련한 이른바 '영끌족'이다. 하지만 이들이 계속된 고금리에 이자를 부담하기 어려워 집을 처분하려고 해도, 부동산 경기 침체로 인해 집을 사려는 사람이 없어 처분조차 어려운 상황이다. 실제로 서울부동산정보광장에 따르면 지난 4월 3,000건을 상회하던 거래량이 지난달인 10월에는 1,923건으로 하락한 반면, 매물은 늘어나는데 거래가 줄면서 계속 매물이 쌓여 현재 매물은 올해 초 대비 50% 이상 증가했다.

① 대출금리 인상으로 무너지는 내 집 마련
② 대출금리 인상으로 집을 사지 못하는 사람들
③ 대출금리 인상으로 인해 늘어난 부동산 선택지
④ 대출금리 인상으로 활발해진 부동산 경매시장

02 다음 글의 내용으로 가장 적절한 것은?

중국에서는 기원전 7 ~ 8세기 이후 주나라에서부터 청동전이 유통되었다. 이후 진시황이 중국을 통일하면서 화폐를 통일해 가운데 네모난 구멍이 뚫린 원형 청동 엽전이 등장했고, 이는 중국 통화의 주축으로 자리 잡았다. 하지만 엽전은 가치가 낮고 금화와 은화는 아직 주조되지 않았기 때문에 고액 거래를 위해서는 지폐가 필요했다. 결국 11세기경 송나라에서 최초의 법정 지폐인 교자(交子)가 발행되었다. 13세기 원나라에서는 강력한 국가 권력을 통해 엽전을 억제하고 교초(交鈔)라는 지폐를 유일한 공식 통화로 삼아 재정 문제를 해결했다.

아시아와 유럽에서 지폐의 등장과 발달 과정은 달랐다. 우선 유럽에서는 금화가 비교적 자유롭게 사용되어 대중들 사이에서 널리 유통되었다. 반면에 아시아의 통치자들은 금의 아름다움과 금이 상징하는 권력을 즐겼다는 점에서는 서구인들과 같았지만, 비천한 사람들이 화폐로 사용하기에는 금이 너무 소중하다고 여긴 점이 달랐다. 대중들 사이에서 유통되도록 금을 방출하면 권력이 약화된다고 본 것이다. 대신에 일찍부터 지폐가 널리 통용되었다.

마르코 폴로는 쿠빌라이 칸이 모든 거래를 지폐로 이루어지게 하는 것을 보고 깊은 인상을 받았다. 사실상 종잇조각에 불과한 지폐가 그렇게 널리 통용되었던 이유는 무엇 때문일까? 칸이 만든 지폐에 찍힌 그의 도장은 금이나 은과 같은 권위가 있었다. 이것은 지폐의 가치를 확립하고 유지하는 데 국가 권력이 핵심 요소라는 사실을 보여준다.

유럽의 지폐는 그 초기 형태가 민간에서 발행한 어음이었으나, 아시아의 지폐는 처음부터 국가가 발행권을 갖고 있었다. 금속 주화와는 달리 내재적 가치가 없는 지폐가 화폐로 받아들여지고 사용되기 위해서는 신뢰가 필수적이었다. 중국은 강력한 왕권이 이 신뢰를 담보할 수 있었지만, 유럽에서 지폐가 사람들의 신뢰를 얻기까지는 그보다 오랜 시간과 성숙된 환경이 필요했다. 유럽의 왕들은 종이에 마음대로 숫자를 적어 놓고 화폐로 사용하라고 강제할 수 없었다. 그래서 서로 잘 아는 일부 동업자들끼리 신뢰를 바탕으로 자체 지폐를 만들어 사용해야 했다. 하지만 민간에서 발행한 지폐는 신뢰 확보가 쉽지 않아 주기적으로 금융 위기를 초래했다. 정부가 나서기까지는 오랜 시간이 걸렸고, 17 ~ 18세기에 지폐의 법정화와 중앙은행의 설립이 이루어졌다. 중앙은행은 금을 보관하고 이를 바탕으로 금 태환(兌換)을 보장하는 증서를 발행해 화폐로 사용하기 시작했으며, 그것이 오늘날의 지폐로 이어졌다.

① 유럽에서 금화의 대중적 확산은 지폐가 널리 통용되는 결정적인 계기가 되었다.
② 유럽에서는 민간 거래의 신뢰를 기반으로 지폐가 중국에 비해 일찍부터 통용되었다.
③ 중국에서 청동으로 만든 최초의 화폐는 네모난 구멍이 뚫린 원형 엽전의 형태였다.
④ 중국에서 지폐 거래의 신뢰를 확보할 수 있었던 것은 강력한 국가 권력이 있었기 때문이다.

| 하나은행

03

많은 사람들은 소비에 대한 경제적 결정을 내리기 전에 가격과 품질을 고려한다. 하지만 이러한 결정은 때로 소비자가 인식하지 못한 다른 요소에 의해 영향을 받는다. 바로 마케팅과 광고의 효과이다. 광고는 제품이나 서비스에 대한 정보를 전달하는 데 사용되는 매개체로 소비자의 구매 결정에 큰 영향을 끼친다.

마케팅 회사들은 광고를 통해 제품을 매력적으로 보이도록 디자인하고, 여러 가지 특징들을 강조하여 소비자들이 해당 제품을 원하도록 만든다. 예를 들어 소비자가 직면한 문제에 대해 자사의 제품이 효과적인 해결책이라고 제시하거나, 유니크한 디자인, 고급 소재 등을 사용한다고 강조하는 것이다. 이렇게 광고는 소비자들에게 제품에 대한 긍정적인 이미지를 형성하여 구매 욕구를 자극해 제품의 판매량을 증가시킨다.

그러므로 현명한 소비를 하기 위해서는 광고에 의해 형성된 이미지에 속지 않고, 실제 제품의 가치와 품질을 충분히 검토해야 한다. 소비를 함에 있어 광고에만 의존한다면, 실제로는 자신에게 필요하지 않은 제품이나 서비스를 꼭 필요한 것으로 착각하여 제품이나 서비스를 구매하게 될 수 있다. 따라서 경제적인 결정을 내리기 전에 광고 외에도 가격, 품질, 필요성 등 다양한 요소를 종합적으로 고려해야 한다.

① 판매자는 광고를 통해 자사 제품의 긍정적인 이미지를 만들어 낼 수 있다.
② 광고는 현명한 소비를 함에 있어서 전혀 도움이 되지 않는다.
③ 자신에게 꼭 필요한 물건인지 파악하는 것은 현명하게 소비하는 것이다.
④ 광고는 소비자의 구매 결정에 큰 영향을 미친다.

04

『논어』 가운데 해석상 가장 많은 논란을 일으킨 구절은 '극기복례(克己復禮)'이다. 이 구절을 달리 해석하는 A학파와 B학파는 문장의 구절을 구분하는 것부터 다른 견해를 가지고 있다. A학파는 '극기'와 '복례'를 하나의 독립된 구절로 구분한다. 그들에 따르면, '극'과 '복'은 서술어이고, '기'와 '예'는 목적어이다. 이에 반해 B학파는 '극'을 서술어로 보고, '기복례'는 목적어구로 본다. 두 학파가 동일한 구절을 이처럼 서로 다르게 구분하는 이유는 '극'과 '기' 그리고 '예'에 대한 이해가 다르기 때문이다.

A학파는 천리(天理)가 선천적으로 마음에 내재해 있다는 심성론에 따라 이 구절을 해석한다. 그들은 '극'은 '싸워서 이기다.'로, '복'은 '회복하다.'로 이해한다. 그리고 '기'는 '몸으로 인한 개인적 욕망'으로 '예'는 '천리에 따라 행위하는 것'으로 규정한다. 따라서 '극기'는 '몸의 개인적 욕망을 극복하다.'로 해석하고, '복례'는 '천리에 따라 행위하는 본래 모습을 회복하다.'로 해석한다.

이와 달리 B학파는 심성론에 따라 해석하지 않고 예를 중심으로 해석한다. 이들은 '극'을 '능숙하다.'로, '기'는 '몸'으로 이해한다. 또 '복'을 '한 번 했던 동작을 거듭하여 실천하다.'로 풀이한다. 그리고 예에 대한 인식도 달라서 '예'를 천리가 아닌 '본받아야 할 행위'로 이해한다. 예를 들면, 제사에 참여하여 어른들의 행위를 모방하면서 자신의 역할을 수행하는 것이 이에 해당한다. 이들의 해석에 따르면, '기복례'는 '몸이 본받아야 할 행위를 거듭 실행함'이 되고, '극'과 연결하여 해석하면 '몸이 본받아야 할 행위를 거듭 실행하여 능숙하게 되다.'가 된다.

두 학파가 동일한 구절을 달리 해석하는 또 다른 이유는 그들이 지향하는 철학적 관심이 다르기 때문이다. A학파는 '극기'를 '사욕의 제거'로 해석하면서, 용례상으로나 구문론상으로 "왜 꼭 그렇게 해석해야만 하는가?"라는 질문에 답하는 대신 자신들의 철학적 체계에 따른 해석을 고수한다. 그들의 관심은 악의 문제를 어떻게 설명할 것인가라는 문제에 집중되고 있다. B학파는 '극기복례'에 사용된 문자 하나하나의 용례를 추적하여 A학파의 해석이 『논어』가 만들어졌을 당시의 유가 사상과 거리가 있다는 것을 밝히려 한다. 그들은 욕망의 제거가 아닌 '모범적 행위의 창안'이라는 맥락에서 유가의 정통성을 찾으려 한다.

① A학파는 '기'를 극복의 대상으로 삼고, 천리를 행위의 기준으로 삼을 것이다.

② A학파에 의하면 '예'의 실천은 태어날 때부터 마음에 갖추고 있는 원리에 따라 이루어질 것이다.

③ B학파는 마음의 본래 모습을 회복함으로써 악을 제거하려 할 것이다.

④ B학파는 '기'를 숙련 행위의 주체로 이해하며, 선인의 행위를 모범으로 삼을 것이다.

05 다음 문장을 읽고 이어질 문단을 논리적 순서대로 바르게 나열한 것은?

> 케인스 학파에서는 시장에서 임금이나 물가 등의 가격 변수가 완전히 탄력적으로 작용하지는 않기 때문에 경기적 실업은 자연스럽게 해소될 수 없다고 주장한다.

(가) 그래서 경기 침체에 의해 물가가 하락하더라도 화폐환상현상으로 인해 노동자들은 명목임금의 하락을 받아들이지 않게 되고, 결국 명목임금은 경기적 실업이 발생하기 이전의 수준과 비슷하게 유지된다. 이는 기업에서 노동의 수요량을 늘리지 못하는 결과로 이어지게 되고 실업은 지속된다. 따라서 케인스 학파에서는 정부가 정책을 통해 노동의 수요를 늘리는 등 경기적 실업을 감소시킬 수 있는 적극적인 역할을 해야 한다고 주장한다.

(나) 이에 대해 케인스 학파에서는 여러 가지 이유를 제시하는데 그중 하나가 화폐환상현상이다. 화폐환상현상이란 경기 침체로 인해 물가가 하락하고 이에 영향을 받아 명목임금이 하락하였을 때의 실질임금이 명목임금의 하락 이전과 동일하다는 것을 노동자가 인식하지 못하는 현상을 의미한다.

(다) 즉, 명목임금이 변하지 않은 상태에서 경기 침체로 인한 물가 하락으로 실질임금이 상승하더라도, 고전학파에서 말하는 것처럼 명목임금이 탄력적으로 하락하는 현상은 일어나기 어렵다고 본 것이다.

① (가) – (나) – (다)　　　　② (가) – (다) – (나)

③ (다) – (가) – (나)　　　　④ (다) – (나) – (가)

06 10명이 앉을 수 있는 원형 탁자에 국문학과 2명, 영문학과 2명, 수학과 2명, 전자과 2명, 회화과 2명이 앉고자 한다. 과가 같은 학생끼리 마주보도록 앉는 경우의 수는?

① 330가지　　　　② 348가지

③ 366가지　　　　④ 384가지

07 K씨는 저가항공을 이용하여 비수기에 제주도 출장을 가려고 한다. 1인 기준으로 작년에 비해 비행기 왕복 요금은 20% 내렸고, 1박 숙박비는 15% 올라서 올해의 비행기 왕복 요금과 1박 숙박비 합계는 작년보다 10% 증가한 금액인 308,000원이라고 한다. 이때, 1인 기준으로 올해의 비행기 왕복 요금은?

① 31,000원 ② 32,000원
③ 33,000원 ④ 34,000원

08 어떤 미생물이 다음과 같은 규칙으로 분열한다고 한다. 6월 7일에 미생물 3마리가 분열을 시작한다면, 이 미생물이 30억 마리가 되는 날은?

<미생물 개체 수 변화>

(단위 : 마리)

구분	6월 7일	6월 10일	6월 13일	6월 16일	6월 19일
개체 수	3	30	300	3,000	30,000

① 7월 1일 ② 7월 4일
③ 7월 7일 ④ 7월 10일

09 김대리는 현재 소비습관에 따른 혜택 금액이 가장 큰 신용카드를 새로 신청하고자 한다. 김대리의 결제부문별 결제정보 및 신용카드별 혜택이 다음과 같을 때, 김대리가 신청하기에 가장 적절한 신용카드는?

〈김대리의 결제정보〉

구분	결제금액	비고
외식	540,000원	T사 페이 결제 350,000원
쇼핑	290,000원	N사 페이 결제 150,000원
공과금	150,000원	자동이체
문화생활	95,000원	-
유류비	135,000원	-
총결제액	1,210,000원	1개 신용카드로 전체 금액을 결제함

〈신용카드별 혜택〉

구분	A카드	B카드	C카드	D카드
할인 부문	외식	쇼핑	공과금	유류비
이용실적별 할인 혜택	- 50만 원 이상 : 할인 부문 결제액의 10% 할인 - 100만 원 이상 : 할인 부문 결제액의 15% 할인			총결제액의 3% 할인
추가 혜택정보	페이 결제분에 대한 할인은 미적용	N사 페이 결제 시 5% 추가 할인	자동이체 설정 시 3% 추가 할인	-
월간 할인한도	28,000원	25,000원	-	30,000원

※ 이용실적은 총결제액을 기준으로 산정한다.

① A카드
② B카드
③ C카드
④ D카드

10 A공사에 근무하는 김대리는 국내 자율주행자동차 산업에 대한 SWOT 분석 결과에 따라 국내 자율주행자동차 산업 발달을 위한 방안을 고안하는 중이다. 김대리가 SWOT 분석에 의한 경영전략에 따라 판단하였다고 할 때, 다음 중 적절하지 않은 것을 〈보기〉에서 모두 고르면?

〈국내 자율주행자동차 산업에 대한 SWOT 분석 결과〉

구분	분석 결과
강점(Strength)	• 민간 자율주행기술 R&D지원을 위한 대규모 예산 확보 • 국내외에서 우수한 평가를 받는 국내 자동차기업 존재
약점(Weakness)	• 국내 민간기업의 자율주행기술 투자 미비 • 기술적 안전성 확보 미비
기회(Opportunity)	• 국가의 지속적 자율주행자동차 R&D 지원법안 본회의 통과 • 완성도 있는 자율주행기술을 갖춘 외국 기업들의 등장
위협(Threat)	• 자율주행차에 대한 국민들의 심리적 거부감 • 자율주행차에 대한 국가의 과도한 규제

〈SWOT 분석에 의한 경영전략〉

• SO전략 : 기회를 이용해 강점을 활용하는 전략
• ST전략 : 강점을 활용하여 위협을 최소화하거나 극복하는 전략
• WO전략 : 기회를 활용하여 약점을 보완하는 전략
• WT전략 : 약점을 최소화하고 위협을 회피하는 전략

보기
㉠ 자율주행기술 수준이 우수한 외국 기업과의 기술이전협약을 통해 국내 우수 자동차기업들의 자율주행기술 연구 및 상용화 수준을 향상시키려는 전략은 SO전략에 해당한다.
㉡ 민간의 자율주행기술 R&D를 적극 지원하여 자율주행기술의 안전성을 높이려는 전략은 ST전략에 해당한다.
㉢ 자율주행자동차 R&D를 지원하는 법률을 토대로 국내 기업의 기술개발을 적극 지원하여 안전성을 확보하려는 전략은 WO전략에 해당한다.
㉣ 자율주행기술개발에 대한 국내기업의 투자가 부족하므로 국가기관이 주도하여 기술개발을 추진하는 전략은 WT전략에 해당한다.

① ㉠, ㉡

② ㉠, ㉢

③ ㉡, ㉢

④ ㉡, ㉣

11 A ~ H 8명은 함께 여행을 가기로 하였다. 다음 〈조건〉에 따라 호텔의 방을 배정받는다고 할 때, 옳지 않은 것은?

> **조건**
>
> • A ~ H는 모두 하나씩 서로 다른 방을 배정받는다.
> • 단면도상 방이 상하로 이웃하고 있는 것은 방들이 위아래로 붙어있는 것을 의미한다.
> • A, C, G는 호텔의 왼쪽 방을 배정받는다.
> • B는 F의 위층 방을 배정받는다.
> • A는 다리를 다쳐 가장 낮은 층을 배정받는다.
> • F는 호텔의 오른쪽 방을 배정받는다.
> • D는 G와 같은 층의 방을 배정받는다.
> • 객실 번호가 적혀 있지 않은 곳은 이미 예약이 되어 방 배정이 불가능한 방이다.
>
> 〈호텔 단면도〉
>
> | | 왼쪽 | 가운데 | 오른쪽 |
> |---|---|---|---|
> | 5층 | 501 | | 503 |
> | 4층 | 401 | | |
> | 3층 | | | 303 |
> | 2층 | | 202 | 203 |
> | 1층 | 101 | 102 | |

① B와 F가 배정받은 방은 서로 상하로 이웃하고 있다.

② E는 호텔의 가운데에 위치한 방을 배정받는다.

③ C는 4층에 위치한 방을 배정받는다.

④ E는 H보다 높은 층을 배정받는다.

12 H은행 인재연수부 김과장은 사내 연수 중 조별과제의 발표 일정을 수립하고자 한다. 다음 〈조건〉에 따라 각 조의 발표 날짜를 정한다고 할 때, B조가 발표할 날짜는?

> **조건**
> - 조별과제 발표를 수행할 조는 A조, B조, C조이다.
> - 조별과제의 발표는 연수 시간에 이루어지며, 연수는 매주 화요일부터 금요일까지 진행된다.
> - 달력에는 공휴일 및 창립기념일이 기록되어 있으며, 해당 일은 연수가 진행되지 않는다.
> - 각 조는 3일간 발표를 수행한다.
> - 조별 발표는 A조 → C조 → B조 순으로 진행되며, 각 조는 앞 순서 조의 마지막 발표일 이후, 가능한 한 가장 빠른 일자에 발표를 시작한다.
> - 특정 조의 발표가 끝난 날의 다음 날에는 어느 조도 발표를 할 수 없다.
> - 각 조의 발표는 3일간 연속하여 하는 것이 원칙이나, 마지막 날의 발표는 연속하지 않게 별도로 할 수 있다. 다만, 이 경우에도 가능한 한 가장 빠른 일자에 마지막 날의 발표를 하여야 한다.

〈5월 달력〉

일	월	화	수	목	금	토
	1	2	3	4	5 어린이날	6
7	8	9 A조 발표	10 A조 발표	11 A조 발표	12	13
14	15	16	17 창립기념일	18	19	20
21	22	23	24	25	26	27 석가탄신일
28	29 대체공휴일	30	31			

① 18 ～ 19, 22일   ② 22 ～ 24일

③ 24 ～ 26일   ④ 25 ～ 26, 30일

13 다음 글을 읽고 알 수 있는 내용으로 적절하지 않은 것은?

경찰청 국가수사본부(사이버수사국)는 2021년 5월 19일 오스트리아 빈에서 개최된 '제30회 유엔 범죄예방 및 형사사법위원회*'정기회의에 온라인으로 참석해, 가상자산 추적과 국제형사사법공조 등을 통해 '갠드크랩' 금품요구 악성 프로그램 유포사범을 국내 최초로 검거한 수사 사례를 발표했다.

경찰은 루마니아·필리핀·미국 등 10개국과 공조하여 2년간의 수사를 통해 경찰관서 등을 사칭하며 '출석통지서'를 위장한 갠드크랩 금품요구 악성 프로그램을 유포한 피의자들을 검거하였다. 이에 유엔 마약·범죄 사무소에서 고도화된 사이버범죄인 랜섬웨어 사건을 가상자산추적 및 국제공조를 통해 성공적으로 해결한 한국 경찰의 수사를 모범사례로 선정하여, 정기회의에서의 발표를 요청한 것이다.

이 사건을 직접 수사한 발표자 J경사는 금품요구 악성 프로그램 유포사건의 착수 경위와 범행 수법, 사건 해결을 위한 수사 시 착안사항 등을 설명하였다. 특히 최근 사이버범죄에서 범행수익금이 가상자산으로 전달되는 특성상 국가 간 신속하고도 긴밀한 공조수사의 중요함을 강조하였다.

J경사는 인터넷진흥원에서 침해사고를 담당하던 중 경찰의 경력직 특별채용에 지원해 2013년 사이버수사관이 되었으며, 지하웹(다크웹)에서 운영되던 아동성착취물 공유사이트 '웰컴투비디오'의 운영자를 검거하였다. 이렇게 검거한 수사 사례를 2018년 태국에서 개최된 유엔 마약·범죄 사무소, 동남아시아 가상자산 실무자 회의에서 발표한 경력도 있다.

경찰청 관계자는 "이번 유엔 발표를 통해 한국 경찰의 사이버수사 역량을 전 세계 수사기관에 알리는 좋은 기회가 되었다. 앞으로도 한국 경찰의 첨단 사이버 수사기법과 적극적인 국제공조를 통해 금품요구 악성 프로그램·디도스(DDoS) 등 최신 사이버범죄를 신속하게 해결하여 국민의 피해를 최소화하겠다."라고 강조하였다.

*유엔 마약·범죄 사무소(UNODC; UN Office on Drugs and Crime)가 운영하는 위원회로, 범죄예방 및 사법분야에서 UN의 활동을 안내하는 정기회의를 매년 5월 오스트리아 빈에서 개최한다.

① 한국 경찰은 해외 10개국과 공조하여 2년간 사이버범죄를 수사하였다.
② 유엔 마약·범죄 사무소에서는 선제적으로 한국 경찰에 정기회의에서의 발표를 요청하였다.
③ 한국 경찰은 사이버 성범죄 유포사범을 검거한 일로 유엔 정기회의를 통해 사이버수사 역량을 알리게 되었다.
④ 사이버범죄 해결을 위한 국제공조는 앞으로도 지속적으로 이루어질 것이다.

14 다음 글의 제목으로 가장 적절한 것은?

> 새마을금고중앙회는 대포통장 근절을 통해 보이스피싱 예방에 성과를 거두고 있다고 밝혔다.
>
> 대포통장은 명의자와 사용자가 일치하지 않는 통장으로, 대부분 금융사기에 이용된다. 보이스피싱의 경우도 피해자로부터 입금을 받는 계좌로 대포통장을 이용한다. 따라서 대포통장 근절은 보이스피싱 예방의 중요한 수단으로 여겨진다.
>
> 새마을금고는 요구불통장 발급전용 창구 개설, 발급전담자 지정, 금융거래목적확인 절차 강화, 현금IC카드 발급요건 강화, 고액현금 인출 사전예방 문진표 징구 등을 통해 대포통장 근절에 적극 나서고 있다.
>
> 그 결과 새마을금고의 대포통장 비율은 눈에 띄게 줄었다. 지난 5년간 전(全) 금융기관 대포통장 대비 새마을금고의 대포통장 비율은 2018년 11.7%, 2019년 9.0%, 2020년 5.6%, 2021년 3.7%, 2022년 4.3%로 크게 감소했고, 발생 건수 또한 2018년 6,002건에서 2022년 1,272건으로 감소했다.
>
> 한편 새마을금고중앙회는 피해·사기계좌에 대한 모니터링을 통해 자금 인출 전 계좌의 출금을 막아 피해를 예방하고 금융사기를 차단하고 있다고 전했다. 이러한 모니터링을 통한 예방 계좌 수는 2020년 644건, 2021년 761건, 2022년 1,402건으로 지속적으로 증가했고, 예방 금액은 지난 3년간 총 132억에 달한다고 한다.
>
> 새마을금고중앙회 관계자는 "적극적인 대포통장 근절로 보이스피싱 예방과 고객 보호에 최선을 다하겠다."라고 밝혔다.

① 대포통장, 보이스피싱의 대표적 수단
② 새마을금고중앙회의 보이스피싱 예방 성과
③ 새마을금고중앙회, 금융사기 피해자 지원
④ 사기계좌에 대한 지속적 모니터링 촉구

※ 다음은 스마트시티 프로젝트에 대한 기사이다. 이어지는 질문에 답하시오. [15~16]

미래 성장동력이자 4차 산업혁명의 신산업 플랫폼인 '스마트시티' 분야에 대해 국가 차원의 체계적인 기술개발 투자가 이뤄진다. 국토교통부는 대통령 주재 제2차 과학기술 전략회의에서 9대 국가전략 프로젝트 중 하나로 '세계 선도형 스마트시티 구축사업'이 최종 선정됐다고 밝혔다. 또한 이를 통해 우리의 강점인 도시개발 경험과 우수한 ICT를 연계한 핵심기술을 개발하고 맞춤형 실증모델을 구축하게 되면 글로벌 기술 우위를 확보하는 한편, 전 세계적으로 크게 확대되고 있는 스마트시티 시장을 선점할 수 있는 계기가 될 것으로 내다보았다.

이번 스마트시티 프로젝트의 핵심 과제는 개별 인프라 연계를 통한 요소기술 고도화, 도시 빅데이터 통합관리·공개를 통한 서비스 질 향상, R&D(연구개발) 국내 실증 및 해외 진출 기반 강화 등이다. 주요 연구과제(안)로는 현행 개별 빌딩 위주의 에너지 관리시스템을 주변 시설물로 확대·연계하는 시스템 개발로 에너지 관리 효율을 향상시키고, 교통사고·범죄·응급의료 등 도시 내 각종 위험에 대한 위기대응 통합 솔루션을 개발하며, 물·에너지의 효율적 사용을 위한 실시간 양방향 계측(AMI) 통합관리 시스템 등을 개발하는 것이다. 또한 현행 텍스트 중심의 행정서비스를 공간정보가 연계된 클라우드 기반의 입체적 행정서비스로 전환하는 공간정보행정시스템 연계 등이 추진될 것으로 보인다. 그리고 현재 분야별로 단절된 도시 관리 데이터를 상호 연계해 빅데이터로 통합·관리하는 시스템을 구축하고 이를 공공부문 도시관리 의사결정과정에 활용하는 한편, 일반 시민, 기업 등에도 원활히 공개하는 기술을 개발한다.

공공 분야에서는 교통정체, 사고 등 도시 내 각종 상황을 실시간으로 감지·분석하고 도시 빅데이터에 기반해 의사결정 전 과정을 지원하는 '지능형 통합 의사결정 시스템'을 개발해 공공서비스 질을 향상시킬 방침이다. 민간 차원에서는 일반 시민, 기업 등이 도시 관리 데이터를 쉽게 활용할 수 있도록 개방형 운영체계 기술을 개발하고 정보 공개를 통해 민간의 다양한 수요자 맞춤형 생활편의 서비스 개발을 유도하여 스마트시티 관련 신산업 생태계를 조성한다.

아울러 R&D 성과물이 시민들의 도시 생활에 실제 활용될 수 있도록 실증 연구도 보다 내실화한다. 도시 유형별로 인프라 연계 등 R&D 결과를 풀 패키지로 실증하는 신도시형과 서비스 솔루션 중심의 기존도시형으로 각각 차별화하고 이를 실증에 적합한 인프라 등이 구축된 지자체에 적용해 국내 스마트시티를 더욱 고도화할 계획이다.

이와 함께 R&D를 통해 개발된 기술과 기존 기술을 결합해 해외국가 수준별 맞춤형 '해외 진출 표준 모델'을 마련하고, 이를 바탕으로 대상국과의 R&D 공동투자, 도시개발 사업 공동참여 등 다각적인 해외 진출 방안도 모색할 예정이다.

이번 스마트시티 프로젝트가 차질 없이 수행되면 우선 도시 개별 인프라 간 연계·통합 등으로 상호 시너지가 발생해 각종 도시 관리 효율성이 15% 이상 향상될 것으로 전망된다. 분야별로는 전기료·수도료 및 에너지 사용 최대 20% 절감, 교통정체 최대 15% 해소, 이산화탄소 최대 15% 감축이 예상된다.

또한 글로벌 요소기술 우위 확보, 민간 참여 활성화를 통해 스마트시티 관련 고부가가치 신산업 생태계가 조성될 것으로 전망된다. 개방형 운영체계 구축 등으로 오픈 스트리트 맵, 스마트 로지스틱스 등 민간의 다양한 스마트 솔루션이 개발되고 일자리 창출 및 국내 경제 활성화에 기여할 수 있을 것으로 예상된다.

아울러 R&D를 통한 스마트시티 기술력 제고 및 해외 진출 확대로 전체 해외건설 수주에서 차지하는 도시개발 분야의 비중이 현재 약 10%에서 2025년 30% 수준까지 높아져 스마트시티가 우리나라의 새로운 성장동력으로 대두될 것으로 전망된다.

15 윗글의 제목으로 가장 적절한 것은?

① 스마트시티 프로젝트의 필요성과 한계
② 현 상황을 통해 살펴본 스마트시티 프로젝트의 미래
③ 스마트시티 프로젝트의 과제와 기대효과
④ 해외 사례 연구를 통해 살펴본 스마트시티 프로젝트

16 윗글을 읽고 스마트시티 프로젝트를 이해한 내용으로 적절하지 않은 것은?

① 스마트시티 프로젝트는 도시 내의 여러 가지 위험에 대한 위기대응에도 효과적일 것이다.
② 공공 분야에서는 도시 빅데이터에 기반해 의사결정과정을 지원하는 시스템을 개발할 계획이다.
③ 스마트시티 프로젝트로 도시 관리 효율성이 15% 이상 향상될 것으로 전망된다.
④ 국내 경제 활성화를 위한 다양한 스마트 솔루션 개발로 일자리는 줄어들 전망이다.

17 A씨는 출국하기 전 인천국제공항의 S은행에서 달러 및 유로 환전 신청을 하였다. 다음 정보를 참고할 때, A씨가 내야 할 총환전 수수료는?

<정보>

- 신청 금액 : 미화 660달러, EUR 550유로
- 환전 우대율 : 미화 70%, EUR 50%
- 신청 날짜 : 2023. 02. 01.
- 장소 : S은행 인천국제공항지점
- 환율 고시표

구분	현금	
	매수	매도
원/달러	1,300	1,100
원/100엔	1,120	1,080
원/유로	1,520	1,450

※ (환전 수수료)=(매수 매도 차액)×(1-우대율)×(환전 금액)

① 56,650원

② 57,250원

③ 58,150원

④ 58,850원

18 S사 기획팀은 신입사원 입사로 인해 자리 배치를 바꾸려고 한다. 다음 자리 배치표와 〈조건〉을 참고할 때, 배치된 자리와 직원이 바르게 연결된 것은?

〈자리 배치표〉				
출입문				
1 – 신입사원	2	3	4	5
6	7	8 – A사원	9	10

• 기획팀 기존 팀원 : A사원, B부장, C대리, D과장, E차장, F대리, G과장

조건

• B부장은 출입문과 가장 먼 자리에 앉는다.
• C대리와 D과장은 마주보고 앉지 않는다.
• E차장은 B부장과 마주보거나 B부장의 옆자리에 앉는다.
• C대리는 A사원 옆자리에 앉는다.
• E차장 옆자리에는 아무도 앉지 않는다.
• F대리와 마주보는 자리에는 아무도 앉지 않는다.
• D과장과 G과장은 옆자리 또는 마주보고 앉지 않는다.
• 빈자리는 두 자리이며 옆자리 또는 마주보는 자리이다.

① 2 – G과장
② 3 – B부장
③ 5 – E차장
④ 6 – F대리

19 S은행 적금에 가입한 B주임과 C과장은 만기환급금 안내를 받았다. 각각 가입한 상품의 정보가 다음과 같을 때, B주임과 C과장이 받을 만기환급금은?[단, $(1.02)^{\frac{1}{12}} = 1.001$, $(1.02)^{\frac{25}{12}} = 1.04$ 로 계산한다]

<상품 정보>

◎ B주임
  • 상품명 : S은행 함께 적금
  • 가입자 : 본인
  • 가입기간 : 36개월
  • 가입금액 : 매월 초 300,000원 납입
  • 적용금리 : 연 2.4%
  • 저축방법 : 정기적립식, 비과세
  • 이자지급방식 : 만기일시지급, 단리식

◎ C과장
  • 상품명 : S은행 목돈 만들기 적금
  • 가입자 : 본인
  • 가입기간 : 24개월
  • 가입금액 : 매월 초 250,000원 납입
  • 적용금리 : 연 2.0%
  • 저축방법 : 정기적립식, 비과세
  • 이자지급방식 : 만기일시지급, 복리식

	B주임	C과장
①	11,199,600원	9,750,000원
②	11,208,400원	9,475,000원
③	11,106,300원	9,685,000원
④	11,488,200원	9,895,500원

20 기태는 N은행의 적금 상품에 가입하여 2019년 1월 초부터 2022년 4월 초까지 매월 초에 일정한 금액을 적립한 후 2022년 4월 말에 2,211만 원을 지급받기로 하였다. 월이율 0.5%의 복리로 계산할 때, 기태가 매월 적립하는 금액은?(단, $1.005^{40} = 1.22$로 계산한다)

① 35만 원   ② 40만 원

③ 45만 원   ④ 50만 원

⑤ 55만 원

21 어느 유료 주차장의 요금이 다음과 같을 때, 이 주차장에 주차를 하고 5,000원 이하의 주차 요금을 지불하려고 한다. 가능한 최대 주차 시간은?

- 30분 이내인 경우에는 기본요금 1,500원을 낸다.
- 30분을 초과한 경우에는 10분마다 500원이 추가된다.

① 100분   ② 110분

③ 120분   ④ 130분

⑤ 140분

22 다음은 은행별 적금 보험 상품에 대한 안내이다. A은행에서 3년 말에 받는 적립금과 B은행에서 2년 말에 받는 적립금을 비교할 때 어떤 은행에서 얼마 더 많은 금액을 받을 수 있는가?(단, $1.001^{36} = 1.04$, $1.002^{24} = 1.05$로 계산한다)

<A은행 및 B은행 적립금>

구분	상품
A은행	매월 초에 5만 원씩 월이율 0.1%의 복리로 3년 동안 적립
B은행	매월 초에 10만 원씩 월이율 0.2%의 복리로 2년 동안 적립

① A은행, 503,000원   ② B은행, 503,000원

③ A은행, 403,000원   ④ B은행, 403,000원

⑤ A은행, 303,000원

23 어느 학교의 작년 전체 학생 수는 2,000명이었다. 올해는 작년에 비하여 남학생은 5% 감소하고, 여학생은 5% 증가하여 전체적으로 14명이 줄었다. 이 학교의 작년 여학생 수는?

① 820명

② 830명

③ 840명

④ 850명

⑤ 860명

24 A ~ G 7명은 모두 사원, 대리, 과장, 차장, 팀장, 부부장, 부장 중 하나의 직급에 해당하며, 이 중 동일한 직급인 직원은 없다. A ~ G가 원형 테이블에 〈조건〉과 같이 앉아 있을 때, 다음 중 직급이 사원인 사람과 대리인 사람이 바르게 짝지어진 것은?

> **조건**
> • A의 왼쪽에는 부장이, 오른쪽에는 차장이 앉아 있다.
> • E는 사원과 이웃하여 앉지 않았다.
> • B는 부장과 이웃하여 앉아 있다.
> • C의 직급은 차장이다.
> • G는 차장과 과장 사이에 앉아 있다.
> • D는 A와 이웃하여 앉아 있다.
> • 사원은 부장, 대리와 이웃하여 앉아 있다.

	사원	대리
①	A	F
②	B	E
③	B	F
④	D	E
⑤	D	G

25 다음 중 짝지어진 단어 사이의 관계가 나머지와 다른 하나는?

① 밀집 – 산재
② 좌시 – 방관
③ 훼방 – 협조
④ 방만 – 절연
⑤ 옹색 – 윤택

26 다음 제시된 단어에서 공통으로 연상할 수 있는 단어는?

갤런, 배럴, 온스

① 무게
② 부피
③ 온도
④ 압력
⑤ 넓이

27 다음 빈칸에 들어갈 한자성어로 가장 적절한 것은?

> 최근 1명의 사망자와 1명의 부상자를 낸 ○○교 붕괴사고에 대한 뒤늦은 사태파악이 이루어지고 있다. 지반 약화 또는 불법·부실 시공이 있었는지 파악 중이지만, 30년도 더 된 자료와 당시 관계자의 진술을 확보하는 데 어려움을 겪는 것으로 알려졌다.
> 즉, 어떤 건물이든지 기초를 튼튼히 하기 위하여 지질을 검사하고, 지반부터 다져야 한다. 만약 _____이라면 오래가지 못할 것이며, 완성되기도 전에 무너질 수 있다.

① 혼정신성(昏定晨省)
② 표리부동(表裏不同)
③ 철저성침(鐵杵成針)
④ 격화소양(隔靴搔癢)
⑤ 사상누각(沙上樓閣)

※ 다음은 NH진짜사나이적금 상품 설명과 2021년 1월 1일에 24개월 만기로 가입한 간부 A∼D의 NH농협은행 금융거래 실적에 대한 자료이다. 이어지는 질문에 답하시오. **[28∼29]**

〈NH진짜사나이적금〉

- 상품 특징 : 군간부 및 간부후보생 급여실적 및 교차거래에 따른 우대금리 제공 적립식 상품
- 가입 대상 : 군간부(장교, 부사관, 군의관, 법무관 등) 및 간부후보생(사관생도 등)과 복무중인 병역법 제5조 제1항 제3호 나목의 보충역(사회복무요원 제외) 대상(*1인 1계좌)
- 가입기간 : 12개월 이상 24개월 이내(월 단위)
- 가입금액 : 초입금/매회 1만 원 이상, 매월 50만 원 이하(1인당) 금액을 만기일 전까지 자유 적립
- 저축방법 : 자유적립식, 비과세
- 이자지급방식 : 만기일시지급식, 월복리식
- 적용금리 : 기본금리 연 3.1%+우대금리
- 우대금리 : 최대 연 3.7%p(우대조건을 충족하는 경우 만기해지 시 적용)

세부조건	우대금리(%p)
이 적금 가입기간 중 만기 전전월까지 6개월 이상 농협은행에 급여이체 시	3.0
가입 월부터 만기 전전월까지 은행에서 발급한 NH농협 개인신용카드 및 체크카드(채움) 월 평균 20만 원 이상 이용 시	0.2
만기일 전전월 말 기준으로 농협은행의 주택청약종합저축(청약저축 및 청년우대형 포함) 가입 시	0.2
만기일 전전월 말 기준으로 농협은행의 적립식(임의식) 펀드 중 1개 이상 가입 시	0.1
만기일 전전월 말 기준으로 농협은행의 대출 실적 보유 시	0.2

〈간부 A∼D NH농협은행 금융거래 실적〉

A	• 월 30만 원 적립 • 2021년 1월부터 2022년 12월까지 농협은행에 급여 입금 내역 존재 • 2021년 1월부터 2022년 12월까지 NH농협 개인신용카드 및 체크카드(채움) 월 평균 50만 원 사용 • NH농협은행의 주택청약종합저축 미가입 • NH농협은행의 적립식 펀드 미가입 • 2022년 12월 NH농협은행 대출 실적 보유
B	• 월 50만 원 적립 • 2021년 1월부터 2022년 12월까지 농협은행에 급여 입금 내역 없음 • 2021년 1월부터 2022년 12월까지 NH농협 개인신용카드 및 체크카드(채움) 사용 내역 없음 • 2022년 12월 NH농협은행의 주택청약종합저축 가입 • NH농협은행의 적립식 펀드 미가입 • NH농협은행 대출 실적 미보유
C	• 월 20만 원 적립 • 2022년 9월부터 2022년 12월까지 농협은행에 급여 입금 내역 존재 • 2021년 1월부터 2022년 12월까지 NH농협 개인신용카드 및 체크카드(채움) 평균 월 70만 원 사용 • 2022년 6월 NH농협은행의 주택청약종합저축 가입 • 2022년 12월 NH농협은행의 적립식 펀드 가입 • 2021년 8월 NH농협은행 대출 실적 보유
D	• 월 40만 원 적립 • 2022년 1월부터 2022년 12월까지 농협은행에 급여 입금 내역 존재 • 2021년 1월부터 2022년 12월까지 NH농협 개인신용카드 및 체크카드(채움) 월 평균 15만 원 사용 • 2021년 3월 NH농협은행의 주택청약종합저축 가입 • 2021년 6월 NH농협은행의 적립식 펀드 가입 • 2021년 3월 NH농협은행 대출 실적 보유

28 간부 A ~ D의 적금 만기 시 적용되는 금리가 작은 사람부터 순서대로 나열한 것은?

① B - A - C - D

② B - C - A - D

③ B - C - D - A

④ B - D - A - C

⑤ B - D - C - A

29 간부 A ~ D의 적금 만기 시 원리합계 금액이 바르게 나열된 것은?(단, 근삿값은 주어진 표를 따르고 소수점 셋째 자리에서 반올림하며, 이자는 월말에 발생한다)

$\left(1+\dfrac{0.031}{12}\right)^{24}$	1.064	$\left(1+\dfrac{0.062}{12}\right)^{24}$	1.131
$\left(1+\dfrac{0.033}{12}\right)^{24}$	1.068	$\left(1+\dfrac{0.063}{12}\right)^{24}$	1.133
$\left(1+\dfrac{0.036}{12}\right)^{24}$	1.075	$\left(1+\dfrac{0.066}{12}\right)^{24}$	1.141
$\left(1+\dfrac{0.037}{12}\right)^{24}$	1.077	$\left(1+\dfrac{0.068}{12}\right)^{24}$	1.145

	A	B	C	D
①	723.67만 원	1,206.38만 원	480.64만 원	970.15만 원
②	731.65만 원	1,224.68만 원	492.13만 원	1,017.25만 원
③	763.99만 원	1,241.91만 원	501만 원	1,031.09만 원
④	765.36만 원	1,237.2만 원	497.76만 원	1,023.36만 원
⑤	781.61만 원	1,295.94만 원	501.15만 원	1,051.66만 원

30 다음 글을 읽고 추론한 내용으로 적절하지 않은 것은?

> 우리는 도시화, 산업화, 고도성장 과정에서 우리 경제의 뒷방살이 신세로 전락한 한국 농업의 새로운 가치에 주목해야 한다. 농업은 경제적 효율성이 뒤처져서 사라져야 할 사양 산업이 아니다. 전 지구적인 기후 변화와 식량 및 에너지 등 자원 위기에 대응하여 나라와 생명을 살릴 미래 산업으로서 농업의 전략적 가치가 크게 부각되고 있다. 농본주의의 가치를 앞세우고 농업 르네상스 시대의 재연을 통해 우리 경제가 당면한 불확실성의 터널을 벗어나야 한다.
>
> 우리는 왜 이런 주장을 하는가? 농업은 자원 순환적이고 환경 친화적인 산업이기 때문이다. 땅의 생산력에 기초해서 한계적 노동력을 고용하는 지연(地緣) 산업인 동시에 식량과 에너지를 생산하는 원천적인 생명 산업이기 때문이다. 물질적인 부의 극대화를 위해서 한 지역의 자원을 개발하여 이용한 뒤에 효용 가치가 떨어지면 다른 곳으로 이동하는 유목민적 태도가 오늘날 위기를 낳고 키워 왔는지 모른다. 급변하는 시대의 흐름에 부응하지 못하는 구시대의 경제 패러다임으로는 오늘날의 역사에 동승하기 어렵다. 이런 맥락에서 지키고 가꾸어 후손에게 넘겨주는 문화적 지속성을 존중하는 농업의 가치가 새롭게 조명받는 이유에 주목할 만하다. 과학 기술의 눈부신 발전성과를 수용하여 새로운 상품과 시장을 창출할 수 있는 녹색성장 산업으로서 농업의 잠재적 가치가 중시되고 있는 것이다.

① 산업화를 위한 국가의 정책 추진 과정에서 농업은 소외되어 왔다.
② 농업의 성장을 위해서는 먼저 과학 기술의 문제점을 성찰해야 한다.
③ 지나친 경제적 효율성 추구로 세계는 현재 자원 위기에 처해 있다.
④ 자원 순환적 · 환경 친화적 산업의 가치가 부각되고 있다.
⑤ 기존의 경제 패러다임으로는 미래 사회에 적응할 수 없다.

31 다음 글에 나타난 '라이헨바흐의 논증'을 평가·비판한 내용으로 적절하지 않은 것은?

> 귀납은 현대 논리학에서 연역이 아닌 모든 추론, 즉 전제가 결론을 개연적으로 뒷받침하는 모든 추론을 가리킨다. 귀납은 기존의 정보나 관찰 증거 등을 근거로 새로운 사실을 추가하는 지식 확장적인 특성을 지닌다. 이 특성으로 인해 귀납은 근대 과학 발전의 방법적 토대가 되었지만, 한편으로 귀납 자체의 논리적 한계를 지적하는 문제들에 부딪히기도 한다.
>
> 먼저 흄은 과거의 경험을 근거로 미래를 예측하는 귀납이 정당한 추론이 되려면 미래의 세계가 과거에 우리가 경험해 온 세계와 동일하다는 자연의 일양성(一樣性), 곧 한결같음이 가정되어야 한다고 보았다. 그런데 자연의 일양성은 선험적으로 알 수 있는 것이 아니라 경험에 기대어야 알 수 있는 것이다. 즉, "귀납이 정당한 추론이다."라는 주장은 "자연은 일양적이다."라는 다른 지식을 전제로 하는데, 그 지식은 다시 귀납에 의해 정당화되어야 하는 경험적 지식이므로 귀납의 정당화는 순환 논리에 빠져 버린다는 것이다. 이것이 귀납의 정당화 문제이다.
>
> 귀납의 정당화 문제로부터 과학의 방법인 귀납을 옹호하기 위해 라이헨바흐는 이 문제에 대한 현실적 구제책을 제시한다. 라이헨바흐는 자연이 일양적일 수도 있고 그렇지 않을 수도 있음을 전제한다. 먼저 자연이 일양적일 경우, 그는 지금까지의 우리의 경험에 따라 귀납이 점성술이나 예언 등의 다른 방법보다 성공적인 방법이라고 판단한다. 자연이 일양적이지 않다면, 어떤 방법도 체계적으로 미래 예측에 계속해서 성공할 수 없다는 논리적 판단을 통해 귀납은 최소한 다른 방법보다 나쁘지 않은 추론이라고 확인한다. 결국 자연이 일양적인지 그렇지 않은지 알 수 없는 상황에서는 귀납을 사용하는 것이 옳은 선택이라는 라이헨바흐의 논증은 귀납의 정당화 문제를 현실적 차원에서 해소하려는 시도로 볼 수 있다.

① 귀납이 지닌 논리적 허점을 완전히 극복한 것은 아니라는 비판의 여지가 있다.

② 귀납을 과학의 방법으로 사용할 수 있음을 지지하려는 목적에서 시도하였다는 데 의미가 있다.

③ 귀납과 다른 방법을 비교하기 위해 경험적 판단과 논리적 판단을 모두 활용한 것이 특징이다.

④ 귀납과 견주어 미래 예측에 더 성공적인 방법이 없다는 판단을 근거로 귀납의 가치를 보여 주고 있다.

⑤ 귀납이 현실적으로 옳은 추론 방법임을 밝히기 위해 자연의 일양성이 선험적 지식임을 증명한 데 의의가 있다.

32 다음 제시된 문단을 논리적 순서대로 바르게 나열한 것은?

(가) 애그테크는 농업 산업의 생산성과 효율성을 높이고, 자원 사용을 최적화하며, 작물의 품질과 수량을 향상시키는 것을 목표로 한다. 다양한 기술을 활용하여 농작물 재배, 가축 사육, 작물 보호, 수확 및 포장 등 농업에 대한 모든 단계에서 다양한 첨단 기술이 적용된다.

(나) 애그테크는 농업의 효율화, 자동화 등을 위해 다양한 기술을 활용한다. 첫째, 센서 기술을 통해 토양 상태, 기후 조건, 작물 성장 등을 모니터링한다. 이로써 작물의 생장 상태를 실시간으로 파악하고 작물에 필요한 물과 비료의 양을 조절할 수 있다. 둘째, 드론과 로봇기술을 통해 농지 상태를 파악하고 작물을 자동으로 식별하여 수확할 수 있다. 이것으로 농업에 필요한 인력을 절감하고 생산성을 높일 수 있다. 셋째, 센서나 로봇으로 수집한 데이터를 분석하는 빅데이터 분석 기술을 통해 작물의 성장 패턴, 질병 예측, 수확 시기 등 최적의 정보를 얻을 수 있다. 이로써 농부는 더 효과적으로 작물을 관리하고 의사 결정을 내릴 수 있다. 넷째, 수직 농장, 수경 재배, 조직 배양 등 혁신적인 재배 기술을 통해 더 많은 작물을 작은 공간에서 생산하고 최적의 자원을 투입하여 낭비를 막을 수 있다. 마지막으로 생명공학 및 유전자 기술을 통해 작물의 생산성, 내구성 등을 개선할 수 있다. 이것으로 수확량을 증대시키고, 재해에 대한 저항력을 향상시킬 수 있다.

(다) 농협경제연구소는 2023년 주목해야 할 농업 · 농촌 이슈 중의 하나로 "애그테크(Ag-tech)의 성장"을 선정하였다. 애그테크는 농업(Agriculture)과 기술(Technology)의 융합을 뜻하는 것으로 정보기술(ICT), 생명과학, 로봇공학, 센서 기술 등 다양한 기술을 농업 분야에 적용하는 기술이다.

(라) UN 식량농업기구(FAO)는 2050년에는 세계 인구가 90억 명으로 급증하여 식량부족현상이 일어날 수 있다고 경고한다. 농업에 종사하는 사람은 점점 줄어들고 있으므로 애그테크는 자동화, 최적화, 효율화를 통해 급증하는 인구에 식량을 제공하고, 환경 문제를 해결하는 등 미래 사회를 위해 반드시 필요한 기술이다.

---

① (나) - (가) - (다) - (라) 　　　② (나) - (다) - (가) - (라)

③ (다) - (가) - (나) - (라) 　　　④ (다) - (나) - (가) - (라)

⑤ (다) - (라) - (가) - (나)

33 다음 글에서 〈보기〉의 문단이 들어갈 위치로 가장 적절한 곳은?

> 농림축산식품부는 농업·농촌의 공익기능 증진과 농업인의 소득 안정을 위해 '공익직불제'를 시행하고 있다. 공익직불제는 농업활동을 통해 환경보전, 농촌 공동체 유지, 먹거리 안전 등 공익을 창출할 수 있도록 농업인에게 보조금을 지원하는 제도이다.
>
> (가) 공익직불제는 기존 직불제의 한계점을 해결하기 위해 시행되었다. 먼저 모든 작물을 대상으로 동일금액을 지급하여 작물 간의 형평성을 제고하고 쌀 중심의 농정 패러다임을 전환하도록 유도하였다. 또한 경영규모가 작을수록 높은 단가를 적용하는 등 중·소규모 농가에 대한 소득안정기능을 강화하여 농가 간 형평성을 제고하였다. 마지막으로 다양한 준수사항을 설정하여 농업인의 공익 준수의무를 강화하였다.
>
> (나) 직불금을 받는 농업인은 공익을 위해 다음의 준수사항을 실천해야 한다. 첫째, 농지의 형상 및 기능을 유지하는 등 생태계 보전을 위해 노력해야 한다. 둘째, 농약 안전사용기준이나 농산물 출하제한 명령 등을 준수하여 먹거리 안전을 실현해야 한다. 셋째, 마을 공동체 활동 참여 등 공동체 활성화에 이바지해야 한다. 넷째, 영농일지 작성, 농업 증진 교육 이수 등 영농활동을 준수해야 한다. 다섯째, 화학비료, 하천·지하수 이용 기준을 준수하는 등 환경보호에 힘써야 한다. 이러한 준수사항을 위반할 경우 직불금의 총액이 감액될 수 있다.
>
> (다) 공익직불제는 실제 농사를 짓는 농업인이 직불금을 받을 수 있도록 규정되어 있다. 위조, 거짓신청, 농지분할, 무단점유 등 부정수급을 막기 위하여 사업신청정보 통합관리 시스템으로 직불금 자격요건 검증 및 심사를 강화하고 있으며, 특별사법경찰관·명예감시원 등을 통해 관리·감독을 시행하고 있다. 이를 위반한 경우 부당이익금 전액이 환수되며, 최대 5배까지 제재부가금이 부과된다. 이 밖에도 부정수급 적발을 위해 신고포상금제도도 운영하고 있다.
>
> (라) 2023년 현재 공익직불제는 시행 4년 차를 맞아 더욱 다양한 농업인에게 폭넓은 혜택을 제공할 수 있도록 확대되었다. 공익직불제는 부정수급이나 제도 사각지대 등 여러 문제점이 아직 존재하지만 점차 개선 중에 있으며, 농업의 다원적 기능과 공익적 역할을 유도하는 데 많은 도움을 주고 있다.

보기

2004년 WTO 재협상 이후 수입쌀이 값싼 가격에 들어오면서 정부는 농가 피해보전을 위해 쌀 소득보전 직불제를 도입하여 농가소득안정과 규모화 및 생산구조 효율화에 기여하였다. 그러나 이는 쌀의 과잉공급을 초래하였고, 다른 작물을 재배하는 소규모 농가에 대한 소득안전망 기능 미흡 등 다양한 문제점이 있었다.

① (가)   ② (나)

③ (다)   ④ (라)

34 다음 글의 내용으로 적절하지 않은 것은?

생각만으로도 따뜻해지는 나의 고향에 힘을 보태주기 위한 고향사랑기부제가 2023년 1월 1일부터 행정안전부 주재로 시작되었다. 고향사랑기부제는 개인이 주소지 이외의 지방자치단체에 일정 금액을 기부하면 세액공제와 함께 답례품을 받는 제도이다. 행정안전부는 「고향사랑 기부금에 관한 법률」 및 같은 법 시행령, 지자체 조례에 따라 고향사랑기부제를 시행하고 있다.

기부금 한도는 개인당 연간 500만 원으로 주민등록상 주소지를 제외한 모든 지자체에 기부할 수 있다. 기부금액 10만 원 이하는 전액 세액공제가 되며, 10만 원 초과 시에는 16.5%를 공제받을 수 있다. 또 기부자에게는 기부금액의 30% 이내에 해당하는 답례품이 제공된다. 예를 들어 10만 원을 기부하면 세액공제 10만 원, 답례품 3만 원을 합해 13만 원의 혜택을 돌려받을 수 있다. 100만 원을 기부하면 54만 8,500원(세액공제 24만 8,500원, 답례품 30만 원)의 혜택을 받게 된다.

답례품은 해당 지역에서 생산되는 지역특산품 등으로, 지자체 간 과도한 경쟁이 일어나지 않도록 개인별 기부금 총액의 30% 이내로 정해져있다. 지자체는 답례품 및 답례품 공급업체의 공정한 선정을 위해 답례품선정위원회를 운영하며 농·축·수산물, 가공식품, 생활용품, 관광·서비스, 지역 상품권 등 2,000여 종의 답례품을 선정하여 기부자에게 증정하고 있다.

각 지자체는 정부 광고매체를 활용해 모금할 수 있다. 다만 법령에서는 개별적인 전화·서신, 호별 방문, 향우회·동창회 등 사적 모임을 통한 모금의 강요나 권유·독려, 지자체가 주최·주관·후원하는 행사에 참석·방문해 적극적으로 권유·독려하는 방법을 금지하고 있으며 이를 위반했을 경우에는 최대 8개월까지 기부금 모금이 제한되고, 지자체의 모금이 제한된 경우에는 해당 기관의 누리집 등을 통해 알려야 한다.

고향사랑기부제는 국내에서는 올해 처음 시행된 제도로 모인 기부금은 지자체를 통해 주민복리 증진과 지역활성화에 사용된다. 지자체는 기부금으로 조성된 고향사랑기금을 투명하게 사용할 수 있도록 지방기금법에 따라 관리·운용하고 있으며, 여기서 기부금의 모집·운용 등에 쓸 수 있는 기금의 범위는 전년도 기부금의 15% 이내이다.

행정안전부는 기부자가 쉽고 편리하게 해당 제도를 이용할 수 있도록 원스톱 정보시스템인 '고향사랑e음'을 구축하여 운용하고 있다. 기부자는 고향사랑e음에서 전국 243개 지자체에 편리하게 기부할 수 있고, 국세청 연말정산시스템과 연계하여 자동으로 세액공제 혜택을 받을 수 있다. 또한 기부자가 원하는 시기에 원하는 답례품을 선택할 수 있도록 기부금의 30%를 포인트로 적립해 준다. '고향사랑e음' 시스템 외에도 전국 5,900여 개 농협 창구를 직접 방문해 기부할 수도 있다. 창구를 이용할 경우 본인 신분증(주민등록증·운전면허증 등)을 가지고 농협 근무시간(오전 9시 ~ 오후 3시 30분)에 방문해 현장에서 기부할 수 있다. 기부금액에 따른 답례품 선택 등도 안내받을 수 있다.

① 온라인 이외에도 은행에 방문하여 현장에서 기부할 수 있다.
② 고향사랑e음을 통해 기부하면 자동으로 세액공제 혜택을 받을 수 있다.
③ 기부금 모금 독려는 지자체가 주관하는 지방행사에서 가능하다.
④ 고향사랑e음을 통해 기부자는 답례품을 자신이 원하는 시기에 원하는 물건으로 받을 수 있다.

35 다음 글의 중심 내용으로 가장 적절한 것은?

> 베블런에 의하면 사치품 사용 금기는 전근대적 계급에 기원을 두고 있다. 즉, 사치품 소비는 상류층의 지위를 드러내는 과시소비이기 때문에 피지배계층이 사치품을 소비하는 것은 상류층의 안락감이나 쾌감을 손상한다는 것이다. 따라서 상류층은 사치품을 사회적 지위 및 위계질서를 나타내는 기호(記號)로 간주하여 피지배계층의 사치품 소비를 금지했다. 또한 베블런은 사치품의 가격 상승에도 그 수요가 줄지 않고 오히려 증가하는 이유가 사치품의 소비를 통하여 사회적 지위를 과시하려는 상류층의 소비행태 때문이라고 보았다.
>
> 그러나 소득 수준이 높아지고 대량 생산에 의해 물자가 넘쳐흐르는 풍요로운 현대 대중사회에서 서민들은 과거 왕족들이 쓰던 물건들을 일상생활 속에서 쓰고 있고 유명한 배우가 쓰는 사치품도 쓸 수 있다. 모든 사람들이 명품을 살 수 있는 돈을 갖고 있을 때 명품의 사용은 더 이상 상류층을 표시하는 기호가 될 수 없다. 따라서 새로운 사회의 도래는 베블런의 과시소비이론으로 설명하기 어려운 소비행태를 가져왔다. 이때 상류층이 서민들과 구별될 수 있는 방법은 오히려 아래로 내려가는 것이다. 현대의 상류층에게는 차이가 중요한 것이지 사물 그 자체가 중요한 것이 아니기 때문이다. 월급쟁이 직원이 고급 외제차를 타면 사장은 소형 국산차를 타는 것이 그 예이다.
>
> 이와 같이 현대의 상류층은 고급, 화려함, 낭비를 과시하기보다 서민들처럼 소박한 생활을 한다는 것을 과시한다. 이것은 두 가지 효과가 있다. 사치품을 소비하는 서민들과 구별된다는 점이 하나이고, 돈 많은 사람이 소박하고 겸손하기까지 하여 서민들에게 친근감을 준다는 점이 다른 하나이다. 그러나 그것은 극단적인 위세의 형태일 뿐이다. 뽐냄이 아니라 남의 눈에 띄지 않는 겸손한 태도와 검소함으로 자신을 한층 더 드러내는 것이다. 이런 행동들은 결국 한층 더 심한 과시이다. 소비하기를 거부하는 것이 소비 중에서도 최고의 소비가 된다. 다만 그들이 언제나 소형차를 타는 것은 아니다. 차별화해야 할 아래 계층이 없거나 경쟁 상대인 다른 상류층 사이에 있을 때 그들은 마음 놓고 경쟁적으로 고가품을 소비하며 자신을 마음껏 과시한다. 현대사회에서 소비하지 않기는 고도의 교묘한 소비이며, 그것은 상류층의 표시가 되었다. 그런 점에서 상류층을 따라 사치품을 소비하는 서민층은 순진하다고 하지 않을 수 없다.

① 현대의 상류층은 낭비를 지양하고 소박한 생활을 지향함으로써 서민들에게 친근감을 준다.
② 현대의 서민들은 상류층을 따라 겸손한 태도로 자신을 한층 더 드러내는 소비행태를 보인다.
③ 현대의 상류층은 그들이 접하는 계층과는 무관하게 절제를 통해 자신의 사회적 지위를 과시한다.
④ 현대의 상류층은 사치품을 소비하는 것뿐만 아니라 소비하지 않기를 통해서도 자신의 사회적 지위를 과시한다.

36 영희는 땅따먹기 놀이에서 다음과 같이 삼각형 모양의 땅을 만들었다. 영희의 땅 모양이 다음과 같으며, 넓이가 $3\sqrt{2}\ cm^2$일 때, 각도 θ의 크기는?

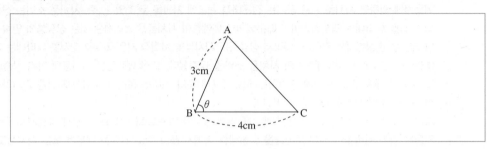

① $\dfrac{\pi}{6}$

② 1

③ $\dfrac{\pi}{4}$

④ $\dfrac{2\pi}{3}$

37 진희가 자전거 뒷좌석에 동생을 태우고 10km/h의 속력으로 회사에 간다. 회사 가는 길에 있는 어린이집에 동생을 내려주고, 아까의 1.4배의 속력으로 회사에 가려고 한다. 진희의 집에서 회사까지의 거리는 12km이고, 진희가 8시에 집에서 나와 9시에 회사에 도착했다면, 진희가 어린이집에서 출발한 시간은?

① 8시 25분

② 8시 30분

③ 8시 35분

④ 8시 40분

38 다음 중 각 문단의 중심 주제로 적절하지 않은 것은?

> (가) 국민권익위원회가 주관하는 '2017년도 공공기관 청렴도 측정조사'에서 1등급 평가를 받아, 2년 연속 청렴도 최우수기관으로 선정되었다. 한국중부발전은 지난 3년 연속 권익위 주관 부패방지 시책평가 최우수기관에 선정됨은 물론, 청렴도 측정에서도 전년도에 이어 1등급 기관으로 재차 선정됨에 따라 명실공히 '청렴 생태계' 조성에 앞장서는 공기업으로 자리매김하였다.
>
> (나) 보령화력 3호기가 2016년 9월 27일을 기준으로 세계 최초 6,000일 장기 무고장 운전을 달성하였다. 보령화력 3호기는 순수 국산 기술로 설계하고 건설한 한국형 50만 kW 표준 석탄화력발전소의 효시로서 이 기술을 기반으로 국내에서 20기가 운영 중이며, 지금도 국가 전력산업의 근간을 이루고 있다. 역사적인 6,000일 무고장 운전 달성에는 정기적 교육훈련을 통한 발전운전원의 높은 기술역량과 축적된 설비개선 노하우가 큰 역할을 하였다.
>
> (다) 정부 연구개발 국책과제로 추진한 초초임계압 1,000MW급 실증사업을 완료하고, 발전소 국산화와 기술 자립, 해외시장 진출 기반을 마련하였다. 본 기술을 국내 최초로 신보령화력발전소에 적용하여 기존 국내 표준석탄화력 대비 에너지 효율을 높임으로써 연간 약 60만 톤의 온실가스 배출과 약 300억 원의 연료비를 절감하게 되었다. 신보령 건설 이후 발주된 1,000MW급 초초임계압 국내 후속 프로젝트 모두 신보령 모델을 채택함으로써 약 5조 원의 경제적 파급효과를 창출했으며, 본 기술을 바탕으로 향후 협력사와 해외 동반진출을 모색할 계획이다.
>
> (라) 2016년 11월 인도네시아에서 국내 전력그룹사 최초의 해외 수력발전 사업인 왐푸 수력발전소를 준공하였다. 한국중부발전이 최대 주주(지분 46%)로서 건설관리, 운영 정비 등 본 사업 전반에 걸쳐 주도적 역할을 수행하였으며, 사업 전 과정에 국내 기업이 참여한 대표적인 동반진출 사례로 자리매김하였다. 당사는 약 2,000만 달러를 투자하여 향후 30년간 약 9,000만 달러의 지분투자 수익을 거둬들일 것으로 예상하며, 특히 UN으로부터 매년 24만 톤의 온실가스 저감효과를 인정받고 그에 상응하는 탄소배출권을 확보함으로써 향후 배출권거래제를 활용한 부가수익 창출도 기대하고 있다.

① (가) : 청렴도 평가 1등급 2년 연속 청렴도 최우수기관 달성
② (나) : 보령화력 3호기 6,000일 무고장 운전, 세계 최장 운전 기록 경신
③ (다) : 국내 최초 1,000MW급 초초임계압 기술의 적용
④ (라) : 인도네시아 왐푸 수력 준공 등 국내외 신사업으로 연간 순이익 377억 원 달성

39 S사의 임직원들은 출장지에서 묵을 방을 배정받고자 한다. 출장 인원은 대표를 포함한 10명이며, 그중 6명은 숙소 배정표와 같이 미리 배정되었다. 생산팀 장과장, 인사팀 유과장, 총무팀 박부장, 대표 4명이 다음 〈조건〉에 따라 방을 배정받아야 할 때, 항상 참이 아닌 것은?

<table>
<tr><td>조건</td></tr>
</table>

- 같은 직급은 옆방으로 배정하지 않는다.
- 마주보는 방은 같은 부서 임직원이 배정받을 수 없다.
- 대표의 옆방은 부장만 배정받을 수 있다.
- 빈방은 나란히 있거나 마주보지 않는다.

〈숙소 배정표〉

101호 인사팀 최부장	102호	103호 생산팀 강차장	104호	105호	106호 생산팀 이사원
복도					
112호 관리팀 김부장	111호	110호	109호 총무팀 이대리	108호 인사팀 한사원	107호

① 인사팀 유과장은 105호에 배정받을 수 없다.
② 104호는 아무도 배정받지 않을 수 있다.
③ 111호에는 생산팀 장과장이 묵는다.
④ 총무팀 박부장은 110호에 배정받는다.

40 직장인 A씨는 업무 시간에는 도저히 은행에 갈 수 없어서 퇴근 후인 6시 30분에 회사 1층에 있는 S은행 자동화기기를 사용하여 거래하려고 한다. A씨는 S은행 카드로 10만 원을 우선 출금한 후 P은행 통장으로 5만 원을 이체한다. 그 후 남은 5만 원을 본인이 가지고 있는 K은행 카드에 입금하려고 한다. 이때 A씨가 지불해야 하는 총수수료는?

구분			영업시간 내			영업시간 외		
			3만 원 이하	10만 원 이하	10만 원 초과	3만 원 이하	10만 원 이하	10만 원 초과
S은행 자동화기기 이용 시	출금		면제			250원	500원	
	이체	S은행으로 보낼 때	면제			면제		
		다른 은행으로 보낼 때	400원	500원	1,000원	700원	800원	1,000원
	타행카드 현금입금		700원			1,000원		
다른 은행 자동화기기 이용 시	출금		800원			1,000원		
	이체		500원	1,000원		800원	1,000원	

〈자동화기기 거래〉

※ S은행 자동화기기 출금 시 수수료 감면 사항
 – 만 65세 이상 예금주의 출금거래는 100원 추가 할인
 – 당일 영업시간 외에 10만 원 초과 출금 시 2회 차 거래부터 수수료 50% 감면
※ 영업시간 내 기준 : 평일 08:30 ~ 18:00, 토요일 08:30 ~ 14:00(공휴일 및 휴일은 영업시간 외 적용)

① 800원 ② 1,300원
③ 1,600원 ④ 2,300원

41 S전자 매장의 TV와 냉장고의 판매 비율은 작년 3 : 2에서 올해 13 : 9로 변하였다. 올해 TV와 냉장고의 총판매량이 작년보다 10% 증가하였을 때, 냉장고의 판매량은 작년보다 몇 % 증가하였는가?

① 11.5% ② 12%
③ 12.5% ④ 13%

42 연봉이 3,500만 원인 무역회사에 다니고 있는 갑은 샌드위치 가게를 창업하기로 결정하고, 창업계획서를 다음과 같이 작성해 보았다. 1년 동안의 수익을 비교해 볼 때, 무역회사를 다니는 것과 창업을 하는 것 중에 어떤 선택이 얼마나 더 이익인가?

■ 샌드위치 가게 창업계획
 • 식당 매장 임차비용 : 보증금 8천만 원, 월세 90만 원
 • 샌드위치 1개 판매가격 : 6,000원
 • 샌드위치 1개 판매비용 : 2,000원
 • 1일 평균 판매량 : 30개(월 28일 운영)
 • 갑이 S은행에 보유한 금액 : 5천만 원(S은행 정기예금 연이율 2.5%)

■ 비고
 • 갑은 창업 시 3천만 원을 S은행에서 대출하였다(대출이자 연이율 4%).
 • 회사를 다닐 시 보유한 금액은 예금한다.
 • 갑은 S은행에 보유한 금액과 대출금을 보증금에 사용한다.

---

① 무역회사를 다니는 것이 977만 원 이익이다.
② 샌드위치 가게를 하는 것이 892만 원 이익이다.
③ 샌드위치 가게를 하는 것이 865만 원 이익이다.
④ 무역회사를 다니는 것이 793만 원 이익이다.

43 다음은 S은행에서 환율우대 50%를 기준으로 제시한 환율이다. K씨가 2주 전 엔화와 달러로 환전한 금액은 800,000엔과 7,000달러였고, 그때보다 환율이 올라 다시 원화로 환전했다. 2주 전 엔화 환율은 998원/100엔이었고, K씨가 오늘 엔화와 달러를 원화로 환전한 후 얻은 수익이 같다고 할 때, 2주 전 미국 USD 환율은?

<통화별 환율 현황>

(단위 : 원)

구분	매매기준율	현찰	
		팔 때	살 때
미국 USD	1,120.70	1,110.90	1,130.50
일본 JPY 100	1,012.88	1,004.02	1,021.74
유럽연합 EUR	1,271.66	1,259.01	1,284.31
중국 CNY	167.41	163.22	171.60

① 1,102.12원/달러 ② 1,104.02원/달러
③ 1,106.12원/달러 ④ 1,108.72원/달러

※ 다음 중 밑줄 친 부분의 맞춤법이 옳지 않은 것을 고르시오. [44~45]

44 ① 그는 목이 메어 한동안 말을 잇지 못했다.
② 어제는 종일 아이를 치다꺼리하느라 잠시도 쉬지 못했다.
③ 왠일로 선물까지 준비했는지 모르겠다.
④ 노루가 나타난 것은 나무꾼이 도끼로 나무를 베고 있을 때였다.

45 ① 바리스타로서 자부심을 가지고 커피를 내렸다.
② 어제는 왠지 피곤한 하루였다.
③ 용감한 시민의 제보로 진실이 드러났다.
④ 점심을 먹은 뒤 바로 설겆이를 했다.

46 다음 글을 읽고 〈보기〉의 입장을 지닌 독자의 반응으로 적절하지 않은 것은?

(가) 복제 양 돌리의 탄생을 계기로 복제 인간의 탄생 가능성이 제기되면서, 인간 복제는 윤리적으로 매우 잘못된 일이므로 이를 엄격하게 금지해야 한다는 의견이 대두하기 시작하였다. 지금까지 동물 복제의 실험 과정에서 알려진 여러 부작용을 생각할 때, 인간의 체세포를 복제해서 새로운 생명이 태어나게 하는 것은 엄격하게 규제해야 한다는 데는 이론(異論)이 있을 수 없다. 그렇다면 과학자들은 왜 굳이 인간의 배아를 복제하려고 노력하는 것일까?

인간 배아 연구를 통해 세포의 분화 과정에 관한 신비를 풀 수만 있다면 인간의 노화 현상을 규명할 수 있을 뿐만 아니라, 현대의 난치병인 암의 발생 원인을 밝혀낼 수도 있기 때문이다. 인간이 건강한 삶을 오랫동안 누리게 하는 것이 의학의 목적이라면 의학 본연의 목적에 맞게 연구를 수행하는 한편, 그 목적에서 벗어나지 않도록 감시하는 것이 과학자의 의무이다.

어떤 사람들은 인간 배아 연구의 윤리적인 문제를 제기하기도 한다. 하지만 인간 배아 연구는 일반적으로 수정 후 14일까지만 가능하도록 허용하고 있다. 14일 이후에는 장기 형성이 시작되기 때문이다. 결국, 이때까지의 인간 배아 연구는 윤리적으로 전혀 문제가 되지 않는 것이다. 많은 사람이 걱정하듯이 이 연구가 복제 인간을 만들어 내는 방향으로 가지는 않을 것이기에 인간 배아 복제 연구는 허용되어야 한다.

(나) 최근 영국 정부가 연내 의회에 제출키로 한 치료 목적의 인간 배아 복제 허용 계획에 대해 즉각적으로 반응하는 것은 어찌 보면 호들갑일 수도 있다. 그것은 무엇보다 이번 인간 배아 복제 기술이 개체로서의 인간을 복제하는 것은 아니기 때문이다. 그럼에도 불구하고, 이 문제가 지금 세계적으로 큰 반향을 불러일으키고 있는 이유는 그 기술의 잠재적 위험 때문이다.

인간 배아 복제 연구를 반대하는 가장 큰 이유는 배아 역시 생명을 가진 잠재적인 인간이기 때문에 이를 연구 재료로 삼아서는 안 된다는 것이다. 이것을 허용했을 경우 생명 경시 풍조가 만연할 것이 분명하다. 또한 인간 배아 복제의 연구는 질병 치료를 목적으로 하더라도 지금까지 발전해 온 과학 기술의 속성상 인간 개체 복제로 이어질 가능성이 매우 높다.

이 일을 우려하는 또 하나의 이유는 인간 배아 복제 기술이 상업적인 가치를 가지게 될 때, 과학자들이 기업가들의 유혹에 쉽게 흔들릴 수 있다는 것이다. 그 결과, 기업가들이 장차 이 기술을 장악하게 되고, 이를 상업적으로 이용하게 될 때 초래되는 부작용들은 우리가 우려하는 정도를 넘어설 수 있다.

결국, 생명 복제와 관련한 기술 문제는 단순한 과학이나 의학 차원의 문제가 아니다. 그것은 중대한 사회 문제인 동시에 인류의 미래를 결정짓는 문제이다. 그런데도 많은 사람이 이 문제를 과학자의 문제로만 생각하고 있다. 인류의 미래를 생각한다면 생명 복제 기술과 그 개발 정책에 대해 일반인들도 관심을 두고 감시해야 한다.

> **보기**
>
> 과학기술부 생명윤리자문위원회가 발표한 생명윤리기본법 시안(試案)은 수정 순간부터 인간 생명이 시작된다는 것을 전제로 하고 있기에, 인간 개체 복제와 체세포 핵 이식 방식의 인간 배아 복제를 금지한다는 내용을 담고 있다.

① 생명 공학 분야의 국가 경쟁력이 강화될 거야.
② 정부는 배아 복제가 윤리적으로 문제가 있다고 생각하는군.
③ 과학의 연구 활동 분야에 제한을 두겠다는 것이군.
④ 앞으로 복제 기술 연구에 대한 정부의 통제가 심해지겠어.

47 다음 글의 주제로 가장 적절한 것은?

새마을금고는 사업자 고객 대상 모바일 앱 서비스 'MG더뱅킹기업'을 신규 출시한다고 밝혔다. MG더뱅킹기업은 개인 사업자 및 법인 고객 대상 모바일 앱으로서, 새마을금고 자체 최초의 기업용 스마트뱅킹 서비스이다. 기존 기업 인터넷뱅킹 사용자들의 요구 사항을 적극 반영하여 약 1년에 걸쳐 신규 구축했다.

새마을금고는 '편리하게 또 안전하게'라는 방향성하에 앱을 출시했으며, 신규 출시되는 MG더뱅킹기업의 주요 특징은 직관적인 UI/UX, 모바일 결재함, 간편인증, 비대면센터 등이다.

UI/UX는 사용자 관점에서 직관적인 디자인을 추구했다. 사업자 유형별 맞춤형 메인 화면을 구성했으며, 이체 등 주요 메뉴에서 페이지 이동 없이 단일 화면에서 완결할 수 있다. 또한 다양한 색상 및 아이콘을 사용하여 편의성을 강화했다.

기업의 내부통제를 지원하기 위한 모바일 결재함을 제공한다. 사업체 내 다수의 사용자가 금융업무 이용 시 결재 요청 및 승인을 통해 거래를 완결하는 서비스로서 앱을 통한 결재 처리 및 조회가 가능하다.

개인사업자 대상 간편인증과 비대면센터도 제공한다. 1일 1,000만 원 이하의 소액 이체 거래에 대하여 추가 인증 절차를 배제한 '간편패스'를 도입했으며 간편 로그인 및 간편 출금 등이 가능하다. 또한 비대면센터를 통하여 디지털 OTP 발급 및 예적금 상품 개설 등이 가능하다.

새마을금고중앙회장은 "기존의 개인용 MG더뱅킹에 금번 출시되는 사업자용 MG더뱅킹기업으로 새마을금고의 비대면 채널이 다각화될 것으로 기대되며, 새마을금고의 모든 개인 및 기업 고객을 위한 맞춤형 서비스를 제공할 계획"이라고 전했다.

새마을금고는 2021년 개인 고객 대상 MG더뱅킹 앱 리뉴얼 출시, 2022년 기업 고객 대상 MG더뱅킹기업 앱 신규 출시 등 비대면 서비스를 확대하고 있으며, 향후 개인뱅킹 전면 재구축, 마이데이터 서비스 등 지속적인 디지털 혁신 사업을 추진할 예정이다.

① 모바일 앱 서비스 'MG더뱅킹기업'에 대한 고객평가
② 새마을금고 모바일 앱 서비스의 종류
③ 모바일 앱 서비스 'MG더뱅킹기업'의 출시
④ 모바일 앱 서비스의 보안 규정

48 다음 글을 이해한 내용으로 가장 적절한 것은?

기준금리는 중앙은행이 경제를 조절하고 통화정책을 시행하기 위해 설정하는 핵심적인 금리이다. 중앙은행은 경제의 안정과 성장을 도모하기 위해 노력하며, 기준금리는 이를 위한 주요한 도구로 사용된다.

기준금리는 경제의 주요 지표와 금융시장의 조건 등을 고려하여 결정된다. 주로 인플레이션, 경제성장, 고용상황 등과 같은 경제 지표를 분석하고, 금융시장의 유동성과 안정성을 고려하여 중앙은행이 적절한 수준의 기준금리를 결정한다. 이를 통해 중앙은행은 경기 변동에 따른 위험을 완화하고 금융시장의 원활한 운영을 돕는 역할을 수행한다.

또한 기준금리는 주로 중앙은행이 자금공급 및 대출을 조절하여 경제의 동향을 조절하기 위해 설정된다. 일반적으로 경제가 성장하고 인플레이션이 심해지면 중앙은행은 기준금리를 인상시켜 자금을 제한하고 대출을 어렵게 만든다. 이는 소비와 투자를 저하시키는 효과를 가지며, 경기 과열을 억제하는 역할을 한다.

반대로 경제가 침체되면 중앙은행은 기준금리를 낮춰 자금을 유동성 있게 공급하고 대출을 유도한다. 이는 경기 활성화와 경제 확장을 촉진하며 기업과 개인의 대출 활동을 유도하여 경제에 활력을 불어넣는 효과를 가진다.

중앙은행은 기준금리를 결정할 때 정책 목표와 관련된 다양한 요소를 고려한다. 대표적으로 인플레이션 목표율, 경제 성장률, 고용률, 외환 시장 상황, 금융시장 안정성 등 다양한 요인이 있으며 국제 경제 상황과 금융시장의 변동성, 정책 변화의 시너지 효과 등도 고려한다.

기준금리는 중앙은행의 중요한 정책 수단으로서, 정부와 기업, 개인들의 경제 활동에 직간접적인 영향을 준다. 따라서 중앙은행은 신중하고 적절한 기준금리 조정을 통해 경제의 안정과 균형을 유지하려는 노력을 계속해야 한다. 이를 위해 경제 지표와 금융시장의 변동을 면밀히 관찰하고, 정책 목표에 맞는 조치를 취하며, 투명한 커뮤니케이션을 통해 경제 주체들에게 예측 가능한 환경을 제공해야 한다.

---

① 경기가 과열될 경우 중앙은행은 기준금리를 인하한다.

② 중앙은행이 기준금리를 인상하면 개인과 기업의 소비와 투자가 촉진된다.

③ 기준금리는 경기 변동에 따른 위험을 완화하는 장치이다.

④ 기준금리 설정에서 가장 중요한 요인은 국제 경제 상황이다.

49 다음 제시된 협상 대화에 들어갈 대답으로 가장 적절한 말을 한 사람을 〈보기〉에서 고르면?

> M사 : 안녕하세요. 다름이 아니라 현재 단가로는 더 이상 귀사에 납품하는 것이 어려울 것 같아
> 자재의 단가를 조금 올리고 싶어서요. 이에 대해 어떻게 생각하시나요?
>
> 대답 : _____

보기

A : 지난달 자재의 불량률이 너무 높은데요? 단가를 더 낮춰야 할 것 같습니다.

B : 저희도 이 정도 가격은 꼭 받아야 해서요, 단가를 지금 이상 드리는 것은 불가능합니다.

C : 불량률을 3% 아래로 낮춰서 납품해 주시면 단가를 조금 올리도록 하겠습니다.

D : 단가를 올리면 저희 쪽에서 주문하는 수량이 줄어들 텐데, 귀사에서 괜찮을까요?

① A   ② B

③ C   ④ D

※ 다음 제시된 문단을 논리적 순서대로 바르게 나열한 것을 고르시오. [50~51]

| MG새마을금고 지역본부

50

(가) 근대에 접어들어 모든 사물이 생명력을 갖지 않는 일종의 기계라는 견해가 강조되면서, 아리스 토텔레스의 목적론은 비과학적이라는 이유로 많은 비판에 직면한다.

(나) 대표적인 근대 사상가인 갈릴레이는 목적론적 설명이 과학적 설명으로 사용될 수 없다고 주장 했고, 베이컨은 목적에 대한 탐구가 과학에 무익하다고 평가했으며, 스피노자는 목적론이 자연 에 대한 이해를 왜곡한다고 비판했다.

(다) 일부 현대 학자들은 근대 사상가들이 당시 과학에 기초한 기계론적 모형이 더 설득력이 있다는 일종의 교조적 믿음에 의존했을 뿐, 아리스토텔레스의 목적론을 거부할 충분한 근거를 제시하 지 못했다고 비판한다.

(라) 이들의 비판은 목적론이 인간 이외의 자연물도 이성을 갖는 것으로 의인화한다는 것이다. 그러 나 이런 비판과는 달리 아리스토텔레스는 자연물을 생물과 무생물로, 생물을 식물·동물·인 간으로 나누고, 인간만이 이성을 지닌다고 생각했다.

① (가) – (나) – (라) – (다) ② (가) – (라) – (나) – (다)
③ (나) – (다) – (라) – (가) ④ (나) – (라) – (다) – (가)

51

(가) 이와 같이 임베디드 금융의 개선을 위해서는 효과적인 보안 시스템과 프라이버시 보호 방안을 도입하여 사용자의 개인정보를 안전하게 관리하는 것이 필요하다. 또한 디지털 기기의 접근성을 개선하고 사용자들이 편리하게 이용할 수 있는 환경을 조성해야 한다.

(나) 임베디드 금융은 기업과 소비자 모두에게 이점을 제공한다. 기업은 제품과 서비스에 금융 기능을 통합함으로써 자사 플랫폼 의존도를 높이고, 수집한 고객의 정보를 통해 매출을 증대시킬 수 있으며, 고객들에게 편리한 금융 서비스를 제공할 수 있다. 소비자의 경우는 모바일 앱을 통해 간편하게 금융 거래를 할 수 있고, 스마트기기 하나만으로 다양한 금융 상품에 접근할 수 있어 편의성과 접근성이 크게 향상된다.

(다) 그러나 임베디드 금융은 개인정보 보호와 안전성에 대한 관리가 필요하다. 사용자의 금융 데이터와 개인정보가 디지털 플랫폼이나 기기에 저장되므로 해킹이나 데이터 유출과 같은 사고가 발생할 수 있다. 이는 사용자의 프라이버시 침해와 금융 거래 안전성에 대한 심각한 위협이 될 수 있다. 또한 모든 사람들이 안정적인 인터넷 연결과 임베디드 금융이 포함된 최신 기기를 보유하고 있지는 않기 때문에 디지털 기기에 익숙하지 않은 사람들은 임베디드 금융 서비스를 제공받는 데 제한을 받을 수 있다.

(라) 임베디드 금융은 비금융 기업이 자신의 플랫폼이나 디지털 기기에 금융 서비스를 탑재하는 것을 뜻한다. S페이나 A페이 같은 결제 서비스부터 대출이나 보험까지 임베디드 금융은 제품과 서비스에 금융 기능을 통합하여 사용자에게 편의성과 접근성을 높여준다.

① (나) – (가) – (다) – (라) 　　　　② (나) – (라) – (다) – (가)
③ (라) – (가) – (나) – (다) 　　　　④ (라) – (나) – (다) – (가)

※ 다음은 'IBK 탄소제로적금'에 대한 자료이다. 이어지는 질문에 답하시오. [52~53]

〈IBK 탄소제로적금〉

구분	세부내용
상품특징	• 거주세대의 전기사용량 절약 여부에 따라 금리혜택을 제공하는 적금상품
가입금액	• 신규금액 : 최소 1만 원 이상 • 납입한도 : 매월 100만 원 이하(천 원 단위)
계약기간	• 1년제
가입대상	• 실명의 개인(개인사업자 제외) • 1인 1계좌
이자지급방법	• 만기일시지급식
약정이율	• 연 3.0%

우대금리	• 최고 연 4.0%p
	• 계약기간 동안 아래 조건을 충족하고 만기해지 시 우대이자율 제공
	  ① 에너지 절감 : 적금가입월부터 10개월 동안 적금가입월의 전기사용량(kWh) 대비 월별 전기사용량
	    (kWh) 절감횟수가 다음에 해당하는 경우("아파트아이" 회원가입을 통해 등록된 주소에 대한 관리비
	    명세서의 전기사용량(kWh)만 인정되며 주소가 변경될 경우 "아파트아이"에서 주소변경을 완료해야
	    만 변경된 주소의 실적이 반영 가능하며, 주소 변경은 연 3회로 제한한다)
	    – 3회 이상 : 연 1.0%p
	    – 5회 이상 : 연 2.0%p
	  ② 최초거래고객 : 가입 시 아래 요건 중 1가지 충족 시 연 1.0%p
	    – 실명등록일로부터 3개월 이내
	    – 가입일 직전월 기준 6개월간 총수신평잔 0원
	  ③ 지로 / 공과금 자동이체 : 본인 명의 입출금식 통장에서 지로 / 공과금 자동이체 실적이 3개월 이상인
	    경우 연 1.0%p

중도해지이율	• 만기일 이전에 해지할 경우 입금액마다 입금일부터 해지일 전일까지의 기간에 대하여 가입일 당시 IBK
	적립식중금채의 중도해지금리를 적용
	• 납입기간 경과비율
	  – 10% 미만 : (가입일 현재 계약기간별 고시금리)×5%
	  – 10% 이상 20% 미만 : (가입일 현재 계약기간별 고시금리)×10%
	  – 20% 이상 40% 미만 : (가입일 현재 계약기간별 고시금리)×20%
	  – 40% 이상 60% 미만 : (가입일 현재 계약기간별 고시금리)×40%
	  – 60% 이상 80% 미만 : (가입일 현재 계약기간별 고시금리)×60%
	  – 80% 이상 : (가입일 현재 계약기간별 고시금리)×80%
	  ※ 모든 구간 최저금리 연 0.1% 적용

만기 후 이율	• 만기일 당시 IBK 적립식중금채의 만기 후 금리를 적용
	  – 만기 후 1개월 이내 : (만기일 당시 IBK 적립식중금채의 계약기간별 고시금리)×50%
	  – 만기 후 1개월 초과 6개월 이내 : (만기일 당시 IBK 적립식중금채의 계약기간별 고시금리)×30%
	  – 만기 후 6개월 초과 : (만기일 당시 IBK 적립식중금채의 계약기간별 고시금리)×20%

52 다음 중 제시된 자료의 내용으로 적절하지 않은 것은?

① 신규금액을 제외하고 최대 납입 가능한 금액은 1,200만 원이다.

② 계약기간 동안에 주소변경을 하기 위해서는 아파트아이 계정이 필요하다.

③ 자신이 세대주가 아닐 경우, 지로 / 공과금 자동이체 우대금리를 적용받기 위해서는 세대주 명의의 입출금식 통장을 개설하여야 한다.

④ 최대 이율을 적용받는 사람이 납입기간 50%를 경과하고 중도해지할 경우 적용받는 금리는 이전보다 5.8%p 적다.

53 다음은 IBK 탄소제로적금에 가입한 A고객의 가입정보이다. A고객이 지급받을 이자는?(단, A는 "아파트아이"에 회원가입하여 주소를 등록하였고, 계약기간 동안 주소변경은 하지 않았으며, 만기일 당시 IBK 적립식중금채의 고시금리는 연 3.0%이다)

〈A고객의 가입정보〉

- 가입상품 : IBK 탄소제로적금
- 가입금액
  - 최초 납입금액 : 30만 원
  - 추가 납입금액 : 70만 원(2022.11.1)
- 계약기간 : 1년(2022.5.1 ~ 2023.4.30)
- 우대금리 관련 사항
  ① 월별 전기사용량

구분	22.5	22.6	22.7	22.8	22.9	22.10
전기사용량(kWh)	448	436	478	481	442	430
구분	22.11	22.12	23.1	23.2	23.3	23.4
전기사용량(kWh)	452	466	485	447	440	447

  ② 최초거래고객 : 실명등록일(2022.3.25)
  ③ 지로 / 공과금 자동이체 : 본인 명의 입출금식 통장으로 월 아파트관리비 총 5회 자동이체
- 적금 실제 해지일 : 23.10.31

① 43,500원 ② 45,500원

③ 50,000원 ④ 64,500원

※ 다음은 김대리가 자택에서 사무실로 출근할 때 이동수단별 소요 시간에 대한 표이다. 이어지는 질문에 답하시오. **[54~55]**

<김대리의 이동수단별 소요 시간>

구분	버스	지하철	자가용
자택에서 인근 정류장 / 역까지 걸리는 시간	도보 1분	도보 3분	–
인근 정류장 / 역에서 사무실까지 걸리는 시간	도보 3분	도보 2분	–
이동수단별 이동시간	정류장당 4분	지하철역당 2분	19분
비고	환승이 불필요하며, 탑승 후 4번째로 도착하는 정거장에서 하차	탑승 후 2번째로 도착하는 역에서 1회 환승하여 4번째로 도착하는 역에서 하차 (환승으로 2분 추가)	도착 후 주차로 인해 2분 추가

| IBK기업은행

54 다음 중 김대리가 자택에서 사무실까지 지하철을 이용하여 출근할 때 걸리는 시간은?

① 15분 ② 17분
③ 19분 ④ 21분

| IBK기업은행

55 다음 중 김대리의 자택에서 사무실까지의 편도 이동시간이 짧은 이동수단을 순서대로 바르게 나열한 것은?

① 버스 – 지하철 – 자가용 ② 지하철 – 버스 – 자가용
③ 지하철 – 자가용 – 버스 ④ 자가용 – 버스 – 지하철

56 다음은 개발부에서 근무하는 K사원의 4월 근태기록이다. 규정을 참고할 때, K사원이 4월에 받을 시간외근무수당은?(단, 정규근로시간은 09:00 ~ 18:00이다)

〈시간외근무규정〉

- 시간외근무(조기출근 포함)는 1일 4시간, 월 57시간을 초과할 수 없다.
- 시간외근무수당은 1일 1시간 이상 시간외근무를 한 경우에 발생하며, 1시간을 공제한 후 매분 단위까지 합산하여 계산한다(단, 월 단위 계산 시 1시간 미만은 절사한다).
- 시간외근무수당 지급단가 : 사원(7,000원), 대리(8,000원), 과장(10,000원)

〈K사원의 4월 근태기록(출근시간 / 퇴근시간)〉

- 4월 1일부터 15일까지의 시간외근무시간은 12시간 50분(1일 1시간 공제 적용)이다.

18일(월)	19일(화)	20일(수)	21일(목)	22일(금)
09:00 / 19:10	09:00 / 18:00	08:00 / 18:20	08:30 / 19:10	09:00 / 18:00
25일(월)	26일(화)	27일(수)	28일(목)	29일(금)
08:00 / 19:30	08:30 / 20:40	08:30 / 19:40	09:00 / 18:00	09:00 / 18:00

※ 주말 특근은 고려하지 않는다.

① 112,000원
② 119,000원
③ 126,000원
④ 133,000원

※ 다음은 'IBK W소확행통장'에 대한 설명이다. 이어지는 질문에 답하시오. [57~58]

<table>
<tr><td colspan="2" align="center">〈IBK W소확행통장〉</td></tr>
<tr><td>구분</td><td>세부내용</td></tr>
<tr><td>상품특징</td><td>• 레저업종(BC 가맹점기준)에서 기업은행카드 사용 시 사용건수 또는 이용대금에 따라 금리우대</td></tr>
<tr><td>가입금액</td><td>• 신규금액 : 최소 1만 원 이상
• 납입한도 : 매월 100만 원 이하(1만 원 단위)</td></tr>
<tr><td>계약기간</td><td>• 1년제, 2년제, 3년제</td></tr>
<tr><td>이자지급방법
및 주기</td><td>• 12개월 이상 24개월 미만 : 연 3.40%
• 24개월 이상 36개월 미만 : 연 3.50%
• 36개월 이상 : 연 3.65%</td></tr>
<tr><td>우대금리</td><td>• 최대 연 2.40%p
• 당행 BC카드(체크・신용 모두 포함) 보유 및 자동이체로 1회 이상(금액제한 없음) 납입하고, 연평균하여 아래 요건을 충족한 경우 만기해지 시 해당 우대금리 제공(2가지 중 1가지만 충족해도 해당 우대금리 제공)
① [온누리상품권 구입] 당행 창구에서 본인 명의로 구입한 금액에 따라 차등 우대('온누리상품권 구매금액'을 '레저업종 카드사용금액'과 합산하여 '금액' 실적으로 인정한다)
② [레저업종 카드사용] 레저업종에서 이용한 카드사용건수 또는 카드사용금액에 따라 차등 우대
  − 20만 원 이상 또는 5건 이상 : 연 1.00%p
  − 50만 원 이상 또는 15건 이상 : 연 1.70%p
  − 100만 원 이상 또는 30건 이상 : 연 2.40%p
※ BC카드 가맹점 분류기준에 따라 아래 나열된 경우를 '레저업종'으로 인정 : 헬스클럽, 골프연습장, 수영장, 볼링장, 당구장, 테니스장, 스키장(통상 헬스클럽 기준으로 요가, 필라테스, 기타업종으로 VR, 스크린야구 등 업종이 포함될 수도 있다)
※ BC카드 레저업종 실적인정 기준(다음 3가지 항목을 모두 충족한 경우 유효한 카드실적으로 인정)
  1) 당행계좌를 결제계좌로 등록한 당행 개인카드(체크・신용)를 사용
  2) 상기 명시된 국내 레저업종 가맹점에서 직접 결제한 경우(단, 카카오페이, 네이버페이 등 일부 간편결제 및 PG・소셜커머스를 통한 결제 등 가맹점 직접 결제가 아닌 경우 실적인정이 불가하다)
  3) 당일자, 당일가맹점 사용실적은 최대 1회(금액은 최대금액 1건) 인정</td></tr>
<tr><td>중도해지이율</td><td>• 만기일 이전에 해지할 경우 입금액마다 입금일부터 해지일 전일까지의 기간에 대하여 가입일 당시 IBK 적립식중금채의 중도해지금리를 적용
• 납입기간 경과비율
  − 10% 미만 : (가입일 현재 계약기간별 고시금리)×5%
  − 10% 이상 20% 미만 : (가입일 현재 계약기간별 고시금리)×10%
  − 20% 이상 40% 미만 : (가입일 현재 계약기간별 고시금리)×20%
  − 40% 이상 60% 미만 : (가입일 현재 계약기간별 고시금리)×40%
  − 60% 이상 80% 미만 : (가입일 현재 계약기간별 고시금리)×60%
  − 80% 이상 : (가입일 현재 계약기간별 고시금리)×80%
※ 모든 구간 최저금리 연 0.1% 적용</td></tr>
<tr><td>만기 후 이율</td><td>• 만기일 당시 IBK 적립식중금채의 만기 후 금리를 적용
  − 만기 후 1개월 이내 : (만기일 당시 IBK 적립식중금채의 계약기간별 고시금리)×50%
  − 만기 후 1개월 초과 6개월 이내 : (만기일 당시 IBK 적립식중금채의 계약기간별 고시금리)×30%
  − 만기 후 6개월 초과 : (만기일 당시 IBK 적립식중금채의 계약기간별 고시금리)×20%</td></tr>
</table>

57 다음 중 제시된 자료의 내용으로 적절하지 않은 것은?

① 만기해지 시 위 상품에서 적용 가능한 최대금리와 최저금리의 차이는 최대 2.65%p이다.

② 온누리상품권을 구입하는 것보다는 레저업종에 카드를 사용하는 것이 우대금리에 적용에 더 유리하다.

③ 당일에 동일 가맹점에서 레저업종에 100만 원 이상 사용 시에는 한 번에 결제하는 것보다 나눠서 결제하는 것이 우대금리 적용에 더 유리하다.

④ 1년제 상품 만기 후 1개월 이내 해지 시 적용되는 만기 후 이율은 만기 후 6개월 초과 후 해지 시 적용되는 만기 후 이율의 2.5배이다.

58 다음은 IBK W소확행통장에 가입한 A고객의 가입정보이다. A고객이 지급받을 이자는?(단, 10원 미만은 절사한다)

〈A고객의 가입정보〉

- 가입상품 : IBK W소확행통장
- 최초 납입금액 : 50만 원
- 추가 납입금액
  - 100만 원(21.8.1)
  - 100만 원(22.2.1)
- 계약기간 : 2년제(20.8.1 ~ 22.7.31)
- 결제내역
  - 매 짝수 월 초 30만 원 헬스클럽 결제
  - 매월 초 20만 원 골프연습장 결제
  - 매 연말 본인 명의 온누리상품권 100만 원 구매
  - 매 연초 가족 명의 온누리상품권 100만 원 구매
  - 매년 3, 6, 9, 12월 월말 수영장 이용료 30만 원 결제
  ※ 단, A고객은 모든 결제 건을 보유하고 있는 당행 BC신용카드로 결제하고, 자동이체로 납입하였다.
- 해지일 : 22.10.31

---

① 65,000원 ② 70,270원

③ 135,250원 ④ 136,560원

59 다음은 I은행의 여비규정에 대한 자료이다. 대구로 출장을 다녀 온 B과장의 지출내역을 토대로 여비를 정산했을 때, B과장이 받을 총금액은?

제1조(여비의 종류)

여비는 운임·숙박비·식비·일비 등으로 구분한다.

1. 운임 : 여행 목적지로 이동하기 위해 교통수단을 이용함에 있어 소요되는 비용을 충당하기 위한 여비
2. 숙박비 : 여행 중 숙박에 소요되는 비용을 충당하기 위한 여비
3. 식비 : 여행 중 식사에 소요되는 비용을 충당하기 위한 여비
4. 일비 : 여행 중 출장지에서 소요되는 교통비 등 각종 비용을 충당하기 위한 여비

제2조(운임의 지급)

1. 운임은 철도운임·선박운임·항공운임으로 구분한다.
2. 국내운임은 [별표 1]에 따라 지급한다.

제3조(일비·숙박비·식비의 지급)

1. 국내 여행자의 일비·숙박비·식비는 국내 여비 지급표에 따라 지급한다.
2. 일비는 여행일수에 따라 지급한다.
3. 숙박비는 숙박하는 밤의 수에 따라 지급한다. 다만, 출장 기간이 2일 이상인 경우의 지급액은 출장기간 전체의 총액 한도 내 실비로 계산한다.
4. 식비는 여행일수에 따라 지급한다.

〈국내 여비 지급표〉

철도운임	선박운임	항공운임	일비(1인당)	숙박비(1박당)	식비(1일당)
실비 (일반실)	실비 (2등급)	실비	20,000원	실비 (상한액 40,000원)	20,000원

〈B과장의 지출내역〉

(단위 : 원)

구분	1일 차	2일 차	3일 차	4일 차
KTX운임(일반실)	43,000	–	–	43,000
대구 시내 버스요금	5,000	4,000	–	2,000
대구 시내 택시요금	–	–	10,000	6,000
식비	15,000	45,000	35,000	15,000
숙박비	45,000	30,000	35,000	–

① 286,000원
② 304,000원
③ 328,000원
④ 356,000원

60 K씨는 미국에서 사업을 하고 있는 지인으로부터 투자 제의를 받았다. 투자성이 높다고 판단한 K씨는 5월 3일에 지인에게 1,000만 원을 달러로 환전하여 송금하였다. 이후 5월 20일에 지인으로부터 원금과 투자수익 10%를 달러로 돌려받고 당일 원화로 환전하였다. K씨는 원화기준으로 원금 대비 몇 %의 투자수익을 달성하였는가?(단, 매매기준율로 환전하며 기타수수료는 발생하지 않고, 환전 시 소수점은 절사한다)

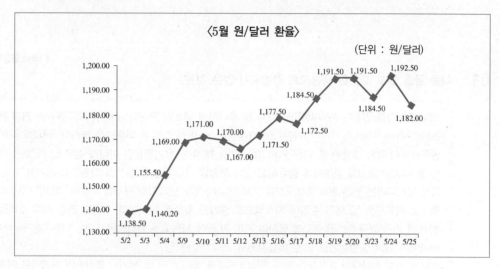

〈5월 원/달러 환율〉

(단위 : 원/달러)

① 10%　　　　　　　　　　　　　② 13%

③ 15%　　　　　　　　　　　　　④ 18%

| NH농협은행 6급

01 다음 글을 읽고 추론한 내용으로 적절하지 않은 것은?

커피 찌꺼기를 일컫는 커피박이라는 단어는 우리에게 생소한 편이다. 하지만 외국에서는 커피 웨이스트(Coffee Waste), 커피 그라운드(Coffee Ground) 등 다양한 이름으로 불린다. 커피박은 커피 원두로부터 액을 추출한 후 남은 찌꺼기를 말하는데 이는 유기물뿐만 아니라 섬유소, 리그닌, 카페인 등 다양한 물질을 풍부하게 함유하고 있어 재활용 가치가 높은 유기물 자원으로 평가받고 있다. 특히 우리나라는 높은 커피 소비국으로 2007년부터 2010년까지의 관세청 자료에 의하면 매년 지속적으로 커피원두 및 생두 수입이 지속적으로 증가한 것으로 나타났다. 1인당 연간 커피 소비량은 2019년 기준 평균 328잔 정도에 달하며 커피 한 잔에 사용되는 커피콩은 0.2%, 나머지는 99.8%로 커피박이 되어 생활폐기물 혹은 매립지에서 소각처리된다.

이렇게 커피 소비량이 증가하고 있는 가운데 커피를 마시고 난 후 생기는 부산물인 커피박도 연평균 12만 톤 이상 발생하고 있는 것으로 알려져 있다. 이렇듯 막대한 양의 커피박은 폐기물로 분류되며 폐기처리만 해도 큰 비용이 발생된다.

따라서 우리나라와 같이 농업분야의 유기성 자원이 절대적으로 부족한 곳에서는 비료 원자재 대부분을 수입산에 의존하고 있는데, 원재료 매입비용이 적은 반면 부가가치를 창출할 수 있는 수익성이 매우 높은 재료로 고가로 수입된 커피박 자원을 재활용할 수 있다면 자원절감과 비용절감 두 마리 토끼를 잡을 수 있을 것으로 기대된다.

또한 커피박은 부재료 선택에 신경을 쓴다면 분명 더 나은 품질의 퇴비가 될 수 있다고 전문가들은 지적한다. 그 가운데 톱밥, 볏짚, 버섯폐배지, 한약재 찌꺼기, 쌀겨, 스테비아분말, 채종유박, 깻묵 등의 부재료 화학성 pH는 $4.9 \sim 6.4$, 총탄소 $4 \sim 54\%$, 총질소 $0.08 \sim 10.4\%$, 탈질률 $7.8 \sim 680$으로 매우 다양했다. 그 중에서 한약재 찌꺼기의 질소 함량이 가장 높았고, 유기물 함량은 톱밥이 가장 높았다. 유기물 퇴비를 만들기 위한 조건은 수분 함량, 공기, 탄질비, 온도 등이 중요하다. 흔히 유기퇴비의 원료로는 농가에서 쉽게 찾아볼 수 있는 볏짚, 나무껍질, 깻묵, 쌀겨 등이 있다. 그밖에 낙엽이나 산야초를 베어 퇴비를 만들어도 되지만 일손과 노동력이 다소 소모된다는 단점이 있다. 무엇보다 양질의 퇴비를 만들기 위해서는 재료로 사용되는 자재가 지닌 기본적인 탄소와 질소의 비율이 중요한데 탄질률은 $20 \sim 30 : 1$인 것이 가장 이상적이다. 농촌진흥청 관계자는 이에 대해 "탄질률은 퇴비의 분해 속도와 관련이 있어 지나치게 질소가 많거나 탄소성분이 많을 경우 양질의 퇴비를 얻을 수 없다. 또한 퇴비재료에 미생물이 첨가되면서 자연 분해되면 열이 발생하는데 이는 유해 미생물을 죽일 수 있어 양질의 퇴비를 얻기 위해서는 퇴비 더미의 온도를 50℃ 이상으로 유지하는 것이 바람직하다."고 밝혔다.

① 커피박을 이용하여 유기농 비료를 만드는 것은 환경 보호뿐만 아니라 경제적으로도 이득이다.

② 커피박과 함께 비료에 들어갈 부재료를 고를 때에는 질소나 유기물이 얼마나 들어있는지가 중요한 기준이다.

③ 비료에서 중요한 성분인 질소가 많이 함유되어 있을수록 좋은 비료라고 할 수 있다.

④ 퇴비 재료에 있는 유해 미생물은 50℃ 이상의 고온을 통해 없앨 수 있다.

⑤ 커피박을 이용하여 유기 비료를 만들 때, 질소 보충이 필요하다면 한약재 찌꺼기를 첨가하는 것이 좋다.

┃ NH농협은행 6급

02 N은행은 최근 열린 금융 세미나에 참여해 보이스피싱을 주제로 대화를 나누었다. 다음 중 B, C의 주장을 분석한 것으로 가장 적절한 것은?

> A : 최근 보이스피싱 범죄가 모든 금융권으로 확산되면서 피해액이 늘어나고 있습니다. 이에 금융 당국이 은행에도 일부 보상 책임을 지게 하는 방안을 검토하는 것으로 알려지고 있습니다. 이에 대해 어떻게 생각하십니까?
> B : 개인들이 자신의 정보를 잘못 관리한 책임까지 은행에서 진다는 것은 문제가 있습니다. 도와드릴 수 있다면 좋겠지만, 은행 입장에서도 한계가 있는 부분이 있어 안타까울 뿐입니다.
> C : 소비자들이 자신의 개인 정보 관리에 다소 부주의함이 있다는 것은 인정합니다. 그러나 개인의 부주의를 이야기하는 것보다는 정부가 근본적인 해결책을 모색하는 것이 더욱 시급합니다.

① B와 달리, C는 보이스피싱 피해에 대한 책임을 소비자에게만 전가해서는 안 된다고 생각한다.

② B와 C는 보이스피싱 범죄로 인한 피해를 방지하기 위해 은행에서 노력하고 있다고 생각한다.

③ B는 보이스피싱 범죄를 근본적으로 해결하기 위해 은행의 역할을, C는 정부의 역할을 강조한다.

④ B와 C는 보이스피싱 범죄의 확산을 막기 위해서는 제도적인 방안이 보완되어야 한다고 이야기하고 있다.

⑤ B와 C는 보이스피싱 범죄의 확산에 대한 일차적 책임이 은행과 정부에 있다고 생각한다.

03 환율에 대한 다음 기사를 읽고 추론한 내용으로 가장 적절한 것은?

세계화 시대에는 국가 간 교류가 활발하여 우리 국민들이 외국으로 여행을 가기도 하고 외국인들도 한국으로 여행을 많이 온다. 또한 외국으로부터 경제활동에 필요한 원자재는 물론이고 자동차나 의약품 등 다양한 상품을 수입하기도 한다. 이처럼 외국 상품을 구입하거나 외국 여행을 할 때는 물론이고 해외 투자를 할 때도 외국 돈, 즉 외화가 필요하다.

이러한 외화를 살 때 지불하는 원화의 가격을 환율이라 하며, 달러당 환율이 1,000원이라는 것은 1달러를 살 때 지불하는 가격이 1,000원이라는 것이고 유로(Euro) 환율이 1,300원이라는 것은 1유로의 가격이 1,300원이라는 것을 의미한다. 외화를 외국 상품과 같은 의미로 이해하면 환율은 다른 상품의 가격처럼 외국돈 한 단위의 가격으로 이해할 수 있다. 100달러를 환전하는 것, 즉 100달러를 구입하는 것은 개당 1,000원인 상품을 100개 구입하는 것과 같은 것으로 생각할 수 있는 것이다.

환율을 표시할 때는 외국돈 1단위당 원화의 금액으로 표시한다. 따라서 환율의 단위는 원/\$, 원/€와 같은 것이 된다(예 1,000원/\$, 1,300원/€). 수입품과 수출품의 가격은 이러한 환율의 단위를 고려하면 쉽게 계산할 수 있다. 국산품의 수출가격은 국내가격을 환율로 나누어서 구할 수 있고 반대로 수입상품의 수입가격은 국제가격에 환율을 곱해서 구할 수 있다.

- 환율이 1,000원/\$일 때 국내 시장에서 가격이 1만 원인 상품의 수출가격
  - 수출가격(달러)＝국내가격/환율＝10,000원/(1,000원/\$)＝\$10
- 환율이 1,000원/\$일 때 국제 시장에서 가격이 \$100인 상품의 수입가격
  - 수입가격(원)＝국제가격×환율＝\$100×(1,000원/\$)＝100,000원

앞에서 외화를 마치 상품처럼 이해한다고 하였는데 상품의 가격이 수요와 공급에 의해서 변동하는 것처럼 외화의 가격인 환율도 외환시장의 수요와 공급에 의해서 결정된다. 수출이 늘어나거나 외국인들의 한국 여행 그리고 외국인 투자가 늘어나면 외화 공급이 증가하기 때문에 환율이 떨어진다. 상품 가격이 하락하면 화폐 가치가 올라가는 것처럼 환율이 하락하면 외국돈에 비해서 우리 돈의 가치가 올라간다고 할 수 있다.

반면에 한국의 수입 증가, 국민들의 외국 여행 증가 그리고 자본의 유출이 일어나면 외화 수요가 증가하기 때문에 환율이 올라간다. 상품의 가격이 올라가면 화폐가치가 떨어지는 것처럼 환율이 상승한다는 것은 화폐, 즉 우리 돈의 가치가 떨어진다는 것을 의미한다. 이처럼 환율이 상승하면 원화 가치가 하락하고 반대로 환율이 하락하면 원화 가치가 올라간다고 생각할 수 있다. 환율 상승을 '원화 약세'라고 하고 환율 하락을 '원화 강세'라고 이해하면 편하다.

① 환율이 하락하는 원인으로는 수입 증가를 볼 수 있겠어.

② 환율이 상승하면 국산품의 수출가격은 하락하겠구나.

③ 중국인 관광객들이 우리나라에 많이 여행 온다면 환율이 상승하겠네.

④ 환율이 하락하면 수입품의 수입가격은 상승하겠구나.

⑤ 외화를 많이 보유할수록 우리 돈의 가치가 하락한다고 볼 수 있겠군.

04 다음 글을 이해한 내용으로 적절하지 않은 것은?

N은행, 사회공헌금액 '최다'

국내 5대 시중은행 중 지난해 사회공헌활동에 가장 많은 자금을 지원한 은행은 N은행으로 조사됐다. 국회 정무위원회 의원이 전국은행연합회의 사회공헌활동 보고서와 금융감독원 공시 실적 등을 분석한 결과다. 지난해 N은행의 당기순이익 대비 사회공헌금액 비중은 12.2%로 5대 시중은행 중 가장 높았다. 이어 S은행(6.7%), K은행(6.3%), W은행(6.2%), H은행(5.7%) 순서였다.

사회공헌금액 규모만 따져봤을 때도 N은행은 1,911억 원으로 5대 시중은행 중 가장 많았다. 이어 K은행(1,619억 원), S은행(1,450억 원), H은행(1,359억 원), W은행(1,354억 원)이 뒤를 이었다. 조사 대상인 19개 은행 가운데 작년 적자(7,960억 원)를 낸 C은행을 제외하고 당기순이익 대비 사회공헌금액 비중이 가장 높은 곳은 JJ은행(13.5%)으로 집계됐다. JB(11.2%), GJ(11.0%), DG(10.6%), KN(10.2%) 등 지방은행 비중은 10%를 웃돌았다. 이 비중이 가장 낮은 곳은 인터넷전문은행 X은행(0.15%)이었다. 인터넷전문은행 Z은행의 사회공헌금액 비중도 0.31%에 불과했다.

은행연합회 회원 기관과 은행연합회는 지난해 사회공헌 사업에 1조 617억 원을 지원했다. 지원액은 3년 연속 1조 원을 넘었지만, 2006년 보고서 발간 후 가장 많았던 2019년(1조 1,300억 원)보다 적고 2020년(1조 919억 원)보다도 약 300억 원 감소했다. 2년 연속 줄어든 것이다.

지원액은 서민금융에 가장 많은 4,528억 원이 쓰였다. 지역 및 공익 사업에도 4,198억 원이 투입됐다. 이어 학술·교육(1,034억 원), 메세나·체육(738억 원), 환경(68억 원), 글로벌(51억 원) 순서로 많았다.

---

① 5대 시중은행 중 당기순이익 대비 사회공헌금액의 비중이 10% 이상인 은행은 1곳이다.

② 전국은행연합회는 회원사들의 사회공헌활동에 관한 보고서를 작성한 바 있다.

③ 5대 시중은행의 사회공헌 규모는 모두 1,000억 원 이상이다.

④ 당기순이익 대비 사회공헌금액 비중이 가장 높은 은행은 N은행이다.

⑤ 2019 ~ 2021년 동안 은행들의 사회공헌 지원액이 가장 많았던 해는 2019년이다.

05 다음은 NH농협의 EQ(Easy & Quick)론에 대한 설명이다. L씨가 다음과 같은 〈조건〉으로 대출을 했을 경우, 맨 첫 달에 지불해야 하는 월 상환액은?(단, 소수점은 절사한다)

〈NH EQ(Easy & Quick)론〉

• 상품특징 : NH농협 [은행 – 캐피탈] 간 협약상품으로 쉽고 간편하게 최고 1,000만 원까지 이용 가능한 개인 소액대출 전용상품
• 대출대상 : CSS 심사대상자로 NH농협캐피탈의 보증서가 발급되는 개인
• 대출기간 : 4개월 이상 1년 이내로 거치기간 없음(다만, 원리금 상환을 위하여 자동이체일과 상환기일을 일치시키는 경우에 한하여 최장 13개월 이내에서 대출기간 지정 가능)
• 대출한도 : 300만 원 이상 1,000만 원 이내
• 대출금리 : 신용등급에 따라 차등적용

등급	1	2	3	4	5	6
기준금리	5.69%	6.39%	7.09%	7.78%	8.46%	8.99%

• 중도상환 : 수수료 없음

조건

• 대출금액 : 500만 원
• 대출환급방법 : 만기 일시상환
• 신용등급 : 6등급
• 대출기간 : 6개월

① 33,264원 ② 34,581원
③ 35,362원 ④ 36,442원
⑤ 37,458원

06 다음은 연도별 국내은행 대출 현황을 나타낸 표이다. 이에 대한 내용으로 적절하지 않은 것은?

〈연도별 국내은행 대출 현황〉

(단위 : 조 원)

구분	2013년	2014년	2015년	2016년	2017년	2018년	2019년	2020년	2021년
가계대출	437.1	447.5	459.0	496.4	535.7	583.6	620.0	647.6	655.7
주택담보대출	279.7	300.9	309.3	343.7	382.6	411.5	437.2	448.0	460.1
기업대출	432.7	449.2	462.0	490.1	537.6	546.4	568.4	587.3	610.4
부동산담보대출	156.7	170.9	192.7	211.7	232.8	255.4	284.4	302.4	341.2

※ (은행대출)＝(가계대출)＋(기업대출)

① 2017년 대비 2021년 부동산담보대출 증가율이 가계대출 증가율보다 높다.

② 주택담보대출이 세 번째로 높은 해의 부동산담보대출은 당해 기업대출의 50% 이상이다.

③ 2018 ~ 2021년 동안 가계대출의 전년 대비 증가액은 기업대출보다 매년 높다.

④ 2015년 은행대출은 2018년 은행대출의 80% 이상이다.

⑤ 2014 ~ 2021년 동안 전년 대비 주택담보대출이 가장 크게 증가한 해는 2017년이다.

※ 다음은 N은행 고객 기록에 대한 자료이다. 이어지는 질문에 답하시오. [7~8]

〈기록 체계〉

구분	업무	업무내용	접수창구
ㄱ	X	a	01

구분		업무		업무내용		접수창구	
ㄱ	개인고객	X	수신계	a	예금	01	1번 창구
				b	적금	02	2번 창구
ㄴ	기업고객		대부계	A	대출상담	03	3번 창구
		Y		B	대출신청	04	4번 창구
ㄷ	VIP고객			C	대출완료	05	5번 창구
						00	VIP실

※ 업무내용은 대문자·소문자끼리만 복수선택이 가능함
※ 개인·기업고객은 일반창구에서, VIP고객은 VIP실에서 업무를 봄
※ 수신계는 a, b의 업무만, 대부계는 A, B, C의 업무만 볼 수 있음

〈기록 현황〉

ㄱXa10	ㄴYA05	ㄴYB03	ㄱXa01	ㄱYB03
ㄱXab02	ㄷYC00	ㄴYA01	ㄴYA05	ㄴYAB03
ㄱYAB00	ㄱYaA04	ㄱXb02	ㄷYB0	ㄱXa04

| NH농협은행 6급

07 N은행을 방문한 K기업 대표인 VIP고객이 대출신청을 하였다면, 기록 현황에 기재할 내용으로 적절한 것은?

① ㄴXB00
② ㄴYB00
③ ㄷXB00
④ ㄷYA00
⑤ ㄷYB00

| NH농협은행 6급

08 기록 현황에 순서대로 나열되어 있지 않은 'A', 'B', 'Y', 'ㄴ', '04' 메모가 발견되었다. 이 기록 내용으로 가장 적절한 것은?

① 예금과 적금 업무로 수신계 4번 창구를 방문한 기업고객
② 예금과 적금 업무로 대부계 4번 창구를 방문한 기업고객
③ 대출 업무로 대부계 4번 창구를 방문한 기업고객
④ 대출상담 및 신청 업무로 대부계 4번 창구를 방문한 기업고객
⑤ 대출상담 및 신청 업무로 수신계 4번 창구를 방문한 기업고객

09 다음 프로그램의 실행 결과로 옳은 것은?

```
public class test {
public static void main(String[ ] args) {
int i, sum=0;
for (i=1; i<=110; i++) {
if(i%4==0)
sum=sum+1;
}
System.out.printf("%d", sum);
}
}
```

① 25   ② 26
③ 27   ④ 28
⑤ 29

10 다음 제시된 문단을 논리적 순서대로 바르게 나열한 것은?

(가) 그러나 이러한 현상에 대해 비판적인 시각도 생겨났다. 대량 생산된 복제품은 예술 작품의 유일무이(唯一無二)한 가치를 상실케 하고 예술적 전통을 훼손한다는 것이다.

(나) MP3로 대표되는 복제 기술이 어떻게 발전할 것이며 그에 따라 음악은 어떤 변화를 겪을지, 우리가 누릴 수 있는 새로운 전통은 우리 삶을 어떻게 변화시킬지 생각해 보는 것은 매우 흥미로운 일이다.

(다) 근래에는 음악을 컴퓨터 파일의 형태로 바꾸는 기술이 개발되어 작품을 나누고 섞고 변화시키는 것이 훨씬 자유로워졌다. 이에 따라 낯선 곡은 반복을 통해 친숙한 음악으로, 친숙한 곡은 디지털 조작을 통해 낯선 음악으로 변모시킬 수 있게 되었다.

(라) 그러나 복제품은 자신이 생겨난 환경에 매여 있지 않기 때문에, 새로운 환경에서 새로운 예술적 전통을 만들어 낸다. 최근 음악 환경은 IT 기술의 발달과 보급에 따라 매우 빠르게 변화하고 있다.

① (가) – (다) – (라) – (나)   ② (다) – (가) – (라) – (나)
③ (다) – (라) – (가) – (나)   ④ (라) – (가) – (나) – (다)
⑤ (라) – (다) – (가) – (나)

11 다음은 연도별 뺑소니 교통사고 통계 현황에 대한 표이다. 이에 대한 설명으로 옳은 것을 〈보기〉에서 모두 고르면?

〈연도별 뺑소니 교통사고 통계 현황〉

(단위 : 건, 명)

구분	2016년	2017년	2018년	2019년	2020년
사고건수	15,500	15,280	14,800	15,800	16,400
검거 수	12,493	12,606	12,728	13,667	14,350
사망자 수	1,240	1,528	1,850	1,817	1,558
부상자 수	9,920	9,932	11,840	12,956	13,940

※ $[검거율(\%)] = \dfrac{(검거 \ 수)}{(사고건수)} \times 100$

※ $[사망률(\%)] = \dfrac{(사망자 \ 수)}{(사고건수)} \times 100$

※ $[부상률(\%)] = \dfrac{(부상자 \ 수)}{(사고건수)} \times 100$

보기

㉠ 사고건수는 매년 감소하지만 검거 수는 매년 증가한다.
㉡ 2018년의 사망률과 부상률이 2019년의 사망률과 부상률보다 모두 높다.
㉢ 2019 ~ 2020년의 전년 대비 사망자 수와 부상자 수의 증감추이는 반대이다.
㉣ 2017 ~ 2020년 동안 검거율은 매년 높아지고 있다.

① ㉠, ㉡
② ㉡, ㉢
③ ㉢, ㉣
④ ㉠, ㉡, ㉢
⑤ ㉠, ㉢, ㉣

12 다음 〈조건〉을 바탕으로 추론한 내용으로 가장 적절한 것은?

> **조건**
>
> • 분야별 인원 구성
> – A분야 : a(남자), b(남자), c(여자)
> – B분야 : 가(남자), 나(여자)
> – C분야 : 갑(남자), 을(여자), 병(여자)
> • 4명씩 나누어 총 2팀(1팀, 2팀)으로 구성한다.
> • 같은 분야의 같은 성별인 사람은 한 팀이 될 수 없다.
> • 각 팀에는 분야별로 적어도 한 명 이상이 들어가야 한다.
> • 한 분야의 모든 사람이 한 팀에 들어갈 수는 없다.

① 갑과 을이 한 팀이 된다면 가와 나도 한 팀이 될 수 있다.

② 4명으로 나뉜 두 팀에는 남녀가 각각 2명씩 들어간다.

③ a가 1팀으로 간다면 c는 2팀으로 가야 한다.

④ 가와 나는 한 팀이 될 수 없다.

⑤ c와 갑은 한 팀이 될 수 있다.

13 다음은 2018 ~ 2021년 K국 기업의 남성육아휴직제 시행 현황을 나타낸 그래프이다. 이에 대한 설명으로 옳은 것은?

① 2019년 이후 전년보다 참여직원 수가 가장 많이 증가한 해와 시행기업 수가 가장 많이 증가한 해는 동일하다.

② 2021년 남성육아휴직제 참여직원 수는 2018년의 7배 이상이다.

③ 시행기업당 참여직원 수가 가장 많은 해는 2021년이다.

④ 2019년 대비 2021년 시행기업 수의 증가율은 참여직원 수의 증가율보다 높다.

⑤ 2018 ~ 2021년 참여직원 수의 연간 증가인원 평균은 6,000명 이하이다.

14 A사원은 인적자원의 효과적 활용에 대한 강연을 듣고, 인맥을 활용하였을 때의 장점에 대해 다음과 같이 정리하였다. 밑줄 친 ㉠~㉣ 중 A사원이 잘못 메모한 내용은 모두 몇 개인가?

〈인적자원의 효과적 활용〉

• 인적자원이란?

… 중략 …

• 인맥 활용 시 장점
  - ㉠ <u>각종 정보와 정보의 소스 획득</u>
  - ㉡ <u>'나' 자신의 인간관계나 생활에 대해서 알 수 있음</u>
    ↳ ㉢ <u>자신의 인생에 탄력이 생김</u>
  - ㉣ <u>'나' 자신만의 사업을 시작할 수 있음</u> ← 참신한 아이디어 획득

---

① 0개
② 1개
③ 2개
④ 3개
⑤ 4개

15 다음 기사의 제목으로 가장 적절한 것은?

농협은 화이트데이에 사탕보다는 꽃으로 사랑을 전하자는 의미에서 3월 14일을 '화(花)이트데이'로 정하고, 화훼 소비촉진에 앞장서겠다고 밝혔다. 또한 특별한 화이트데이를 기념하여 대표이사가 직접 여직원들에게 사랑의 꽃을 전달하는 이벤트도 실시하였다. 농협은 화이트데이에 사랑하는 사람에게 선물하기 좋은 꽃으로 장미(사랑), 꽃도라지(영원한 사랑), 카라(순수한 사랑), 튤립(사랑의 고백), 국화(고결한 사랑) 등을 추천하였다. 대표이사는 "최근 소비 부진으로 화훼농가가 어려움을 겪고 있다."며, "花이트데이가 화훼농가에 큰 힘이 되길 바란다."고 전했다.

한편, 농협은 침체된 화훼 생산 농가를 돕고자 꽃 생활화 캠페인(1 Table 1 Flower; 책상 위에 꽃 놓기), 장례식장 화환 재사용 근절, 자율적인 수급 안정을 위한 절화의무자조금 도입 등 꽃 소비 확대를 위한 사업을 지속해서 추진하겠다고 밝혔다.

---

① 1 Table 1 Flower, 침체된 화훼농가를 도와주세요!

② 花이트데이, 정열적인 사랑을 표현하는 장미를 선물하세요!

③ 花이트데이, 사탕 대신 꽃으로 사랑을 전하세요!

④ 花이트데이, 꽃처럼 예쁜 사탕을 선물하세요!

16 다음 〈보기〉는 업무수행 과정 중 발생한 문제의 유형 구별이다. 발생형 문제, 탐색형 문제, 설정형 문제를 바르게 짝지은 것은?

> **보기**
>
> ㉠ A회사의 에어컨 판매부서는 현재 어느 정도 매출이 나오고 있는 상황이지만, 경쟁이 치열해지고 있기 때문에 생산성 제고를 위한 활동을 하려 한다.
> ㉡ 작년에 A회사에서 구입한 에어컨을 정돈하고 사용해보니 고장이 나서 작동하지 않았다.
> ㉢ 에어컨에 주력하던 A회사는 올해부터 새로운 사업으로 공기청정기 분야에 진출하기 위한 계획을 해야 한다.

㉠	㉡	㉢
① 발생형 문제	탐색형 문제	설정형 문제
② 설정형 문제	탐색형 문제	발생형 문제
③ 설정형 문제	발생형 문제	탐색형 문제
④ 탐색형 문제	발생형 문제	설정형 문제

17 다음 빈칸에 들어갈 명제로 가장 적절한 것은?

> 전제1. 어떤 경위는 파출소장이다.
> 전제2. _____
> 결론. 30대 중 파출소장인 사람이 있다.

① 어떤 경위는 30대이다.

② 어떤 경위는 30대가 아니다.

③ 30대는 모두 경위이다.

④ 모든 경위는 30대이다.

18 L마트에서는 최근 시간관리 매트릭스에 대한 교육을 실시했다. 시간관리 매트릭스는 효율적으로 시간관리를 할 수 있도록 중요한 일과 중요하지 않은 일의 우선순위를 나누는 분류 방법이다. 다음 중 강의를 들은 A씨가 교육 내용을 적용하여 ⓐ ~ ⓒ를 바르게 분류한 것은?

〈시간관리 매트릭스〉

구분	긴급한 일	긴급하지 않은 일
중요한 일	제1사분면	제2사분면
중요하지 않은 일	제3사분면	제4사분면

※ 각 사분면의 좌표의 위치는 우선 순위 정도에 고려하지 않음

A씨는 L마트 고객지원팀 사원이다. A씨는 ⓐ 다음 주에 상부에 보고할 내용을 마무리 하는 도중 고객으로부터 '상품을 먹은 후 두드러기가 나서 일상생활이 힘들 정도다.'라는 ⓑ 불만 접수를 받았다. 고객은 오늘 내로 해결할 방법을 알려달라는 강한 불만을 제기했다. 아직 업무는 다 끝내지 못한 상태고, 오늘 저녁에 ⓒ 친구와 약속이 있다. 약속 시간까지는 2시간 정도 남은 상태이다.

	제1사분면	제2사분면	제3사분면	제4사분면
①	ⓐ	ⓒ	ⓑ	-
②	ⓑ	ⓐ	-	ⓒ
③	ⓑ, ⓒ	-	-	ⓐ
④	-	ⓐ	ⓒ	ⓑ

19 I사에서 근무하는 B과장은 30개월 전에 가입하였던 적금을 불가피한 사정으로 해지하려고 한다. 가입한 상품의 정보가 다음과 같을 때, 환급금은?

〈상품 정보〉

- 상품명 : I은행 함께 적금
- 가입기간 : 6년
- 가입금액 : 1,500만 원
- 이자지급방식 : 만기일시지급, 단리식
- 기본금리 : 연 2.5%
- 중도해지이율(연 %, 세전)
  - 12개월 미만 : 0.2
  - 18개월 미만 : 0.3
  - 24개월 미만 : (기본금리)×40%
  - 36개월 미만 : (기본금리)×60%

① 15,050,000원
② 15,562,500원
③ 15,737,500원
④ 15,975,000원

20 I은행에 근무 중인 L사원은 국내 금융 시장에 대한 보고서를 작성하면서 I은행에 대한 SWOT 분석을 진행하였다. 다음 중 L사원이 작성한 SWOT 분석의 위협 요인에 들어갈 내용으로 적절하지 않은 것은?

〈SWOT 분석 결과〉

강점(Strength)	약점(Weakness)
• 지속적 혁신에 대한 경영자의 긍정적 마인드 • 고객만족도 1위의 높은 고객 충성도 • 다양한 투자 상품 개발	• 해외 투자 경험 부족으로 취약한 글로벌 경쟁력 • 소매 금융에 비해 부족한 기업 금융
기회(Opportunity)	위협(Threat)
• 국내 유동자금의 증가 • 해외 금융시장 진출 확대 • 정부의 규제 완화 정책	

① 정부의 정책 노선 혼란 등으로 인한 시장의 불확실성 증가
② 경기 침체 장기화
③ 부족한 리스크 관리 능력
④ 금융업의 경계 파괴에 따른 경쟁 심화

21 다음 글에 언급된 신규 시스템 도입으로 기대되는 효과가 아닌 것은?

> I은행이 중소기업 지원 수십년 노하우를 결집해 기업여신 자동심사 시스템을 도입한다. 또한 이 시스템은 금융권에서 주목하고 있는 비재무 데이터를 활용해 기업의 미래 성장성까지 반영할 수 있어 더욱 눈길을 끈다.
>
> I은행의 '기업여신 자동심사 시스템(I Auto-Evaluation)'은 빅데이터 등 최신 신용정보를 활용해 기업의 신용 상태를 진단하고 기술력이나 미래 성장성을 반영한 기업별 맞춤형 여신한도를 산출, 대출 승인 의사를 결정하는 통합시스템이다. 따라서 앞으로는 보다 신속하고 표준화된 여신심사가 가능할 것으로 예상된다. 무엇보다 타 금융기관과 차별성을 갖는 지점은 기업의 미래 성장성을 채무 상환능력에 반영한다는 점이다. 기업이 미래에 벌어들일 수익을 정밀한 모형으로 측정해 대출한도에 반영하는 것이다.
>
> 그동안 기업여신 심사는 재무제표 외에도 경기동향, 업종특성 등 외적 요소를 파악해야 하기 때문에 인적심사에 의존해 왔다. 그래서 경험이나 정보수집 능력 등에 따라 담당 인원별로 심사역량의 개인별 격차가 존재했다. I은행 관계자는 "여신심사의 효율성과 표준화를 목표로 130여 명의 여신심사 전문 인력이 참여해 시스템이 개발됐다."며 "중소기업의 금융접근성이 향상되고, 합리적이고 일관성 있는 의사결정으로 은행과 고객 모두에게 이익이 될 것이다."라고 밝혔다.
>
> 기업여신 자동심사 시스템은 총 자산 10억 원 이상 중기업에 대한 운전 및 시설자금 취급 시에 적용될 예정이며, 2022년 5월 말 기준 약 213조원에 달하는 중소기업 대출자산 중 약 87.6% 가량이 해당된다고 볼 수 있다.
>
> 그동안 I은행은 우수한 기술력을 가진 중소기업이 운용자금을 확보할 수 있도록 기술신용평가(TCB) 등의 수단을 활용하고 있었다. 하지만 아직까지 활성화된 시장이라고 보긴 어려웠다. 이는 기술력의 평가가 그만큼 전문적인 영역이며, 이를 토대로 보증을 지원하는 기술보증기금이나 신용보증기금처럼 정책공공기관이 아니라면 금융기관 입장에서도 구체적인 승인 기준 마련이 어려웠기 때문이다.
>
> I은행 관계자는 "향후 본 시스템이 안정적으로 운영될 수 있도록 관리하는 한편, 시스템 고도화 등 지속적인 업그레이드를 추진할 계획이다."라고 밝혔다.

① 역량이 뛰어난 심사 담당자의 능력을 최대로 활용할 수 있게 된다.

② 아직 실현되지 않은 잠재가치가 대출한도에 영향을 미치게 된다.

③ 모든 기업이 동일한 기준으로 심사를 받게 된다.

④ 금융기관이 공공기관에 의존하지 않고도 기술가치평가를 대출심사에 반영하게 된다.

※ 다음은 IBK 늘푸른하늘통장에 대한 자료이다. 이를 보고 이어지는 질문에 답하시오. [22~23]

〈IBK 늘푸른하늘통장(거치식)〉

미세먼지 개선을 위한 '실천'을 통해 금리우대 혜택을 제공받는 거치식 상품

구분	내용
가입대상	실명의 개인(단, 개인사업자 제외), 1인 다수계좌 가입 가능
계약기간	1년제
가입금액	100만 원 이상(원 단위)
이자지급시기	만기일시지급식 : 만기 (후) 또는 중도해지 요청 시 이자를 지급
부가서비스	상해보험 무료서비스 • 보장내용(제공조건 충족일 익월 1일부터 1년간 제공)<table><tr><th>구분</th><th>보장금액</th></tr><tr><td>일반 상해사망</td><td>3,000,000원</td></tr><tr><td>교통 상해사망</td><td>3,000,000원</td></tr></table>※ 교통 상해사망의 경우, 일반 상해사망 보험금과 교통 상해사망 보험금이 지급됨 • 제공조건 : 계약금액 1,000만 원 이상 가입한 경우 • 제공기간 : 이 통장 시행일로부터 1년간 제공하며 연장될 수 있습니다.
약정이율	연 4.50%
우대금리	**환경개선 "실천" 우대금리 : 연 0.25%p** **(계약기간 동안 3가지 중 1가지 이상 충족 시 우대금리 적용)** • 대중교통 이용 　– 계약기간동안 당행 입출금식 계좌와 연결된 후불교통카드 사용실적 발생월수가 3개월 이상인 경우 　　(매출표 접수 기준) • 친환경 차량 이용 　– 전기차, 수소차, LPG차, 하이브리드 차량 이용하는 경우 　– 확인서류 : 차량등록증, 자동차보험가입내역서, 차량매매계약서 및 차량 임대계약서 등 친환경 　　차량 이용을 확인할 수 있는 객관적인 서류 　　※ 보험가입내역서 및 계약서는 계약자와 예금주 동일인일 경우 인정 • 노후 경유차 폐차 및 저감장치 부착 　– 노후 경유차 폐차 및 저감장치 부착하는 경우 　– 확인서류 : 조기폐차 보조금 지급대상 확인서, 차량등록증(저감장치 부착확인) 등 노후 경유차 제한 　　조치 이행을 확인할 수 있는 객관적인 서류
중도해지이율	가입일 당시 영업점 및 인터넷 홈페이지에 고시한 중금채(복리채)의 중도해지금리를 적용합니다. • 납입기간 경과비율 10% 미만 : (가입일 현재 계약기간별 고시금리)×5% • 납입기간 경과비율 10% 이상 20% 미만 : (가입일 현재 계약기간별 고시금리)×10% • 납입기간 경과비율 20% 이상 40% 미만 : (가입일 현재 계약기간별 고시금리)×20% • 납입기간 경과비율 40% 이상 60% 미만 : (가입일 현재 계약기간별 고시금리)×40% • 납입기간 경과비율 60% 이상 80% 미만 : (가입일 현재 계약기간별 고시금리)×60% • 납입기간 경과비율 80% 이상 : (가입일 현재 계약기간별 고시금리)×80% * 모든 구간 최저금리 연 0.1% 적용
만기 후 이율	만기일 이후에 해지할 경우 만기일 당시 중금채(복리채)의 만기 후 금리를 따릅니다. • 만기 후 1개월 이내 : (만기일 당시 계약기간별 고시금리)×50% • 만기 후 1개월 초과 6개월 이내 : (만기일 당시 계약기간별 고시금리)×30% • 만기 후 6개월 초과 : (만기일 당시 계약기간별 고시금리)×20%

22 다음 중 IBK 늘푸른하늘통장 거치식 상품에 대한 내용으로 가장 적절한 것은?

① 제공하는 우대금리를 적용받으려면 친환경 차량을 보유하고 있어야 한다.

② 계약한 모든 사람이 상해보험에도 동시에 가입되는 상품이다.

③ 만기 이후에도 일정 기간 동안에는 약정 이율에 따른 이자를 지급하는 상품이다.

④ 평상시 대중교통을 이용하는 사람은 별도로 서류제출을 하지 않아도 우대금리를 받을 수 있다.

23 다음 A ~ D 4명 모두 동일한 금액으로 IBK 늘푸른하늘통장을 개설한다고 가정할 때, 만기 후 가장 많은 원리금을 받을 수 있는 사람은?

① 배기가스 저감장치가 부착된 경유 화물차로 영업하는 개인사업자 A씨

② 회사에서 제공하는 기사가 운전하는 전기자동차를 이용해 매일 출퇴근하는 기업 임원 B씨

③ 지하철로 매일 등하교 하는 대학생 C씨

④ 1년전 노후 경유차를 폐차하고 가솔린차로 교체한 주부 D씨

※ 다음은 I은행의 직장인우대MY통장에 대한 자료이다. 이를 보고 이어지는 질문에 답하시오. [24~25]

〈직장인우대MY통장(적립식중금채)〉

자산관리가 필요한 직장인을 우대하는 적립식 상품

구분	내용
가입대상	실명의 개인(1인 1계좌) ※ 개인사업자 제외
계약기간	1년제
가입금액	• 신규금액 : 최소 1만 원 이상 • 납입한도 : 매월 20만 원 이하(만 원 단위) 　※ 총적립금액 : 240만 원
이자지급시기	만기일시지급
약정이율	연 3.20%
우대금리	최대 연 1.8%p(세전) • 계약기간 동안 아래 조건을 충족한 고객이 만기해지 하는 경우 각각 제공 [직장인 우대금리] : 연 0.3%p • 가입시점에 직장인으로 확인되는 경우 <table><tr><td>구분</td><td>직장인 자격확인 방법</td></tr><tr><td>영업점 창구</td><td>재직확인서류* 징구 또는 급여이체 실적 보유 (직전 3개월 內 급여이체 50만 원 이상 1건 이상 있을 경우) * 건강보험자격득실확인서, 재직증명서에 한함(1개월 이내 발급분)</td></tr><tr><td>i-ONE Bank</td><td>국민건강보험공단의 재직정보를 검증하여 '직장가입자'로 확인되는 경우 (스크래핑 방식 활용)</td></tr></table> [최초고객 우대금리] : 연 0.3%p • 당행 실명등록일로부터 3개월 이내 신규 또는 상품가입 직전월 기준 6개월 총수신평잔 0원 [주거래 우대금리] : 연 0.7%p • 급여이체 실적보유 : 연 0.5%p 　- 계약기간 동안 6개월 이상 급여이체 실적(50만 원 이상)이 있는 경우 • 카드결제 실적보유 : 연 0.2%p 　- 계약기간 동안 당행 신용(체크)카드 이용실적이 3백만 원 이상인 경우 　　(단, 이용실적은 매출표 접수기준으로 결제계좌가 당행인 경우 한한다. 현금서비스 실적은 제외한다) [마이데이터 동의] : 연 0.5%p • 만기일 전일까지 계약기간 中 i-ONE 자산관리 內 마이데이터 동의이력 보유 (단, 만기일 전일까지 마이데이터 동의이력 보유만 인정한다)
중도해지이율	가입일 당시 영업점 및 인터넷 홈페이지에 고시한 IBK적립식중금채의 중도해지금리를 적용 (단, 모든 구간 최저금리 연 0.1% 적용) • 납입기간 경과비율 10% 미만 : (가입일 현재 계약기간별 고시금리)×5% • 납입기간 경과비율 10% 이상 20% 미만 : (가입일 현재 계약기간별 고시금리)×10% • 납입기간 경과비율 20% 이상 40% 미만 : (가입일 현재 계약기간별 고시금리)×20% • 납입기간 경과비율 40% 이상 60% 미만 : (가입일 현재 계약기간별 고시금리)×40% • 납입기간 경과비율 60% 이상 80% 미만 : (가입일 현재 계약기간별 고시금리)×60% • 납입기간 경과비율 80% 이상 : (가입일 현재 계약기간별 고시금리)×80%

만기 후 이율	만기일 당시 영업점 및 인터넷 홈페이지에 고시한 IBK적립식중금채의 만기 후 이자율 적용 • 만기 후 1개월 이내 : (만기일 당시 계약기간별 고시금리)×50% • 만기 후 1개월 초과 6개월 이내 : (만기일 당시 계약기간별 고시금리)×30% • 만기 후 6개월 초과 : (만기일 당시 계약기간별 고시금리)×20%

| IBK기업은행

24 다음 중 직장인우대MY통장에 대한 설명으로 적절하지 않은 것은?

① 가입기간 동안 적립할 수 있는 금액에 제한이 있다.

② 직장인 우대금리를 적용받으려면 반드시 재직 여부를 검증할 수 있는 서류를 제출해야 한다.

③ 만기일 전날 마이데이터 제공 동의를 철회하게 되면, 마이데이터 동의 우대금리를 적용받을 수 없다.

④ 만기 후 해지하지 않고 오래 보유할 경우 시간이 지남에 따라 점차 이율이 낮아진다.

| IBK기업은행

25 A씨는 2년째 회사의 급여를 받고 있는 I은행계좌에 연동하여 적금을 가입하고자 하였다. A씨의 상황이 다음과 같을 때, A씨가 만기해지 시점에 받게 되는 이자는?

> A씨는 2020년 1월 1일에 i-ONE Bank 모바일 앱을 통해 직장인우대MY통장을 개설하였고, 이후 매월 1일마다 10만 원씩을 납입하였다. A씨의 월급여는 300만 원이며, 월 50만 원의 고정지출인 교통비, 통신비, 아파트관리비는 I은행의 신용카드로 지불하고 있다. 마이데이터 동의를 해달라는 안내를 수시로 받고 있지만, I은행이 타사의 내 정보를 마음대로 들여다보지 않을까 하는 우려에 어떤 기관에서도 마이데이터 사용에 동의하지 않고 있다.

① 24,700원 　　　　　　　　　　② 27,300원

③ 29,250원 　　　　　　　　　　④ 32,500원

26 I공연기획사는 2022년 봄부터 시작할 지젤 발레 공연 티켓을 Q소셜커머스에서 판매할 예정이다. Q소셜커머스에서 보낸 다음 판매자료를 토대로 아침 회의 시간에 나눈 대화로 적절하지 않은 것은?

〈2021년 판매결과 보고〉

구분	정가	할인율	판매기간	판매량
백조의 호수	80,000원	67%	2021. 02. 05 ~ 2021. 02. 10	1,787장
세레나데&봄의 제전	60,000원	55%	2021. 03. 10 ~ 2021. 04. 10	1,200장
라 바야데르	55,000원	60%	2021. 06. 27 ~ 2021. 08. 28	1,356장
한여름 밤의 꿈	65,000원	65%	2021. 09. 10 ~ 2021. 09. 20	1,300장
호두까기 인형	87,000원	50%	2021. 12. 02 ~ 2021. 12. 08	1,405장

※ 할인된 티켓 가격의 10%가 티켓 수수료로 추가되었다.
※ 2021년 2월 초에는 설 연휴가 있었다.

① A사원 : 기본 50% 이상 할인을 하는 건 할인율이 너무 큰 것 같아요.

② B팀장 : 표가 잘 안 팔려서 싸게 판다는 이미지를 줘 공연의 전체적인 질이 낮다는 부정적 인식을 줄 수도 있지 않을까요?

③ C주임 : 연휴 시기와 티켓 판매 일정을 어떻게 고려하느냐에 따라 판매량을 많이 올릴 수 있겠네요.

④ D사원 : 세레나데&봄의 제전의 경우 총수익금이 3,700만 원 이상이겠어요.

27 다음 〈보기〉의 A ~ D 중에서 아래 조직도를 바르게 이해한 사람을 모두 고르면?

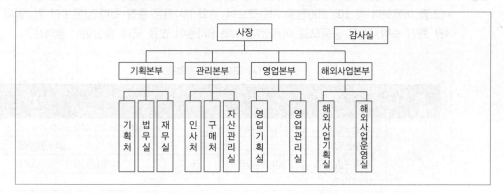

> **보기**
>
> A : 조직도를 보면 4개 본부, 3개의 처, 8개의 실로 구성돼 있어.
> B : 사장 직속으로 4개의 본부가 있고, 그중 한 본부에서는 인사를 전담하고 있네.
> C : 감사실은 사장 직속이지만 별도로 분리되어 있구나.
> D : 해외사업기획실과 해외사업운영실은 둘 다 해외사업과 관련이 있으니까 해외사업본부에 소속
>   되어 있는 것이 맞아.

① A, B   ② A, C

③ A, D   ④ B, C

28 I사의 입사 동기인 6급 A사원과 B사원은 남원시로 2박 3일 출장을 갔다. 교통편은 왕복으로 고속버스를 이용하여 총 105,200원을 지출했으며, A와 B사원은 출장 첫째 날은 6만 원, 둘째 날은 4만 원인 숙박시설을 공동으로 이용했다. A와 B사원이 받을 국내 출장여비 총액은?

〈I사 국내여비 정액표〉

구분 \ 대상		가군	나군	다군
운임	항공운임	실비(1등석 / 비지니스)	실비(2등석 / 이코노미)	
	철도운임	실비(특실)		실비(일반실)
	선박운임	실비(1등급)	실비(2등급)	
	자동차운임	실비		
일비(1일당)		2만 원		
식비(1일당)		2만 5천 원	2만 원	
숙박비(1박당)		실비	실비 (상한액 : 서울특별시 7만 원, 광역시 6만 원, 그 밖의 지역 5만 원)	

※ 비고
1. 가군은 임원과 I사 연구원 원장(이하 이 규칙에서 '원장'이라 한다), 「직제규정 시행규칙」 별표 5의 2의 1그룹에 속하는 직원을, 나군은 1급 직원, 선임연구위원 및 선임전문연구위원을, 다군은 2급 이하 직원과 그 밖의 연구직 직원을 말한다.
2. 자동차운임은 이용하는 대중교통의 실제 요금으로 한다. 이 경우 자가용 승용차를 이용한 경우에는 대중교통 요금에 해당하는 금액을 지급한다.
3. 운임의 할인(관계 법령 따른 국가유공자・장애인 할인, 지역별 우대할인, 공단과 체결한 계약에 따른 할인 등을 말한다)이 가능한 경우에는 할인된 요금에 해당하는 금액으로 지급한다.
4. 다음 각 목의 어느 하나에 해당하는 임직원에 대해서는 위 표에도 불구하고 1박당 그 각 목에서 정하는 금액을 숙박료로 지급한다.
   가. 친지 집 등에 숙박하여 숙박료를 지출하지 않은 경우 : 20,000원
   나. 2명 이상이 공동 숙박하고 총숙박비가 [1인 기준금액×(출장인원 수−1)] 이하로 지출된 경우 : 다음 계산식에 따른 금액. 이 경우 기준금액은 서울특별시는 7만 원, 광역시는 6만 원, 그 밖의 지역은 5만 원으로 하며, 소수점은 올림한다.

   $$\text{개인당 지급 기준} = \left(\text{총출장인원} - \frac{\text{총숙박비}}{\text{1인 기준금액}}\right) \times 20,000원$$
5. 교육목적의 출장인 경우에 일비는 다음 각 목의 구분에 따라 지급한다.
   가. 숙박하는 경우 : 등록일・입교일과 수료일만 지급
   나. 숙박하지 아니하는 경우 : 교육 전 기간(등록일・입교일 및 수료일을 포함한다)에 대하여 지급

① 213,200원 ② 333,200원
③ 378,200원 ④ 443,200원

29 다음 글에서 필자가 주장하는 핵심 내용으로 가장 적절한 것은?

> 현대 사회는 대중 매체의 영향을 많이 받는 사회이며, 그중에서도 텔레비전의 영향은 거의 절대적입니다. 언어 또한 텔레비전의 영향을 많이 받습니다. 그런데 텔레비전의 언어는 우리의 언어 습관을 부정적인 방향으로 흐르게 하고 있습니다.
>
> 텔레비전은 시청자들의 깊이 있는 사고보다는 감각적 자극에 호소하는 전달 방식을 사용하고 있습니다. 또 현대 자본주의 사회에서의 텔레비전 방송은 상업주의에 편승하여 대중을 붙잡기 위한 방편으로 쾌락과 흥미 위주의 언어를 무분별하게 사용합니다. 결국 텔레비전은 대중의 이성적 사고 과정을 마비시켜 오염된 언어 습관을 무비판적으로 수용하게 합니다. 그렇기 때문에 언어 사용을 통해 발전시킬 수 있는 상상적 사고를 기대하기 어렵게 하며, 창조적인 언어 습관보다는 단편적인 언어 습관을 갖게 만듭니다.
>
> 따라서 좋은 말 습관의 형성을 위해서는 또 다른 문화 매체가 필요합니다. 이러한 문제의 대안으로 문학 작품의 독서를 제시하려고 합니다. 문학은 작가적 현실을 언어를 매개로 형상화한 예술입니다. 작가적 현실을 작품으로 형상화하기 위해서는 작가의 복잡한 사고 과정을 거치듯이, 작품을 바르게 이해·해석·평가하기 위해서는 독자의 상상적 사고를 거치게 됩니다. 또한 문학은 아름다움을 지향하는 언어 예술로서 정제된 언어를 사용하므로 문학 작품의 감상을 통해 습득된 언어 습관은 아름답고 건전하리라 믿습니다.

① 쾌락과 흥미 위주의 언어 습관을 지양하고 사고 능력을 기를 수 있는 언어 습관을 길러야 한다.

② 사고 능력을 기르고 건전한 언어 습관을 길들이기 위해서 문학 작품의 독서가 필요하다.

③ 바른 언어 습관의 형성과 건전하고 창의적인 사고를 위해 텔레비전을 멀리 해야 한다.

④ 언어는 자신의 사상을 표현하는 매체일 뿐만 아니라 그것을 사용하는 사람의 인격을 가늠하는 척도이므로 바른 언어 습관이 중요하다.

30 H은행에 방문한 은경이는 목돈 5,000만 원을 정기예금에 맡기려고 한다. 은경이가 고른 상품은 월단리 예금상품으로 월이율 0.6%이며, 기간은 15개월이다. 은경이가 이 상품에 가입했을 경우 만기 시 받는 이자는?(단, 정기예금은 만기일시지급식이다)

① 4,500,000원

② 5,000,000원

③ 5,500,000원

④ 6,000,000원

31 H사 총무부에 근무하는 K씨는 H사 사원들을 대상으로 H사 사무실에 필요한 사무용품에 대해 설문조사하여 다음과 같은 결과를 얻게 되었다. 설문조사 시 사원들에게 하나의 제품만 선택하도록 하였고, 연령을 구분하여 추가적으로 분석한 결과에 대해 비고란에 적었다. 다음 중 설문 결과에 대한 설명으로 가장 적절한 것은?(단, 설문조사에 참여한 H사 사원들은 총 100명이다)

〈사무용품 필요도 설문조사〉

구분	비율	비고
복사기	15%	• 복합기를 원하는 사람들 중 20대는 절반을 차지했다. • 정수기를 원하는 사람들은 모두 30대이다. • 냉장고를 원하는 사람들 중 절반은 40대이다. • 복사기를 원하는 사람들 중 20대는 2/3를 차지했다. • 안마의자를 원하는 사람들은 모두 40대이다. • 기타용품을 원하는 20대, 30대, 40대 인원은 동일하다.
냉장고	26%	
안마의자	6%	
복합기	24%	
커피머신	7%	
정수기	13%	
기타용품	9%	

① 냉장고를 원하는 20대가 복합기를 원하는 20대보다 적다.

② 기타용품을 원하는 40대가 안마의자를 원하는 40대보다 많다.

③ 사원들 중 20대가 총 25명이라면, 냉장고를 원하는 20대는 없다.

④ 복합기를 원하는 30대는 냉장고를 원하는 40대보다 많을 수 있다.

32 H사에 근무하는 D사원은 다음 시트와 같이 [D2:D7] 영역에 사원들의 업무지역별 코드번호를 입력하였다. D사원이 [D2] 셀에 입력한 수식은?

▲	A	B	C	D	E	F	G
1	성명	부서	업무지역	코드번호		업무지역별	코드번호
2	김수로	총무부	서울	1		서울	1
3	이경제	인사부	부산	4		경기	2
4	박선하	영업부	대구	5		인천	3
5	이지현	인사부	광주	8		부산	4
6	김일수	총무부	울산	6		대구	5
7	서주완	기획부	인천	3		울산	6
8						대전	7
9						광주	8

① =VLOOKUP(C2,$F$2:$G$9,1,0)

② =VLOOKUP(C2,$F$2:$G$9,2,0)

③ =HLOOKUP(C2,$F$2:$G$9,1,0)

④ =HLOOKUP(C2,$F$2:$G$9,2,0)

33 수연이는 뉴욕 여행 전에 은행마다 환율 우대사항을 찾아보고, H은행에서 환율 우대 조건으로 우대환율 70%를 적용받아 9월 14일에 500달러, 9월 15일에 300달러를 환전하였다. 하지만 여행에서 카드만 사용하였고, 환전한 현금은 H은행에서 10월 16일부터 20일까지 환율 이벤트로 우대환율 20%가 추가 적용되기 때문에 이때 팔려고 한다. 현금을 모두 팔 때, 날짜별 이익 및 손해 금액을 바르게 짝지은 것은?(단, 다른 수수료는 적용하지 않는다)

〈일일 달러 환율 금액〉

(단위 : 원/달러)

구분	9월 14일	9월 15일	10월 16일	10월 19일	10월 20일
매매기준율	1,140	1,145	1,158	1,150	1,143
현찰 살 때	1,152	1,155	1,170	1,160	1,155
현찰 팔 때	1,128	1,135	1,146	1,140	1,131

※ 환율우대 적용
- (현찰 살 때 적용환율) : (살 때 환율)−[(살 때 환율−매매기준율)×우대환율]
- (현찰 팔 때 적용환율) : (팔 때 환율)+[(매매기준율−팔 때 환율)×우대환율]

	날짜	차액
①	10월 16일	3,000원 이익
②	10월 19일	9,240원 이익
③	10월 16일	9,240원 손해
④	10월 20일	2,760원 손해

34 가로의 길이가 95cm, 세로의 길이가 38cm인 직사각형 모양의 변두리에 나무를 심고자 한다. 네 변의 꼭짓점에는 반드시 나무가 심어져 있어야 하고 네 변 모두 같은 간격으로 나무를 심고자 할 때, 필요한 나무의 최소 개수는?

① 7그루
② 9그루
③ 11그루
④ 14그루

35 철수는 다음 그림과 같은 사각뿔에 물을 채우려고 한다. 사각뿔에 가득 채워지는 물의 부피로 적절한 것은?

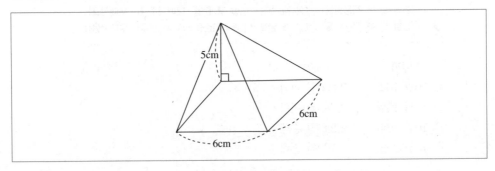

① 60cm^3
② 80cm^3
③ 100cm^3
④ 120cm^3

36 철수는 아래와 같은 길을 따라 A에서 C까지 최단 거리로 이동을 하려고 한다. 이때, 최단 거리로 이동을 하는 동안 점 B를 지나며 이동하는 경우의 수는?

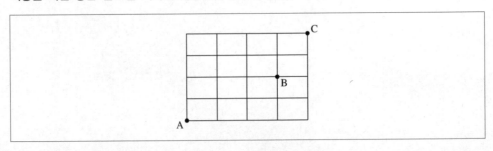

① 15가지
② 24가지
③ 28가지
④ 30가지

37 다음 글에서 (가) ~ (라) 문단의 핵심 화제로 적절하지 않은 것은?

> (가) 최근 대출금리는 큰 폭으로 상승한 반면, 예금리는 낮아 청년층이 안정적으로 목돈을 마련할 수 있는 고금리 금융상품이 부족하다. 이로 인해 청년층의 안정적 주거를 위한 주택구입 및 전월세 자금 마련에 어려움이 있어 청년층이 목돈을 마련할 수 있는 금융상품이 절실한 상황이다. 청년 우대형 청약통장은 이를 위해 기존의 청약기능은 그대로 유지하면서 우대금리와 이자소득 비과세 혜택을 통해, 청약통장의 재형기능을 대폭 강화하여 청년층의 주거안정 및 목돈 마련 기회를 제공하기 위한 것이다.
>
> (나) 이미 주택청약종합저축에 가입한 사람도 가입요건을 충족하면 청년 우대형 청약통장으로 전환·가입 가능하다. 청년 우대형 청약통장으로의 전환·가입하는 경우 기존 주택청약종합저축의 납입기간, 납입금액은 인정된다. 다만, 전환·가입으로 인한 전환원금은 우대금리 적용에서 제외된다.
>
> (다) 현재 주택청약종합저축은 누구나 가입이 가능한 반면, 청년 우대형 청약통장은 일정 요건(나이, 소득, 무주택 등)을 충족 시 가입이 가능해 이에 대한 확인이 필요하다. 가입 시 주민등록등본 및 무주택확약서 등으로 확인하고, 해지 시 지방세 세목별 과세증명서 및 주택소유시스템 등으로 가입기간에 대한 무주택 여부를 확인한다. 또한 ISA 가입용 소득확인증명서 및 소득원천징수 영수증 등으로 직전년도 소득을 확인하며, 이밖에도 병역기간은 병적증명서를 통해 확인한다.
>
> (라) 그리고 청년 우대형 청약통장은 주택청약종합저축의 일종으로 재형기능 강화를 위해 우대금리와 이자소득 비과세 혜택을 제공하는 상품으로 주택청약종합저축의 하위 상품이라 할 수 있다. 따라서 현재 주택청약종합저축에서 제공하고 있는 소득공제 조건(조세특례제한법 제87조)을 그대로 적용받게 된다. 연소득 7,000만 원 이하 무주택세대주로 무주택확인서를 제출하는 경우 연간 납입액 240만 원 한도로 40%까지 소득공제가 가능하다.

① (가) : 청년 우대형 청약통장의 출시 목적
② (나) : 청년 우대형 청약통장의 문제점
③ (다) : 청년 우대형 청약통장의 가입요건 확인 방법
④ (라) : 청년 우대형 청약통장의 소득공제 혜택

38 남자 5명, 여자 7명 중 두 명의 대표를 선출한다고 한다. 이때, 대표가 모두 여자로 선출될 확률은? (단, 소수점 둘째 자리에서 반올림한다)

① 44% ② 33%

③ 22% ④ 32%

39 K은행은 2022년을 맞이하여 이웃과 함께하는 봉사 프로젝트 준비를 위해 회의를 진행하려고 한다. 다음 〈조건〉에 따라 준비했을 때 항상 참인 진술은?

> 조건
> • 회의장을 세팅하는 사람은 회의록을 작성하지 않는다.
> • 회의에 쓰일 자료를 복사하는 사람은 자료 준비에 참여한 것이다.
> • 자료 준비에 참여하는 사람은 회의장 세팅에 참여하지 않는다.
> • 자료 준비를 하는 사람은 회의 중 회의록을 작성한다.

① 회의록을 작성하면 회의 자료를 준비한다.
② 회의록을 작성하지 않으면 회의 자료를 복사하지 않는다.
③ 회의에 쓰일 자료를 복사하면 회의록을 작성하지 않는다.
④ 회의장을 세팅하면 회의 자료를 복사한다.

40 K회사의 해외사업부, 온라인 영업부, 영업지원부에서 각각 2명, 2명, 3명이 대표로 회의에 참석하기로 하였다. 자리 배치는 원탁 테이블에 같은 부서 사람이 옆자리로 앉는다고 할 때, 7명이 앉을 수 있는 경우의 수는?

① 48가지 ② 36가지

③ 27가지 ④ 24가지

41 다음은 예금보험공사의 금융부실관련자 책임추궁에 관한 내용이다. 이를 바탕으로 추론한 내용으로 적절하지 않은 것은?

〈금융부실관련자 책임추궁〉

공사는 자금이 투입된 금융회사에 대하여 예금자보호법 제21조 2에 따라 부실에 책임이 있는 금융회사 전·현직 임직원 등에 대한 책임추궁과 금융회사에 빌린 돈을 갚지 아니함으로써 금융회사 부실의 부분적인 원인을 제공한 부실채무기업의 기업주와 임직원 등에 대하여도 책임추궁을 위한 조사를 실시하고 있습니다.

• 금융부실책임조사본부 운영
부실금융회사 및 부실채무기업에 대한 부실책임조사는 부실을 초래한 관련자들에게 민사상 책임을 묻기 위한 것으로, 업무처리과정에서 법령, 정관 위반 등으로 해당 금융회사 또는 해당 기업에 손실을 끼친 행위를 찾아내고 그 내용과 행위자 등 구체적인 사실관계와 입증자료 등을 확보하는 것입니다. 공사는 지난 2008년 3월 검찰과 협조하여 부실금융회사와 부실채무기업에 대한 조사를 총괄하는 '금융부실책임조사본부'를 발족하였으며, 2013년 3월에는 부실저축은행에서 빌린 돈을 갚지 않은 부실채무기업의 수가 3천여 개가 넘어감에 따라 전담조직(조사2국)을 신설하여 부실채무 기업에 대한 조사를 강화하고 있습니다.

• 외부 전문가 위주의 금융부실책임심의위원회 운영
공사는 부실책임조사 결과에 대한 객관적이고 공정한 심의를 위하여 변호사 등 전문가 위주로 「금융부실책임심의위원회」를 구성하여 운영하고 있으며, 객관적이고도 철저한 부실책임심의를 통해 부실관련자 책임 내용과 범위, 책임금액 등을 심의하고 있습니다.

• 금융부실관련자에 대한 재산조사 실시
공사는 부실관련자에 대한 손해배상청구에 따른 책임재산을 확보하기 위해 부실관련자에 대한 철저한 재산조사를 실시하고 있으며, 부실책임조사결과 및 부실관련자 재산조사 결과를 토대로 해당 금융회사 등을 통하여 손해배상청구소송 및 채권보전조치 등 필요한 법적조치를 취하고 있습니다.

이와 같이 공사는 부실관련자에 대한 철저한 책임추궁을 통하여 기존의 잘못된 경영관행을 혁신하여 건전한 책임경영 풍토를 정착시키고, 투입된 자금을 한푼이라도 더 회수하여 국민부담을 최대한 경감시키고자 최선을 다하고 있습니다.

---

① 금융부실관련자에 대한 예금보험공사의 책임추궁은 법률에 근거한다.
② 예금보험공사는 타 기관과 협조하여 부실채무기업에 대해 조사를 수행하고 있다.
③ 금융회사 부실에 대해 핵심 원인을 제공한 인물만 예금보험공사의 조사 대상이 된다.
④ 예금보험공사는 부실채무기업의 증가에 대해 전담조직 신설을 통해 대응하고 있다.

42 다음 제시된 문장을 논리적 순서대로 바르게 나열한 것은?

> (가) 그렇기 때문에 사람들은 자신의 투자 성향에 따라 각기 다른 금융상품을 선호한다.
>
> (나) 그중 주식은 예금에 비해 큰 수익을 얻을 수 있지만 손실의 가능성이 크고, 예금은 상대적으로 적은 수익을 얻지만 손실의 가능성이 적다.
>
> (다) 그렇다면 금융 회사가 고객들의 투자 성향을 판단하는 기준은 무엇일까?
>
> (라) 금융상품에는 주식, 예금, 채권 등 다양한 유형의 투자 상품이 있다.
>
> (마) 그리고 금융 회사는 이러한 고객의 성향을 고려하여 고객에게 최적의 투자 상품을 추천한다.
>
> (바) 금융사는 투자의 기대 효용에 대한 고객들의 태도 차이를 기준으로 고객들을 위험 추구형, 위험 회피형 등으로 분류한다.

① (라) – (나) – (가) – (마) – (다) – (바)

② (라) – (나) – (다) – (바) – (가) – (마)

③ (바) – (마) – (가) – (다) – (라) – (나)

④ (바) – (마) – (다) – (가) – (라) – (나)

43 새로 얻은 직장의 가까운 곳에 자취를 시작하게 된 한별이는 도어록의 비밀번호를 새로 설정하려고 한다. 한별이의 도어록 번호판은 다음과 같이 0을 제외한 1 ~ 9 숫자로 되어 있다. 비밀번호를 서로 다른 4개의 숫자로 구성한다고 할 때, 5와 6을 제외하고, 1과 8이 포함된 4자리 숫자로 만들 확률은?

〈도어록 비밀번호〉

```
1 2 3
4 5 6
7 8 9
```

① $\dfrac{5}{63}$

② $\dfrac{2}{21}$

③ $\dfrac{1}{7}$

④ $\dfrac{10}{63}$

44 다음 글의 제목으로 가장 적절한 것은?

시장경제는 국민 모두가 잘 살기 위한 목적을 달성하는 수단으로서 선택한 나라 살림의 운영 방식이다. 그러나 최근에 재계, 정계, 그리고 경제 관료 사이에 벌어지고 있는 시장경제에 대한 논쟁은 마치 시장경제 그 자체가 목적인 것처럼 왜곡되고 있다. 국민들이 잘 살기 위해서는 경제가 성장해야 한다. 그러나 경제가 성장했는데도 다수의 국민들이 잘 사는 결과를 가져오지 못하고 경제적 강자들의 기득권을 확대 생산하는 결과만을 가져온다면 국민들은 시장경제를 버리고 대안적 경제 체제를 찾을 것이다. 그렇기 때문에 시장경제를 유지하기 위해서는 성장과 분배의 균형이 중요하다.

시장경제는 경쟁을 통해서 효율성을 높이고 성장을 달성한다. 경쟁의 동기는 사적인 이익을 추구하는 인간의 이기적 속성에 기인한다. 국민 각자는 모두가 함께 잘 살기 위해서가 아니라 내가 잘 살기 위해서 경쟁을 한다. 모두가 함께 잘 살기 위한 공동의 목적을 달성하는 수단으로 시장경제를 선택한 것이지만 개개인은 이기적인 동기로 시장에 참여하는 것이다. 이와 같이 시장경제는 개인과 공동의 목적이 서로 상반되는 모순을 갖는 것이 그 본질이다. 그래서 시장경제가 제대로 운영되기 위해서는 국가의 소임이 중요하다.

시장경제에서 국가가 할 일은 크게 세 가지로 나누어 볼 수 있다. 첫째는 경쟁을 유도하는 시장 체제를 만드는 것이고, 둘째는 공정한 경쟁이 이루어지도록 시장 질서를 세우는 것이며, 셋째는 경쟁의 결과로 얻은 성과가 모두에게 공평하게 분배되도록 조정하는 것이다. 최근에 벌어지고 있는 시장경제의 논쟁은 세 가지 국가의 역할 중에서 논쟁의 주체들이 자신의 이해관계에 따라서 선택적으로 시장경제를 왜곡하고 있다. 경쟁에서 강자의 위치를 확보한 재벌들은 경쟁 촉진을 주장하면서 공정경쟁이나 분배를 말하는 것은 반시장적이라고 매도한다. 정치권은 인기 영합의 수단으로, 그리고 일부 노동계는 이기적 동기에서 분배를 주장하면서 분배의 전제가 되는 성장을 위해서 필요한 경쟁을 훼손하는 모순된 주장을 한다. 경제 관료들은 자신의 권력을 강화하기 위한 부처의 이기적인 관점에서 경쟁촉진과 공정 경쟁 사이에서 줄타기 곡예를 하며 분배에 대해서 말하는 것은 금기시한다. 모두가 자신들의 기득권을 위해서 선택적으로 왜곡하고 있다.

경쟁은 원천적으로 공정성을 보장하지 못한다. 서로 다른 능력이 주어진 천부적인 차이는 물론이고, 물려받는 재산과 환경의 차이로 인하여 출발선에서부터 불공정한 경쟁이 시작된다. 그럼에도 불구하고 경쟁은 창의력을 가지고 노력하는 사람에게 성공을 가져다주는 체제이다. 그래서 출발점이 다를지라도 노력과 능력에 따라서 성공의 기회가 제공되도록 보장하기 위해서 공정 경쟁이 중요하다. 경쟁은 또한 분배의 공평성을 보장하지 못한다. 경쟁의 결과는 경쟁에 참여한 모든 사람의 노력으로 이루어진 것이지, 승자만의 노력으로 이루어진 것은 아니다. 경쟁의 결과가 승자에 의해서 독점된다면 국민들은 경쟁의 참여를 거부할 수밖에 없다. 그래서 경쟁에 참여한 모두에게 공평한 분배가 이루어지는 것이 중요하다.

① 시장경제에서의 개인과 경쟁의 상호 관계
② 시장경제에서의 국가의 역할
③ 시장경제에서의 개인 상호 간의 경쟁
④ 시장경제에서의 경쟁의 양면성과 그 한계

45 다음 글의 내용으로 적절한 것을 〈보기〉에서 모두 고르면?

> 과거에는 일반 시민들이 사회 문제에 관한 정보를 얻을 수 있는 수단이 거의 없었다. 따라서 일반 시민들은 신문과 같은 전통적 언론을 통해 정보를 얻었고 전통적 언론은 주요 사회 문제에 대한 여론을 형성하는 데 강한 영향을 끼쳤다. 지금도 신문에서 물가 상승 문제를 반복해서 보도하면 일반 시민들은 이를 중요하다고 생각하고, 그와 관련된 여론도 활성화된다.
>
> 이처럼 전통적 언론이 여론을 형성하는 것을 '의제설정기능'이라고 한다. 하지만 막강한 정보원으로 인터넷이 등장한 이후 전통적 언론의 영향력은 약화되고 있다. 그리고 인터넷을 통한 상호작용매체인 소셜 네트워킹 서비스(이하 SNS)가 등장한 이후에는 그러한 경향이 더욱 강화되고 있다. 일반 시민들이 SNS를 통해 문제를 제기하고, 많은 사람들이 그 문제에 대해 중요하다고 생각하면 역으로 전통적 언론에서 뒤늦게 그 문제에 대해 보도하는 현상이 생기게 된 것이다. 이러한 현상을 일반 시민이 의제설정을 주도한다는 점에서 '역의제설정 현상'이라고 한다.

보기

㉠ 현대의 전통적 언론은 의제설정기능을 전혀 수행하지 못하고 있다.
㉡ SNS는 일반 시민이 의제설정을 주도하는 것을 가능하게 했다.
㉢ 현대 언론은 과거 언론에 비해 의제설정기능의 역할이 강하다.
㉣ SNS로 인해 의제설정 현상이 강해지고 있다.

① ㉡   ② ㉢
③ ㉠, ㉢   ④ ㉡, ㉣

46 M금고에 새로 입사한 사원의 현황이 다음과 같다. 신입사원 중 여자 1명을 뽑았을 때, 경력자가 뽑힐 확률은?

조건
• 신입사원의 60%는 여성이다.
• 신입사원의 20%는 여성 경력직이다.
• 신입사원의 80%는 여성이거나 경력직이다.

① $\dfrac{1}{3}$ ② $\dfrac{2}{3}$

③ $\dfrac{1}{5}$ ④ $\dfrac{3}{5}$

47 M자원센터는 봄을 맞이하여 동네 주민들에게 사과, 배, 딸기의 세 과일을 한 상자씩 선물하려고 한다. 사과 한 상자의 가격은 1만 원이고, 배 한 상자는 딸기 한 상자 가격의 2배이며 딸기 한 상자와 사과 한 상자 가격의 합은 배의 가격보다 2만 원 더 싸다. 10명의 동네 주민들에게 선물을 준다고 할 때 M자원센터가 지불해야 하는 총비용은?

① 400,000원 ② 600,000원
③ 800,000원 ④ 1,000,000원

48 다음은 종이책 및 전자책 성인 독서율을 나타낸 표이다. 빈칸 (가)에 들어갈 수치로 가장 적절한 것은?(단, 각 항목의 2021년 수치는 2019년 수치 대비 일정한 규칙으로 변화하며, 소수점 둘째 자리에서 반올림한다)

〈종이책 및 전자책 성인 독서율〉

(단위 : %)

항목	연도	2019년			2021년		
		사례수(건)	1권 이상	읽지 않음	사례수(건)	1권 이상	읽지 않음
전체	합계	5,000	60	40	6,000	72	28
성별	남자	2,000	60	40	3,000	90	10
	여자	3,000	65	35	3,000	65	35
연령별	20대	1,000	87	13	1,000	87	13
	30대	1,000	80.5	19.5	1,100	88.6	11.4
	40대	1,000	75	25	1,200	90	10
	50대	1,000	60	40	1,200	(가)	-
	60대 이상	1,000	37	63	1,400	51.8	48.2
학력별	중졸 이하	900	30	70	1,000	33.3	66.7
	고졸	1,900	63	37	2,100	69.6	30.4
	대졸 이상	2,200	70	30	2,800	89.1	10.9

① 44 ② 52
③ 72 ④ 77

49 다음은 우리나라 연도별 적설량에 대한 표이다. 이를 그래프로 나타냈을 때 가장 적절한 것은?

<우리나라 연도별 적설량>

(단위 : cm)

구분	2018년	2019년	2020년	2021년
서울	25.3	12.9	10.3	28.6
수원	12.2	21.4	12.5	26.8
강릉	280.2	25.9	94.7	55.3

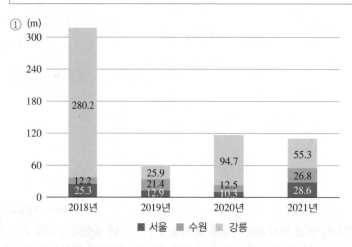

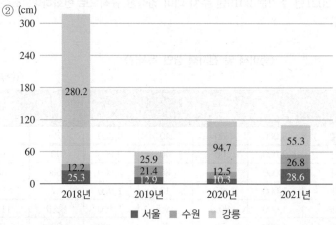

③ (cm)

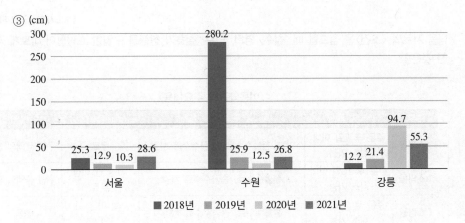

④ (cm)

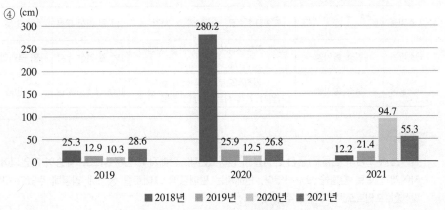

50 다음 자료와 〈조건〉을 참고할 때, 철수, 영희, 민수, 철호가 상품을 구입한 쇼핑몰이 바르게 짝지어 진 것은?

〈이용약관의 주요내용〉

구분	주문 취소	환불	배송비	포인트 적립
A쇼핑몰	주문 후 7일 이내 취소 가능	10% 환불수수료, 송금수수료 차감	무료	구입 금액의 3%
B쇼핑몰	주문 후 10일 이내 취소 가능	환불수수료, 송금수수료 차감	20만 원 이상 무료	구입 금액의 5%
C쇼핑몰	주문 후 7일 이내 취소 가능	환불수수료, 송금수수료 차감	1회 이용 시 1만 원	없음
D쇼핑몰	주문 후 당일에만 취소 가능	환불수수료, 송금수수료 차감	5만 원 이상 무료	없음
E쇼핑몰	취소 불가능	고객 귀책 사유에 의한 환불 시에만 10% 환불수수료	1만 원 이상 무료	구입 금액의 10%
F쇼핑몰	취소 불가능	원칙적으로 환불 불가능 (사업자 귀책 사유일 때만 환불 가능)	100g당 2,500원	없음

조건

• 철수는 부모님의 선물로 등산 용품을 구입하였는데, 판매자의 업무 착오로 배송이 지연되어 판매자에게 전화로 환불을 요구하였다. 판매자는 판매금액 그대로를 통장에 입금해 주었고 구입 시 발생한 포인트도 유지하여 주었다.
• 영희는 옷을 구매할 때 배송료를 고려하여 한 가지씩 여러 번에 나누어 구매하기보다는 가능한 한 한꺼번에 주문하곤 한다.
• 인터넷 사이트에서 영화티켓을 2만 원에 주문한 민수는 다음 날 같은 티켓을 1만 8천 원에 파는 가게를 발견하고 전날 주문한 물건을 취소하려 했지만 취소가 되지 않아 곤란했던 경험이 있다.
• 가방을 10만 원에 구매한 철호는 도착한 물건의 디자인이 마음에 들지 않아 환불 및 송금수수료와 배송료를 감수하는 손해를 보면서도 환불할 수밖에 없었다.

	철수	영희	민수	철호
①	E	B	C	D
②	E	D	F	C
③	F	E	D	B
④	F	C	E	B

아이들이 답이 있는 질문을 하기 시작하면 그들이 성장하고 있음을 알 수 있다.

- 존 J. 플롬프 -

앞선 정보 제공! 도서 업데이트

언제, 왜 업데이트될까?

도서의 학습 효율을 높이기 위해 자료를 추가로 제공할 때!
공기업 · 대기업 필기시험에 변동사항 발생 시 정보 공유를 위해!
공기업 · 대기업 채용 및 시험 관련 중요 이슈가 생겼을 때!

01 SD에듀 도서
www.sdedu.co.kr/book
홈페이지 접속

02 상단 카테고리
「도서업데이트」
클릭

03 해당
기업명으로
검색

참고자료, 시험 개정사항 등 정보 제공으로 학습효율을 높여 드립니다.

SD에듀

금융권 필기시험
시리즈

알차다!
꼭 알아야 할 내용을
담고 있으니까

친절하다!
핵심내용을 쉽게
설명하고 있으니까

명쾌하다!
상세한 풀이로 완벽하게
익힐 수 있으니까

핵심을 뚫는다!
시험 유형과 흡사한
문제를 다루니까

"신뢰와 책임의 마음으로 수험생 여러분에게 다가갑니다."

"농협" 합격을 위한 시리즈

농협 계열사 취업의 문을 여는
Master Key!

SD에듀

2024 최신판 All-New

기출이 답이다

NH 농협은행 5급

7개년 기출복원문제 ➕ 기출유형분석
➕ 무료NCS특강

편저 | SDC(Sidae Data Center)

SDC
SDC는 SD에듀 데이터 센터의 약자로
약 30만 개의 NCS·적성 문제 데이터를 바탕으로
최신출제경향을 반영하여 문제를 출제합니다.

정답 및 해설

합격의 모든 것

NCS 핵심이론
및 대표유형
무료 PDF 제공

[합격시대]
온라인 모의고사
무료쿠폰

[WiN시대로]
AI면접
무료쿠폰

SD에듀
(주)시대고시기획

PART 2

기출복원문제

정답 및 해설

CHAPTER 01 2023년 기출복원문제

CHAPTER 02 2022년 기출복원문제

CHAPTER 03 2021년 기출복원문제

CHAPTER 04 2020년 기출복원문제

CHAPTER 05 2019년 기출복원문제

CHAPTER 06 2016년 기출복원문제

CHAPTER 07 2015년 기출복원문제

01 직무능력평가

01	02	03	04	05	06	07	08	09	10	11	12	13	14	15	16				
②	①	③	④	③	④	①	①	⑤	④	④	③	⑤	④	①	④				

01 정답 ②

두 번째 문단에 따르면 A동 D팜은 지하와 지상으로 구성되어 지하층에서는 인공광원을 통해 작물의 재배를 진행하고, 지상층은 교육관, 홍보관 등을 운영하고 있다. 따라서 A동 D팜의 작물 재배과정은 지하에서만 이루어지기에 자연광원을 사용하고 있지 않음을 알 수 있다.

오답분석

① 두 번째 문단에 따르면 A동 D팜에서 딸기와 의료용 대마의 재배가 이루어지며, 이 중 딸기는 D시에 위치한 업체에 판매될 예정이고, 의료용 대마는 대마가 합법인 나라에 수출을 목적으로 한다. 따라서 A동 D팜에서 재배될 작물 중 딸기만 지역 내에서 소비 및 판매가 이루어질 예정이다.

③ A동 D팜이 수출 작물에 중점을 두었다는 내용은 찾을 수 없고, 지역 내 판매를 위한 딸기 재배와 해외 판매를 위한 대마를 구분하여 재배하고 있다고 볼 수 있다.

④ 세 번째 문단에 따르면 B동 D팜은 D시 시민들이 직접 작물을 재배하고 요리하는 등 적극적인 참여를 할 수 있지만, A동 D팜은 단순히 D지역 업체가 D팜으로부터 딸기를 공급받을 수 있는 판로의 역할을 하고 있는 것뿐임을 두 번째 문단을 통해 알 수 있다.

⑤ 첫 번째 문단과 마지막 문단에 따르면 D시의 스마트팜은 도시개발이 아닌 원도심을 다시 살리는 도시재생 사업이다. 도시재생이란 과거의 도시, 즉 원도심이 기술 발달 등의 이유로 도시의 역할을 해내지 못하고 있을 때, 이들이 다시 도시 구실을 할 수 있도록 하기 위해 경제, 사회, 물리적 환경을 개선시키는 것을 말한다. 따라서 D시의 스마트팜은 원도심의 빈 건물들을 활용해 원도심이 다시 활성화될 수 있도록 돕는 사업이므로 도시재생 사업에 해당한다.

02 정답 ①

고향사랑기부제는 실제로 자신이 태어난 고향이나 현재 거주하는 지역 이외의 지역에 기부를 하는 제도이다.

오답분석

② 세액공제 금액 기준은 전 지역이 동일하나, 답례품 선정의 경우 각 지방자치단체가 정하는 것이기 때문에 답례품 선정에 따라 각 지자체의 희비가 갈릴 수 있다.

③ 10만 원을 기부할 경우, 기부금의 30%인 3만 원 이내의 답례품 제공과 전액인 10만 원의 세액공제 혜택을 받을 수 있다. 따라서 기부하는 금액인 10만 원보다 혜택을 받을 수 있는 금액이 13만 원으로 더 크다.

④ 고향사랑기부자들 중 대다수가 30 ~ 50대의 직장인이며 기부금액 역시 10만 원 이하의 소액기부인 점으로 볼 때 추론할 수 있는 내용이다.

⑤ 고향사랑e음은 국세청 연말정산시스템과 연계되어 있기 때문에 별도의 세액공제 신청이 필요 없어 농협 창구를 통한 고향사랑기부제 이용자들보다 더 편리하게 연말정산이 가능하다.

03 정답 ③

제시된 문단은 기존에 시행해왔던 '경영이양직불사업' 제도가 종료되고 '농지이양은퇴직불금' 제도가 시행될 예정이라는 내용이다. 따라서 제시된 문단에 가장 먼저 이어질 내용으로 적절한 것은 앞서 언급된 두 제도에 대해 설명하는 (다) 문단이다. 그리고 (다) 문단에서 언급한 '고령 농업인'이 누구인지에 대해 보충 설명하는 내용인 (가) 문단이 이어져야 한다. 이후 (나) 문단과 (라) 문단의 내용을 살펴보면, (나) 문단의 경우 앞으로 시행될 이 제도를 통해 기대되는 바를 말하는 반면, (라) 문단의 경우 이 제도에 대한 구체적인 내용인 진행방식과 지급금액에 대해 설명하고 있다. 따라서 (나) 문단이 마지막에 오는 것이 적절하므로 (다) – (가) – (라) – (나) 순서로 나열하는 것이 적절하다.

04 정답 ④

빈칸의 앞 문단에서 '보존 입자는 페르미온과 달리 파울리의 배타원리를 따르지 않는다. 따라서 같은 에너지 상태를 지닌 입자라도 서로 겹쳐서 존재할 수 있다. 만져지지 않는 에너지 덩어리인 셈이다.'라고 하였고, 빈칸 다음 문장에서 '빛은 실험을 해보면 입자의 특성을 보이지만, 질량이 없고 물질을 투과하며 만져지지 않는다.'라고 하였다. 또한 마지막 문장에서 '포논은 광자와 마찬가지로 스핀이 0인 보존 입자다.'라고 하였으므로 광자는 스핀이 0인 보존 입자라는 것을 알 수 있다. 따라서 빈칸에 들어갈 내용으로는 ④가 적절하다.

오답분석

① 광자가 파울리의 배타원리를 따른다면, 파울리의 배타원리에 따라 페르미온 입자로 이루어진 물질은 우리가 손으로 만질 수 있어야 한다. 그러나 광자는 질량이 없고 물질을 투과하며 만져지지 않는다고 하였으므로 적절하지 않은 내용이다.
② '포논은 광자와 마찬가지로 스핀이 0인 보존 입자다.'라는 문장에서 광자는 스핀 상태에 따라 분류할 수 있는 입자임을 알 수 있다.
③·⑤ 스핀이 1/2의 홀수배인 입자들은 페르미온이라고 하였고, 광자는 스핀이 0인 보존 입자이므로 적절하지 않은 내용이다.

05 정답 ③

ⓛ 환율 인상 시 원화 가치가 하락하며, 외채 상환 부담이 커지므로 A시점보다 B시점에 미국에 대한 외채 상환 부담이 크다.
ⓒ 환율 하락 시 원화를 US달러로 환전하는 것이 유리하므로 B시점보다 C시점에 원화를 US달러로 환전하는 것이 유리하다.

오답분석

ⓐ A시점보다 B시점의 환율이 높으므로 A시점보다 B시점의 원화 가치는 낮다.
ⓔ A시점에 1달러를 사기 위해서는 1,000원을 주어야 하는데, C시점에 1달러를 팔면 800원만 받을 수 있으므로 환차손이 발생한다.

06 정답 ④

원리금균등상환은 매달 같은 금액(원금+이자)을 갚는 것이다.

월 상환금을 구하는 공식은 $\dfrac{AB(1+B)^n}{(1+B)^n-1}$ 이며, 이때 A는 원금, B는 $\dfrac{(연\ 이자율)}{12}$, n은 개월 수를 나타낸다.

이에 대입하여 월 상환금을 구하면 다음과 같다.

$$\dfrac{AB(1+B)^n}{(1+B)^n-1} = \dfrac{12,000,000 \times \dfrac{0.06}{12} \times \left(1+\dfrac{0.06}{12}\right)^{4\times12}}{\left(1+\dfrac{0.06}{12}\right)^{4\times12}-1}$$

$$= \dfrac{12,000,000 \times 0.005 \times 1.27}{0.27} = \dfrac{60,000 \times 1.27}{0.27}$$

≒282,222원

따라서 A씨가 4년 동안 매달 상환해야 할 금액은 282,200원이다.

07 정답 ①

여행 전 2,500,000원을 엔화로 환전하면 $\frac{2,500,000}{9.13} ≒ 273,822.6$엔이다.

일본에서 150,000엔을 사용했으므로 273,822.6−150,000=123,822.6엔이 남는다.
귀국한 날 엔화 환율이 10.4원/엔이므로, 남은 엔화를 원화로 환전한 금액은 123,822.6×10.4≒1,287,755원이다.

08 정답 ①

A씨의 월 급여는 3,480,000÷12=2,900,000원이다.
• 국민연금, 건강보험료, 고용보험료를 제외한 금액
  2,900,000−{2,900,000×(0.045+0.0312+0.0065)}
  → 2,900,000−(2,900,000×0.0827)
  → 2,900,000−239,830=2,660,170원
• 장기요양보험료 : (2,900,000×0.0312)×0.0738≒6,670원(∵ 십 원 단위 미만 절사)
• 지방세 : 68,000×0.1=6,800원
따라서 A씨의 월 실수령액은 2,660,170−(6,670+68,000+6,800)=2,578,700원이고, 연 실수령액은 2,578,700×12=30,944,400원이다.

09 정답 ⑤

ⓒ 예금상품을 가입한 여성 중에 보험상품 또는 적금상품을 가입한 여성이 없다면, 예금상품과 중복 가입한 보험상품 가입자의 10%, 적금상품 가입자의 20% 모두 남성이라는 뜻이므로 중복 가입한 남성은 (1,230,000×0.25×0.1)+(1,230,000×0.4×0.2)=30,750+98,400=129,150명이다.
N은행 이용자 중 예금상품 가입자는 258,300명(해설 ⓐ 참고)이고, 이 중 남성은 258,300×0.66=170,478명이므로 예금상품만 가입한 남성은 170,478−129,150=41,328명이다. 따라서 N은행 남성 이용자 전체(1,230,000×0.42=516,600명)에서 예금상품만 가입한 남성이 차지하는 비율은 $\frac{41,328}{516,600}×100=8\%$이다.

ⓒ 보험·적금·예금상품 전체 가입건수를 성별에 따라 계산하면,
  • 남성 : (1,230,000×0.25×0.55)+(1,230,000×0.4×0.38)+(258,300×0.66)=526,563건
  • 여성 : (1,230,000×0.25×0.45)+(1,230,000×0.4×0.62)+(258,300×0.34)=531,237건
  따라서 남성과 여성의 전체 가입건수 차이는 531,237−526,563=4,674건으로 5,000건 이하이다.

ⓐ 상품별 1인당 평균 총 납입금액을 계산하면 적금상품은 5년 만기, 보험상품은 20년 만기로 각각 5×12=60개월, 20×12=240개월을 평균 월납입금액에 곱한다.

(단위 : 만 원)

구분	남성	여성	차액
적금상품	32×12×5=1,920	38×12×5=2,280	360
보험상품	8×12×20=1,920	10×12×20=2,400	480
예금상품	2,000	2,200	200

따라서 남성과 여성의 1인당 평균 총 납입금액의 차액이 가장 적은 상품은 예금상품이다.

오답분석

ⓐ N은행 이용자 중 예금상품 가입자는 보험상품 가입자의 10%(1,230,000×0.25×0.1=30,750명), 적금상품 가입자의 20%(1,230,000×0.4×0.2=98,400명), 두 상품 모두 가입하지 않은 N은행 이용자의 30%(1,230,000×0.35×0.3=129,150명)이므로 총 30,750+98,400+129,150=258,300명이 된다. 따라서 N은행 이용자 중 예금상품 가입자가 차지하는 비율은 $\frac{258,300}{1,230,000}×100=21\%$이다.

10 　정답　④

'유의사항' 항목을 살펴보면, 만기 자동해지 서비스 등록계좌의 경우 우대금리 신청은 반드시 만기 전 영업일까지 신청하여야 한다고 명시되어 있다.

오답분석

① 본 상품에 가입하기 위한 별도의 조건은 없으나, 고객이 고향사랑기부금을 납부할 경우 본 상품에서 우대금리를 적용받을 수 있다.

② 본 상품에 가입한 중년층인 고객이 적용받을 수 있는 우대금리는 '고향사랑기부 우대금리'인 0.5%p와 '범N은행 계열 이용실적 우대금리'인 0.1%p로 최대 0.6%p이다.

③ 적금 만기 전전월 이후에 고향사랑기부금을 납부한 고객이 고향사랑기부 우대금리를 적용받기 위해서는 적금 만기일이 아닌 만기일 전 영업일까지 납부 증빙서류 제출을 통한 별도의 신청을 하여야 한다.

⑤ 우대금리를 적용받지 않는 고객에게 적용되는 최대금리는 기본금리인 연 3.1%에 특별금리인 0.1%p를 적용한 연 3.2%이다.

11 　정답　④

'만기지급 기본금리' 항목을 살펴보면 가입기간이 '12개월 이상 24개월 미만'일 때 적용되는 기본금리는 3.38%인 반면, 가입기간이 '24개월 이상 36개월 미만'일 때 적용되는 기본금리는 3.25%이므로 가입기간이 증가할수록 적용받는 기본금리가 증가하는 것은 아니다.

오답분석

① '가입금액' 항목을 살펴보면 초입금 외에도 '매회', '매월' 입금이 가능하다고 명시되어 있다.

② '가입금액' 항목에 따르면, 월 입금횟수는 제한이 없으나 월 최대 입금 가능한 금액은 1천만 원이며, 해당 상품에 가입 가능한 최대 금액은 2억 원이다. 따라서 매월 1천만 원씩 입금한다면, 최대 가입 가능한 기간은 20개월로 이는 1년 8개월에 해당한다.

③ 우대금리 (5)를 적용받기 위해서는 가입월(23년 6월) 기준 6개월 전인 22년 12월부터 1년 이내인 23년 11월 이내에 창업이 이루어져야 한다.

⑤ '만기앞당김해지' 서비스를 이용할 경우, 앞당김 일수만큼 이자계산기간에서 차감된다고 하였으므로, 지급받는 원금은 동일하지만 이자는 앞당김 일수만큼 감소하게 되므로 기존 만기일보다 지급받는 금액이 적어진다.

12 　정답　③

등급별 임금 합계 및 임금 총액은 다음과 같다.

구분	초급	중급	특급
기본임금 총계	$45,000 \times 5 \times 8 \times (10+2)$ $=21,600,000$원	$70,000 \times 3 \times 8 \times (10+2)$ $=20,160,000$원	$95,000 \times 2 \times 8 \times (10+2)$ $=18,240,000$원
초과근무수당 총계	$(45,000 \times 1.5) \times 1 \times 4$ $=270,000$원	$(70,000 \times 1.5) \times 2 \times 4$ $=840,000$원	$(95,000 \times 1.7) \times 1 \times 4$ $=646,000$원
소계	$21,600,000+270,000$ $=21,870,000$원	$20,160,000+840,000$ $=21,000,000$원	$18,240,000+646,000$ $=18,886,000$원
임금 총액	$21,870,000+21,000,000+18,886,000=61,756,000$원		

따라서 N사가 근로자들에게 지급해야 할 임금의 총액은 61,756,000원이다.

13 　정답　⑤

다익스트라 알고리즘을 구현할 때, 선형 탐색 구조로 알고리즘을 구현할 때의 시간복잡도는 $O(N^2)$이고, 우선순위 큐 구조로 알고리즘을 구현할 때의 시간복잡도는 $O(E\log N)$이다.

14 정답 ④

「IF(logical_test, [value_if_true], [value_if_false])」 함수는 정의한 조건과 일치하거나 불일치할 때, 그에 맞는 값을 출력하는 조건문이다. 'logical_test'는 정의하려는 조건, [value_if_true]는 앞선 조건이 참일 때 출력할 값, [value_if_false]는 앞선 조건이 거짓일 때 출력할 값을 입력한다. 또한, LEFT 함수는 셀의 왼쪽부터 공백을 포함하여 몇 번째까지의 수 또는 텍스트를 추출하여 출력하는 함수이다. 따라서 [D3]에 입력해야 할 함수는 [C3]의 왼쪽에서 두 번째 텍스트를 추출하고, 그 값이 "강원"일 때 1을 출력하는 함수이며, 「=IF(LEFT(C3,2)="강원",1,0)」이다.

15 정답 ①

제시된 자료에 적용할 수 있는 알고리즘은 다익스트라 알고리즘이며, 시간복잡도가 $O(N^2)$인 이차원 배열의 초기 상태는 다음과 같다.

구분	A	B	C	D	F	H
A	0	5	5	inf	inf	inf
B	5	0	8	4	9	inf
C	5	8	0	12	inf	inf
D	inf	4	12	0	8	1
F	inf	9	inf	8	0	7
H	inf	inf	inf	1	7	0

따라서 구하고자 하는 이차원 배열은 {0, 5, 5, inf, inf, inf}, {5, 0, 8, 4, 9, inf}, {5, 8, 0, 12, inf, inf}, {inf, 4, 12, 0, 8, 1}, {inf, 9, inf, 8, 0, 7}, {inf, inf, inf, 1, 7, 0}이다.

16 정답 ④

- A섬에서 A섬으로 가는 최소거리는 0이다.
- A섬에서 B섬으로 가는 최소거리는 A−B이므로, 5km이다.
- A섬에서 C섬으로 가는 최소거리는 A−C이므로, 5km이다.
- A섬에서 D섬으로 가는 최소거리는 A−B−D이므로, 9km이다.
- A섬에서 F섬으로 가는 최소거리는 A−B−F이므로, 14km이다.
- A섬에서 H섬으로 가는 최소거리는 A−B−D−H이므로, 10km이다.

따라서 A섬에서 각 섬으로 가는 최소거리를 구한 배열은 {0, 5, 5, 9, 14, 10}이다.

01	02	03	04	05	06	07	08	09	10										
③	③	④	⑤	①	③	⑤	④	⑤	④										

01 정답 ③

제3원칙(조합원의 경제적 참여)에 대한 설명이다.
제2원칙(조합원에 의한 민주적 관리)은 협동조합은 조합원에 의해 관리되는 민주적인 조직이라는 것이다.

협동조합의 7대 원칙(1995, 국제협동조합연맹)
1. 자발적이고 개방적인 조합원 제도 : 협동조합은 자발적이며, 모든 사람들에게 성적・사회적・인종적・정치적・종교적 차별 없이 열려 있다.
2. 조합원에 의한 민주적 관리 : 협동조합은 조합원에 의해 관리되는 민주적인 조직이다. 조합원들은 정책 수립과 의사 결정에 활발하게 참여하고, 선출된 임원들은 조합원에게 책임을 갖고 봉사해야 한다. 조합원마다 동등한 투표권(1인 1표)을 가지며, 협동조합연합회도 민주적인 방식으로 조직・운영된다.
3. 조합원의 경제적 참여 : 협동조합의 자본은 공정하게 조성되고 민주적으로 통제된다. 자본금의 일부는 조합의 공동재산이다. 출자배당이 있는 경우에 조합원은 출자액에 따라 제한된 배당금을 받는다. 잉여금은 ① 협동조합의 발전을 위해 일부는 배당하지 않고 유보금으로 적립, ② 사업이용 실적에 비례한 편익 제공, ③ 여타 협동조합 활동 지원 등에 배분된다.
4. 자율과 독립 : 협동조합은 조합원들에 의해 관리되는 자율적인 자조 조직이다. 협동조합이 정부 등 다른 조직과 약정을 맺거나 외부에서 자본을 조달할 때 조합원에 의한 민주적 관리가 보장되고, 협동조합의 자율성이 유지되어야 한다.
5. 교육, 훈련 및 정보 제공 : 협동조합은 조합원, 선출된 임원, 경영자, 직원들이 협동조합의 발전에 효과적으로 기여하도록 교육과 훈련을 제공한다. 협동조합은 일반 대중 특히 젊은 세대와 여론 지도층에게 협동의 본질과 장점에 대한 정보를 제공한다.
6. 협동조합 간의 협동 : 협동조합은 국내, 국외에서 공동으로 협력 사업을 전개함으로써 협동조합 운동의 힘을 강화시키고, 조합원에게 효과적으로 봉사한다.
7. 지역사회에 대한 기여 : 협동조합은 조합원의 동의를 얻은 정책을 통해 조합이 속한 지역사회의 지속 가능한 발전을 위해 노력한다.

02 정답 ③

농협이 '비전 2025'에서 제시한 5대 핵심가치는 다음과 같다.
1. 농업인과 소비자가 함께 웃는 유통 대변화 : 소비자에게 합리적인 가격으로 더 안전한 먹거리를, 농업인에게 더 많은 소득을 제공하는 유통개혁 실현
2. 미래 성장동력을 창출하는 디지털 혁신 : 4차 산업혁명 시대에 부응하는 디지털 혁신으로 농업・농촌・농협의 미래 성장동력 창출
3. 경쟁력 있는 농업, 잘사는 농업인 : 농업인 영농 지원 강화 등을 통한 농업 경쟁력 제고로 농업인 소득 증대 및 삶의 질 향상
4. 지역과 함께 만드는 살고 싶은 농촌 : 지역사회의 구심체로서 지역사회와 협력하여 살고 싶은 농촌 구현 및 지역경제 활성화에 기여
5. 정체성이 살아 있는 든든한 농협 : 농협의 정체성 확립과 농업인 실익 지원 역량 확충을 통해 농업인과 국민에게 신뢰받는 농협 구현

NH농협은행은 2024년을 맞아 '비전 2030'을 발표하였으며, 그에 따른 핵심가치를 다음과 같이 공시하였다.

농협의 비전 2030 핵심가치
1. 국민에게 사랑받는 농협 : 지역사회와 국가경제 발전에 공헌하여 온 국민에게 신뢰받고 사랑받는 농협을 구현
2. 농업인을 위한 농협 : 농업인의 행복과 발전을 위해 노력하고, 농업인의 경제적·사회적·문화적 지위 향상을 추구
3. 지역 농축협과 함께하는 농협 : 협동조합의 원칙과 정신에 의거 협동과 상생으로 지역 농축협이 중심에 서는 농협을 구현
4. 경쟁력 있는 글로벌 농협 : 미래 지속가능한 성장을 위하여 국내를 벗어나 세계 속에서도 경쟁력을 갖춘 농협으로 도약

03 정답 ④

ⓛ 채권수익률은 채권 투자로 기대할 수 있는 수익의 크기를 나타내는 척도로서, 채권수익률의 가장 큰 변동 요인은 공급과 수요이다. 이때 '공급'보다 '수요'의 영향력이 더 큰 이유는 채권은 특정 계획에 따라 일정한 양이 공급되지만, 수요는 채권의 가격에 탄력적이기 때문이다.
ⓒ 채권은 언제든 증권시장에서 매각해 현금화할 수 있다는 점에서 유동성이 양호한 안전자산으로 평가받는다. 이때 채권의 유동성 위험은 채권을 현재 시장가격이나 현재 가격과 유사한 수준에서 쉽게 거래할 수 있는가를 뜻한다. 그러나 채권의 발행량이 적거나 유통시장이 발달하지 못한 경우에는 채권을 현금화하기 어려울 수 있기 때문에 채권은 유동성 위험으로부터 완전히 자유롭다고 보기 어렵다.

오답분석
ⓐ 채권 가격이 구입가보다 오르면 증권시장에서 매각해 차익을 얻을 수 있고, 반대로 구입가보다 낮으면 만기까지 보유해 만기에 약속받은 원리금(상환기한이 정해져 있는 기한부 증권이자 이자가 확정되어 있는 확정이자부 증권)을 지급받을 수 있다. 이처럼 이율에 따른 이자소득과 시세차익에 따른 자본소득을 얻을 수 있는 채권은 만기와 수익률에 따라 투자자금의 주요한 운용 수단이 된다.
ⓔ 채권은 거래소를 통한 소액 거래보다는 장외시장에서 기관투자자 간의 대규모 거래가 일반적이기 때문에 개인투자자가 직접 매매하기에는 적합하지 않다. 따라서 개인투자자의 경우에는 채권형 펀드투자를 통한 간접투자를 하는 것이 일반적이다.

04 정답 ⑤

채권은 이자와 함께 매매에 따른 시세차익을 얻을 수 있다. 따라서 이자소득과 시세차익을 더하면 채권 투자 수익을 구할 수 있다. 이자지급 주기는 3개월로, 분기마다 지급한다고 했으므로 2022년 10월에 매수한 이후로 만기까지 2022년 12월, 2023년 3·6·9·12월, 2024년 3·6·9월, 즉 이자를 8번 받을 수 있다. 이때 이자는 액면가에 표면금리를 곱한 금액이므로 분기마다 받는 이자는 48.125원(=10,000×0.01925÷4)이고 만기까지 8번 이자를 받으므로 이자소득 총액은 385원(=48.125×8)이다. 또한 액면가 10,000원짜리 주식 1주를 9,490.3원에 매수했으므로 만기에 가서 얻을 수 있는 시세차익은 509.7원(=10,000−9,490.3)이다. 따라서 총수익은 385+509.7=894.7원이다. 그러므로 K씨의 투자 원금 9,490.3원에 대한 총투자수익률은 (894.7÷9,490.3)×100 ≒9.43%이다.

05 정답 ①

ⓛ 옵션은 선택이 가능한 권리이므로 기초자산 가격 변동이 옵션 소유자에게 불리할 경우 옵션을 포기할 수 있다는 점에서 계약대로 거래 의무를 이행해야 하는 선물(Futures)과 다르다.
ⓒ 옵션 매입자는 매도자에게 일정한 금전적 대가를 지불하고 기초자산을 사거나 팔 수 있는 권리를 얻게 되며, 매도자는 매입자의 선택을 반드시 따라야 할 의무가 있다.

오답분석
ⓒ 콜옵션은 미래에 기초자산을 특정 가격에 살 수 있는 권리로서, 가격 상승에 따른 위험을 회피(Hedge)할 수 있다.
ⓔ 풋옵션은 미래에 기초자산을 특정 가격에 팔 수 있는 권리로서, 가격 하락에 따른 위험을 회피할 수 있다.

06 정답 ③

㉠ 생명보험과 장기손해보험에서 순보험료는 위험보험료·저축보험료 등을 말하고, 부가보험료(보험사업을 영위하는 데 쓰이는 재원)는 신계약비(보험설계사들의 수당 등), 유지비, 수금비 등을 가리킨다. 또한 일반손해보험에서 순보험료는 지급보험금을 뜻하고, 부가보험료는 사업비·이윤 등을 가리킨다.

㉣ 생명보험에서는 신체·생명과 관련한 인적 손실은 그 가치를 객관적으로 측정하기 어려워 정액보상(계약 체결 시에 정한 금액만큼 보상)이 일반적이고, 손해보험에서는 실손보상(발생한 실제 손해액만큼 보상)이 일반적이다.

오답분석

㉡ 저축보험료에 대한 설명이다. 위험보험료는 보험사고 발생 시 보험금을 지급하기 위한 재원을 가리킨다.

㉢ 보험료지수는 보험료가 금융감독원이 산정한 표준순보험료보다 얼마나 더 많은지 나타내는 지수로, 보험상품의 위험보험료와 사업비 수준을 나타내며, 보험료지수가 낮을수록 저렴하다고 볼 수 있다.

07 정답 ⑤

㉢ 중앙은행의 정책금리 변경은 단기금융시장 금리 변화를 통해 장기금리 및 금융기관 예금·대출금리에 영향을 끼치고 궁극적으로 생산·물가 등 실물경제에 파급효과를 끼친다는 점에서 단기금융시장은 중앙은행 통화정책의 시발점이라고 볼 수 있다. 또한 단기금융시장의 금리는 시장 참여자들의 자금 사정이 반영되어 수시로 변동되며, 이러한 금리 변동은 금융기관의 자금조달비용 등에 영향을 끼쳐 금융기관의 대출량이나 대출금리를 변화시키고, 장기금융시장의 금리까지 관여함으로써 금융시장 전체에 영향을 끼친다.

㉣ 단기금융시장이 발달하면 거래자들은 장래 지출에 대비해 보유해야 할 현금량을 줄일 수 있기 때문에 현금을 보유하는(무이자) 대신 단기라도 자금을 늘려 자금을 보다 효율적으로 운용할 수 있게 된다. 즉, 단기금융시장은 유휴자금의 보유에 따른 기회비용(예 이자수익의 포기)을 줄임으로써 금융 효율을 높일 수 있는 시장이다.

오답분석

㉠ 단기금융시장은 자금의 단기적인 수급 불균형을 조절하기 위해 만기가 1년 미만인 금융상품을 거래하는 자금시장을 가리키며, 기업의 시설자금이나 장기운전자금 조달을 목적으로 발행되는 주식·채권 등을 거래하는 자본시장에 대응하는 개념이다.

㉡ 단기금융시장은 채권·주식 등의 장기금융시장에 비해 빈번하게 상시적으로 거래가 이루어지고 유동성이 높으며 만기가 짧기 때문에 금리변동 등에 따른 손실발생 위험이 상대적으로 낮다.

08 정답 ④

㉢ 케인스학파는 '경제는 본질적으로 공급이 아니라 수요에 의해 결정되며, 유효수요에 영향을 끼치는 정부의 개입을 통해 완전고용·완전생산 상태에 더 빨리 도달할 수 있다.'고 전제한다.

㉤ '경제는 본질적으로 불안정하고 불규칙적인 충격에 노출된 상태'라는 것은 케인스학파가 내세운 전제이다. 한편, 고전학파는 '경제주체들은 시장 조건과 가격에 대한 완전한 정보를 가지고 있다.'고 전제한다.

오답분석

㉠ 애덤 스미스의 '보이지 않는 손'으로 대표되는 고전학파의 주장은 자유경쟁을 전제로 개인의 경제적 자유와 자유방임주의를 역설하고, 국가의 개입에 반대한다는 것이다. 이와 달리 케인스학파는 경기 순환의 안정과 완전고용의 실현을 위해서 국가가 적극적으로 개입해야 한다고 주장한다.

㉡ 고전학파는 '경제주체는 합리적이고 이윤·효용 극대화를 목표로 경제활동을 영위하며, 시장은 완전경쟁적이고 경제주체들은 자유로운 시장하에서 매매를 결정한다.'고 전제한다.

㉣ 케인스학파는 유효수요의 원리를 인정하고, 경제정책의 목표는 완전고용의 실현에 있으며, 이를 위한 수단으로서 적극적인 재정·금융 정책을 펼쳐야 한다고 주장한다.

09 정답 ⑤

㉠ 완전경쟁시장은 시장참여자 각자가 시장과 상품에 대해 완전한 정보를 갖고 자유롭게 거래할 수 있고 진입과 철수가 자유로운 시장이다. 그러나 현실적으로 완전경쟁시장의 조건들을 모두 갖춘 이상적인 시장은 존재하지 않는다.

㉡ 완전경쟁시장은 단독으로 가격을 움직일 수 없을 만큼 같은 생산물을 파는 사람과 사는 사람이 많으며, 소비자와 생산자는 가격에 영향력을 행사할 수 없는 가격수용자(Price Taker)이다.

㉣ 불완전경쟁시장은 완전경쟁시장과 완전독점시장(어떤 시장을 한 기업이 차지해 가격이나 생산량을 자신에게 가장 유리하게 결정할 수 있는 시장) 사이의 경쟁 형태가 이루어지는 시장이며, 상품을 공급하는 기업의 수를 기준으로 독점시장, 과점시장, 독점적 경쟁시장 등으로 구분된다.

오답분석

㉢ 완전경쟁시장에서 기업들은 시장가격과 한계비용이 일치하는 수준에서 공급량을 결정하며, 장기적으로는 어떠한 생산자도 초과이윤을 형성할 수 있는 위치에 있지 않다.

㉤ 불완전경쟁시장에서는 소비자가 늘 이용하던 상품·상점을 이용하는 고착성으로 인해 가격을 약간 인상 또는 인하하더라도 수요의 증감은 미미하다.

10 정답 ④

㉡ 일반적으로 선물옵션은 현물옵션에 비해 거래 비용이 낮고, 선물계약은 기초자산보다 유동성이 높고 거래가 용이하다.

㉢ 선물옵션의 매입자는 대상이 되는 선물의 포지션을 취할 수 있는 권리를 갖지만 의무는 없다.

오답분석

㉠ 옵션계약은 주식·통화·금리 등의 기초자산이 모두 현물이었던 데 반해 선물옵션은 이러한 현물을 기초자산으로 하는 선물계약 자체를 기초자산으로 하는 옵션이다. 선물옵션을 행사하면 대상이 되는 현물의 매매를 할 수 있는 것이 아니라 현물에 대한 선물계약을 가지게 된다.

㉣ 콜의 경우에는 옵션 소지자가 콜을 행사하면 행사가격으로 선물의 매수 포지션이 발생되며, 풋의 경우에는 옵션 소지자가 풋을 행사하면 행사가격으로 선물의 매도 포지션이 발생된다.

01	02	03	04	05	06	07	08												
③	①	②	①	③	②	④	①												

01 정답 ③

㉠ 비트는 '0'과 '1'의 2진수(Binary Digit)를 기반으로 하여 데이터를 표현·저장하는 최소의 단위로서, 0 또는 1의 2가지 상태만을 표현할 수 있다. 이때 0은 꺼짐(Off)·아니요·거짓을, 1은 켜짐(On)·예·참을 뜻한다.

㉣ 인터넷 속도, 포트 속도 등 인터페이스 속도를 나타낼 때는 주로 비트를 사용한다. 또한 메모리 등 저장 용량의 크기를 나타낼 때는 주로 바이트를 사용한다.

오답분석

㉡ 바이트는 데이터 처리와 통신의 기본 단위로서, 2가지 상태를 표현할 수 있는 비트가 8개 모여 1개의 바이트가 되므로 바이트는 2의 8제곱, 즉 256가지의 다른 상태를 표현할 수 있다.

㉢ 비트는 소문자(b)로, 바이트는 대문자(B)로 표시한다.

02 정답 ①

랜섬웨어(Ransomware)는 컴퓨터 시스템을 잠그거나 데이터를 암호화해 사용자가 정상적으로 사용하지 못하도록 만든 후 이를 볼모로 잡고 금전(Ransom)을 요구하기 위하여 퍼뜨리는 악성 프로그램을 뜻한다. 2005년부터 본격적으로 알려지기 시작했으며, 몸값 지불의 수단으로 악용되는 비트코인이 등장하고 2013년 랜섬웨어의 일종으로 강력한 암호화 알고리즘으로 파일을 암호화하는 '크립토락커(CryptoLocker)'가 출현한 이후 랜섬웨어 공격은 더욱 다양해지고 과격해지고 있다.

오답분석

② 펌웨어(Firmware) : 데이터나 정보를 변경할 필요가 없는 핵심적인 소프트웨어를 롬(ROM) 등에 기입해 하드웨어처럼 사용하는 것으로, 처리를 빠르게 하고 회로를 단순하게 하기 위한 소프트웨어이다.

③ 그룹웨어(Group Ware) : 기업 전산망에 전자 우편과 전자 결재 시스템 데이터베이스 프로그램을 결합해 조직 사이의 의사소통을 원활하게 하고 업무 효율을 높일 수 있도록 만든 컴퓨터 프로그램이다.

④ 미들웨어(Middleware) : 컴퓨터 제작 회사가 사용자의 특정한 요구대로 만들어 제공하는 소프트웨어이다.

⑤ 트랙웨어(Trackware) : 시스템 작업을 추적하고 시스템 정보를 수집하거나 사용자 습관을 추적하여 이 정보를 다른 조직에 전달하는 소프트웨어 패키지이다.

03 정답 ②

군집(Clustering) 모델은 비지도 학습 모델링의 일종으로, 비슷한 특성(데이터 속성)이 있는 데이터들을 합쳐가면서 유사 특성군으로 분류하는 학습 방법이다. 이는 최종적으로 정해져 있지 않은 클래스들의 묶음들로 분류되며 훈련 데이터군이 이용되지 않는다.

오답분석

① 회귀(Regression) 모델 : 지도 학습 모델링의 일종으로, 연속 변수를 예측하는 데 활용되며, 하나 이상의 입력 변수를 기반으로 본질적으로 연속적인 출력 변수를 예측하는 데 사용되는 선형(Linear) 회귀 모델이 대표적이다.

③ 분류(Classification) 모델 : 지도 학습 모델링의 일종으로, 데이터를 서로 다른 클래스로 분류하는 데 활용되며, 이러한 모델의 한 예로 로지스틱 회귀 모델(어떤 입력값이 특정 그룹에 속하는지 아닌지 이분법적으로 추론함)을 들 수 있다.

④ 수학적 기법 모델 : 비지도 학습 모델링의 일종으로, 특이값 분해 및 주성분 분석과 같은 수학적 기법을 사용하는 방식이다. 특이값 분해를 통해 데이터 집합을 형성하는 기본 요인을 식별하고, 주성분 분석을 통해 데이터 집합의 본질적인 특성을 파악한다.

⑤ 의사결정 나무(Decision Tree) 모델 : 지도 학습 모델링의 일종으로, 분류와 회귀 작업 모두에 활용할 수 있는 적응형 알고리즘이다. 트리 구조 형태를 예측 모델로 사용되며, 트리의 리프와 노드를 횡단 이동하면서 입력값이 어떤 카테고리에 속하는지 판단한다.

04 정답 ①

딥페이크(Deepfake)는 인공지능이 축적된 자료를 바탕으로 스스로 학습하는 딥러닝(Deep Learning) 기술과 Fake(가짜, 속임수)의 조합어로, 인공지능을 통해 만들어낸 가짜 이미지·영상·오디오 합성 기술을 뜻한다. 딥페이크에는 일반적으로 오토인코더(Auto-Encoder)나 생성적 적대 신경망(GAN; Generative Adversarial Network)을 이용한다. GAN은 인간의 개입을 벗어나 인공지능 스스로 답을 찾는 비지도 학습 방식의 기술로, 생성자(Generator)와 감별자(Discriminator)의 두 모델이 경쟁을 통해 학습하고 결과물을 도출한다. 생성자는 실제 데이터에 대한 학습을 바탕으로 실제에 가까운 거짓 데이터를 만들어낸다. 감별자는 생성자가 생성한 데이터가 실제인지 거짓인지 판별하도록 학습한다. 이때 생성자는 감별자를 속이지 못한 데이터를, 감별자는 생성자에게 속은 데이터를 입력받아 학습하는 과정이 거듭되면서 더 실제에 가까운 거짓 데이터를 만든다.

오답분석

② 순환 신경망(RNN; Recurrent Neural Network) : 입력층에서 출력층으로 입력값을 보내는 동시에 은닉층의 정보가 다음 은닉층으로 이어지는 구조의 신경망으로, 이전 시점의 데이터가 유지되기 때문에 데이터가 반복적으로 순환되는 것처럼 보인다. 다만, 입력값과 출력값 사이의 시점이 멀어질수록 학습 능력이 크게 저하될 수 있다.

③ 합성곱 신경망(CNN; Convolutional Neural Network) : 필터링 기법을 인공신경망에 적용해 이미지를 처리할 수 있는 신경망 기법으로, 행렬로 표현된 필터의 각 요소가 데이터 처리에 적합하도록 자동으로 학습되는 과정을 통해 이미지를 분류한다. 하나 또는 여러 개의 합성곱 계층과 통합(Pooling) 계층, 완전하게 연결된(Fully Connected) 계층들로 구성된다.

④ 얕은 신경망(SNN; Shallow Neural Network) : 입력층, 은닉층, 출력층 각 1개씩 총 3개의 계층으로 이루어져 있으며, 은닉층과 출력층의 모든 노드가 완전 연결된(Fully Connected) 신경망이다. 입력값과 출력값 사이에 상관관계가 있을 경우 이를 학습함으로써 아직 학습하지 않은 새로운 입력 데이터에 대해 적절한 출력이 가능하다.

⑤ 순방향 신경망(FNN; Feed-forward Neural Network) : 최초로 고안된 단순한 형태의 인공 신경망으로, 가장 기본이 되는 모델이다. 정보는 입력층에서 은닉층을 거쳐 출력층의 방향으로 한 방향으로만 움직이고 역으로는 이동하지 않으며 신경망 안에서 순환은 일어나지 않는다.

05 정답 ③

저장(Stored) 데이터에 대한 설명이다. 통합(Integrated) 데이터는 동일한 자료의 중복을 배제 또는 최소화한 통합된 데이터이지만, 때로는 불가피한 중복을 허용하는 데이터이다.

오답분석

① 데이터베이스는 여러 가지 업무에 공동으로 필요한 데이터를 유기적으로 결합해 저장한 집합체로서, 자료 파일을 조직적으로 통합해 자료 항목의 중복을 없애고 자료를 구조화해 저장하여 보다 효율적인 검색·정렬·갱신을 가능하게 한다.

② • 실시간 접근 가능 : 사용자의 질의를 즉시 처리하고 응답할 수 있다.
  • 데이터의 지속적인 변화 : 데이터의 삭제·갱신, 새로운 데이터의 삽입 등으로 그 내용이 계속해서 변화함으로써 항상 최신의 데이터를 유지한다.
  • 동시 공유 : 다수의 사용자가 동시에 데이터에 접근해 데이터를 이용할 수 있다.
  • 내용에 의한 참조 : 저장되어 있는 레코드들의 위치·주소가 아니라 사용자가 요구하는 데이터 내용으로 데이터를 찾는다.
  • 데이터의 논리적 독립성 : 데이터베이스와 응용프로그램을 독립시키므로 데이터의 논리적 구조가 변경되어도 응용 프로그램은 변경되지 않는다.

06 정답 ②

사물인터넷을 통해 네트워크에 연결된 기기들은 인간의 개입·조작 없이 스스로 정보를 주고받으며 대화를 나눌 수 있다. 즉, 인간의 간섭을 최소화함으로써 자동화를 구현한다.

07 정답 ④

㉠ OR(논리합) 게이트는 2개 또는 그 이상의 입력값이 주어졌을 경우 주어진 입력값이 모두 거짓일 때에만 거짓이고, 적어도 하나 이상이 참이면 참이다.

㉢ NOR(부정논리합) 게이트는 주어진 입력 정보가 모두 '거짓'일 때에만 참이 출력되는 연산이다.

오답분석

㉡ NOR(부정논리합) 게이트에 대한 설명이다. XOR(배타적 논리합) 게이트는 입력값 A와 B가 주어졌을 경우 A와 B 가운데 1개만 '참'일 때 '참'이 출력된다. 즉, A, B가 서로 상반된 조건일 때에만 결과를 '참'으로 하는 논리이다.

08 정답 ①

커널(Kernel)은 컴퓨터의 물리적(하드웨어) 자원과 추상화 자원을 관리하는 것을 목표로 한다. 이때 '추상화'는 물리적으로 하나뿐인 하드웨어를 여러 사용자들이 번갈아 사용할 수 있도록 마치 여러 개처럼 보이게 하는 기술을 가리키며, 커널이 관리함에 따라 각 사용자는 하나의 하드웨어를 독점하는 것처럼 느낄 수 있다.

오답분석

② 센티널(Sentinel) : 필드, 블록, 테이프, 파일 등의 끝에 표시하는 부호로서, 한 단위의 정보 끝을 알려준다.

③ 백 패널(Back Panel) : 컴퓨터의 뒤쪽에 있는 편편한 부분으로서, 대부분의 컴퓨터에서는 뒤판에 설치되어 있는 소켓을 통하여 전원 장치 또는 통신 장치 등과 같은 외부 장치와 컴퓨터 시스템을 연결한다.

④ 리버스 채널(Reverse Channel) : 오류 제어 신호와 감시 신호의 전송을 위하여 특별히 사용하는 채널이다. 전송 방향은 정보 전달 방향과 반대이다.

⑤ 실렉터 채널(Selector Channel) : 자기 디스크 등의 고속 데이터 전송을 전용으로 하는 채널이다. 하나의 입출력 명령을 완료하기까지 하나의 주변 장치에 점유된다.

01 직무능력평가

01	02	03	04	05	06	07	08	09	10	11	12								
②	④	③	④	①	①	③	②	①	⑤	⑤	①								

01 정답 ②

제시된 문단은 인터넷이 우리의 삶에서 중심적인 역할을 하고 있는 가운데 팬데믹의 여파로 더욱 가속화되었으며, 금융 서비스 또한 마찬가지라는 내용이다. 마지막 부분에서는 '임베디드 금융'을 언급하며 '디지털 플랫폼에서 금융 서비스에 원활하게 액세스할 수 있도록 기존 금융회사 및 핀테크와 협력하기 시작'한 상황을 제시하고 있다. 따라서 이에 곧바로 이어지는 내용으로는 기존 금융회사 및 핀테크와 협력한 '임베디드 금융'의 예를 들고 있는 (가) 문단이 적절하다. 다음에는 '임베디드 금융' 앞에서 전통적인 금융기관의 영향력이 달라졌음을 이야기하는 (다) 문단이 오는 것이 자연스럽고, 이에 전통적인 금융기관이 어떻게 반응하고 있는지를 살펴보는 (나) 문단이 뒤를 이어야 한다. 마지막으로 '또한'이라는 접속어를 통해 앞선 내용에 덧붙이고 있는 (라) 문단이 와야 한다. 따라서 (가) – (다) – (나) – (라) 순서로 나열하는 것이 적절하다.

02 정답 ④

세 번째 문단에 따르면 오히려 마이데이터 사업자와의 협력과 직접진출 등이 활발하게 나타남으로써 금융업 간 경쟁심화는 필연적일 것으로 전망된다.

오답분석

① 모바일(Mobile), SNS(Short Networking Service), 빅데이터(Big Data) 등을 활용하여 기존의 금융기법과 차별화된 서비스를 제공하는 것이 대표적인 핀테크 사례이다.
② 금융위원회는 핀테크 산업 발전을 위해 규제완화와 이용자보호 장치마련에 대한 디지털금융의 종합혁신방안을 발표하였다.
③ 개인이 정보이동권에 근거하여 본인 데이터에 대한 개방을 요청하면 기업이 해당 데이터를 제3자에게 개방하도록 하는 것이 마이데이터 개념이다.
⑤ 데이터 3법 개정에 따라 핀테크 산업 진출이 활발해지면 그만큼 금융권 클라우드나 바이오 정보에 대한 공격이 증가한다. 이를 막기 위해서는 반드시 보안기술 시스템을 구축해야 한다.

03 정답 ③

대리석 10kg의 가격은 달러로 $35,000 \div 100 = 350$달러이며, 원화로 바꾸면 $350 \times 1,160 = 406,000$원이다.
따라서 대리석 1톤의 수입대금은 원화로 $406,000 \times 100 = 4,060$만 원이다.

04 정답 ④

$(540 \times 1.2 \times 1,128) + (52 \times 1,128) + (30,000 \times 2) = (540 \times 1.2 + 52) \times 1,128 + 60,000 = 700 \times 1,128 + 60,000$
$= 789,600 + 60,000 = 849,600$
따라서 원화로 낼 총금액은 849,600원이다.

05 정답 ①

- A태양광발전의 설치비용 회수기간 : $\dfrac{1,000}{250}=4$년

- B태양광발전의 설치비용 회수기간 : $\dfrac{5,000}{1,500-(1,500\times0.35)}=\dfrac{5,000}{1,500-525}=\dfrac{5,000}{975}≒5.1$년

따라서 A, B태양광발전을 동시에 설치할 때, 설치비용을 회수하는 데 걸리는 최소기간은 6년이다.

06 정답 ①

- A태양광발전의 감가상각비 : $(1,000-20)÷10=98$만 원
- B태양광발전의 감가상각비 : $(5,000-50)÷15=330$만 원
- 감가상각한 장부가액 : $6,000-(98+330)\times6=3,432$만 원

따라서 C기업에게 1,000만 원에 판 것은 감가상각한 장부가액에 따라 처분할 때보다 2,432만 원 손해이다.

07 정답 ③

다른 상품 홍보행사 또는 사내행사와 겹치지 않으며, 설 연휴 전 홍보할 수 있다.

오답분석

① 5일에 N은행 단합대회로 사내행사가 있으므로 홍보행사를 진행할 수 없다.
② 10일은 가래떡 데이 홍보행사가 있는 날이므로 홍보행사를 진행할 수 없다.
④ 21일에 1인 가구 대상 소포장 농산물 홍보행사가 있으므로 홍보행사를 진행할 수 없다.
⑤ 명절선물세트 홍보는 설 연휴 전에 마쳐야 하므로 적절하지 않다.

08 정답 ②

1월 8일에는 행사도 없고 행사 및 공휴일 전날이나 다음 날이 아니므로, 공고가 가능하다.

오답분석

① 단합대회 다음 날이므로 진급공고를 낼 수 없다.
③ 명절선물세트 홍보기간이므로 진급공고를 낼 수 없다.
④ 설 연휴 전날이므로 진급공고를 낼 수 없다.
⑤ 대체공휴일 다음 날이므로 진급공고를 낼 수 없다.

09 정답 ①

1월 7일은 다른 직원들과 연차가 겹치지 않고, 행사도 없으므로 가능한 날짜이다.

오답분석

② 가래떡 데이 홍보행사가 있으므로 연차를 쓸 수 없다.
③ 명절선물세트 홍보행사가 있으므로 연차를 쓸 수 없다.
④·⑤ 설 연휴를 포함하는 주 이전에 연차를 사용해야 하므로 연차를 쓸 수 없다.

10 정답 ⑤

승진자 선발 방식에 따라 승진후보자별 승진점수를 계산하면 다음과 같다.

(단위 : 점)

구분	가점을 제외한 총점	가점	승진점수
A주임	29＋28＋12＋4＝73	1	74
B주임	32＋29＋12＋5＝78	2	80
C주임	35＋21＋14＋3＝73	5(가점상한 적용)	78
D주임	28＋24＋18＋3＝73	－	73
E주임	30＋23＋16＋7＝76	4	80

승진점수가 80점으로 가장 높은 승진후보자는 B주임과 E주임인데, 이 중 분기실적 점수와 성실고과 점수의 합이 E주임은 30＋16＝46점, B주임은 32＋12＝44점이다. 따라서 E주임이 승진한다.

11 정답 ⑤

변경된 승진자 선발 방식에 따라 승진후보자별 승진점수를 계산하면 다음과 같다.
가점상한이 10점으로 상승하여 C주임은 종전에 비해 가점을 2점 더 받게 되었으며, 혁신기여 점수가 삭제되고, 성실고과 점수의 비중이 50% 증가하였다.

(단위 : 점)

구분	가점을 제외한 총점	가점	승진점수
A주임	29＋28＋12×1.5＝75	1	76
B주임	32＋29＋12×1.5＝79	2	81
C주임	35＋21＋14×1.5＝77	7	84
D주임	28＋24＋18×1.5＝79	－	79
E주임	30＋23＋16×1.5＝77	4	81

승진점수가 가장 높은 후보자는 C주임이며, 그다음으로 높은 후보자는 동점인 B주임과 E주임이다. 이 중 동점자 처리 기준에 따라 분기실적 점수와 성실고과 점수의 합이 더 높은 E주임이 C주임과 함께 승진한다.

12 정답 ①

kks.insert(1,'다')는 리스트 kks의 첫 번째 요소의 위치에 '다'를 삽입하라는 뜻이다.
['두', '다', '바', '퀴', '로', '가', '는', '자', '동', '차']
del kks[3]는 리스트 kks의 세 번째 요소를 제거하라는 뜻이다.
['두', '다', '바', '로', '가', '는', '자', '동', '차']
print(kks[4], kks[6])는 리스트 kks의 네 번째, 여섯 번째 요소를 출력하라는 뜻이다.
따라서 실행결과는 '가 자'이다.

02 직무상식평가 - 일반

01	02	03	04	05	06	07	08	09	10										
④	①	②	⑤	④	④	④	①	④	①										

01 　정답　④

농협이 하는 일은 다음과 같다.
- 교육지원부문
  - 교육지원사업
- 경제부문
  - 농업경제사업
  - 축산경제사업
- 금융부문
  - 상호금융사업
  - 농협금융지주

02 　정답　①

기업구조조정 투자회사는 기업구조조정 투자회사법의 적용을 받는다.
자본시장통합법상 집합투자기구에는 투자신탁, 투자회사, 투자유한회사, 투자조합, 투자익명조합, 사모투자전문회사 등이 있다.

03 　정답　②

고유가 · 고금리 · 고환율을 일컫는 3고 현상은 국제수지와 물가에 악영향을 끼친다.

04 　정답　⑤

협동조합 7대 원칙 중 '조합원의 경제적 참여'에 대한 내용이다.

> **협동조합 7대 원칙**
> 1. 자발적이고 개방적인 협동조합
> 2. 조합원에 의한 민주적 관리
> 3. 조합원의 경제적 참여
> 4. 자율과 독립
> 5. 교육, 훈련 및 정보 제공
> 6. 협동조합 간의 협동
> 7. 지역사회에 대한 기여

05 　정답　④

회원에 대한 자금 대출은 농협중앙회의 상호금융사업에 해당한다.

06 정답 ④

오답분석
① 완전경쟁시장에서는 요소공급곡선이 수평이므로, 수요독점적 착취가 발생할 수 없다.
② 요소공급곡선이 우상향하면 한계요소비용곡선은 평균요소비용곡선의 상방에 존재한다.
③ 요소수요곡선은 완전경쟁일 때 한계생산물가치는 $P \times MP$이므로, 재화의 가격이 하락하면 요소수요곡선은 좌측으로 이동한다.
⑤ 완전경쟁시장의 균형조건은 $VMP_L = MFC_L = AFC_L = W$이므로, 임금은 한계생산가치와 일치한다.

07 정답 ④

임베디드 금융(Embedded Finance)은 비금융기업이 자사의 플랫폼에 금융상품을 제공하는 핀테크 기능을 내장하는 것을 의미한다. 코로나19 팬데믹 이후 금융 서비스를 비대면 · 모바일로 이용하려는 수요가 늘면서 임베디드 금융이 기업들 사이에 확대되고 있다. 예를 들어, 테슬라는 자동차 시스템에 수집되는 정보로 운전자의 사고 위험과 수리 비용을 예측하는 보험 서비스를 제공하고 있다.

08 정답 ①

본원통화는 중앙은행이 공급하는 현금통화로 화폐발행액과 예금은행이 중앙은행에 예치한 지급준비예치금의 합계로 측정한다.
(본원통화)＝(현금통화)＋[지급준비금(시재금＋지급준비예치금)]
＝(화폐발행액)＋(금융기관 지준예치금)
＝(민간보유현금)＋(금융기관 시재금)＋(지준예치금)
＝(민간보유현금)＋(금융기관 총지급준비금)

09 정답 ④

투자의 이자율 탄력성이 크면 IS곡선이 완만해지므로 구축효과는 커져서 재정정책의 효과는 작아진다. 이는 고전학파 계열학자의 견해로 금융정책의 효과는 커진다.

10 정답 ①

㉠ 범위의 경제(Economies of Scope) : 한 기업이 두 가지 이상의 상품을 동시에 생산함으로써 하나의 상품만을 생산하는 기업보다 낮은 비용으로 생산할 수 있는 경우를 말한다.
㉡ 규모의 경제(Economies of Scale) : 하나의 재화를 생산할 때 많은 양을 생산할 경우 이로 인해 평균 생산비용이 하락하는 현상을 말한다.

01	02	03	04	05	06													
⑤	④	④	③	⑤	⑤													

01 정답 ⑤

빅데이터 5V는 크기(Volume, 용량), 속도(Velocity), 다양성(Variety), 정확성(Veracity), 가치(Value)를 일컫는다.

- 3V : 일반적으로 빅데이터의 특징을 다음의 3V로 요약한다.
  - 데이터의 크기(Volume) : 빅데이터의 물리적 크기는 폭발적으로 증가한다(초대용량).
  - 데이터의 속도(Velocity) : 빅데이터는 실시간으로 생성되며 빠른 속도로 변화·유통된다.
  - 데이터의 다양성(Variety) : 빅데이터는 정형, 반(半)정형, 비(非)정형 등 포맷·형식이 다양하다.
- 4V : 3V에 '가치(Value)' 또는 '정확성(Veracity)'을 더해 4V로 요약하기도 한다.
  - 가치(Value) : 빅데이터는 새로운 가치를 창출한다.
  - 정확성(Veracity) : 빅데이터는 데이터의 원천과 형태의 다양성에도 불구하고 신뢰성을 보장한다.
- 5V : 3V에 '가치(Value)'와 '정확성(Veracity)'을 더해 5V로 요약하기도 한다.
- 6V : 5V에 '가변성(Variability)'을 더해 6V로 요약하기도 한다.
  - 가변성(Variability) : 빅데이터는 맥락에 따라 의미가 달라진다.
- 7V : 6V에 '시각화(Visualization)'를 합쳐 7V라 부르기도 한다.
  - 시각화(Visualization) : 빅데이터의 추상적인 정보를 효과적으로 인지할 수 있도록 시각화한다.

02 정답 ④

HR은 가상현실 분야에 해당하지 않는다.
- VR(가상현실, Virtual Reality)
- MR(혼합현실, Mixed Reality)
- XR(확장현실, Extended Reality)
- AR(증강현실, Augmented Reality)
- SR(대체현실, Substitutional Reality)

03 정답 ④

클라우드 컴퓨팅(Cloud Computing)은 정보처리를 자신의 컴퓨터가 아닌 인터넷으로 연결된 다른 컴퓨터로 처리하는 기술로, 하드웨어나 소프트웨어와 같은 컴퓨터 자산을 구매하는 대신 빌려 쓰는 개념이다. 어떤 요소를 빌리느냐에 따라 소프트웨어 서비스, 플랫폼 서비스, 인프라 서비스 등으로 구분한다.

오답분석

① 유비쿼터스(Ubiquitous) : 사용자가 자유롭게 어떤 기기로든 통신망에 접속할 수 있는 환경
② 스트리밍(Streaming) : 인터넷에서 각종 데이터를 실시간 전송, 재생할 수 있게 하는 기법
③ IoT(Internet of Things) : 사물에 센서를 붙여 실시간으로 데이터를 인터넷과 연결하여 정보를 공유하는 기술
⑤ 알고리즘(Algorithm) : 어떤 문제를 해결하기 위한 절차, 방법, 명령어들의 집합

04 정답 ③

㉠ IT산업의 발달로 등장하게 된 산업혁명은 제3차 산업혁명에 해당하며, 제4차 산업혁명은 인공지능, 사물인터넷, 빅데이터 등의 최첨단 시스템이 모든 제품서비스에 구축되어 사물을 지능화시킨 산업혁명에 해당한다.
㉡ 무인 공장의 등장 및 로봇의 확산으로 인해 오히려 이전 산업혁명보다 일자리 창출이 현저히 작아질 것으로 예상되고 있다.
㉢ 이전 산업혁명에서의 공장자동화는 공장기기들이 중앙시스템에 의해 제어를 받는 수동적 과정이었다면, 4차 산업혁명은 중앙시스템의 제어 없이 각 공장기기가 작업단계에 따라 능동적으로 대처하는 능동적 과정에 해당한다.

ㄹ 제4차 산업혁명에서의 사회는 고도로 연결되고 지능화되었기 때문에, 이전 산업혁명보다 정보의 파급력 및 전달속도가 더 넓은 범위에서 더 크고 빠르게 진행되고 있다.

05 정답 ⑤

차선 이탈 시 핸들 진동, 경고음 등으로 운전자에게 알려 사고를 예방하는 기술은 'LDWS'에 해당한다.

자율주행 자동차의 5대 핵심 기술

1. HDA(Highway Driving Assist, 고속도로 주행 지원 시스템) : 자동차 간 거리를 자동으로 유지해주는 기술
2. BSD(Bind Spot Detection, 후측방 경보 시스템) : 후진 중 주변 차량을 감지하고 경보를 울리는 기술
3. LKAS(Lane Keeping Assist System, 차선 유지 지원 시스템) : 방향 지시등 없이 차선을 벗어나는 것을 보완하는 기술
4. ASCC(Advanced Smart Cruise Control, 어드밴스드 스마트 크루즈 컨트롤) : 설정된 속도로 차간거리를 유지하며 정속 주행하는 기술
5. LDWS(Lane Departure Warning System, 차선 이탈 경보 시스템) : 방향 지시등을 켜지 않고 차선을 벗어났을 때 전방 차선의 상태를 인식하고 핸들 진동, 경고음 등으로 운전자에게 알려 사고를 예방하는 기술

06 정답 ⑤

애플리케이션(Application) 계층은 FTP, HTTP, SSH, SMTP, DNS 등이 사용되는 프로토콜 계층으로, 웹 서비스·이메일 등 실질적인 서비스를 제공하는 층이다.

• FTP : 장치와 장치 간의 파일을 전송하는 데 사용되는 표준 통신 프로토콜
• HTTP : World Wide Web을 위한 데이터 통신의 기초이자 웹 사이트를 이용하는 데 쓰는 프로토콜
• SSH : 보안되지 않은 네트워크에서 네트워크 서비스를 안전하게 운영하기 위한 암호화 네트워크 프로토콜
• SMTP : 전자 메일 전송을 위한 인터넷 표준 통신 프로토콜
• DNS : 도메인 이름과 IP 주소를 매핑해주는 서버

01 | 직무능력평가

01	02	03	04	05	06	07	08	09	10	11	12	13	14	15					
②	③	⑤	③	②	③	②	⑤	②	④	②	④	③	④	④					

01 정답 ②

(나)에서 올해의 전반적인 상황을 언급한 뒤, (가)에서 아시아시장과 서울에서의 세대교체를 이야기하고, (다)에서 미술은 새로운 피를 원한다는 결론을 내리는 것이 가장 자연스러운 연결이다.

02 정답 ③

N은행 오픈뱅킹 앱은 메인 화면에 당행 계좌와 타 은행 계좌가 분리되어 있는 화면을 제공한다고 하였으므로 적절하지 않다.

오답분석

① 코로나19 사태로 인한 긴급재난지원금을 앱을 통해 신청할 수 있도록 하였다고 했으므로 적절하다.
② 소비자 요구에 발맞춰 계좌별 잔액보기를 켜고 끌 수 있게 하였으므로 적절하다.
④ 실손보험 빠른 청구 서비스를 시행한다고 하였으므로 적절하다.
⑤ 고객들이 자산을 더 세부적으로 관리할 수 있도록 등록이나 잔액 등 순서대로 메인 화면을 맞춤 구성할 수 있으므로 적절하다.

03 정답 ⑤

문제의 조건에 따라 적금 상품별 만기 환급금을 계산하면 다음과 같다.

구분	상품	만기 환급금
K은행	단리 상품	$30 \times 60 + 30 \times \dfrac{60 \times 61}{2} \times \dfrac{0.05}{12} = 2{,}028.75$만 원
	복리 상품	$30 \times \dfrac{(1.02)^{\frac{61}{12}} - (1.02)^{\frac{1}{12}}}{(1.02)^{\frac{1}{12}} - 1} = 30 \times \dfrac{1.106 - 1.002}{0.002} = 1{,}560$만 원
C은행	단리 상품	$30 \times 60 + 30 \times \dfrac{60 \times 61}{2} \times \dfrac{0.06}{12} = 2{,}074.5$만 원
	복리 상품	$30 \times \dfrac{(1.03)^{\frac{61}{12}} - (1.03)^{\frac{1}{12}}}{(1.03)^{\frac{1}{12}} - 1} = 30 \times \dfrac{1.162 - 1.003}{0.003} = 1{,}590$만 원
W은행	단리 상품	$30 \times 60 + 30 \times \dfrac{60 \times 61}{2} \times \dfrac{0.065}{12} = 2{,}097.37$만 원

따라서 만기 환급액이 가장 높은 적금 상품은 W은행 단리 상품이다.

04 **정답** ③

문제의 조건에 따라 적금 상품별 만기 환급금을 계산하면 다음과 같다.

구분	상품	만기 환급금
K은행	단리 상품	$30\times60+30\times\dfrac{60\times61}{2}\times\dfrac{0.07}{12}≒2,120.25$만 원
	복리 상품	$30\times\dfrac{(1.06)^{\frac{61}{12}}-(1.06)^{\frac{1}{12}}}{(1.06)^{\frac{1}{12}}-1}=30\times\dfrac{1.345-1.005}{0.005}=2,040$만 원
C은행	단리 상품	$30\times60+30\times\dfrac{60\times61}{2}\times\dfrac{0.075}{12}≒2,143.13$만 원
	복리 상품	$30\times\dfrac{(1.05)^{\frac{61}{12}}-(1.05)^{\frac{1}{12}}}{(1.05)^{\frac{1}{12}}-1}=30\times\dfrac{1.281-1.004}{0.004}=2,077.5$만 원
W은행	단리 상품	$30\times60+30\times\dfrac{60\times61}{2}\times\dfrac{0.07}{12}=2,120.25$만 원

따라서 만기 환급액이 가장 많은 적금 상품은 C은행 단리 상품이고, 가장 적은 상품은 K은행 복리 상품이므로 그 차액은 2,143.13−2,040=103.13만 원이다.

05 **정답** ②

'영화를 좋아하는 사람은 모두 책을 좋아한다.'라는 전제와 '연극을 좋아하는 사람은 모두 책을 좋아하지 않는다.'라는 전제를 통해서 영화를 좋아하는 사람과 연극을 좋아하는 사람의 집합은 겹치지 않는 것을 알 수 있다. 여기서 '영화를 좋아하는 사람은 모두 뮤지컬을 좋아하지 않는다.'라는 결론이 도출되기 위해서는 '뮤지컬을 좋아하는 사람은 모두 연극을 좋아한다.'라는 전제를 삽입하면 연극을 좋아하는 사람과 뮤지컬을 좋아하는 사람의 집합을 일치시킬 수 있다. 따라서 주어진 결론을 도출할 수 있다.
영화를 좋아한다. → 책을 좋아한다. → 연극을 좋아하지 않는다. → 뮤지컬을 좋아하지 않는다.

06 **정답** ③

다음 조건에서 대우와 삼단논법을 통해 도출할 수 있는 결론은 다음과 같다.
- 우산을 선호하는 사람 → 장화를 선호하는 사람 → 우비를 선호하지 않는 사람
- 우비를 선호하는 사람 → 장화를 선호하지 않는 사람 → 우산을 선호하지 않는 사람
따라서 장화를 선호하는 사람은 우비를 선호하지 않는다.

07 정답 ②

주어진 정보에 따라 각 연구원에 대한 정보를 정리하면 다음과 같다.

구분	성과점수	종합기여도	성과급
A (석사)	$(75×60\%)+(85×40\%)+(3×2)-1=84$	B등급	$240×35=84$만 원
B (박사)	$(80×60\%)+(80×40\%)+(3×1)=83$	B등급	$300×35=105$만 원
C (석사)	$(65×60\%)+(85×40\%)+2=75$	C등급	$240×25=60$만 원
D (학사)	$(90×60\%)+(75×40\%)=84$	B등급	$200×35=70$만 원
E (학사)	$(75×60\%)+(60×40\%)+(3×3)+2=80$	B등급	$200×35=70$만 원

따라서 가장 많은 성과급을 지급받을 연구원은 B이다.

08 정답 ⑤

X상품은 신용등급 5등급 이상(1~5등급)일 경우 대출 가능한 상품이다. 따라서 E고객의 신용등급 또는 대출상품 정보가 잘못 입력되었다.

09 정답 ②

고객별 대출기간이 $\frac{1}{2}$이 지났을 때 날짜는 다음과 같다.

- A고객 : 2018년 8월부터 5년 대출이므로 2년 6개월 경과 후 날짜는 2021년 2월이다.
- B고객 : 2020년 5월부터 3년 대출이므로 1년 6개월 경과 후 날짜는 2021년 11월이다.
- C고객 : 2019년 12월부터 3년 대출이므로 1년 6개월 경과 후 날짜는 2021년 6월이다.
- D고객 : 2021년 1월부터 1년 대출이므로 6개월 경과 후 날짜는 2021년 7월이다.
- E고객 : 2019년 4월부터 4년 대출이므로 2년 경과 후 날짜는 2021년 4월이다.

따라서 대출기간 중 $\frac{1}{2}$ 이상이 지나지 않은 고객은 B이다.

10 정답 ④

X상품의 경우 중도상환수수료가 없으므로 A, E고객은 중도상환수수료가 없다.

Y상품의 경우 총대출기간이 1년 미만이거나 남은 대출기간이 1년 미만일 경우 중도상환수수료를 면제받는다. B고객은 2021년 4월이 최종 대출상환월로 남은 기간이 1년 이상이고, C고객도 2020년 11월이 최종 대출상환월로 남은 기간이 1년 이상이다. B고객과 C고객 모두 중도상환수수료를 내야 하므로, 중도상환수수료를 계산하면 다음과 같다.

- B고객 : $7,000×\frac{20}{36}×0.158≒614$만 원

- C고객 : $3,000×\frac{15}{36}×0.158≒197$만 원

Z상품의 경우 중도상환수수료 면제대상이 없으므로 D고객의 중도상환수수료를 계산하면 다음과 같다.

- D고객 : $5,000×\frac{4}{12}×0.122≒203$만 원

따라서 모든 고객의 중도상환수수료는 총 1,014만 원이다.

11 정답 ②

D와 B의 등수에 대한 C와 D의 진술이 모순되므로 C의 말이 참일 때와 D의 말이 참일 때로 나누어 생각해본다.
C의 말이 참이라면, A와 C의 말에 따라 5명의 등수는 A − C − E − B − D인데 이는 성립하지 않으므로 C의 진술은 거짓이다.
따라서 D의 진술이 참이고, 5명의 등수는 A − C − E − D − B이다.

12 정답 ④

B와 A의 순서에 대한 B와 C의 진술이 모순되기 때문에 B가 참일 때와 C가 참일 때로 나누어 생각해본다.
C가 참이라면, A와 C의 말에 따라 B − A − E 순서가 되는데 E의 말과 다르므로 성립하지 않는다.
따라서 B가 참이고, C − D − E − A − B 순으로 서는 것이 적절하다.

13 정답 ③

각 직원의 항목별 평가등급에 따른 가중치를 반영하여 평가점수 총점을 도출하고, 이를 토대로 성과평가 등급을 부여하면 다음과 같다.

구분	실적	난이도평가	중요도평가	신속성	평가점수	등급
김사원	30	12	24	20	86	A
최주임	24	16	18	8	66	C
박대리	12	20	24	16	72	C
임과장	18	20	30	8	76	B
장차장	18	8	30	12	68	C

따라서 C등급이 가장 많다.

14 정답 ④

13번의 해설을 참고하여 각 팀원의 평가등급에 따른 지급비율에 기본급을 곱하여 성과급 수령액을 도출하면 다음과 같다.

구분	등급	성과급 지급비율	성과급 지급액
김사원	A	0.8	1,600천 원
최주임	C	0.4	880천 원
박대리	C	0.4	1,120천 원
임과장	B	0.6	2,100천 원
장차장	C	0.4	1,520천 원

따라서 최대성과급 수령액과 최저성과급 수령액의 차이는 2,100−880=1,220천 원이다.

15 정답 ④

A고객의 가입 기간은 3년이며, 월 100만 원씩 입금한다. 연이율은 기본이율 2%에 준조합원 우대금리(0.1%p), 행복이음 패키지 보유(0.1%p), 공과금 이체(0.2%p)를 적용하여 2.4%이다.
적금 단리 공식에 대입하면 다음과 같다.

$b \times n + b \times \dfrac{r}{12} \times \dfrac{n \times (n+1)}{2}$ (b=월 납입금, r=연금리, n=납입 개월 수)

$1,000,000 \times 36 + 1,000,000 \times \dfrac{0.024}{12} \times \dfrac{36 \times (36+1)}{2}$

→ 36,000,000+1,332,000=37,332,000

따라서 A고객이 상품에 가입 후 만기시점에 받을 세전 금액의 합은 37,332,000원이다.

01	02	03	04	05	06	07	08	09	10	11	12	13	14	15	16	17	18		
③	⑤	④	②	③	②	③	④	⑤	②	②	①	①	④	③	⑤	③	②		

01 정답 ③

㉠ 주식회사가 1주에 1표를 지급받는다면, 조합은 출자금에 관계없이 모두 균등하게 1인 1표를 지급받는다.

㉢ 주식회사는 1주에 1표씩의 의결권이 부여되는 만큼 소수 대주주에 의해 전체적인 경영이 이루어지지만, 조합은 모든 조합원이 동등하게 1인 1표씩의 의결권을 부여받기 때문에 다수에 의한 평등한 경영이 이루어진다.

㉣ 주식회사는 1주당 1표씩 부여되므로, 지분의 51% 이상이 주도하는 대로 신속하게 의사결정을 할 수 있지만, 지분에 관계없이 균등하게 1표씩 분배받는 조합의 경우 각 조합원 간 의견이 상이하다면 문제 해결까지의 시간이 길어질 수 있다.

오답분석

㉡ 주식회사에서는 지분의 소유규모에 따라 회사의 경영이 이루어지지만, 조합의 경우 출자금에 상관없이 동일하게 1인 1표를 행사할 수 있으므로 보다 더 민주적인 진행이 가능해진다.

02 정답 ⑤

'또 하나의 마을 만들기 운동'은 기업 또는 단체 대표와 소속 임직원들이 각각 농촌마을의 명예이장과 명예주민으로 위촉받아 도시와 농촌이 일대일 쌍방향으로 교류하는 운동이다. 이를 통해 도시민은 농촌으로부터 농산물이나 쉼터를 제공받고, 농촌인은 도시로부터 마을 특성화 사업을 포함한 여러 지원을 받고 있다.

오답분석

① 디지털 새마을 운동 : 농촌에 정보통신기술을 결합한 것으로, 농민들이 직접 재배한 농작물을 인터넷을 통해 판매하는 전자상거래가 이에 해당된다.

② 농산어촌 유토피아 마을 : 기존 농촌마을이 아닌 새로운 농촌마을을 만들어 해당 농촌마을에서 행복한 삶을 누릴 수 있도록 경제적·행정적으로 지원받을 수 있는 마을이다.

③ 농촌사랑 1사1촌 자매결연 : 농촌마을의 일손을 돕기 위한 인력 제공 및 각 농산물의 판매경로 제공이 주된 내용으로, 농촌을 향한 일방적인 지원 운동이다.

④ 농업농촌 탄소중립 실천운동 : 농산물 재배과정에서 발생할 수 있는 탄소사용을 줄이는 운동으로, 일회용품 줄이기, 폐기 농약물품 분리배출하기 등이 이에 해당한다.

03 정답 ④

농촌유학생은 유학생 본인만 지역농가에 거주하는 홈스테이형 또는 지역센터에 거주하는 지역센터형과 유학생을 포함한 가족 모두 함께 거주하는 가족체류형 중 하나의 형태로 농촌지역에서의 거주를 결정한다.

오답분석

① 전국이 아닌, 일부 농촌지역을 대상으로 2022년부터 시범적으로 시행되는 사업이다.

② 농산어촌 유토피아는 기존의 농촌지역이 아닌, 새로운 땅 위에 새로운 농촌을 세우는 사업이다.

③ 농산어촌 유토피아로 선정된 마을은 마을개발, 주거, 교육, 문화, 복지, 인프라향상, 일자리지원, 지역역량강화 등의 사업을 총괄적으로 지원받을 수 있다.

⑤ 농촌유학생은 교육청을 통해 농촌유학에 필요한 지원금을 지급받을 수 있으며, 지원금이 종료된 후에도 개인의 선택에 의해 농촌유학을 계속할 수 있다.

04 정답 ②

도시농업 사업은 농산물 재배와 더불어 미래 먹거리 개발에도 힘쓰고 있으며, 이밖에도 전문인력 양성, 일자리 창출, 귀농귀촌 교육, 치유농업 프로그램 등 다양한 프로그램을 함께 추진하고 있다.

오답분석

㉠ 도시농업의 추진 목적은 도시에서도 농업을 육성하여 건강한 먹거리를 직접 생산하기 위함에 있다.

㉡ 코로나19 이후 도시농업은 도시에서 직접 작물을 재배하면서 육체적 · 정신적 건강을 도모하는 여가문화로 인식이 변화되었다.

㉢ 도시농업은 전문인력 양성을 위해 전문교육을 실시하고 있으며, 이는 청년층에 국한된 것이 아닌 다양한 계층의 시민을 대상으로 진행되고 있다.

05 정답 ③

㉡ 농협은 조합원 상호 간의 자금 융통을 통해 농가의 경제적 문제를 해소하였고, 중앙부 운영방식을 따른 소매점을 설립하여 생활물자를 저렴하게 공급함으로써 농촌지역의 물가 안정을 도모하였다.

㉢ 농협은 농가들이 원활하게 농기계를 이용할 수 있도록 다양한 지원 사업을 추진하였으며, 이를 통해 단순히 농산물의 생산을 늘리는 것이 아닌 실질적으로 농가의 소득을 늘리는 데 주력하였다.

오답분석

㉠ 농협이 정부에 식량 증산을 위한 비료, 농약, 영농자재 공급 등을 요청한 것이 아니라, 정부가 농협에 식량 증산을 위한 지원 사업을 지시하였다.

㉣ 농협은 우루과이라운드 협상으로 값싼 외국산 농축산물이 유입되자, 국산 농축산물의 애용을 위한 범국민 서명운동, 신토불이 · 농토불이 등의 농촌운동을 전개하였다.

06 정답 ②

로렌츠곡선은 한 사회의 인구를 누적시킴에 따라 소득이 누적되는 비율을 나타낸 곡선으로, 로렌츠곡선이 45도인 경우를 완전균등 선(완전평등선)이라고 부른다. 따라서 로렌츠곡선이 45도선에 가까울수록 소득불평등 수준이 적어지고 반대로 갈수록 높아진다. 지니계수는 완전균등선 아래의 전체 면적에서 로렌츠곡선과 완전균등선 사이의 면적이 차지하는 비율을 구한 값이다. 그러므로 지니계수는 1에 가까울수록 소득불평등 수준이 높아지고 0에 가까울수록 소득불평등 수준이 낮아진다.
따라서 완전균등선에 더 가까운 A국가의 지니계수가 B국가의 지니계수보다 0에 더 가깝다.

07 정답 ③

금리선물은 주로 채권, 예금 등을 대상으로 하는 선물로서 속성상 다른 선물 상품들과는 다르게 선물뿐만 아니라 현물에도 만기가 있다. 또한 이러한 점은 옵션거래전략을 구사할 때 매우 중요한 요인으로 작용한다.

08 정답 ④

오답분석

① DLS(파생결합증권)에 대한 설명이다.

② ELS의 발행기관과 판매기관은 은행이 아닌 증권사이다.

③ ELS는 원금보장이 되어 있지 않으며, 대신 ELB(주가연계파생결합사채)를 통해 원금을 보장받고, 비교적 보수적인 수익창출이 가능하다.

⑤ ELS는 일반적인 증권들과는 달리 기초자산의 가격변동에 연동되어 수익구조가 결정되는 파생상품적 성격을 가지고 있다.

09   정답   ⑤

공개매수(TOB; Take Over Bid or Tender Offer)는 주로 경영권을 지배하기 위해 주식의 매입 희망자가 매입기간, 주수(株數), 가격을 공표해서 증권시장 밖에서 공개적으로 매수하는 방법이다.

10   정답   ②

먼저 어떠한 재화의 가격이 하락하면 그 상품의 수요량에 미치는 영향을 소득효과와 대체효과의 발생원인으로 볼 수 있다. 이러한 경우 ①의 영향은 소득효과(Income Effect)라고 하고, ③의 영향은 대체효과(Substitution Effect)라고 한다.
②의 상품의 가격하락은 직접적으로 소비자의 명목소득을 증가시킨다고는 볼 수 없다. 명목소득은 직접적으로 일정기간 동안 벌어들인 돈을 뜻하며, 실질소득은 이러한 명목소득을 소비자물가지수로 나눈 값을 말한다.
따라서 상품의 가격하락은 소비자의 명목소득에는 영향을 줄 수 없지만 실질소득은 증가시킬 수 있다.

11   정답   ②

채권의 가격, 수익률, 가격변동폭 및 만기에 대해서 정리한 개념이다. 우선 채권수익률과 채권가격의 관계는 반비례 관계이며, 채권의 만기는 길어질수록 일정폭의 채권수익률 변동을 발생시키기 때문에 그러한 변동에 대한 채권가격의 변동폭은 커지게 된다.

12   정답   ①

빈칸은 각각 A : 무상증자, B : 유상증자, C : 공개매수, D : 주식배당에 대한 설명이다.

오답분석

- 신주발행 : 회사가 주식을 새로 발행하는 것
- 옵션거래 : 매매 선택권을 매매하는 거래

13   정답   ①

시간 외 대량매매는 시간 외 시장의 매매거래시간 동안 종목, 수량, 가격이 동일한 매도호가 및 매수호가로 회원이 매매거래를 성립시키고자 거래소에 신청하는 경우 당해 내용대로 매매거래를 성립시키는 제도이다. 이는 블록 세일(Block Sale) 혹은 블록 딜(Block Deal)이라고도 하며, 쉽게 말해 가격과 물량을 미리 정해 놓고 특정 주체에게 일정 지분을 묶어 일괄 매각하는 지분 매각 방식을 말한다. 제시문의 내용은 예금보험공사가 우리금융지주의 완전 민영화를 위해 보유하던 잔여지분의 2.2%를 이해관계자인 M증권, S증권, JP증권 주관을 통해 매각하였다는 것이다.

오답분석

② 그린 닥(Green DAQ) : 바이오연료, 태양광 등의 신재생 에너지 기업 상장을 위한 온라인 거래소로서 미국에서 출범했다.
③ 오픈 API(Open API) : API(Application Programming Interface)란 운영체제나 프로그래밍 언어가 제공하는 기능을 제어할 수 있게 해주는 다양한 인터페이스를 의미하며 오픈 API는 외부에서 이를 불러와 사용할 수 있도록 개방한 API를 의미한다.
④ 딜러 론(Dealer Loan) : 딜러에게 제공되는 은행대부로서 상품보유를 위한 자금제공을 그 목적으로 한다.
⑤ 그린 슈트(Green Shoots) : 경기후퇴에서 벗어나 경기가 회복하거나 발전할 조짐 및 징후를 뜻한다.

14   정답   ④

먼저 집합투자란 2인 이상의 투자자들로부터 모은 금전 및 그 밖의 재산적 가치가 있는 것을 투자자로부터 일상적인 운용지시를 받지 않으면서 투자대상자산을 취득, 처분 등을 통하여 운용하며 그 결과를 투자자에게 배분·귀속시키는 것을 말한다. 이러한 집합투자를 수행하기 위한 기구를 법률적으로 '집합투자기구', 통상적으로는 '펀드(Fund)'라고 한다. 이러한 집합투자기구의 법적 형태는 회사형, 신탁형, 조합형으로 분류하고 또한 투자자에게 환매권을 주는지 여부에 따라서 환매권을 준다면 개방형 집합투자기구, 주지 않는다면 폐쇄형 집합투자기구로 구분한다.

15 정답 ③

공매도(Short Stock Selling)란 특정 종목의 주가가 하락할 것으로 예상되면 해당 주식을 보유하지 않은 상태에서 증권사로부터 주식을 빌려 매도 주문을 내는 투자 전략이다. 이러한 거래 방식으로 인해 결제 불이행이 발생한다면 시장 체계에 혼란이 오므로 증권사에서는 결제 불이행을 막기 위해 일정한 담보를 잡기도 한다. 따라서 공매도는 주가가 단기간 하락할 것이라 예상될 때 개인보다는 기관이 주로 취하는 전략이다. 현재 대한민국에서 주식을 빌리지 않고 매도부터 하는 무차입 공매도는 자본시장법을 위반한 불법이다.

16 정답 ⑤

개별 경제주체 관점에서 완전경쟁시장의 개별 기업은 완전한 경쟁하에서 특정한 시장가격을 요구받는다(반대로 개별 소비자 입장에서도 시장가격을 요구받음). 이때 요구가격보다 조금이라도 높은 값에 제품을 판매하고자 한다면 모든 소비자들은 다른 기업의 표준화된 제품을 구매할 것이다. 이 경우 시장가격보다 낮은 가격은 한계비용보다 아래에 위치하게 되므로 기업이 판매를 중단하게 된다. 따라서 완전경쟁시장하의 개별 기업의 관점에서는 수요곡선이 수평선을 이룬다.
독점시장의 경우에는 개별 기업의 수요공급곡선이 곧 산업전체의 수요공급곡선이 된다(공급자 즉, 개별 기업의 공급곡선 독점).

17 정답 ③

우리가 흔히 사용하는 명목환율(NER; Nominal Exchange Rate)은 외환시장에서 매일 고시되는 국제 통화 간 환율을 말한다. 명목환율은 비교국 간 물가변동을 반영하지 못하는 문제점이 있기에 실제 구매력까지 반영 조정한 환율이 실질환율(RER; Real Exchange Rate)이다.
실질환율은 현재의 명목환율 변동을 한 나라와 외국 간 물가변동 차이로 조정한 환율이기 때문에 한 나라 상품의 국제 가격경쟁력을 측정하는 데 널리 이용한다. 다만 상황에 따른 가변요소가 너무 많기 때문에 절대적인 수치를 제시하기 어려운 문제가 있다.
실효환율(EER; Effective Exchange Rate)은 두 나라 간 통화를 확대해 자국 통화와 모든 교역상대국 통화 간의 종합적인 관계를 나타내는 환율이다. 주요 교역상대국의 명목환율을 교역량 등으로 가중평균한 명목실효환율과 여기에 다시 교역상대국의 물가지수 변동까지 감안해 만든 실질실효환율로 나뉜다.

18 정답 ②

이자율 상승 시 가격효과(소득효과, 대체효과)를 차입자와 저축자 입장에서 구분하자면, 우선 저축자의 소득효과 측면에서 이자율 상승은 이자수입의 증가로 이어져 소득이 증가하며, 현재소비가 증가한다. 대체효과 측면에서는 현재소비의 기회비용이 상승하여 현재소비가 감소하고 미래소비(저축)가 증가한다. 반면 차입자의 경우는 이자율 상승이 이자 부담 증가로 이어져 소득효과 측면에서도 대체효과 측면에서도 감소하는 추세를 보이게 된다.

01	02	03	04	05	06	07	08												
④	④	③	②	⑤	①	②	③												

01 　정답　④

㉠ 빅데이터란 디지털 환경에 들어서면서 단시간 동안 생성된 많은 양의 데이터를 말하며, 이것은 단일화된 형태가 아닌 수치데이터, 문자 데이터, 영상 데이터와 같이 다양한 종류로 구성되어 있다.

㉡ 블록체인은 하나의 서버가 아닌 여러 대의 서버가 이를 함께 관리하여 서로 간에 데이터를 검증할 수 있도록 하는 기술이다.

㉢ 사물인터넷은 유무형에 관계없이 모든 사물 및 공간이 인터넷을 통해 상호 간에 데이터를 공유하는 기술로, 이를 통해 이용자들은 별도의 조작 없이도 편리한 서비스를 제공받을 수 있다. 예를 들어 침대에서 일어나면 자동적으로 커튼이 쳐지거나 불이 켜지는 서비스가 이에 해당된다.

오답분석

㉣ 기존의 컴퓨터가 인간이 만들어낸 데이터와 프로그램을 통해서 진행되었다면, 인공지능은 이러한 인간의 개입 없이도 기계학습 기술을 통해 스스로 학습하여 판단하고 결정하는 능력을 가지게 된 컴퓨터이다.

02 　정답　④

행동인터넷(IoB; Internet of Behaviors)은 사람들이 온라인 또는 오프라인에서 주로 무엇을 이용했고, 어떤 제품을 구매했는지, 또 어디에 관심이 많은지 등에 대한 행동 데이터를 수집하고 이를 분석하여 각 사람들이 필요로 하는 콘텐츠를 제시해주는 기술을 말한다.

오답분석

① 만물인터넷(IoE; Internet of Everything) : 기존에 정의된 사물인터넷에서 더 나아간 개념으로, 현재 존재하는 기술은 아니지만 미래에는 만물 간 인터넷으로 연결되어 서로 정보를 공유할 것이라는 기술을 말한다.

② 사물인터넷(IoT; Internet of Thing) : 사람들의 일상 속 사물들에 센서나 통신기능을 탑재시켜 이들을 인터넷으로 연결하여 각 사물 간에 정보를 공유하는 기술을 말한다.

③ 소물인터넷(IoST; Internet of Small Things) : 사물인터넷을 이용하는 사물 중에서 사물 간에 공유하는 정보의 양이 적어 다른 사물들에 비해 저성능의 프로세서로 작동하는 사물들의 네트워크 기술을 말한다.

⑤ 협대역사물인터넷(NarrowBand-Internet of Things) : 사물인터넷을 지원하기 위하여 LTE기술을 바탕으로 만들어진 통신기술을 말한다.

03 　정답　③

유사성이란 다른 대상과 서로 비교하여 볼 때 가지고 있는 동일한 성질을 말한다. 자료에서 소비자들로 하여 여러 책들에 대한 평가를 한 뒤 이것을 바탕으로 책을 소개해준다고 했으므로, 각 책에 대한 평가 결과의 유사성을 기반으로 하여 추천한 것임을 추측할 수 있다.

오답분석

① 근접성 : 어떤 대상과의 시간적 또는 공간적인 거리 관계에 대한 성질을 말한다.

② 상대성 : 대상이 자체적으로 독립하여 존재하지 못하고, 다른 대상에 대립되거나 또는 비교되어 존재하는 의존적인 성질을 말한다.

④ 절대성 : 어떤 대상과도 서로 비교할 수 없는 성질을 말한다.

⑤ 총체성 : 대상을 각각의 요소로 나누어 보는 것이 아닌, 대상이 가지고 있는 전체적인 성질을 말한다.

04 정답 ②

슈퍼 앱(Super App)이란 필요한 서비스별로 별도의 앱을 설치하지 않아도 하나의 앱으로 여러 기능의 수행이 가능하게 하는 앱을 말한다.

오답분석

① 웹 앱(Web App) : PC나 스마트폰 등의 이용기기에 구애 없이 동일한 서비스를 이용할 수 있도록 구축하는 응용 소프트웨어를 말한다.

③ 킬러 앱(Killer App) : 시장에 새로 등장한 상품이나 서비스가 기존의 것을 내쫓을 만큼 큰 인기를 끌게 되면서 투자비용 대비 막대한 수익을 창출하는 것을 말한다.

④ 해로드 앱(OceanRoad App) : 해양수산부가 2014년부터 제공하는 서비스로, 항법장비를 갖추지 못한 어선이나 선박 이용자에게 구조요청이나 해양기상 및 안전정보, 바닷길 안내 등의 서비스를 제공함으로써 이용자들의 안전을 보호하기 위한 앱이다.

⑤ 하이브리드 앱(Hybrid App) : 웹 기술을 통해 웹 문서를 조성하고, 각 모바일 운영 체제 환경에 맞게 해당 웹 문서를 만드는 앱이다.

05 정답 ⑤

규제 샌드박스는 신제품 및 서비스의 시장진출을 용이하도록 하기 위한 제도로, 일정 기간 동안 기존의 법령이나 규제 한도를 넘어서더라도 이에 대해 제한하지 않거나 또는 이를 유예시키는 것을 말한다.

㉠ 신제품 및 서비스 산업의 시장진출을 용이하도록 하는 제도이므로 옳은 설명이다.

㉢ 사람의 생명과 안전에 위협이 되지 않는 범위 내에서 신제품 및 서비스에 대해 기존 법령이나 규제 한도를 완화해주는 제도이다. 따라서 사람의 생명과 안전에 위협이 된다면 기존 법령이나 규제가 적용된다.

㉣ 신제품 및 서비스의 시장진출을 용이하도록 하기 위해 기존 법령이나 규제 한도에도 불구하고 이를 적용하지 않거나 적용을 보류하는 제도이다.

오답분석

㉡ 규제 샌드박스는 신제품을 지원하는 사업으로 기존 제품의 생존권 보호를 위한 제도와는 거리가 멀다.

06 정답 ①

블록 딜(Block Deal)이란 대량의 주식 거래 시 해당 거래가 시장에 영향을 주지 않도록 거래 당사자끼리 주식 장 마감 이후 해당 지분을 인도하겠다는 내용의 계약을 체결하는 제도를 말한다.

오답분석

② 오버행(Overhang) : 거래 가능성이 있는 대량의 주식 물량을 말하며, 실제로 해당 물량이 거래가 되는 경우 주가가 급등락하게 되어 시장에 큰 영향을 미치게 된다.

③ 로스 컷(Loss Cut) : 현재 보유하고 있는 주식의 주가가 처음 매입 시보다 낮은 상태이고 이후에도 계속 하락할 것으로 예상될 때, 예상되는 추가적인 손해를 막기 위해 현재의 손해에도 불구하고 이를 매각하는 행위를 말한다.

④ 공매도(Short Stock Selling) : 해당 주식을 보유하고 있지는 않으나 해당 주식이 급락할 것으로 예상될 때, 해당 주식을 보유하고 있는 자에게 이를 빌려 매각한 후 추후 가격이 하락하면 다시 사들여 그 차익을 통해 이익을 보는 행위를 말한다.

⑤ 숏 커버링(Short Covering) : 매각한 주식을 다시 매입하는 행위로, 주가의 변동으로 인한 이익을 챙기거나 또는 그로 인한 손실을 만회하기 위해 해당 행위를 취하기도 한다.

07 정답 ②

ⓒ 각 사물은 물리적 센서를 통해 인터넷 환경에 접속하여 상호 간의 정보를 공유하는 것이므로, 물리적 센서가 부착되어 있지 않다면 해당 기능의 수행은 불가능하다.

ⓔ 각 사물은 시간과 장소, 사물의 형체 유무에 관계없이 물리적 센서와 인터넷 주소만 있다면 인터넷 공간을 통해 상호 간에 데이터를 공유할 수 있게 되었고, 이러한 환경을 사물인터넷이라고 한다.

오답분석

ⓐ 사물에 부착되어진 센서를 통해 인터넷 환경에서 상호 간의 정보를 공유하는 기술이다. 따라서 인터넷이 없다면 이용할 수 없는 기술이다.

ⓒ 이전까지의 기술에서는 사람의 조작을 통해 데이터 공유가 가능했다면, 사물인터넷 시대에서는 사람의 조작 없이도 각 사물 간의 데이터 공유가 가능해지게 되었다.

08 정답 ③

네트워크 슬라이싱(Network Slicing)이란 5G 시대에 등장한 새로운 기술로, 여러 기능을 제공하고 있던 물리적인 네트워크 인프라를 각 기능에 따라 독자적인 수행이 가능한 여러 개의 가상 네트워크로 분리한 것을 말한다. 이를 통해 각 사용자는 자신이 필요로 하는 기능을 맞춤형으로 제공받을 수 있게 되었다.

01 직무능력평가

01	02	03	04	05	06	07	08	09	10	11	12	13							
③	⑤	④	②	①	②	④	①	③	③	①	⑤	③							

01 정답 ③

제시문에서는 충청남도가 '맞춤형 농작업지원단'을 운영하여 농촌에서의 경작 등 영농활동을 위해 필요한 인력을 농촌으로 중개해 주며, 작업료 및 보험가입을 지원한다는 내용이다. 이는 모두 일손부족 문제로 인한 농촌의 생산성 하락에 따른 경제상황 악화를 우려하는 내용이다.

오답분석

① 시설낙후 문제는 마지막 문단에서 장기적인 농촌 인력확보를 위해 개선되어야 할 문제점으로 일부 언급된 수준이므로 이 글에 나타난 핵심적인 농촌 문제라고 볼 수 없다.
② 제시문에서는 도농 소득격차 문제를 직접적으로 언급하지 않았다.
④ 제시문에서는 환경오염 문제를 직접적으로 언급하지 않았다.
⑤ 빈집활용 문제도 최근 농촌인구 감소로 인해 부각되고 있는 문제점이지만, 제시문에서는 언급되지 않았다.

02 정답 ⑤

예상과 달리 2021년에 내수 소비의 증가폭이 기대보다 감소하게 되더라도, 경제주체들의 시장적응도가 2020년에 비해 높아졌으므로 2020년만큼의 급격한 경기위축은 발생하지 않을 가능성이 크다.

오답분석

① 코로나19로 인한 경기침체는 정상 수익률을 악화시켜, 더 높은 수익률을 얻기 위해 민간의 자금이 자산시장에 대거 유입되게 만든다. 이는 민간 경제주체들의 부채 증대를 의미하며, 이러한 과잉유동성은 경제의 재정건전성을 악화시킨다.
② 온라인 소비 시장의 경우 낮은 진입장벽으로 인해 공급자가 급증하여 과당 경쟁이 실현되고 있고, 팬데믹의 완화에 따라 수요가 정체되고 있지만, 수요의 증가추세가 정체되는 것뿐 감소하는 것은 아니며, 시장규모 역시 급증하고 있다고 제시되어 있다.
③ 온택트 시장에서는 서비스 시장이 먼저 확대된 후 상품 시장으로 확대되고 있다.
④ 2021년 상반기에도 양의 성장을 이루어 내어 경기를 회복할 것이며, 하반기에는 더욱 큰 성장성 회복을 보일 것이다.

03 정답 ④

확정기여형 퇴직금의 도출 수식은 (퇴직금)=(연 임금총액×1/12)×(1+운용수익률)이다.

$$12 \times 1,500,000 \times \left(\frac{(1.10)^{28} - 1}{(1.10) - 1} \right) \times \frac{1}{12} \times (1.15)$$

$$= 1,500,000 \times \left(\frac{(1.10)^{28} - 1}{(1.10) - 1} \right) \times (1.15)$$

04 정답 ②

㉠ On-Off 해외여행보험은 소멸성 순수보장형 상품이며, 보험기간이 최장 3개월이다.
㉣ 항공기 납치의 경우 1일당 7만 원씩 보상이 이루어지므로, 총 84만 원을 보상받게 된다.

오답분석

㉡ 만 25세는 보험 가입연령에 해당되며, 보장받을 수 있는 경우이나 배상 범위 전액이 아닌 가입금액 한도에서 보장받을 수 있고, 자기부담금이 1만 원 발생한다.
㉢ 상해사망이 아니더라도 후유장해가 심한 경우 가입금액에 장해지급률을 곱한 만큼을 지급받을 수 있으며, 이때 장해지급률의 범위에는 100%도 포함되므로 전액을 지급받을 수 있다.

05 정답 ①

㉠ 화재에 따른 무화과 과실손해는 가입 다음해의 7월 31일 이전에 손해가 발생한 경우에 보장이 되므로, 2021년 9월에 발생한 과실손해를 보상받기 위해서는 2021년 1월 1일 이후부터 2021년 9월 이전까지 농작물재배보험에 가입하여야 한다.
㉡ 2019년 중에 농작물재해보험에 가입한 경우, 2020년 11월 30일 이전까지 발생한 조수해에 따른 무화과 나무 손해를 보상받을 수 있다. 하지만 이는 보통약관이 아닌 특별약관에 따라 보장받는다.

오답분석

㉢ 경작불능에 대한 보장은 다음해 5월 31일 이전에 개시되는 복분자 수확물에 대하여 가능하다. 따라서 2020년 7월에 수확을 시작할 복분자의 경우, 2020년 1월에 가입한 보험으로 보상을 받을 수 있다.
㉣ 과실손해 약관에 따라, 2021년 8월 1일 이후에 발생한 태풍으로 인한 11월 20일 이전의 무화과 과실손해를 보상받을 수 있다.

06 정답 ②

㉠ 해당 적금은 영업점이라는 오프라인 채널과 인터넷/스마트뱅킹이라는 온라인 채널에서 모두 판매되고 있으므로 옴니채널 방식으로 판매되고 있다는 설명은 옳은 설명이다.
  옴니채널은 소비자가 온라인, 오프라인, 모바일 등 다양한 경로를 넘나들며 상품을 검색하고 구매할 수 있도록 한 서비스이다.
㉢ 우대금리를 적용받는 연금의 종류에는 타행의 연금이라도 '연금'이라는 문구가 포함되면 인정되므로, 타행의 연금에 가입한 경우에도 만기 전전월말 이전의 가입기간 중 2개월 이상 연금이 입금되어 우대금리 요건을 충족시킨다면 우대금리를 적용받을 수 있다.

오답분석

㉡ 신고는 서류양식을 갖추어 통보만 하면 효력이 발생하는 것을 의미하지만, 약관에 따르면 질권설정을 위해서는 은행이 내용을 실질적으로 검토하여 허락을 하는 승인이 필요하다.
㉣ 우대금리는 만기해지 시에만 적용되므로, 중도에 해지하는 경우에는 요건을 충족하는 항목이 있더라도 우대금리를 적용받을 수 없다.

07 정답 ④

최과장은 가입기간 중 급여에서 입금을 하였으므로 우대금리를 0.2%p 적용받고, 비대면 채널로 가입하였으므로 0.1%p의 우대금리를 적용받으므로 기본금리를 포함하여 총 1.0%의 금리를 적용받는다.

$(200,000 \times 12) + \left\{ 200,000 \times \left(0.01 \times \dfrac{1}{12} \right) \times \dfrac{12 \times (12+1)}{2} \right\} = 2,413,000$원

따라서 최과장이 만기에 수령할 원리금은 2,413,000원이다.

08 정답 ①

㉠ 만기해지를 포함하여 분할해지가 총 3회 가능하므로, 만기 전까지는 최대 2회 가능함을 알 수 있다.
㉡ 이체 실적은 최대 월 1회 인정되므로 5회를 인정받기 위해서는 최소 5개월간 이체를 실시하여야 한다.

ⓒ 거치식 상품으로 추가입금을 할 수 없다.
ⓔ 개인만 가입이 가능한 상품이므로 법인은 가입할 수 없다.

09 정답 ③

김대리는 제시된 우대금리 조건내용 중 첫 번째와 두 번째 우대금리만을 적용받아 최종적으로 연 1.0%의 금리를 적용받는다.
김대리가 주어진 정보에 따라 만기에 수령할 원리금을 계산하면 다음과 같다.

$$150,000,000 \times \left(1 + \frac{0.01}{12}\right)^{12} = 150,000,000 \times 1.012 = 151,800,000원$$

따라서 원리금에서 원금을 뺀 이자는 151,800,000 − 150,000,000 = 1,800,000원이다.

10 정답 ③

ⓘ 영역별 이용금액이 동일한 경우, 영역 번호 순서대로 순위가 적용되므로, 4순위인 대중교통 영역에서는 기본적립율인 0.7%만
적립받는다.
ⓛ 전월실적은 추가적립에 대해서만 적용이 되므로, 전월실적이 40만 원 미만이어서 실적요건을 충족시키지 못하더라도 기본적립
율인 0.7%는 적립받을 수 있다.
ⓒ 통신요금 자동이체의 경우, 결제 승인일이 아닌 매출표 접수일을 기준으로 이용금액 산정과 적립이 진행된다.

ⓔ 아파트관리비는 적립 제외 대상이므로 아파트관리비를 해당 체크카드로 납부한 경우, 이는 전월실적으로 인정되지 않는다.

11 정답 ①

제시문은 라이파이젠 신용협동조합의 초기 모습에 대한 설명이다. 농민들을 중심으로 세워진 협동조합은 1862년 라이파이젠 은행
으로 성장하였으며, 상인을 대상으로 한 시민은행과 합병되어 대표적인 독일 협동조합으로 성장하였다.

② 미그로 소비자협동조합 : 협동조합연맹 형태의 회사로, 스위스 전역의 10개 지역협동조합은 미그로의 중심축이다. 이들 지역협
동조합은 독립적으로 운영되고 자체적으로 판매, 연간 재무제표, 직원 등을 관리한다. 이곳 지역협동조합에서 미그로 상품의
90%를 생산하고, 미그로 협동조합연맹에서는 구매, 물류, IT와 같은 중앙 서비스를 담당한다.
③ 비도 우레 풍력협동조합 : 2007년에 네 명이 각자 50크로나씩 출자해서 시작했으며, 이후 조합원 2,000명 이상, 자본금 540만
크로나 이상으로 엄청난 성장을 했다. 지역 5,000여 가구에 전기를 공급할 뿐만 아니라, 기후변화와 환경보호에 기여하고 있다.
또한 연수익 11% 정도가 조합 주민들에게 돌아가고 있다.
④ 폰테라 낙농협동조합 : 낙농업이 뉴질랜드의 핵심 산업인 것을 토대로, 점유율과 매출을 더욱 높이기 위해 낙농업계에서 협동조
합을 통해 효율화를 하기 위한 목적으로 2001년 설립한 것이다.
⑤ 제스프리 농업협동조합 : 뉴질랜드에서는 1970년대 6개에 불과하던 키위 수출업체가 기하급수적으로 늘어나면서 1980년대에
엄청난 가격 파동을 겪었다. 끝없는 가격인하 경쟁은 품질 악화와 농가 소득의 하락으로 이어졌고, 이런 무한 경쟁의 절벽 끝까지
몰린 키위 농부들이 살아남기 위해 선택한 방법은 협동조합이었다. 제스프리라는 브랜드 하나로 수출을 통일하자는 합의에
따라 농업협동조합을 설립하기로 하여, 1997년에 뉴질랜드 키위의 수출 마케팅을 전담하는 제스프리 인터내셔널이 설립되었다.

12 정답 ⑤

협동조합에서는 출자배당을 출자금의 이자로 이해하여 배당률에 제한을 두는 반면, 주식회사에서는 위험을 감수한 대가로 간주하여
배당률에 제한을 두지 않는다.

① 협동조합과 주식회사는 모두 사업을 운영하기 위한 조직, 즉 기업이지만, 협동조합에는 더 많은 공적 가치와 책임이 강조된다.

② 협동조합의 소유자는 조합원이므로 지분거래가 없는 반면, 주식회사의 소유자는 주주이므로 지분거래가 이루어진다.

③ 협동조합에서는 조합원에게 상환책임이 있으나, 주식회사에서는 주주에 대해 상환책임이 없다는 차이가 있다.

④ 협동조합의 의결권은 1인 1표제에 따르며 조합원에 의해 선출된 이사회 혹은 이사회에서 선출한 경영자, 선출직 상임조합장이 경영기구의 역할을 하는 반면, 주식회사에서는 1주 1표제를 따라 선출된 이사회, 이사회에서 선출한 경영자에 의한 경영, 대주주의 자체 경영을 따른다.

13 정답 ③

제시된 농촌운동을 시간 순으로 나열하면 다음과 같다.

- 새농민운동은 1965년에 시작된 것으로, 한국전쟁 등으로 인하여 피폐해진 농촌사회를 재건하고 농촌지역의 복지를 증진하기 위하여 농협중앙회 창립 4주년 즈음하여 시작된 운동이다. 스스로 일어서는 자립, 끊임없이 개선하는 과학, 이웃과 함께 발전하는 협동의 3대 정신을 통하여 농업인의 경제·사회적 지위향상을 도모하고자 하는 운동이다.
- 새마을운동은 1970년에 박정희 정부의 주도 아래 전국적으로 이루어진 지역사회 개발 운동으로, '근면, 자조, 협동'이라는 구호 아래 낙후된 농촌환경의 개선과 경제발전에 기여했다.
- 신토불이운동은 '우리 땅에서 난 것은 하나뿐'이라는 표어 아래 1990년대 초중반 GATT협정 및 우루과이라운드로 인한 농산물 수입에 반발하여 국내에서 일어난 국산 농산품 애용운동이다.
- 농도불이운동은 도시와 농촌이 하나가 되어야 함을 강조한 상생운동으로 1997년 즈음 일어났던 운동이다.
- 농촌사랑운동은 2003년 설립된 농촌사랑범국민운동본부가 추진하고 도시 소비자 및 각 기관, 단체와 농업인이 함께하는 사랑나눔 실천운동으로, 활력 있는 농촌을 가꾸고 국민건강을 지킴으로써 농업인과 도시민의 삶의 질 향상을 위한 도농상생운동이다.

01	02	03	04	05	06	07	08	09											
③	⑤	②	③	②	⑤	④	①	④											

01 　정답 ③

한계소비성향(MPC)은 소득 증가에 대한 소비 증가의 비율을 의미한다. 따라서 한계소비성향은 0에서 1 사이의 값을 갖는다. 즉, 한계소비성향이 1이라면, 증가한 소득 모두를 소비하는 상태를 나타내므로 한계소비성향이 커지면 승수가 커져 재정정책의 효과가 크게 나타난다.

오답분석

① 투자가 이자율에 민감하게 반응하면, 즉 투자의 이자율 탄력성이 높으면 IS곡선의 기울기가 완만해진다. 그 결과 구축효과가 크게 발생하여 재정정책의 효과는 작아진다.
② 화폐수요가 이자율의 영향을 거의 받지 않으면, 즉 화폐수요의 이자율 탄력성이 작으면 LM곡선의 기울기가 가팔라진다. 그 결과 구축효과가 크게 발생하여 재정정책의 효과는 작아진다.
④ 화폐수요가 소득에 민감하게 반응하면, 즉 화폐수요의 소득탄력성이 크면 LM곡선의 기울기가 가팔라진다. 그 결과 구축효과가 크게 발생하여 재정정책의 효과는 작아진다.
⑤ 소득세율이 인상되면 승수가 작아지므로 재정정책의 효과가 작아진다.

> 한계소비성향의 증가로 인해 IS곡선의 기울기가 완만해지므로 구축효과가 발행하는데, 구축효과는 재정정책의 효과를 작아지게 만든다. 하지만 구축효과보다 승수효과의 크기가 더 커서, 한계소비성향이 클수록 재정정책의 효과는 커진다.

02 　정답 ⑤

CAPM이 성립하므로, 개별자산 i의 기대수익률($E(R_i)$)은 무위험이자율(R_f), 시장포트폴리오의 기대수익률($E(R_m)$), 개별자산의 베타(β_i)를 이용하여 다음과 같이 계산할 수 있다.
$E(R_i) = R_f + [E(R_m) - R_f]\beta_i$
문제에 주어진 정보를 공식에 대입하여 현재의 무위험이자율을 구할 수 있다.
$18\% = R_f + (10 - R_f) \times 2 \rightarrow R_f = 2\%$
공식의 '$E(R_m) - R_f$' 부분은 시장포트폴리오의 기대수익률이 무위험이자율을 초과하는 부분으로서, 시장위험프리미엄이라고 한다. 즉, 현재 시장위험프리미엄은 10-2=8%이다. 주의할 점은, 무위험이자율이 변동하여도 시장위험프리미엄은 변하지 않는다는 것이다. 무위험이자율이 현재보다 1%p 상승하여 3%가 된다면, 주식 A의 기대수익률은 3+8×2=19%이다.

03 　정답 ②

만기에 기초자산을 행사가에 매입할 수 있는 권리를 콜옵션이라고 한다. 또한 만기에 기초자산을 행사가에 매도할 수 있는 권리를 풋옵션이라고 한다. 즉, 옵션을 매입한 투자자는 해당 권리를 갖게 되고, 옵션을 매도한 투자자는 의무를 지게 된다. 옵션을 이용한 다양한 투자전략이 존재하는데, 그중에서 기초자산과 연계하지 않고 단순히 옵션만을 거래하는 것을 순수포지션, 또는 옵션의 투기전략이라고 부르고, 보호풋 전략과 방비콜 전략은 투기전략에 해당하지 않는다. 기초자산을 보유한 투자자가 가격변동위험에 대비하여 옵션을 매입 또는 매도하는 '헤지전략'에 해당한다.

오답분석

기초자산을 S, 콜옵션을 C, 풋옵션을 P라고 하고, 매입을 '+', 매도를 '−'로 표기한다. 보호풋은 '+S+P', 방비콜은 '+S−C'로 표기할 수 있다.
① 기초자산 가격이 상승할 것으로 예상한다면 콜옵션을 매입하거나 풋옵션을 매도할 수 있다. 그중에서도 기초자산 가격의 변동성이 커질 것으로 예상한다면 콜옵션을 매입하고, 변동성이 작아질 것으로 예상한다면 풋옵션을 매도한다.
③ 1개의 기초자산을 보유한 투자자가 1개의 콜옵션을 매도하고 동일한 행사가의 풋옵션 1개를 매수하여(=S+P−C) 가격변동위험을 완전히 없앨 수 있다. 이를 풋-콜-패리티 전략이라고 한다.

④ 스트래들 매입전략이란, 동일한 조건의 콜옵션과 풋옵션을 1개씩 매입하는 것을 뜻한다(+C+P). 즉, 이는 만기시점에 행사가보다 가격이 큰 폭으로 상승 또는 하락한다면 이익을 얻을 수 있는 전략이다.
⑤ 스트랩 전략이란, 동일한 조건의 콜옵션을 2개 매입하고 풋옵션을 1개 매입하는 전략이다(+2C+P). 즉, 스트래들 매입과 유사하게 기초자산 가격의 변동성이 커질 때 이익을 얻을 수 있는데, 콜옵션을 2개 매입하였으므로 기초자산의 가격이 하락할 때보다 상승할 때 더 큰 이익을 얻는다.

04 정답 ③

'생산가능인구(경제활동가능인구)'는 전체 인구 중 15세 이상의 인구를 뜻한다. 생산가능인구 중 일할 의사와 능력이 있는 자를 '경제활동인구'라고 하고, 그렇지 않은 자를 '비경제활동인구'라고 한다. 경제활동인구는 다시 '취업자'와 '실업자'로 분류된다. A국의 생산가능인구는 전체 인구 중 15세 미만 인구를 제외한 1,000명이다. 고용률이 76.8%라고 제시되었으므로, A국의 취업자 수는 768명임을 알 수 있다. 따라서 경제활동인구 수는 취업자 768명과 실업자 32명을 더한 800명이므로, 실업률은 $32 \div 800 = 4\%$ 이다.

> • (고용률)=(취업자 수)÷(생산가능인구)
> • (취업률)=(취업자 수)÷(경제활동인구)
> • (실업률)=(실업자 수)÷(경제활동인구)

05 정답 ②

수요의 소득탄력성을 기준으로 열등재와 정상재를 구분할 수 있다. 소득탄력성이 0보다 작으면 열등재, 0보다 크면 정상재라고 한다. 또한, 소득탄력성이 0에서 1 사이이면 필수재, 1보다 크면 사치재로 분류된다. 초콜릿은 소득탄력성이 0보다 작으므로 열등재에 해당한다. 그리고 커피는 소득탄력성이 1보다 크므로 정상재이면서 사치재에 해당한다.
또한 수요의 교차탄력성을 기준으로 대체재, 독립재, 그리고 보완재를 구분할 수 있다. 교차탄력성이 0보다 작으면 보완재, 0이면 독립재, 0보다 크면 대체재로 분류된다. 초콜릿과 커피의 교차탄력성은 0보다 작으므로, 두 재화는 보완재에 해당한다.

> • [수요의 소득탄력성(ε_M)]=$\dfrac{(수요의 \ 변화율)}{소득의 \ 변화율}$
> • [수요의 교차탄력성(ε_{XY})]=$\dfrac{(X재 \ 수요의 \ 변화율)}{(Y재 \ 가격의 \ 변화율)}$

06 정답 ⑤

이부가격제는 가격차별의 한 종류로 가입비와 이용료를 별도로 책정하는 방식이다. 이부가격제를 적용하는 기업은 자신의 한계비용(MC)만큼을 이용료로 받고, 소비자잉여에 해당하는 부분만큼을 가입비로 받는다. 그 결과 소비자잉여는 0이 되고, 생산자잉여는 사회적 총잉여와 동일해진다.

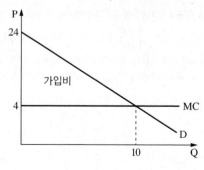

제시된 수요함수와 한계비용을 나타내면 위와 같다. 이부가격제하에서 균형거래량은 수요곡선과 한계비용이 만나는 지점에서 결정되고, 본래 소비자잉여에 해당하는 삼각형 면적이 가입비로 부과된다. 즉, 삼각형 면적인 $(24-4)\times10\times\frac{1}{2}=100$이 가입비이다. 제시된 수요함수가 월 기준 수요함수이므로, 연회비는 100×12개월=1,200이다.

07 　정답　 ④

기사에서는 바젤Ⅲ 개편안 중 신용위험에 대한 산출방법을 조기 도입함에 따라 BIS 비율이 상승한 효과에 대해 언급하고 있다. 바젤Ⅲ 개편안에 따르면 신용등급이 없는 중소기업 대출에 대한 위험가중치를 하향 조정하고, 또 기업대출 중 무담보대출과 부동산 담보대출 부도 시 손실률을 하향 조정하였다. 이것을 적용하면 BIS 비율의 분모에 해당하는 위험가중자산의 가액이 감소하게 되고, BIS 비율은 상승하게 된다.

　오답분석　
① · ② BIS 비율은 국제결제은행(BIS)이 일반은행에 권고하는 자기자본비율의 수치를 의미한다. BIS 비율은 은행의 자기자본을 총자산(위험가중자산)으로 나눈 값으로 총자산을 산정할 때는 투자대상별 신용도에 따라 위험가중치를 부여한다. 우리나라에서는 BIS 비율 10.5% 이상을 유지하도록 요구된다.
③ 바젤Ⅲ 개편안에서는 신용등급이 없는 중소기업 대출에 대한 위험가중치를 하향 조정하였다.
⑤ 위험의 질에 따라 가중치를 두는 BIS 자본비율과 달리, 단순기본자본비율은 위험의 양적인 측면만을 고려하는 지표이다. 바젤위원회의 규제 이행 권고에 따라 2018년부터 도입하였다.

08 　정답　 ①

㉠ 인플레이션이 예상되지 못한 경우, 부와 소득의 재분배가 일어난다. 인플레이션으로 인해 화폐 가치가 하락하면 고정된 금액을 받아야 하는 채권자는 불리해지고, 반대로 채무자는 유리해진다. 즉, 채권자에게서 채무자에게로 부가 재분배된다. 이러한 부의 재분배는 인플레이션이 완전히 예상된 경우에는 발생하지 않는다.
㉡ 메뉴비용이란, 인플레이션 상황에서 생산자가 제품의 가격을 수정하면서 발생하는 비용을 의미한다. 메뉴비용은 예상된 인플레이션과 예상되지 못한 인플레이션 두 경우 모두에서 발생한다.

　오답분석　
㉢ 인플레이션으로 인해 현금의 가치가 하락하고, 현금 외의 실물자산의 가치가 상대적으로 상승한다. 즉, 현금 보유의 기회비용이 증가한다.
㉣ 인플레이션이 발생하면 국내에서 생산되는 재화의 상대가격이 상승하므로, 이는 세계 시장에서의 가격경쟁력을 약화시킨다. 따라서 수출이 감소하고, 경상수지가 악화된다.

09 　정답　 ④

이자율평가설에 따르면, 현물환율(S), 선물환율(F), 자국의 이자율(r), 외국의 이자율(r_f) 사이에 다음과 같은 관계가 존재한다.
$(1+r)=(1+r_f)\dfrac{F}{S}$
공식의 좌변은 자국의 투자수익률, 우변은 외국의 투자수익률을 의미한다. 즉, 균형에서는 양국 간의 투자수익률이 일치하게 된다. 문제에 주어진 정보를 공식에 대입해보면 $1.03<1.02\times\dfrac{1,200}{1,000}$로 미국의 투자수익률이 더 큰 상태이다. 이 상태에서 균형을 달성하기 위해서는 좌변이 커지거나 우변이 작아져야 한다. 그러므로 한국의 이자율이 상승하거나 미국의 이자율 · 선물환율이 하락, 현물환율이 상승해야 한다. 그리고 현재 미국의 투자수익률이 더 큰 상태이기에, 미국에 투자하는 것이 유리하다.

01	02	03	04	05	06	07	08	09									
①	①	③	③	⑤	⑤	①	⑤	④									

01　정답 ①

①·③·④·⑤는 모두 Dos의 종류로 Dos에는 자원고갈 공격형, 취약점 공격형, 분산서비스 거부 공격이 있으며 문제에서 설명하고 있는 공격은 분산서비스 거부 공격(DDos)이다. DDos는 일반적으로 트로이목마에 감염되어 여러 손상된 시스템이 서비스 거부 공격을 일으키는 단일 시스템을 대상으로 사용하는 공격이다.

02　정답 ①

DDos는 일반 컴퓨터를 감염시켜 좀비PC로 만든다. 이런 좀비PC를 조정하는 서버는 C&C서버이다.

오답분석

② 봇넷 : 좀비PC들로 구성된 네트워크이다.

03　정답 ③

SSD(Solid State Drive)에 관한 설명이다. HDD는 플래터와 헤드를 이용해 데이터를 저장하는 기존 방식의 하드웨어로 고속으로 디스크를 회전시켜 저장하는 방식이기에 충격에 약하며 소음이 발생한다. 이러한 HDD의 단점을 보완한 SSD의 사용이 증가하고 있다. ODD는 CD, DVD, 블루레이 디스크를 읽거나 자료를 저장할 수 있는 장치이다.

04　정답 ③

스토리지의 종류 중 SAN(Storage Area NetWork)에 대한 설명이다.
SAN은 서로 다른 종류의 데이터 저장장치를 한 데이터 서버에 연결하여 총괄적으로 관리해주는 네트워크이다.

> **스토리지의 종류**
> • DAS
> 　– 서버와 저장장치를 전용 케이블로 직접 연결한다.
> 　– 서버에서 저장장치를 관리한다.
> 　– 속도가 빠르고 설치 및 운영이 쉽다.
> 　– 초기 구축 비용, 유지보수 비용이 저렴하다.
> 　– 다른 서버에서 접근과 공유가 불가능하다.
> • NAS
> 　– 서버와 저장장치를 네트워크를 통해 관리한다.
> 　– NAS Storage가 내장된 저장장치를 직접 관리한다.
> 　– 이더넷 스위치를 통해 다른 서버에서도 스토리지에 접근할 수 있어 파일 공유가 가능하다.
> 　– DAS에 비해 확장성 및 유연성이 우수하다.
> 　– 접속률이 증가할 시 성능이 저하될 수 있다.

05　정답 ⑤

개방성은 프라이빗 블록체인의 특징과는 거리가 멀다. 개방성과는 반대인 폐쇄성을 띄는 블록체인으로 보안성이 높은 특징을 가지고 있다.

06　정답　⑤

핀테크란 금융(Finance)과 기술(Technology)의 합성어로 최근에 발생한 디지털 혁신 흐름 중 하나이다. 디지털 기술과 금융산업이 만나 나타나는 금융혁신 현상을 나타낸다. 모바일, SNS, 빅데이터 등 요즘 일상이 된 첨단 정보 기술을 활용하여 다양한 금융서비스를 제공하고, 서비스뿐만 아니라 금융시스템 개선을 위한 기술도 핀테크에 해당한다.

핀테크 기능적 분야
- 결제 및 송금 기능
- 대출 및 자금 조달
- 자산관리
- 금융 플랫폼

07　정답　①

마이데이터 산업에 대한 설명이다. 마이데이터를 이용하면 각종 기관과 기업 등에 분산돼 있는 자신의 정보를 한꺼번에 확인할 수 있으며, 업체에 자신의 정보를 제공해 맞춤 상품이나 서비스를 추천받을 수 있다.

08　정답　⑤

OTP(One Time Password)는 소프트웨어나 하드웨어에 한 번만 사용 가능한 재사용 불가 일회성 패스워드를 생성하는 보안 시스템이다.

토큰 발행 유형
- 비동기화 방식(시도응답 방식)
  - ㉠ 장점
    - 구조가 간단하다.
    - OTP생성매체와 인증서버 간 동기화가 필요 없다.
  - ㉡ 단점
    - 질의값을 직접 입력하여 사용이 번거롭다.
    - 인증서버에서 같은 질의값이 생성되지 않도록 관리가 필요하다.
  - ㉢ 절차
    인증서버는 사용자에게 시도를 보낸다. → 사용자는 임의값인 nonce를 토큰장치에 입력한다. → 토큰장치는 사용자에게 일회용 패스워드로 값을 돌려준다. → 사용자는 OTP와 사용자 이름을 인증서버로 전송한다. → 인증서버는 이전에 보낸 값과 동일하면 사용자를 인증한다.
- 동기화 방식(시간 혹은 계수기 매커니즘 기반)
  - ㉠ 장점
    - 질의응답 방식보다 호환성이 높고 간편하다.
  - ㉡ 단점
    - OTP생성매체와 인증서버 간의 시간 혹은 계수기 값의 동기화가 필요하다.
  - ㉢ 절차
    OTP단말장치의 시간 값과 비밀키가 OTP를 생성한다. → 사용자가 OTP와 ID를 입력한다. → 인증서버는 비교 후 사용자를 인증한다.
- S/Key 방식(벨 통신 연구소에서 개발. 유닉스에서 사용)
  - ㉠ 장점
    - 전용 장치를 사용할 필요가 없어 쉽게 구현 가능하다.
  - ㉡ 단점
    - 사용자마다 소프트웨어를 설치해야 한다.
    - 정해진 횟수마다 시스템을 재설정해야 한다.

09 정답 ④

이상금융거래 탐지시스템이란 결제자의 다양한 정보를 수집해 패턴을 만든 후 패턴과 다른 이상 결제를 잡아내고 결제 경로를 차단하는 보안 방식으로, 제시문은 모니터링 및 감사기능에 대한 설명이다.

> **FDS의 구성요소**
> - 정보수집기능 : 이상금융거래 탐지의 정확성을 위해 크게 이용자 매체 환경 정보와 유형 정보의 수집기능
> - 분석 및 탐지기능 : 수집된 정보는 이용자 유형별, 거래 유형별 다양한 상관관계 분석 및 규칙 검사 등을 통해 이상 행위를 탐지하는 기능
> - 대응기능 : 분석된 이상 금융거래 행위에 대한 거래 차단 등의 대응기능
> - 모니터링 및 감사기능 : 수집, 분석 대응 등의 종합적인 절차를 통합하여 관리하는 모니터링 기능과 해당 탐지 시스템을 침해하는 다양한 유형에 대한 감사기능

01 직무능력평가

01	02	03	04	05	06	07	08	09	10	11	12	13					
⑤	③	④	⑤	③	③	④	④	③	③	⑤	①	①					

01 정답 ⑤

NH포인트 사용 방법에 따르면 적립된 포인트는 농협 인터넷뱅킹의 금융거래에서 CMS 이체 수수료 등으로 사용할 수 있으며, 타인에게 기부나 양도가 가능하다.

오답분석

① 해당 카드는 별도의 신청을 통해 후불교통카드로 사용할 수 있다.
② 연회비는 온라인에서 카드를 신규 발급받은 후 익월 말까지의 이용 금액이 10만 원 이상인 경우 익익월 15일경에 캐시백으로 제공된다. 즉, 추후 계좌로 입금되는 것으로 청구금액에서 자동으로 면제되는 것은 아니다.
③ 하나로고객의 경우 해당 카드를 통해 적립 한도 없이 전월 실적에 따라 적립률이 다르게 적용된다. 전월 실적이 30만 원 이상 100만 원 미만일 경우 최대 1.3%, 100만 원 이상 200만 원 미만일 경우 최대 1.4%가 적용되며, 200만 원 이상일 경우 최대 1.5%가 적용된다. 따라서 전월 실적이 200만 원 이상이어야 최대 1.5%의 포인트를 적립할 수 있다.
④ 적립된 포인트는 1점당 1원으로 지정된 사용처에서 현금처럼 사용할 수 있으므로, 1,000점이 아닌 1점 이상 시 바로 현금처럼 사용할 수 있다.

02 정답 ③

먼저 전기요금과 아파트 관리비, 상품권과 미용실 선불카드 충전을 제외한 K씨의 5월 실적은 $15,000+105,000+30,800+58,000+22,500+240,600=471,900$원이므로 6월에는 0.8%의 기본 적립률이 적용된다.
6월 카드 사용내역에서 스타벅스(S백화점), 우편 발송, 전기세 납부, 아파트 관리비는 포인트 적립 제외 대상이다. 추가 적립률 없이 기본 적립률만 적용되는 내역은 48,200원(N식당)이므로 $48,200 \times 0.008 ≒ 385$점이고, 추가 적립 0.5%가 가능한 대상은 $9,800$(GS25편의점)$+10,700$(하나로마트)$+34,900$(올리브영)$+5,500$(스타벅스)$+300,400$(S면세점)$=361,300$원이다. 이 경우 총적립률은 $0.8+0.5=1.3$%이므로 $361,300 \times 0.013 ≒ 4,696$점이 적립된다(소수점 이하 생략).
따라서 6월에 적립된 K씨의 포인트는 총 $385+4,696=5,081$점이다.

03 정답 ④

먼저 출하처가 농협의 온라인 거래소에 입찰 최저가격과, 배송 최소물량 등을 지정하여 상장하면 구매자는 출하처가 제시한 최저가격과 물량으로 입찰한다. 경매를 통한 낙찰 이후에는 익일배송을 원칙으로 하므로 출하처에서 바로 구매자에게 직접 배송을 하게된다. 이후 온라인 거래소가 구매자 상품 수령과 검품 절차를 마친 거래 확정 건에 대하여 출하처에 대금을 선지급하고, 구매자가 최종적으로 온라인 거래소에 대금을 결제함으로써 거래가 완료된다.
따라서 온라인 거래소를 통한 입찰 경매는 ㉠-㉢-㉣-㉤-㉡-㉥의 순으로 이루어진다.

04 정답 ⑤

5개의 부서별 3개월간 사용하는 용지 매수와 각 부서에 꼭 필요한 기능을 정리하면 다음과 같다.

(단위 : 매)

구분	컬러	흑백	필요 기능	사용 가능한 프린터
수신업무부	120×3=360	500×3=1,500	스캔	B, C, D
여신업무부	100×3=300	450×3=1,350	스캔	B, C, D
외환업무부	–	400×3=1,200	–	A, B, C, D
보험상품업무부	50×3=150	700×3=2,100	팩스	B
카드업무부	50×3=150	350×3=1,050	팩스	B

보험상품업무부와 카드업무부는 팩스 기능을 반드시 사용해야 하므로 이 기능을 가지고 있는 B프린터를 반드시 사용해야 한다. 두 부서의 컬러 프린트 사용량은 150+150=300매이므로 B프린터 한 대로 모두 사용 가능하다. 그러나 흑백 프린트의 경우 2,100 +1,050=3,150매를 사용할 수 있어야 하므로 두 부서 중 한 부서는 다른 프린터를 활용해야 한다. 이 중 보험상품업무부는 B프린터 한 대로 최대 흑백 프린트 부수인 2,000매를 감당할 수 없다. 즉, 카드업무부가 B프린터만 사용한다. 이 경우 B프린터로 카드업무부가 인쇄할 수 있는 최대 매수는 2,000-1,050=950매이고, 보험상품업무부가 더 인쇄해야 하는 부수는 2,100-950=1,150매이다.

다음으로 여신업무부와 수신업무부는 스캔 기능을 반드시 사용해야 하는데, B프린터는 이미 사용할 수 없으므로 C나 D프린터 중 하나의 프린터를 선택해야 하고, 이에 따라 A프린터는 외환업무부만 사용한다. 외환업무부가 A프린터를 이용하여 1,200매를 프린트하면 더 프린트할 수 있는 양은 300매이므로 보험상품업무부와 프린터를 공유할 수 없다. 남은 B와 C프린터를 바탕으로 보험상품업무부의 남은 프린트 매수인 1,150매를 함께 프린트 할 수 있는 경우는 수신업무부가 D프린터를 사용하고, 보험상품업무부(1,150매)와 여신업무부(1,350매)가 함께 C프린터를 사용하는 경우이다.

따라서 A프린터는 외환업무부, B프린터는 보험상품업무부와 카드업무부, C프린터는 보험상품업무부와 여신업무부, D프린터는 수신업무부가 사용한다.

05 정답 ③

ⓒ 적금 가입 통계 현황의 연령대 비율을 보면 40대가 39%, 23,000×0.39=8,970건이며, 예금의 경우 60세 이상이 54%, 350,000 ×0.54=189,000건으로 각각 가장 많음을 알 수 있다. 따라서 두 계좌 수의 차이는 189,000-8,970=180,030건이다.

ⓒ 예금에 가입한 남성 고객은 350,000×0.36=126,000명 중 0.8%가 적금도 가입했으므로 1,008명의 남성이 예금과 적금 모두

가입했다. 따라서 동시에 가입한 전체 고객 23,000×0.3=6,900명에서 남성의 비율은 $\frac{1,008}{6,900}×100≒14.6\%$로 15% 미만이다.

ⓜ 예금 신규금액에서 비율이 가장 낮은 범위는 17%인 5,000만 원 이상이며, 이 금액으로 가입한 계좌의 25%인 350,000×0.17×

0.25=14,875건이 계약기간 1년 이하이다. 이 계좌 수가 예금 전체 계좌에서 차지하는 비율은 $\frac{14,875}{350,000}×100=4.25\%$이다.

예금 전체 계좌에서 차지하는 비중을 계산하는 것은 계좌 수를 직접 구하기보다 비율을 이용해 곱해주면 0.17×0.25=4.25%를 바로 구할 수 있다.

오답분석

ⓐ 예·적금상품에 가입한 성별에 따른 인원은 다음과 같다.

구분	남성	여성
올원 5늘도 적금	23,000×0.26=5,980명	23,000×0.74=17,020명
왈츠회전예금	350,000×0.36=126,000명	350,000×0.64=224,000명
합계	131,980명	241,020명

만약 두 상품을 모두 가입한 고객이 여성이라고 하면 여성 고객은 최소 241,020-23,000×0.3=241,020-6,900=234,120명이다. 따라서 한 개 이상의 상품에 가입한 고객의 인원은 남성보다 여성이 많다.

ⓓ 적금의 계약기간은 모두 1년 이하라고 했으므로 이 상품의 계약기간은 1년 이하인 것을 알 수 있다. 예금의 신규금액 중 300만 원 미만은 없고, 계약기간에서는 모두 3년 이하이므로 예금의 가입금액은 300만 원 이상이며, 계약기간은 최대 3년인 상품이다.

06 　정답　③

L과장, J대리, I주임, K사원, H사원의 오전 근무 일정을 정리하면 다음과 같다.

구분	L과장	J대리	I주임	K사원	H사원
08:00 ~ 09:00	주간 업무 회의 참석			–	–
09:00 ~ 10:00	CS교육 참석	CS교육 참석	안내 방송, 대출 상담	안내 방송, 대출 상담	CS교육 참석
10:00 ~ 11:00	상품교육 참석	대출 상담	상품교육 참석	상품교육 참석	대출 상담
11:00 ~ 12:00	–	빠른 창구 업무 지원	빠른 창구 업무 지원	–	

세 번째 조건에 따라 I주임과 K사원은 영업시간 시작 시 안내 방송과 함께 대출 상담 업무를 수행해야 하므로 9시에 진행되는 CS교육에 참석할 수 없다. 그러나 다섯 번째 조건에 따라 반드시 하나 이상의 교육에 참석해야 하므로 I주임과 K사원은 10시에 진행되는 상품교육에 참석해야 한다. 이때, I주임과 K사원이 상품교육에 참석하게 되면 두 번째 조건에 따라 남은 2명의 직원은 반드시 창구에서 대출 상담 업무를 수행해야 한다. 따라서 J대리와 H사원은 상품교육에 참석할 수 없다.

오답분석
① J대리는 L과장과 I주임, K사원이 상품교육에 참석하는 동안 창구에서 대출 상담 업무를 수행한다.
② 반드시 하나 이상의 교육에 참석해야 하므로 J대리는 CS교육에 참석한다.
④ 주임급 이상인 J대리는 주간 업무 회의에 참석한다.
⑤ 사원과 과장은 빠른 창구 업무를 지원할 수 없으므로 J대리와 I주임이 지원을 나간다.

07 　정답　④

장과장이 만기 시까지 중도해지를 하지 않고 유지하므로 약정금리는 기본금리 0.75%에 우대금리를 합한 것과 같다. 장과장은 월요일 오후 8시에 신규가입을 하였고(0.1%p), 만기 전일까지 매일 자동이체를 통하여 입금하는 횟수는 183회로 60회 이상 (0.3%p)이다. 만기해지 시 적립원금은 200만 원 이상이 되지 않으므로 이에 대한 우대금리는 적용하지 않는다. 이에 따라 적용되는 금리는 0.75+0.1+0.3=1.15%이다.
장과장은 183일 동안 매일 10,000원씩 납입하고, 입금건별 이자는 (입금액)×(약정금리)×(예치일수)÷365이다.
1일부터 183일까지 납입하여 받을 수 있는 이자를 구하면 다음과 같다.
- 1일 : $10,000 \times 0.015 \times 1 \div 365 ≒ 0.4$원
- 2일 : $(10,000 \times 0.015 \times 1 \div 365)+(10,000 \times 0.015 \times 2 \div 365)$
- 3일 : $(10,000 \times 0.015 \times 1 \div 365)+(10,000 \times 0.015 \times 2 \div 365)+(10,000 \times 0.015 \times 3 \div 365)$

$$\vdots$$

- 182일 : $(10,000 \times 0.015 \times 1 \div 365)+(10,000 \times 0.015 \times 2 \div 365)+(10,000 \times 0.015 \times 3 \div 365)+ \cdots +(10,000 \times 0.015 \times 182 \div 365)$
- 183일 : $(10,000 \times 0.015 \times 1 \div 365)+(10,000 \times 0.015 \times 2 \div 365)+(10,000 \times 0.015 \times 3 \div 365)+ \cdots +(10,000 \times 0.015 \times 182 \div 365)+(10,000 \times 0.015 \times 183 \div 365)$

즉, 공차가 0.4이고 항이 183개인 등차수열의 합이다.

등차수열의 합 공식은 $\dfrac{2a_1+(n-1)d}{2}n$ 이므로(n은 항의 수, d는 공차, a_1은 첫째 항), 이를 통해 총이자액을 구하면 다음과 같다.

$$\frac{2 \times 0.4+(183-1) \times 0.4}{2} \times 183 = \frac{73.6}{2} \times 183 = 6,734.4원$$

따라서 원금 총액은 183×10,000=1,830,000원이고, 이자액은 6,734원이므로 만기환급 금액은 1,830,000+6,734=1,836,734원이다.

08 정답 ④

제시된 자료에서 '상품혜택'의 빈칸에 해당되는 요소들을 관계식으로 나타내면 (최대소득공제한도)×(예상세율)＝(최대절세효과)이며, 이에 따라 빈칸 A, B, C에 들어갈 내용을 관계식에 대입하여 구하면 다음과 같다.

• A

  − $A \times 0.066 = 330,000 \rightarrow A = \dfrac{330,000}{0.066} = 5,000,000$원

  − $A \times 0.165 = 825,000 \rightarrow A = \dfrac{825,000}{0.165} = 5,000,000$원

• B : $3,000,000 \times 0.165 = 495,000$원 ~ $3,000,000 \times 0.385 = 1,155,000$원

• C : $\dfrac{770,000}{2,000,000} \times 100 = 38.5\%$ ~ $\dfrac{924,000}{2,000,000} \times 100 = 46.2\%$

따라서 각 빈칸에 들어갈 알맞은 내용은 A : 500만 원, B : 495,000 ~ 1,155,000원, C : 38.5 ~ 46.2%이다.

09 정답 ③

2012 ~ 2019년 동안 회사채3년 금리가 국고채10년 금리보다 높았던 해는 2012년, 2016 ~ 2019년으로 총 5번이다.

오답분석

① 금융기관 간에 발생한 자금 거래시장에서 형성된 금리는 '콜 금리'를 말하며, 2019년 콜 금리는 1.59%이다.

  2012년 기준금리인 2.75%의 $\dfrac{1.59}{2.75} \times 100 \fallingdotseq 57.82\%$로 60% 미만을 차지한다.

② 2012 ~ 2019년 동안 정부가 자금확보를 위해 발행한 채권인 국고채는 만기 기간이 길수록 평균 금리도 높아진다.

④ 매일 금융투자협회에서 고시하는 금리는 CD금리로 2012 ~ 2019년 동안의 금리 평균은

  $\dfrac{3.30 + 2.72 + 2.49 + 1.77 + 1.49 + 1.44 + 1.68 + 1.69}{8} = \dfrac{16.58}{8} = 2.0725\%$이다.

⑤ 기업자금조달을 위한 사채로 만기 3년인 금리, 즉 회사채3년 금리는 전년 대비 2013년부터 2016년까지 감소했으며, 2017년은 전년 대비 증가했다.

10 정답 ③

만기일시지급식은 가입기간 동안 약정이율로 계산한 이자를 만기에 일시 지급하는 방식이며, 월이자지급식은 총이자를 개월 수로 나누어 매월 지급하는 방식이므로 받을 수 있는 총이자금액은 서로 같다. 그러나 해당상품의 경우 만기일시지급식과 월이자지급식에 따라 적용되는 기본금리가 서로 다르므로 기본금리가 더 높은 만기일시지급식을 선택한 경우의 이자금액이 더 많다.

오답분석

① 해당 상품은 은행에 직접 방문하지 않고 스마트폰 등을 통해 가입할 수 있는 비대면 전용 상품이다.

② 거치식 예금에 대한 설명이므로 옳은 내용이다.

④ 해당 상품은 총 3천억 원의 판매 한도를 정하여 판매하는 상품으로 한도 소진 시 조기에 판매가 종료될 수 있다. 따라서 가입하는 사람들의 가입금액에 따라 상품의 판매 종료 시점이 달라질 수 있다.

⑤ 우대조건에 따르면 오픈뱅킹 서비스를 이용하여 타행 계좌로부터 당행 계좌로 이체한 실적이 5회 이상일 경우 우대금리가 적용된다. 이때, 이체 실적은 최대 월 1회만 인정되므로 최소 5개월 이상 이용해야 우대금리를 적용받을 수 있다.

11 정답 ⑤

L씨는 월이자지급식으로 신규금액은 6,000만 원이고, B씨는 만기일시지급식으로 신규금액이 4,000만 원이다. 현재 L씨는 5개월, B씨는 8개월이 지났으며 이에 해당하는 중도해지금리를 정리하면 다음과 같다.

구분	신규금액(만 원)	기본금리(%)	우대금리(%p)	경과기간에 따른 적용금리
L씨	6,000	1.2	• 비대면 : 0.2	(중도해지 기준금리)×40%
B씨	4,000	1.3	• 비대면 : 0.2 • 오픈뱅킹 서비스 계좌이체 6회 : 0.3	(중도해지 기준금리)×60%

하지만 우대금리 내용을 보면 '우대조건을 만족하는 경우 만기해지 시 적용'이라고 했으므로 두 고객에게는 우대금리가 적용되지 않으며, 중도해지금리는 L씨의 경우 $1.2 \times 0.4 = 0.48\%$, B씨는 $1.3 \times 0.6 = 0.78\%$가 적용된다. 각각 해당되는 이자지급방식에 대입하여 총이자를 구하면 다음과 같다.

• L씨(월이자지급식) : $\dfrac{(신규금액) \times (약정금리) \times (예치일수)}{365} = \dfrac{6,000 \times 0.0048 \times (5 \times 30)}{365} ≒ 11.8만\ 원$

• B씨(만기일시지급) : $\dfrac{(신규금액) \times (약정금리) \times (예치일수)}{365} = \dfrac{4,000 \times 0.0078 \times (8 \times 30)}{365} ≒ 20.5만\ 원$

월이자지급식의 이자지급방식에 '개월 수'로 나누지 않은 이유는 총이자를 구해야 하기 때문이다. 따라서 두 고객의 중도해지 시 받을 수 있는 총이자의 차액은 $20.5 - 11.8 = 8.7$이므로 87,000원이다.

12 정답 ①

해당 카드를 처음 발급받은 경우 카드 발급일로부터 다음 달 말일까지는 이용 금액과 관계없이 모든 청구 할인 서비스를 받을 수 있다. 따라서 A법인은 지난달 카드를 처음 발급받아 현재까지 사용 내역이 없더라도 모든 청구 할인 서비스를 받을 수 있다.

오답분석

② 주유 할인의 경우 영업용 차량 주유 금액을 제외한 이용 금액이 30만 원 이상일 경우에만 제공되므로 영업용 차량 주유 비용 외에 다른 사용 내역이 없다면 B법인은 주유소에서의 할인 서비스를 받을 수 없다.
③ 전월 이용 금액 산정 시 상품권 이용 금액은 제외되므로 상품권 구매 비용 외에 다른 사용 내역이 없다면 C법인은 모든 청구 할인 서비스를 받을 수 없다.
④ 백화점에 입점한 스타벅스에서는 청구 할인 서비스를 받을 수 없으므로 D법인이 지난달 이용 실적을 만족하였더라도 백화점 내의 스타벅스에서는 청구 할인 서비스를 받을 수 없다.
⑤ 농협판매장에서의 청구 할인은 회당 할인 한도가 5천 원이므로 이용 실적을 만족한 E법인이 하나로마트에서 15만 원을 결제하였더라도 최대 5천 원까지만 할인받을 수 있다.

13 정답 ①

개인사업자 A씨는 주유소와 농협판매점, 커피전문점에서 플래티넘 카드로 결제하면 청구 할인을 받을 수 있다. 5월 카드사용 내역에 나와 있는 장소들은 자료의 '주요 서비스' 청구 할인 대상이다. 장소마다 청구 할인받을 수 있는 금액을 정리하면 다음과 같다.

(단위 : 원)

구분	금액	할인 적용 사항	할인 금액
주유소	50,000	- 청구 할인(3%) - 월 4회, 회당 할인 한도 3천 원	$50,000 \times 0.03 = 1,500$
하나로마트	130,000	- 청구 할인(5%) - 월 2회, 회당 할인 한도 5천 원	$130,000 \times 0.05 = 6,500 \rightarrow 5,000$
안성팜랜드	55,000		$55,000 \times 0.05 = 2,750$
스타벅스	$4,100 \times 2 + 4,600 + 6,300 \times 2 = 25,400$	- 청구 할인(10%) - 월 2회, 회당 할인 한도 5천 원	백화점 입점 점포 제외
커피빈	$5,000 + 5,300 \times 2 + 7,200 = 22,800$		$22,800 \times 0.1 = 2,280$

주유소에서 2회 주유한 총금액이 50,000원으로 이에 대한 총할인금액은 회당 할인 한도를 넘지 않고, 하나로마트의 경우 할인 금액이 회당 할인 한도 5천 원보다 높아 5천 원만 할인된다. 또한 스타벅스는 백화점에 입점한 점포로 할인에서 제외된다. 따라서 청구 할인받은 총금액은 $1,500 + 5,000 + 2,750 + 2,280 = 11,530$원이다.

01	02	03	04	05	06	07	08	09	10	11	12	13	14	15	16	17			
①	③	⑤	①	③	②	①	②	④	③	③	③	④	①	④	④	②			

01 정답 ①

글래스 – 스티걸법(Glass – Steagall Act)은 1929년 경제 대공황의 원인 중 하나를 상업은행의 무분별한 투기 행위로 판단하여 1933년에 제정된 법으로, 상업은행과 투자은행의 업무를 분리하여 상업은행이 고객의 예금으로 투자를 할 수 없게 한 법이다.

오답분석

② 볼커 룰(Volcker Rule) : 2015년 미국 금융기관의 위험투자를 제한하고, 대형화를 억제하기 위해 만든 금융기관 규제방안
③ 그램 – 리치 – 블라일리법(Gramm – Leach – Bliley Act) : 1999년 은행과 증권, 보험이 서로 경쟁할 수 있도록 금융규제를 완화한 내용의 법(이 법의 제정으로 글래스 – 스티걸법 폐지)
④ 프랍 트레이딩(Proprietary Trading) : 금융기관이 이익을 얻을 목적으로 고객의 예금이나 신탁자산이 아닌 자기자본 또는 차입금 등을 주식이나 채권, 통화, 옵션, 파생상품 등의 금융상품에 투자하는 것
⑤ 브레튼우즈 체제(Bretton Woods System) : 1944년 미국에서 열린 44개국 연합 회의를 통해 만들어진 국제 통화제도

02 정답 ③

듀레이션(Duration)은 투자자금의 평균 회수 기간으로 채권 만기가 길어지면 증가하는 반면, 채권의 수익률, 이자 지급 빈도, 표면 금리가 높아지면 감소한다.

오답분석

① 컨벡시티(Convexity) : 컨벡시티는 듀레이션을 미분한 값으로, 듀레이션과 함께 사용되어 금리변화에 따른 채권가격변동을 아주 적은 오차와 함께 거의 정확하게 계산할 수 있음
② 채권 스프레드 : 특정 등급인 회사채의 수익률에서 3년 만기 국고채의 수익률을 제외한 수치
④ 이표채(Coupon Bond) : 액면가로 채권을 발행하고, 표면이율에 따라 연간 지급해야 하는 이자를 일정 기간 나누어 지급하는 채권
⑤ 환 리스크(Exchange Risk) : 환율이 변동함에 따라 발생하는 손해

03 정답 ⑤

필립스 곡선은 임금 상승률과 실업률 사이에 매우 안정적인 함수관계가 있음을 나타내는 모델로 물가 상승률과 실업률 사이의 관계로 표시되기도 한다. 실업률이 낮을수록 임금 상승률 또는 물가 상승률이 높으며, 임금 상승률이 낮을수록 실업률이 높다.

오답분석

① 래퍼 곡선(Laffer Curve) : 세율과 세수의 관계를 나타내는 곡선으로 납세 후의 임금, 이자율, 이윤이 높을수록, 즉 세율이 낮을수록 노동 의욕, 저축 의욕 및 투자 의욕이 제고된다는 사실을 전제함
② 로렌츠 곡선(Lorenz Curve) : 소득분포의 불평등도를 나타낸 곡선
③ 오퍼 곡선(Offer Curve) : 상대국의 상품에 대한 수요의 강도를 자국에서 제공하려는 상품의 양으로 표시한 곡선
④ 생산 가능 곡선 : 일정한 생산요소를 완전히 사용하여 생산 활동을 할 때 기술적으로 가능한 여러 가지 생산물 조합을 그래프로 나타낸 곡선

04 정답 ①

1월 효과에 대한 설명이다. 1월 효과는 1월의 주가 상승률이 다른 달에 비해 상대적으로 높게 나타나는 현상으로 그 원인으로는 1월에 발표되는 각종 정부 정책, 경제면에서 제시하는 낙관적인 수치, 풍부한 시중 자금 등이 있다.

05 정답 ③

③은 그리드 컴퓨팅에 대한 설명이다. 그리드 컴퓨팅은 PC나 서버 등의 모든 컴퓨팅 기기를 하나의 네트워크를 통해 공유하려는 분산 컴퓨팅 모델로 고속 네트워크로 연결된 다수의 컴퓨터 시스템이 사용자에게 통합된 가상의 컴퓨팅 서비스를 제공한다.

06 정답 ②

②는 유비쿼터스에 대한 설명이다. 유비쿼터스는 사용자를 중심으로 네트워크나 컴퓨터를 의식하지 않고 장소에 상관없이 자유롭게 네트워크에 접속할 수 있는 정보통신 환경을 말한다.

07 정답 ①

외국채는 채권의 표시통화 국가에서 발행되는 채권이고, 유로채는 채권의 표시통화 국가 이외의 국가에서 발행되는 채권이다.

오답분석

② 외국채는 이자소득세를 내야 하지만, 유로채는 세금을 매기지 않는다.
③ 외국채는 감독 당국의 규제를 받지만, 유로채는 규제를 받지 않는다.
④ 외국채는 신용 평가가 필요하지만, 유로채는 필요하지 않다.
⑤ 한국에서 한국 원화로 발행된 채권은 아리랑본드이며, 한국에서 외화로 발행된 채권은 김치본드이다.

08 정답 ②

제4차 산업혁명은 인공 지능, 사물 인터넷, 빅데이터, 모바일 등의 첨단 정보통신기술이 경제·사회 전반에 융합되어 혁신적인 변화가 나타나는 차세대 산업혁명으로 초연결, 초지능 등의 특징이 있다.

오답분석

① 1차 산업혁명
③·⑤ 3차 산업혁명
④ 2차 산업혁명

09 정답 ④

협동조합은 모든 조합원의 1인 1표 의결권 행사를 원칙으로 하지만, 신세대협동조합(New Generation Cooperatives)의 경우 협동조합의 실적·이용 규모 등을 기준으로 의결권을 부여하여 조합 활동에 참여하지 않는 조합원들과 차이를 둔다. 이 경우에도 조합원이 납입한 출자금 규모에 비례하여 의결권을 주는 것이 아니므로 투자자가 조합을 소유하지 않는다.

오답분석

① 소비자협동조합 : 주로 회원이 사용하거나 혹은 그들에게 재판매하기 위한 재화나 서비스를 구매하기 위하여 조직된 최종소비자의 협동조합
② 농업협동조합 : 농업생활력의 증진과 농민의 지위 향상을 위해 설립된 협동조합
③ 노동자협동조합 : 노동자들이 법인을 소유하고 직접 경영에 참여하는 협동조합
⑤ 사회적협동조합 : 지역주민들의 권익·복리 증진과 관련된 사업을 수행하거나 취약계층에게 사회 서비스 또는 일자리를 제공하는 등의 비영리 목적으로 설립된 협동조합

10 정답 ③

미국 등의 나라는 농민 스스로 조직한 전문농협이 대부분이나, 우리나라는 정부에 의하여 설립·육성되어 신용사업 등의 여러 사업을 겸영하는 종합농협의 형태를 취하고 있다.

11　정답　③

농업협동조합중앙회는 단위 조합과 특수조합의 공동 이익 증진과 발전 도모를 추구하는 전국 단위의 연합조직체로서 비영리 법인이며, 단위 농협과 별도의 법인으로 운영된다.

12　정답　③

NH농협은행은 제1금융권에 속한다.

오답분석

① NH농협은행은 NH농협금융지주의 계열사로 2012년에 법인이 만들어졌다.
② NH농협은행은 특수은행으로 예금, 적금, 방카슈랑스 등의 금융 업무를 한다.
④ NH농협은행 본사에서 로또복권 1등 당첨금을 수령할 수 있다.
⑤ NH농협은행은 P2P 금융증서 블록체인 서비스를 은행권 최초로 출시하였다.

13　정답　④

ⓒ · ⓔ 역선택은 시장에서 거래를 할 때 주체 간 정보 비대칭으로 인해 부족한 정보를 가지고 있는 쪽이 불리한 선택을 하게 되어 경제적 비효율이 발생하는 상황을 말한다.

오답분석

ⓐ · ⓓ 도덕적 해이와 관련된 사례이다. 도덕적 해이는 감추어진 행동이 문제가 되는 상황에서 정보를 가진 측이 정보를 가지지 못한 측의 이익에 반하는 행동을 취하는 경향을 말한다. 역선택이 거래 이전에 발생하는 문제라면, 도덕적 해이는 거래가 발생한 후 정보를 더 많이 가지고 있는 사람이 바람직하지 않은 행위를 하는 것을 말한다.

14　정답　①

ICA(International Commodity Agreement, 국제상품협정)는 국제 상품의 가격이 너무 지나치게 오르내리지 않도록 관계국 사이에서 상품의 생산량이나 가격 등을 조정하기 위하여 재고량 등에 대해 체결한 국제협정이다.

오답분석

② GPA(Government Procurement Agreement, 정부조달협정) : 세계 각국의 정부 조달 관행에서 일어나는 차별 행위를 규제하고 국제 조달의 자유화를 위해 체결한 협정
③ FTA(Free Trade Agreement, 자유무역협정) : 국가 간 상품의 자유로운 이동을 위해 모든 무역 장벽을 완화하거나 제거하는 협정
④ GATT(General Agreement on Tariffs and Trade, 관세 및 무역에 관한 일반 협정) : 관세와 통상의 불합리성을 제거하여 물자 교류의 촉진과 고용 수준의 향상을 목적으로 시행한 국제협정
⑤ CPTPP(Comprehensive and Progressive Agreement for Trans – Pacific Partnership, 포괄적 · 점진적 환태평양경제동반자협정) : 아시아 · 태평양 지역의 경제통합을 목적으로 만들어진 다자간 자유무역협정

15　정답　④

오답분석

ⓒ 비계획적으로 축적한 대용량의 데이터를 대상으로 한다.
ⓔ 데이터 마이닝에는 선형 회귀분석이나 로지스틱 회귀분석, 판별분석, 주성분 분석 등의 고전적인 통계분석 방식을 적용할 수 없다.

16   정답 ④

ⓒ 통계패키지(SAS), 데이터 마이닝, 관계형 데이터베이스 등은 기존 환경에서의 대표적인 소프트웨어 분석 방법이며, 빅데이터 환경의 소프트웨어 분석 방법에는 텍스트 마이닝, 온라인 버즈 분석, 감성 분석 등이 있다.

17   정답 ②

딥러닝(Deep Learning)은 스스로 학습하는 능력이 있는 컴퓨터로 많은 데이터를 스스로 분류하여 상하 관계를 파악한다. 즉, 인간이 가르치지 않아도 방대한 데이터를 기반으로 스스로 학습하고, 이를 바탕으로 미래를 예측한다.

PART 2 기출복원문제 정답 및 해설

01	02	03	04	05	06	07												
④	④	④	④	③	②	③												

01 정답 ④

농협지역본부의 컨설팅 교육을 지원하는 부서는 회원종합지원본부이다. 2016년 6월 회원종합지원부 산하에 컨설팅지원단을 신설하여 각 농협지역본부의 교육을 지원하고 있다.

02 정답 ④

가공식품류를 제외하고 수상자당 각 50포의 유기질 퇴비를 제공한다.

03 정답 ④

문자와 숫자가 혼합된 영역을 채우기 핸들로 드래그 입력할 경우 문자는 복사되고 숫자는 하나씩 증가한다. 단, 날짜는 1일 단위, 시간은 1시간 단위로 증가한다.

04 정답 ④

- 갑 – C사원 : 위험 중립형
- 을 – A사원 : 안전형
- 병 – B사원 : 안전 추구형
- 정 – D사원 : 적극 투자형

> **투자 성향**
> - 안전형
>   초저위험·초저수익을 추구하는 투자자로, 원금에 대한 손실을 원하지 않는다. 따라서 기대 수익률이 낮더라도 원금 손실이 거의 없는 안전한 금융상품에 주로 투자한다. 미래의 확실한 원금보전과 환금성을 고려한 투자 계획을 구성하므로 재무목표 달성을 위한 기대 수익률을 맞추기에는 다소 어려움이 있다.
> - 안전 추구형
>   저위험·저수익을 추구하는 투자자이며, 안전형보다는 위험을 조금 더 감수한다. 예·적금의 수익보다는 높은 수익을 원하므로 일정 부분까지의 위험을 허용하지만, 궁극적으로는 대부분의 투자원금이 보호되는 자산에 투자하는 것을 희망한다.
> - 위험 중립형
>   중위험·중수익을 추구하며, 안전성과 수익 두 가지를 다 잡고 싶어하는 투자자이다. 투자에 상응하는 투자 위험을 어느 정도 인식하고 있으므로 일정 수준의 손실 위험을 감수할 수 있다. 따라서 기대 수익을 얻기 위한 어느 정도의 원금 손실은 인정한다.
> - 적극 투자형
>   고위험·고수익을 추구한다. 유동성 확보를 위한 일부 자산을 제외하고는 위험이 높은 자산에 투자하기 때문에 위험도가 높다. 하지만 그만큼 높은 수익률을 기대할 수 있다.

05 정답 ③

L씨의 상품 가입기간이 30개월(=2년 6개월)이므로 기본 만기지급금리는 연 1.5%이다. L씨의 거래실적내용에 따르면 L씨는 N주 거래우대통장에서 2016년 3월부터 매달 3건의 자동이체 출금을 했고, 채움 체크카드로 월 평균 25만 원 사용 및 주택청약종합저축 상품을 보유하고 있기에 우대금리는 0.1+0.1+0.1=0.3%p이다. 그러므로 만기 시 적용되는 총금리는 1.5+0.3=1.8%이다.

- 세전 이자 : 20,000,000×2.5(년)×0.018=900,000원(∵ 2년 6개월=2.5년)
- 이자 과세 : 900,000×0.154=138,600원
- 세후 이자 : (세전 이자)−(이자 과세)=900,000−138,600=761,400원
- 세후 수령액 : (거치금액)+(세후 이자)=20,000,000+761,400=20,761,400원

따라서 L씨가 안내받을 세후 수령액은 20,761,400원이다.

06 정답 ②

차상위계층 이하의 다문화가정의 결혼이민자가 귀화한 경우, 상품에 가입하기 위해 필요한 서류로 초본 또는 기본증명서가 추가된다.

07 정답 ③

2009년을 제외하고 2003년부터 2014년까지 농산물 수입액이 지속적으로 증가하고 있는 것은 맞지만, 곡류의 유무가 증가에 영향을 주는지의 여부는 주어진 그래프만으로는 판단할 수 없다.

01	02	03	04	05	06	07	08	09								
①	②	②	②	①	⑤	④	③	④								

01 정답 ①

전체 월급을 1이라고 할 때,

• 저금하고 남은 돈 : $1-\dfrac{1}{4}=\dfrac{3}{4}$

• 모임회비 및 월세 : $\dfrac{3}{4}\times\dfrac{1}{4}+\dfrac{3}{4}\times\dfrac{2}{3}=\dfrac{11}{16}$

• 모임회비 및 월세를 낸 후 나머지 : $\dfrac{3}{4}-\dfrac{11}{16}=\dfrac{1}{16}$

• 부모님 용돈 : $\dfrac{1}{16}\times\dfrac{1}{2}=\dfrac{1}{32}$

따라서 생활비로 남은 돈은 $\dfrac{1}{16}-\dfrac{1}{32}=\dfrac{1}{32}$ 이다.

02 정답 ②

B는 시속 30km/h로 x km의 거리를 $45-5=40$분 만에 갔으므로, 다음과 같은 식이 성립한다.

$$x=30\times\dfrac{40}{60}=20$$

따라서 B는 20km를 이동했다.

03 정답 ②

A, B, C 각 병에 담긴 물의 양을 aL, bL, cL라고 하면 $a+b+c=13$L이며, 다음과 같은 식이 성립한다.

• A : B=1 : 2=3 : 6
• B : C=3 : 1=6 : 2
→ A : B : C=3 : 6 : 2

일반상수 k에 대해 $3k+6k+2k=13$ → $k=\dfrac{13}{11}$

따라서 $c=2k=\dfrac{26}{11}$ 이다.

04 정답 ②

$a+3b=550$ … ㉠
$b+3c=1,050$ … ㉡
$c+3d=1,200$ … ㉢
$d+3a=1,800$ … ㉣

㉠$-3×$㉡과 ㉢$-3×$㉣을 계산하면 다음과 같다.

$a-9c=-9c=-2,600$ … ㉤
$c-9a=-4,200$ … ㉥

$21×$㉤$-13×$㉥을 계산하면 $138a=202c$이다.

따라서 c는 a의 $\dfrac{69}{101}$ 배이다.

05 정답 ①

바람, 돌, 여자를 통해 제주도를 연상할 수 있다.

06 정답 ⑤

'N은행 100세 플랜 적금'상품은 예금자보호가 적용되는 상품이나, 예금자보호법에 따라 N은행에 있는 고객의 모든 예금보호대상 금융상품에 적용되므로 다른 상품과 구별하여 보호받는다는 ⑤는 적절하지 않다.

07 정답 ④

해당 적금의 만기시점 세전금리는 (기본금리)+(우대금리)이다. 기본금리는 상품설명서 내 '만기금리' → '기본금리' 항목에서 확인할 수 있는데, A고객의 계약기간이 5년이므로 연 3.00%임을 확인할 수 있다.
우대금리는 A고객의 상황에서 우대조건 항목에 해당되는 것이 있는지 비교한 후, 해당되는 항목의 우대금리를 모두 합하면 된다.
• 우대조건 ㉠ : A고객은 N은행과 이전에 거래한 적이 없으며, 해당 적금상품만을 가입하였으므로 우대조건에 해당되지 않는다.
• 우대조건 ㉡ : A고객은 배우자와 함께 가입하였고, 신규금액이 10만 원 이상이므로 우대조건에 해당된다.
• 우대조건 ㉢ : A고객은 매월 20만 원씩 납입, 계약기간 5년이고 만기까지 연체 없이 납입할 예정이므로 우대조건에 해당된다.
• 우대조건 ㉣ : A고객은 행원의 추천에 따라 'N은행 100세 플랜 연금'을 신규로 가입하여 6개월 이상 보유할 예정이므로 우대조건에 해당된다.
• 우대조건 ㉤ : A고객은 N은행에 방문하여 행원과 해당 적금에 대해 상담을 받아 계약을 하였으므로 우대조건에 해당되지 않는다.
따라서 우대조건 ㉡ 0.1% · ㉢ 0.2% · ㉣ 0.2%를 충족하였으므로 우대금리는 0.5%이며, 만기시점 세전이자는 $3.00+0.5=3.50\%$ 이다.

08 정답 ③

예금을 중도해지할 경우에는 최초 가입 시 설정된 (기본금리)+(우대금리)가 아닌 중도해지이율이 적용된다. B고객은 해당 예금상품을 1년 동안 보유했으므로 중도해지이율 중 18개월 미만에 해당되어 기본금리의 30%가 적용된다.
따라서 환급금은 $1,000,000$원$×(1+0.03×0.3)=1,009,000$원이 된다.

09 정답 ④

예금 가입기간이 20개월이므로 기본이자율은 연 1.30%(12개월)가 적용된다. 그리고 우대금리 중 첫 번째와 세 번째 항목을 충족하였으므로 0.2%가 가산된다. 따라서 만기 시 적용되는 금리는 $1.30+0.2=1.50\%$이다.
단, 단리식으로 적용된다고 하였으므로 만기 시 이자는 $1,000,000×(0.015+0.015×8/12)=25,000$원이 되며, 이자금액에 대한 세금을 제외하고 나면 $25,000×(1-0.154)=21,150$원이 된다.
따라서 C고객이 만기에 받을 금액은 $1,000,000+21,150=1,021,150$원이 된다.

PART 3

주요 금융권 NCS 기출복원문제

정답 및 해설

CHAPTER 01 2023년 주요 금융권 NCS 기출복원문제

CHAPTER 01 2023년 주요 금융권 NCS 기출복원문제
CHAPTER 02 2022년 주요 금융권 NCS 기출복원문제

01	02	03	04	05	06	07	08	09	10	11	12	13	14	15	16	17	18	19	20
①	④	②	③	④	④	②	②	④	④	④	④	③	②	③	④	④	③	①	④
21	22	23	24	25	26	27	28	29	30	31	32	33	34	35	36	37	38	39	40
①	②	⑤	③	②	②	⑤	②	③	②	⑤	③	①	③	④	③	②	④	③	④
41	42	43	44	45	46	47	48	49	50	51	52	53	54	55	56	57	58	59	60
③	④	②	②	④	①	③	③	③	①	④	③	①	③	②	③	③	④	④	③

01 정답 ①

제시문은 대출을 받아 내 집을 마련한 사람들이 대출금리 인상으로 인한 경제적 부담을 감당하지 못하여 집을 처분하려 하나 이 또한 어려워 경매로 넘어가는 상황에 대해 설명하고 있다. 따라서 제시문의 주제로 대출금리 인상으로 내 집 마련이 무너졌다는 ①이 가장 적절하다.

오답분석

② 마지막 문단에 따르면 대출금리 인상으로 인해 부동산 매수자가 줄어든 것은 맞지만, 제시문의 전체적인 내용은 대출금리 인상으로 집을 사지 못하는 것이 아닌, 대출금리 인상으로 이미 산 집을 포기할 수밖에 없는 상황에 대해 다루고 있다. 따라서 제시문의 주제로는 적절하지 않다.

③ 마지막 문단에 따르면 매도량은 늘어나지만 매수량이 없어 이전보다 고를 수 있는 부동산의 선택지가 늘어난 것은 맞지만, 제시문의 전체적인 내용은 단순히 늘어난 부동산 매물이 아닌 대출금리 인상으로 인해 어쩔 수 없이 시장으로 나온 부동산 매물에 대해 다루고 있으므로 제시문의 주제로는 적절하지 않다.

④ 제시문의 내용으로 볼 때 부동산 경기 침체로 인해 매물로 나온 부동산은 늘어나고 있지만, 매수량은 없어 부동산 경매시장이 활발해졌다고 보긴 어렵다.

02 정답 ④

지폐 거래를 위해서는 신뢰가 필수적인데 중국을 포함한 아시아의 국가들은 처음부터 국가가 발행권을 갖고 있었기 때문에 화폐로 받아들여지고 사용되기 위해 필요한 신뢰를 확보하고 있었다고 할 수 있다.

오답분석

① 제시문에 따르면 유럽의 지폐는 동업자들끼리 만든 지폐로 시작하였으나 쉽게 자리잡지 못했고 중앙은행이 금 태환을 보장하면서부터 화폐로 사용되기 시작하였다. 그러나 이것으로 지폐가 널리 통용되었다고 판단하기에는 무리가 있으며 더구나 금화의 대중적인 확산이 그 원인이 되었다는 근거는 찾을 수 없다.

② 제시문은 내재적 가치가 없는 지폐가 화폐로 받아들여지고 사용되기 위해서는 신뢰가 필수적인데 중국은 강력한 왕권이 이 신뢰를 담보할 수 있었지만, 유럽에서는 그보다 오랜 시간과 성숙된 환경이 필요했다고 하고 있다. 결국 유럽에서 지폐의 법정화와 중앙은행의 설립이 이루어진 것은 17 ~ 18세기에 이르러서야 가능했다.

③ 중국에서는 기원전 7 ~ 8세기 이후 주나라에서부터 청동전이 유통되었는데 이후 진시황이 중국을 통일하면서 화폐를 통일해 가운데 네모난 구멍이 뚫린 원형 청동 엽전이 등장하였다고 하였다. 따라서 네모난 구멍이 뚫린 원형 엽전 이전에 청동전이 있었다는 사실을 알 수 있다.

03 정답 ②

광고는 해당 제품이 가진 여러 가지 정보를 담고 있다. 현명한 소비를 하기 위해서 광고에 의존해서는 안 되지만, 기본적인 정보 습득에 있어 전혀 도움이 되지 않는 것은 아니다.

오답분석

① 광고는 제품에 대한 긍정적인 이미지를 형성하여 소비자의 구매 욕구를 자극한다.

③ 현명한 소비를 하기 위해서는 광고에 의해 형성된 이미지에 속지 않고, 가격, 품질, 필요성 등 다양한 요소를 종합적으로 고려해야 한다.

④ 광고는 제품이나 서비스에 대한 정보를 전달하는 데 사용되는 매개체로 소비자의 구매 결정에 큰 영향을 미친다.

04 정답 ③

두 번째 문단에 따르면 마음의 본래 모습을 회복하여 욕망(악)을 제거하려는 것은 A학파이다. B학파는 이러한 해석이 논어가 만들어졌을 당시의 유가 사상과 거리가 있다고 보고 있으므로 적절하지 않은 내용이다.

오답분석

① A학파는 '극기'의 의미를 '몸으로 인한 개인적 욕망'인 '기'를 극복하는 것으로 해석하며, '복례'의 의미를 '천리에 따라 행위하는 본래 모습을 회복'하는 것으로 보고 있어 천리를 행위의 기준으로 삼고 있다. 따라서 적절한 내용이다.

② A학파는 '예'를 '천리에 따라 행위하는 것'으로 규정하고 있으며, 이 '천리'는 태어날 때부터 마음에 내재해 있는 것으로 본다. 따라서 적절한 내용이다.

④ B학파는 '기'를 '몸'으로 보아 숙련 행위의 주체로 이해하였고, '예'를 '본받아야 할 행위'로 이해하며, 제사에 참여하여 어른들의 행위를 모방하듯이 선인의 행위를 모범으로 삼는 것을 추론할 수 있으므로 적절한 내용이다.

05 정답 ④

(다) 문단은 '다시 말하여'라는 뜻의 부사 '즉'으로 시작하여, '경기적 실업은 자연스럽게 해소될 수 없다.'는 주장을 다시 한 번 설명해주는 역할을 하므로 제시된 문장 바로 다음에 위치하는 것이 자연스럽다. 다음으로는 경기적 실업이 자연스럽게 해소될 수 없는 이유 중 하나인 화폐환상현상을 설명하는 (나) 문단이 오는 것이 적절하며, 마지막으로 화폐환상현상으로 인해 실업이 지속되는 것을 설명하고, 정부의 적극적인 역할을 해결책으로 제시하는 케인스 학파의 주장을 이야기하는 (가) 문단이 오는 것이 적절하다. 따라서 (다) – (나) – (가) 순으로 나열하는 것이 적절하다.

06 정답 ④

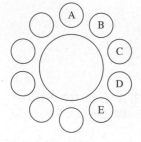

A ~ E에 앉을 수 있는 경우의 수는 각각 10가지, 8가지, 6가지, 4가지, 2가지이고, 회전하여 같아지는 경우는 10가지이다.

따라서 구하고자 하는 경우의 수는 $\dfrac{10 \times 8 \times 6 \times 4 \times 2}{10} = 384$가지이다.

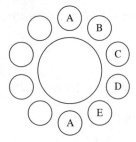

A에 한 과를 고정시키고 남은 과를 B ~ E에 앉히는 경우의 수는 4!=24가지이다.

이때, B ~ E에 대하여 자리를 바꿔 앉지 않는 경우의 수는 각각 2가지이므로 2×2×2×2=16가지이다.

따라서 구하고자 하는 경우의 수는 24×16=384가지이다.

07 정답 ②

작년 비행기 왕복 요금을 x원, 작년 1박 숙박비를 y원이라고 하면 다음 식이 성립한다.

$-\dfrac{20}{100}x+\dfrac{15}{100}y=\dfrac{10}{100}(x+y)$ … ㉠

$(1-\dfrac{20}{100})x+(1+\dfrac{15}{100})y=308,000$ … ㉡

㉠을 정리하면 $y=6x$ … ㉢

㉡을 정리하면 $16x+23y=6,160,000$ … ㉣

㉢을 ㉣에 대입하면 $16x+138x=6,160,000$

$\therefore\ x=40,000$

이를 ㉢에 대입하면 $y=240,000$이다.

따라서 올해 비행기 왕복 요금은 $40,000-40,000\times\dfrac{20}{100}=32,000$원이다.

08 정답 ②

미생물은 3일마다 10배씩 증가하고 있다.

그러므로 6월 7일에 미생물 3마리가 분열을 시작하여 30억 마리가 되려면 30억$=3\times10^9$이므로 $3\times9=27$일 후이다.

따라서 미생물이 30억 마리가 되는 날은 6월 7일을 기준으로 27일 후인 7월 4일이다.

09 정답 ④

김대리가 받을 수 있는 신용카드에 따른 할인 혜택 금액은 다음과 같다.
- A카드 : 외식 부문에서 할인을 적용받고, 페이 결제분에 대한 할인은 제외되므로 적용받는 할인 금액은 540,000-350,000= 190,000원이다. 이때, 총결제액이 100만 원을 초과했으므로 할인율은 15%이다. 그러므로 할인 혜택 금액은 190,000×0.15= 28,500원으로 할인한도 28,000원을 초과하여 28,000원을 할인받는다.
- B카드 : 쇼핑 부문에서 할인을 적용받고, N사 페이 결제에 대하여 5% 추가 할인이 적용된다. 이때, 총결제액이 100만 원을 초과했으므로 기본으로 적용되는 할인율은 15%이고, N사 페이 결제금액에 적용되는 할인율은 15+5=20%이다. 그러므로 할인 혜택 금액은 150,000×0.2+(290,000-150,000)×0.15=30,000+21,000=51,000원으로 할인한도 25,000원을 초과하여 25,000원을 할인받는다.
- C카드 : 공과금 부문에서 할인을 적용받는다. 이때, 총결제액이 100만 원을 초과했으므로 기본으로 적용되는 할인율은 15%이고 공과금을 자동이체로 설정하였으므로 3% 추가 할인이 적용되어 할인율은 15+3=18%이다. 그러므로 할인 혜택 금액은 150,000 ×0.18=27,000원이다.

- D카드 : 유류비 부문에서 총결제액의 3%를 할인받는다. 그러므로 할인 혜택 금액은 $1,210,000 \times 0.03 = 36,300$원으로 할인한도 30,000원을 초과하여 30,000원을 할인받는다.

따라서 할인 혜택 금액이 가장 큰 카드는 D카드이다.

10 정답 ④

ⓒ 민간의 자율주행기술 R&D를 지원하여 기술적 안전성을 높이는 전략은 위협을 최소화하는 내용은 포함하지 않고 약점만 보완하는 내용이므로 ST전략이라고 할 수 없다.

ⓔ 국내기업의 자율주행기술 투자가 부족한 약점을 국가기관의 주도로 극복하려는 전략은 약점을 최소화하고 위협을 회피하려는 WT전략의 내용으로 적절하지 않다.

오답분석

ⓐ 높은 수준의 자율주행기술을 가진 외국 기업과의 기술이전협약 기회를 통해 국내외에서 우수한 평가를 받는 국내 자동차기업이 국내 자율주행자동차 산업의 강점을 강화하는 전략은 SO전략에 해당한다.

ⓒ 국가가 지속적으로 자율주행차 R&D를 지원하는 법안이 본회의를 통과한 기회를 토대로 기술개발을 지원하여 국내 자율주행자동차 산업의 약점인 기술적 안전성을 확보하려는 전략은 WO전략에 해당한다.

11 정답 ④

- 다섯 번째 조건에 따르면, A는 가장 낮은 층인 101호, 102호 중 하나를 배정받는데, 세 번째 조건에 따라 왼쪽 방을 배정받으므로 101호를 배정받는다.
- 세 번째 조건과 일곱 번째 조건에 따르면, G는 D와 같은 층에서 왼쪽 방을 이용해야 하므로, 배정 가능한 방이 2개인 5층을 배정받는다. 따라서 G는 501호, D는 503호를 배정받게 되고, 세 번째 조건에 따라 C는 남은 왼쪽 방인 401호를 배정받게 된다.
- 여섯 번째 조건에 따르면, F는 오른쪽 방을 배정받아야 하며, 네 번째 조건에 따라 B는 F보다 높은 층을 배정받아야 하므로, 303호는 B가, 203호는 F가 배정받는다.

위의 내용을 정리하면 다음과 같다.

	왼쪽	가운데	오른쪽
5층	501 – G		503 – D
4층	401 – C		
3층			303 – B
2층		202	203 – F
1층	101 – A	102	

남은 인원인 E와 H는 102호와 202호에 배정받는다. 그러나 제시된 조건만으로는 이 중 어느 방을 각각 배정받을지 확정할 수 없으므로, E는 H보다 높은 층을 배정받을 수도 있고 아닐 수도 있다. 따라서 ④는 옳지 않다.

12 정답 ④

A조의 발표기간 3일 중 마지막 발표는 11일이므로, 다음 순서인 C조는 그다음 날인 12일에 발표를 시작할 수 없다. 또한 그다음 연수일은 화요일인 16일이나, 창립기념일인 17일에는 발표를 할 수 없다. 첫 번째 날과 두 번째 날의 발표는 연속해서 해야 하므로 발표는 18일에 시작하여야 한다. 즉, C조는 18 ~ 19일에 발표를 하고, 마지막 날의 발표를 다음 연수일인 23일에 하게 된다. 따라서 B조는 그다음 날인 24일을 제외하고 가장 빠른 발표 가능일인 25 ~ 26일에 발표를 하고, 마지막 발표는 30일에 하게 된다.

13 정답 ③

한국 경찰청 국가수사본부 사이버수사국에서 유엔 범죄예방 및 형사사법위원회 정기회의에 참석해 발표한 내용은 금품요구 악성프로그램 유포사범 검거와 관련된 사례이다. 발표를 담당한 경사가 사이버 성범죄의 가해자를 검거하여 유엔 마약·범죄 사무소, 동남아시아 가상자산 실무자 회의에서 발표한 이력이 있다는 내용이 제시되어 있지만, 이는 부가적인 설명이므로 제시문을 읽고 알 수 있는 내용으로 적절하지 않다.

① · ② 제시문의 두 번째 문단을 통해 파악할 수 있다.
④ 제시문의 마지막 문단을 통해 파악할 수 있다.

14 정답 ②

제시문은 새마을금고중앙회가 대포통장 근절을 통해 보이스피싱 예방에 성과를 거두고 있음을 이야기하고, 구체적인 통계 수치를 통해 그에 대한 설명을 하고 있다. 제시문은 새마을금고중앙회가 대포통장 근절을 통해 보이스피싱 예방에 성과를 거두고 있음을 이야기하고, 구체적인 통계 수치를 통해 그에 대한 설명을 하고 있다. 따라서 제시문의 제목으로 가장 적절한 것은 ②이다.

① 대포통장이 보이스피싱의 주요한 수단으로 사용되고 있다는 내용은 적절하지만, 전체 내용을 포괄하는 제목으로 보기는 어렵다.
③ 새마을금고중앙회가 피해·사기계좌에 대한 모니터링을 통해 보이스피싱 피해를 예방하고 금융사기를 사전에 차단하고 있다는 내용은 제시되어 있지만, 금융사기 피해자를 지원하는 내용은 언급되지 않았다.
④ 사기계좌에 대한 지속적인 모니터링을 촉구하는 내용은 제시되지 않았다.

15 정답 ③

제시문은 스마트시티 프로젝트의 핵심 과제와 주요 연구과제, 도시관리 데이터의 빅데이터 시스템 구축, 지능형 통합 의사결정 시스템 등의 과제를 설명하고 있다. 그리고 프로젝트가 차질 없이 수행될 경우 발생하는 에너지 절감, 신산업 생태계 조성, 다양한 스마트 솔루션 개발 등의 효과를 설명하는 것으로 볼 때, ③이 제목으로 가장 적절하다.

16 정답 ④

스마트시티 프로젝트로 다양한 스마트 솔루션이 개발되고 이를 통해 일자리 창출 및 국내 경제 활성화에 기여할 수 있을 것으로 예상된다.

① 스마트시티 프로젝트의 과제로는 교통사고, 범죄, 응급의료 등 도시 내 각종 위험에 대한 위기대응 통합 솔루션 개발이 있다.
② 공공 분야에서는 교통정체, 사고 등 도시 내 각종 상황을 실시간으로 감지·분석하고 도시 빅데이터에 기반해 의사결정 전 과정을 지원하는 '지능형 통합 의사결정 시스템'을 개발해 공공서비스 질을 향상시킬 방침이다.
③ 스마트시티 프로젝트가 차질 없이 수행되면 도시 개별 인프라 간 연계·통합 등으로 상호 시너지가 발생해 각종 도시 관리 효율성이 15% 이상 향상될 것으로 전망된다.

17 정답 ④

제시된 환전 수수료 공식을 A씨가 신청한 달러 및 유로에 적용하면 다음과 같다.
• 달러 : $(1,300-1,100) \times (1-0.7) \times 660 = 39,600$원
• 유로 : $(1,520-1,450) \times (1-0.5) \times 550 = 19,250$원
따라서 A씨가 내야 할 총환전 수수료는 $39,600+19,250 = 58,850$원이다.

18 정답 ③

주어진 조건을 정리하면 다음과 같다.
• 첫 번째 조건 : B부장의 자리는 출입문과 가장 먼 10번 자리에 배치된다.
• 두 번째 조건 : C대리와 D과장은 마주봐야 하므로 2·7번 또는 4·9번 자리에 앉을 수 있다.
• 세 번째 조건 : E차장은 B부장과 마주보거나 옆자리이므로 5번과 9번에 배치될 수 있지만, 다섯 번째 조건에 따라 옆자리가 비어있어야 하므로 5번 자리에 배치된다.
• 네 번째 조건 : C대리는 A사원 옆자리에 앉아야 하므로 7번과 9번에 배치될 수 있다.

- 다섯 번째 조건 : E차장 옆자리는 공석이므로 4번 자리는 아무도 앉을 수가 없으며, 앞선 조건에 따라 C대리는 7번 자리에 앉고 D과장은 2번 자리에 앉아야 한다.
- 일곱 번째 조건 : 과장끼리 마주보거나 나란히 앉을 수 없으므로 G과장은 3번 자리에 앉을 수 없고, 6번과 9번에 앉을 수 있다.
- 여섯 번째 조건 : F대리는 마주보는 자리에 아무도 앉지 않아야 하므로 9번 자리에 배치되어야 하고 G과장은 6번 자리에 앉아야 한다.

따라서 주어진 조건에 맞게 자리배치를 정리하면 다음과 같다.

출입문				
1 – 신입사원	2 – D과장	×	×	5 – E차장
6 – G과장	7 – C대리	8 – A사원	9 – F대리	10 – B부장

19 정답 ①

상품 정보에 따라 B주임과 C과장의 만기환급금을 계산하면 다음과 같다.

- B주임 : $300,000 \times 36 + 300,000 \times \dfrac{36 \times 37}{2} \times \dfrac{0.024}{12} = 11,199,600$원

- C과장 : $250,000 \times \dfrac{(1.02)^{\frac{25}{12}} - (1.02)^{\frac{1}{12}}}{(1.02)^{\frac{1}{12}} - 1} = 250,000 \times \dfrac{1.04 - 1.001}{0.001} = 9,750,000$원

20 정답 ④

매월 적립해야 하는 금액을 a원이라고 하면 2022년 4월 말에 지급받는 적립 총액은
$(a \times 1.005 + a \times 1.005^2 + a \times 1.005^3 + \cdots + a \times 1.005^{40})$만 원이다.

$a \times 1.005 + a \times 1.005^2 + a \times 1.005^3 + \cdots + a \times 1.005^{40} = \dfrac{a \times 1.005 \times (1.005^{40} - 1)}{1.005 - 1} = 2,211$

$\rightarrow 44.22a = 2,211$

$\therefore a = 50$

따라서 매월 적립하는 금액은 50만 원이다.

21 정답 ①

총주차 시간이 x분일 때 30분 이후부터 10분마다 500원씩 추가되므로 지불해야 하는 총주차 요금은 $\left(1,500 + \dfrac{x-30}{10} \times 500\right)$원이다.

이 금액이 5,000원 이하여야 하므로 다음과 같은 식이 성립한다.

$\left(1,500 + \dfrac{x-30}{10} \times 500\right) \leq 5,000$

$\rightarrow 50(x-30) \leq 3,500$

$\therefore x \leq 100$

따라서 최대 100분까지 주차가 가능하다.

22 정답 ②

A은행에서 3년(36개월)간 5만 원씩 적립한다면 적금의 원리합계는 다음과 같다.

1개월 ⋯⋯ $5(1+1.001)^{36}$

2개월 ⋯⋯ $5(1+1.001)^{35}$

3개월 ⋯⋯ $5(1+1.001)^{34}$

⋮

35개월 ⋯⋯ $5(1+1.001)^2$

36개월 ······ 5(1+1.001)

A은행에서의 적금의 원리합계는 $S_A = \dfrac{5(1+1.001)(1.001^{36}-1)}{1.001-1} = \dfrac{5 \times 1.001 \times (1.04-1)}{0.001} = 200.2$만 원이다.

B은행에서 2년(24개월)간 10만 원씩 적립한다면 적금의 원리합계는 다음과 같다.

1개월 ······ $10(1+1.002)^{24}$

2개월 ······ $10(1+1.002)^{23}$

3개월 ······ $10(1+1.002)^{22}$

$\vdots$

23개월 ······ $10(1+1.002)^2$

24개월 ······ $10(1+1.002)$

B은행에서의 적금의 원리합계는 $S_B = \dfrac{10(1+1.002)(1.002^{24}-1)}{1.002-1} = \dfrac{10 \times 1.002 \times (1.05-1)}{0.002} = 250.5$만 원이다.

따라서 B은행에 적금하는 것이 250.5−200.2=50.3만 원(503,000원) 더 받을 수 있다.

23 정답 ⑤

작년 여학생 수를 x명이라고 하면, 작년 남학생 수는 $(2,000-x)$명이므로 다음과 같은 식이 성립한다.

$$-\frac{5}{100}(2,000-x)+\frac{5}{100}x = -14$$

양변에 100을 곱하면 다음과 같다.

$-5(2,000-x)+5x = -1,400$

→ $-10,000+5x+5x = -1,400$

→ $10x = 8,600$

∴ $x = 860$

따라서 작년 여학생의 수는 860명이다.

24 정답 ③

원형 테이블은 회전시켜도 좌석 배치가 동일하므로, 좌석에 1 ~ 7번으로 번호를 붙이고, A가 1번 좌석에 앉았다고 가정하여 배치하면 다음과 같다.

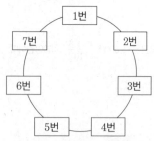

첫 번째 조건에 따라, 2번에는 부장이, 7번에는 차장이 앉게 된다.

세 번째 조건에 따라, 부장과 이웃한 자리 중 비어있는 3번 자리에 B가 앉게 된다.

네 번째 조건에 따라, 7번에 앉은 사람은 C가 된다.

다섯 번째 조건에 따라, 5번에 과장이 앉게 되고, 과장과 차장 사이인 6번에 G가 앉게 된다.

여섯 번째 조건에 따라, A와 이웃한 자리 중 직원명이 정해지지 않은 2번 부장 자리는 D가 앉게 된다.

마지막 조건에 따라, 4번 자리에는 대리, 3번 자리에는 사원이 앉는 것을 알 수 있다. 3번 자리에 앉는 사람은 사원 직급인 B인 것을 알 수 있다.

두 번째 조건에 따라, E는 사원과 이웃하지 않았고 직원명이 정해지지 않은 5번 과장 자리에 해당하는 것을 알 수 있다.

이를 정리하면 다음과 같은 좌석 배치가 되며, F는 이 중 유일하게 빈자리인 4번 대리 자리에 해당한다.

그러므로 사원 직급은 B, 대리 직급은 F에 해당하는 것을 도출할 수 있다.

25 정답 ②

참견하지 않고 앉아서 보기만 함을 의미하는 '좌시(坐視)'와 어떤 일에 직접 나서서 관여하지 않고 곁에서 보기만 함을 의미하는 '방관(傍觀)'은 유의 관계이다. 반면, ①·③·④·⑤는 반의 관계이다.

오답분석
① • 밀집(密集) : 빈틈없이 빽빽하게 모임
   • 산재(散在) : 여기저기 흩어져 있음
③ • 훼방(毀謗) : 남을 헐뜯어 비방함 또는 그런 비방
   • 협조(協助) : 힘을 보태어 도움
④ • 방만(放漫) : 맺고 끊는 데가 없이 제멋대로 풀어져 있다는 의미인 '방만하다'의 어근
   • 절연(截然) : 맺고 끊음이 칼로 자르듯이 분명하다는 의미인 '절연하다'의 어근
⑤ • 옹색(壅塞) : 형편이 넉넉하지 못하여 생활에 필요한 것이 없거나 부족함 또는 그런 형편
   • 윤택(潤澤) : 살림이 넉넉함

26 정답 ②

갤런(gal), 배럴(bbl), 온스(oz)는 '부피'를 나타내는 단위이다.

27 정답 ⑤

'사상누각(沙上樓閣)'은 '모래 위에 세워진 누각'이라는 뜻으로, 기초가 튼튼하지 못하면 곧 무너짐을 이르는 말이다. 따라서 빈칸에 들어갈 한자성어로 가장 적절한 것은 ⑤이다.

오답분석
① 혼정신성(昏定晨省) : '밤에는 부모의 잠자리를 보아 드리고 이른 아침에는 부모의 안부를 여쭈어 본다.'는 뜻으로, 부모님께 효성을 다하는 모습을 이르는 말
② 표리부동(表裏不同) : 겉으로 드러나는 언행과 속으로 가지는 생각이 다름을 이르는 말
③ 철저성침(鐵杵成針) : '철 절굿공이로 바늘을 만든다.'는 뜻으로, 아주 오래 노력하면 성공함을 이르는 말
④ 격화소양(隔靴搔癢) : '신을 신고 발바닥을 긁는다.'는 뜻으로, 성에 차지 않거나 철저하지 못한 안타까움을 이르는 말

28 정답 ②

간부 A ~ D의 적금 만기 시 적용금리는 다음과 같다.
• A : 3.1(기본금리)＋3.0(급여이체)＋0.2(카드 사용)＝6.3%
• B : 3.1%(기본금리)
• C : 3.1(기본금리)＋0.2(카드 사용)＋0.2(주택청약 가입)＋0.2(대출 실적 보유)＝3.7%
• D : 3.1(기본금리)＋3.0(급여이체)＋0.2(주택청약 가입)＋0.1(펀드 가입)＋0.2(대출 실적 보유)＝6.6%
따라서 적금 만기 시 적용되는 금리가 작은 사람부터 순서대로 나열하면 'B － C － A － D'이다.

29 정답 ③

간부 A ~ D의 적금 만기 시 원리합계는 다음과 같다.

- A : 매월 30만 원씩 입금하였고, 만기 시 연 이율이 6.3%이므로

$$\frac{30 \times \left(1+\frac{0.063}{12}\right) \times \left\{\left(1+\frac{0.063}{12}\right)^{24}-1\right\}}{\frac{0.063}{12}} = \frac{30 \times (12+0.063) \times (1.133-1)}{0.063} = 763.99만 \ 원$$

- B : 매월 50만 원씩 입금하였고, 만기 시 연 이율이 3.1%이므로

$$\frac{50 \times \left(1+\frac{0.031}{12}\right) \times \left\{\left(1+\frac{0.031}{12}\right)^{24}-1\right\}}{\frac{0.031}{12}} = \frac{50 \times (12+0.031) \times (1.064-1)}{0.031} \fallingdotseq 1,241.91만 \ 원$$

- C : 매월 20만 원씩 입금하였고, 만기 시 연 이율이 3.7%이므로

$$\frac{20 \times \left(1+\frac{0.037}{12}\right) \times \left\{\left(1+\frac{0.037}{12}\right)^{24}-1\right\}}{\frac{0.037}{12}} = \frac{20 \times (12+0.037) \times (1.077-1)}{0.037} \fallingdotseq 501만 \ 원$$

- D : 매월 40만 원씩 입금하였고, 만기 시 연 이율이 6.6%이므로

$$\frac{40 \times \left(1+\frac{0.066}{12}\right) \times \left\{\left(1+\frac{0.066}{12}\right)^{24}-1\right\}}{\frac{0.066}{12}} = \frac{40 \times (12+0.066) \times (1.141-1)}{0.066} \fallingdotseq 1,031.09만 \ 원$$

30 정답 ②

제시문에 따르면 농업은 과학 기술의 발전성과를 수용하여 새로운 상품과 시장을 창출할 수 있는 잠재적 가치를 가지고 있으므로, 농업의 성장을 위해서는 과학 기술의 문제점을 성찰하기보다는 과학 기술을 어떻게 활용할 수 있는지를 고민해보는 것이 적절하다. 따라서 과학 기술의 문제점을 성찰해야 한다는 내용은 적절하지 않다.

31 정답 ⑤

마지막 문단에 따르면 '라이헨바흐는 자연이 일양적일 수도 있고 그렇지 않을 수도 있음을 전제'하며, '자연이 일양적인지 그렇지 않은지 알 수 없는 상황에서는 귀납을 사용하는 것이 옳은 선택'이라고 한다. 그러나 귀납이 현실적으로 옳은 추론 방법임을 밝히기 위해 자연의 일양성이 선험적 지식임을 증명하고 있는 것은 아니다.

오답분석

① 라이헨바흐는 '어떤 방법도 체계적으로 미래 예측에 계속해서 성공할 수 없다는 논리적 판단을 통해 귀납은 최소한 다른 방법보다 나쁘지 않은 추론'이라고 확언한다. 하지만 이것은 귀납의 논리적 허점을 현실적 차원에서 해소하려는 것이며, 논리적 허점을 완전히 극복한 것은 아니라는 점에서 비판의 여지가 있다.

② 라이헨바흐는 '귀납의 정당화 문제로부터 과학의 방법인 귀납을 옹호하기 위해 현실적 구제책'을 제시한다. 이것은 귀납이 과학의 방법으로 사용될 수 있음을 지지하려는 것이다.

③ 라이헨바흐는 '자연이 일양적일 경우, 우리의 경험에 따라 귀납이 점성술이나 예언 등의 다른 방법보다 성공적인 방법이라고 판단'하며, '자연이 일양적이지 않다면, 어떤 방법도 체계적으로 미래 예측에 계속해서 성공할 수 없다는 논리적 판단을 통해 귀납은 최소한 다른 방법보다 나쁘지 않은 추론'이라고 확언한다. 따라서 라이헨바흐가 귀납과 다른 방법을 비교하기 위해 경험적 판단과 논리적 판단을 활용했음을 알 수 있다.

④ 라이헨바흐는 '자연이 일양적인지 그렇지 않은지 알 수 없는 상황에서는 귀납을 사용하는 것이 옳은 선택'이라고 본다. 따라서 라이헨바흐는 귀납과 견주어 미래 예측에 더 성공적인 방법이 없다는 판단을 근거로 귀납의 가치를 보여 주고 있다.

32 정답 ③

제시문은 애그테크의 정의와 효과, 적용되는 기술을 설명하는 글이다. 그러므로 애그테크에 대한 정의인 (다) 문단이 가장 앞에 와야 하고, 이어서 애그테크의 효과에 대한 (가) 문단이 와야 한다. 이후 애그테크에 적용되는 다양한 기술을 설명한 (나) 문단이 배치되어야 하고, 결론인 (라) 문단이 배치되어야 한다. 따라서 (다) – (가) – (나) – (라) 순으로 나열하는 것이 적절하다.

33 정답 ①

보기는 기존의 쌀 소득보전 직불제의 도입 배경과 한계점에 대한 내용이다. 공익직불제는 쌀 과잉공급 등 기존 직불제의 한계점을 해결하기 위해 시행된 제도이므로 보기의 문단이 들어갈 위치로 가장 적절한 곳은 (가)이다.

34 정답 ③

네 번째 문단에 따르면 각 지자체는 정부 광고매체를 활용해 모금할 수 있지만, 지자체가 주최·주관·후원하는 행사에서 권유·독려를 금지하고 있으며 이를 위반했을 경우 최대 8개월까지 기부금 모금이 제한된다.

오답분석
① 기부자는 주민등록증·운전면허증 등 신분증을 가지고 농협 근무시간에 방문하여 현장에서 기부할 수 있다.
② 고향사랑e음은 국세청 연말정산시스템과 연계하여 자동으로 세액공제 혜택을 받을 수 있다.
④ 고향사랑e음을 통해 기부 시 기부금의 30%를 포인트로 받아 원하는 시기에 원하는 답례품을 선택할 수 있다.

35 정답 ④

제시문에 따르면 현대의 상류층은 다른 상류층 사이에 있을 때는 경쟁적으로 사치품을 소비하며 자신을 과시하고, 차별해야 할 아래 계층이 있을 때는 소비하지 않기를 통해 서민들처럼 소박한 생활을 한다는 것을 과시함으로써 오히려 자신을 더 드러낸다.

오답분석
① 현대의 상류층은 서민들처럼 소박한 생활을 한다는 것을 과시함으로써 서민들에게 친근감을 주지만, 사실 이는 극단적인 위세의 형태로 이를 통해 오히려 자신을 한층 더 드러낸다.
② 겸손한 태도로 자신을 한층 더 드러내는 소비행태를 보이는 것은 현대의 서민이 아닌 상류층이며, 서민들은 상류층을 따라 사치품을 소비한다.
③ 현대의 상류층은 차별화해야 할 아래 계층이 없거나 경쟁 상대인 다른 상류층 사이에 있을 때 경쟁적으로 고가품을 소비하며 자신을 과시한다.

36 정답 ③

삼각형 ABC의 넓이는 $\frac{1}{2}\overline{AB}\times\overline{BC}\times\sin\theta$로 계산할 수 있다.

$3\sqrt{2} = \frac{1}{2}\times3\times4\times\sin\theta$

$\rightarrow \sin\theta = \frac{3\sqrt{2}}{6} = \frac{\sqrt{2}}{2}$

따라서 $\theta = \frac{\pi}{4}$ 이다.

37 정답 ②

진희의 집부터 어린이집까지의 거리를 $x$km라고 하면, 어린이집부터 회사까지의 거리는 $(12-x)$km이다.

어린이집부터 회사까지 진희의 속력은 10km/h의 1.4배이므로 14km/h이다.

집에서 회사까지 1시간이 걸렸으므로 다음과 같은 식이 성립한다.

$$\frac{x}{10}+\frac{12-x}{14}=1$$

$$\rightarrow 7x+5(12-x)=70$$

$$\rightarrow 2x=10$$

$$\therefore\ x=5$$

어린이집을 가는 데 걸린 시간은 $\frac{5}{10}=\frac{1}{2}$ 시간=30분이다.

따라서 어린이집에서 출발한 시간은 8시 30분이다.

38 정답 ④

(라) 문단에서 인도네시아 왐푸 수력발전소를 준공하였다는 내용을 확인할 수 있으나, 연간 순이익 377억 원 달성이라는 구체적인 내용은 확인할 수 없다. 따라서 ④는 (라) 문단의 주제로 적절하지 않다.

39 정답 ③

대표의 옆방에는 부장이 묵어야 하므로 대표는 오직 111호에만 묵을 수 있으며, 110호에는 총무팀 박부장이 배정받는다.
따라서 111호에 생산팀 장과장은 묵을 수 없다.

오답분석

① 두 번째 조건에서 같은 부서 임직원은 마주보는 방을 배정받을 수 없으므로 인사팀 유과장은 105호에 배정받을 수 없다.
② 만약 105호에 생산팀 장과장이 배정받으면, 인사팀 유과장은 102호 또는 107호에 배정받을 수 있으므로 104호는 빈방으로 남을 수 있다.
④ 111호에 대표가 묵는다고 했으므로 총무팀 박부장은 110호로 배정받는다.

40 정답 ④

 i) 출금 : S은행 자동화기기 이용·영업시간 외 10만 원 이하 → 500원
ii) 이체 : S은행 자동화기기 이용·다른 은행으로 송금·영업시간 외 10만 원 이하 → 800원
iii) 현금 입금 : S은행 자동화기기 이용·영업시간 외 타행카드 현금입금 → 1,000원
따라서 지불해야 하는 총수수료는 2,300원이다.

41 정답 ③

작년 TV와 냉장고의 판매량을 각각 $3k$, $2k$대, 올해 TV와 냉장고의 판매량을 각각 $13m$, $9m$대라고 하자.
작년 TV와 냉장고의 총판매량은 $5k$대, 올해 TV와 냉장고의 총판매량은 $22m$대이다.
올해 총판매량이 작년보다 10% 증가했으므로 다음과 같은 식이 성립한다.

$$5k\left(1+\frac{10}{100}\right)=22m$$

$$\rightarrow \frac{11}{2}k=22m$$

$$\therefore\ k=4m$$

작년 냉장고 판매량은 $2\times4m=8m$대이다.

따라서 냉장고의 판매량은 작년보다 $\frac{9m-8m}{8m}\times100=12.5\%$ 증가했다.

42 정답 ④

i) 샌드위치 가게 운영 시
- 예상매출 : $6,000 \times 30 \times 28 \times 12 = 6,048$만 원
- 예상비용 : (월세)+(판매비용)+(대출이자)
  $= (90 \times 12) + (2,000 \times 30 \times 28 \times 12) + (3,000 \times 0.04)$
  $= 1,080 + 2,016 + 120$
  $= 3,216$만 원
- 순수익 : $6,048 - 3,216 = 2,832$만 원

ii) 무역회사를 계속 다닐 시
- 연봉 : 3,500만 원
- 자기자금 예금이자 : $5,000 \times 0.025 = 125$만 원
- 순수익 : $3,500 + 125 = 3,625$만 원

따라서 무역회사를 계속 다니는 경우가 793만 원 더 이익이다.

43 정답 ②

K씨가 원화로 환전했다고 했으므로 '현찰 팔 때'의 환율로 계산해야 한다.
엔화 환율 차이로 얻은 수익은 다음과 같다.

$(1,004.02 - 998) \times 800,000 \times \dfrac{1}{100} = 6.02 \times 8,000 = 48,160$원

미국 USD 달러도 똑같은 수익이 났다고 했으므로 2주 전 현찰 살 때의 환율(x)은 다음과 같다.

$(1,110.90 - x) \times 7,000 = 48,160$

$\rightarrow 1,110.90 - x = 6.88$

$\therefore \ x = 1,104.02$

따라서 2주 전 달러 환율은 1,104.02원/달러이다.

44 정답 ③

'어찌 된'의 뜻을 나타내는 관형사는 '웬'이므로, '어찌 된 일로'라는 함의를 가진 '웬일'이 옳은 표기이다.

오답분석
① 메다 : 어떤 감정이 북받쳐 목소리가 잘 나지 않다.
② 치다꺼리 : 남의 자잘한 일을 보살펴서 도와줌
④ 베다 : 날이 있는 연장 따위로 무엇을 끊거나 자르다.

45 정답 ④

먹고 난 뒤의 그릇을 씻어 정리하는 일을 뜻하는 단어는 '설거지'이다.

오답분석
① ~로서 : 지위나 신분 또는 자격을 나타내는 격 조사
② 왠지 : 왜 그런지 모르게. 또는 뚜렷한 이유도 없이
③ 드러나다 : 가려 있거나 보이지 않던 것이 보이게 되다.

46 정답 ①

보기는 결국 쟁점이 되고 있는 두 입장에서 (나)의 손을 들어준 것이다. (나)의 기본 입장은 인간의 배아 연구는 많은 위험성을 내포하고 있기에 반대한다는 것이다. 이러한 입장에 따르면 앞으로 생명 공학 분야의 발전에는 상당한 제약이 따를 것이라 예상할 수 있으므로 국가 경쟁력이 강화된다는 반응은 적절하지 않다.

47 정답 ③

제시문은 모바일 앱 서비스인 'MG더뱅킹기업'의 출시에 대한 기사로서 앱의 주요 특징과 제공하는 서비스에 대해 간략히 소개하고 있다. 따라서 주제로 가장 적절한 것은 ③이다.

48 정답 ③

중앙은행은 기준금리를 통해 경기 변동에 따른 위험을 완화하고 금융시장의 원활한 운영을 돕는 역할을 수행한다.

오답분석

① 경제가 성장하고 인플레이션이 심해지면 중앙은행은 기준금리 인상을 통해 소비와 투자를 저하시켜 경기 과열을 억제한다.
② 중앙은행이 기준금리를 인상하면 자금이 제한되고 대출이 어려워지므로 소비와 투자를 저하시킨다.
④ 기준금리 설정 시에는 인플레이션 목표율, 경제 성장률 등 다양한 요소를 고려해야 하므로 이 중 어느 하나가 가장 중요한 요인이라고 할 수 없다.

49 정답 ③

C는 M사의 이익과 자사의 이익 모두를 고려하여 서로 원만한 합의점을 찾고 있다. 따라서 가장 바르게 협상한 사람은 C이다.

오답분석

① M사의 협상당사자는 현재 가격에서는 불가능하다고 한계점을 정했지만, A의 대답은 설정한 목표와 한계에서 벗어나는 요구이므로 바르게 협상한 것이 아니다.
② B는 합의점을 찾기보다는 자사의 특정 입장만 고집하고 있다. 따라서 바르게 협상한 것이 아니다.
④ D는 상대방의 상황에 대해서 지나친 염려를 하고 있다. 따라서 바르게 협상한 것이 아니다.

50 정답 ①

제시문은 아리스토텔레스의 목적론에 대한 논쟁을 설명하는 글이다. 따라서 (가) 근대에 등장한 아리스토텔레스의 목적론에 대한 비판 – (나) 근대 사상가들의 구체적인 비판 – (라) 근대 사상가들의 비판에 대한 반박 – (다) 근대 사상가들의 비판에 대한 현대 학자들의 비판 순으로 나열되는 것이 적절하다.

51 정답 ④

제시문은 임베디드 금융에 대한 정의, 장점 및 단점 그리고 이에 대한 개선 방안을 설명하는 글이다. 따라서 (라) 임베디드 금융의 정의 – (나) 임베디드 금융의 장점 – (다) 임베디드 금융의 단점 – (가) 단점에 대한 개선 방안 순으로 나열되는 것이 적절하다.

52 정답 ③

지로 / 공과금 자동이체 우대금리 조건을 보면 반드시 본인 명의의 입출금식 통장에서 지로 / 공과금 자동이체 실적이 3개월 이상이어야 한다.

오답분석

① 매월 납입한도는 100만 원 이하이고 계약기간은 1년제이므로 신규금액을 제외한 최대 납입 가능 금액은 $100 \times 12 = 1,200$만 원이다.
② 에너지 절감 우대금리 적용을 위해 "아파트아이"에 회원가입을 해야 하며, 주소변경 시 아파트아이에서 주소변경을 완료해야 하므로 해당 사이트의 계정이 필요하다.
④ 최대 이율을 적용받는 사람의 금리는 약정이율에 우대금리를 더한 값인 $3.0 + 4.0 = 7.0\%$이다. 하지만 중도해지 시에는 우대금리가 적용되지 않으므로 납입기간 50%를 경과하고 중도해지할 경우 적용받는 금리는 $3.0 \times 0.4 = 1.2\%$이다. 따라서 중도해지 시 적용받는 금리는 이전보다 $7.0 - 1.2 = 5.8\%$p 적다.

53 정답 ①

먼저 A고객이 적용받는 우대금리를 계산하면 다음과 같다.
- 적금가입월(22.5)부터 10개월 동안(23.2 이내) 적금가입월의 전기사용량(kWh) 대비 월별 전기사용량(kWh)이 절감된 횟수는 22년 6월, 9월, 10월과 23년 2월로 총 4회이므로 적용되는 우대금리는 연 1.0%p이다.
- 최초거래고객 우대금리 요건을 만족하므로 적용되는 우대금리는 1.0%p이다.
- 지로 / 공과금 자동이체 우대금리 요건을 만족하므로 적용되는 우대금리는 1.0%p이다.

이에 A고객이 적용받는 우대금리는 총 3%p이고 A고객은 만기해지하였으므로 계약기간 동안 적용되는 금리는 약정이율에 우대금리를 더하여 3+3=6%이다. 그러므로 가입금액에 따른 이자를 계산하면 다음과 같다.

- 최초 납입금액 : 30만×6%=18,000원
- 추가 납입금액 : 70만×6%×$\frac{6}{12}$=21,000원
- 만기 후 이율 : 100만×3%×30%×$\frac{6}{12}$=4,500원(만기일 경과 6개월 이후 해지)

따라서 A고객이 지급받을 이자는 18,000+21,000+4,500=43,500원이다.

54 정답 ③

- 자택에서 인근 지하철역까지 도보로 가는 데 걸리는 시간 : 3분
- 지하철역에서 환승역까지 가는 데 걸리는 시간 : 2×2=4분
- 환승하는 데 걸리는 시간 : 2분
- 환승역에서 사무실 인근 지하철역까지 가는 데 걸리는 시간 : 2×4=8분
- 인근 지하철역에서 사무실까지 도보로 가는 데 걸리는 시간 : 2분

따라서 김대리가 지하철을 타고 자택에서부터 사무실을 갈 때 걸리는 시간은 3+4+2+8+2=19분이다.

55 정답 ②

- 버스의 편도 이동시간 : 1+(4×4)+3=20분
- 지하철의 편도 이동시간 : 3+(2×2)+2+(2×4)+2=19분
- 자가용의 이동시간 : 19+2=21분

따라서 편도 이동시간이 짧은 이동수단을 순서대로 바르게 나열하면 '지하철 – 버스 – 자가용'이다.

56 정답 ③

정규근로시간 외에 초과근무가 있는 날의 시간외근무시간을 구하면 다음과 같다.

구분	초과근무시간			1시간 공제
	조기출근	야근	합계	
1~15일	–	–	–	770분
18일(월)	–	70분	70분	10분
20일(수)	60분	20분	80분	20분
21일(목)	30분	70분	100분	40분
25일(월)	60분	90분	150분	90분
26일(화)	30분	160분	190분	130분
27일(수)	30분	100분	130분	70분
합계	–	–	–	1,130분

∴ 1,130분=18시간 50분

따라서 월 단위 계산 시 1시간 미만은 절사하므로 시간외근무수당은 7,000×18=126,000원이다.

57 정답 ③

레저업종 카드사용 실적인정 기준 중 3번째 조건에 따르면 당일자, 당일가맹점 사용실적은 건수는 최대 1회, 금액은 최대금액 1건이 인정된다고 하였다. 따라서 당일에 동일 가맹점에서 나눠서 결제하더라도 그 횟수는 1회만 반영되고, 그 금액도 가장 큰 금액 1건만 반영된다. 그러므로 한 번에 결제하는 것이 우대금리 적용에 더 유리하다.

오답분석

① 제시된 상품에서 적용 가능한 최대금리는 계약기간이 최대이며 우대금리를 만족한 3.65+2.4=6.05%이고 최저금리는 계약기간이 최소이며 우대금리를 적용받지 못한 3.40%이다. 따라서 만기해지 시 상품에서 적용 가능한 최대금리와 최저금리의 차이는 6.05-3.40=2.65%p이다.

② 우대금리 항목에 따르면 금액 조건은 온누리상품권 구매금액과 레저업종 카드사용금액 모두 포함되는 반면, 건수 조건에는 레저업종 카드사용금액만 포함된다. 따라서 우대금리 적용에 있어서는 온누리상품권을 구입하는 것보다는 레저업종에 카드를 사용하는 것이 더 유리하다.

④ 계약기간이 1년이므로 만기일 당시 IBK 적립식중금채의 계약기간별 고시금리는 만기 후 1개월 이내 해지 시나 만기 후 6개월 초과 후 해지 시에 같으므로 만기 후 1개월 이내 해지 시 적용되는 만기 후 이율은 만기 후 6개월 초과 후 해지 시 적용되는 만기 후 이율의 50%/20%=2.5배이다.

58 정답 ④

A고객의 계약기간은 2년이므로 적용되는 약정이율은 3.50%이다. 우대금리 적용을 위해 금액 조건을 계산하면 다음과 같다.
- 매 짝수 월 초 30만 원 헬스클럽 결제 : 30×12=360만 원
- 매월 초 20만 원 골프연습장 결제 : 20×24=480만 원
- 매 연말 본인 명의 온누리상품권 100만 원 구매 : 200만 원 인정
- 매 연초 가족 명의 온누리상품권 100만 원 구매 : 본인 명의가 아니므로 불인정
- 매년 3, 6, 9, 12월 월말 수영장 이용료 30만 원 결제 : 30×8=240만 원

총이용금액은 1,280만 원이고, 이를 평균하여 계산하면 월 결제금액은 1,280÷24≒53.3만 원이므로 우대금리는 1.70%p가 적용된다. 그러므로 납입금액별 금리는 다음과 같다.
- 최초 납입금액 : $50만 \times (3.5+1.7)\% \times \frac{24}{12} = 52,000원$
- 추가 납입금액(21.8.1) : $100만 \times (3.5+1.7)\% \times \frac{12}{12} = 52,000원$
- 추가 납입금액(22.2.1) : $100만 \times (3.5+1.7)\% \times \frac{6}{12} = 26,000원$
- 만기 후 금리 : $250만 \times (3.5 \times 0.3)\% \times \frac{3}{12} = 6,562.5원$

따라서 A고객이 지급받을 총금리에서 10원 미만을 절사하면 136,560원이다.

59 정답 ④

규정에 따르면 여비를 운임·숙박비·식비·일비로 구분하고 있다.
- 운임 : 철도·선박·항공운임에 대해서만 지급한다고 규정하고 있으므로, 버스 또는 택시요금에 대해서는 지급하지 않는다. 그러므로 철도운임만 지급되며 일반실 기준으로 실비로 지급하므로 여비는 43,000+43,000=86,000원이다.
- 숙박비 : 1박당 실비로 지급하되, 그 상한액은 40,000원이다. 그러나 출장기간이 2일 이상인 경우에는 출장기간 전체의 총액 한도 내에서 실비로 지급한다고 하였으므로, 3일간의 숙박비는 총 120,000원 내에서 실비가 지급된다. 그러므로 B과장이 지출한 숙박비 45,000+30,000+35,000=110,000원 모두 여비로 지급된다.
- 식비 : 1일당 20,000원으로 여행일수에 따라 지급된다. 총 4일이므로 80,000원이 지급된다.
- 일비 : 1인당 20,000원으로 여행일수에 따라 지급된다. 총 4일이므로 80,000원이 지급된다.

따라서 B과장이 정산받은 여비의 총액은 86,000+110,000+80,000+80,000=356,000원이다.

60 정답 ③

- 5월 3일 지인에게 1,000만 원을 달러로 송금

  1,000만 원÷1,140.20=8,770달러(∵ 소수점 절사, 환전수수료 없음)

- 5월 20일 지인으로부터 투자수익률 10%와 원금을 받음

  8,770×(1+0.1)=9,647달러

- 5월 20일 환전함

  9,647×1,191.50≒11,494,400원(∵ 소수점 절사, 환전수수료 없음)

- 투자수익률 계산

  $$\frac{11,494,400-10,000,000}{10,000,000}\times100≒15\%$$

따라서 K씨는 약 15%의 투자수익을 달성하였다.

01	02	03	04	05	06	07	08	09	10	11	12	13	14	15	16	17	18	19	20
③	①	②	④	⑤	③	⑤	④	③	②	③	④	③	①	③	④	④	②	②	③
21	22	23	24	25	26	27	28	29	30	31	32	33	34	35	36	37	38	39	40
①	④	③	②	②	④	③	④	②	①	③	②	④	④	①	④	②	④	②	①
41	42	43	44	45	46	47	48	49	50										
③	①	①	②	①	①	④	③	②	②										

01 정답 ③

질소가 무조건 많이 함유된 것이 좋은 비료가 아니라 탄소와 질소의 비율이 잘 맞는 것이 중요하다.

오답분석

① 커피박을 이용해서 비료를 만들면 커피박을 폐기하는 데 필요한 비용을 절약할 수 있기 때문에 경제적으로도 이득이라고 할 수 있다.

② 비료에서 중요한 요소로 질소를 언급하고 있고, 유기 비료이기 때문에 유기물의 함량 또한 중요하다. 그리고 제시문에서도 질소와 유기물 함량을 분석하고 있기에 중요한 고려 요소라고 할 수 있다.

④ 비료를 만드는 데 발생하는 열로 유해 미생물을 죽일 수 있다고 언급하였다.

⑤ 부재료로 언급된 것 중에서 한약재 찌꺼기가 가장 질소 함량이 높다고 하였다.

02 정답 ①

B는 보이스피싱 범죄의 확산에 대한 일차적 책임이 개인에게 있다고 했으며, C는 개인과 정부 모두에게 있다고 말하였다.

오답분석

② B는 개인의 부주의함으로 인한 사고를 은행이 책임지는 것은 문제가 있다고 말하며 책임질 수 없다는 의견을 냈고, C는 은행의 입장에 대해 언급하지 않았다.

③ B는 근본적 해결을 위해 개인의 역할, C는 정부의 역할을 강조하고 있다.

④ B는 제도적인 방안의 보완에 대해서는 언급하고 있지 않으며, C는 정부의 근본적인 해결책 마련을 촉구하고 있다.

⑤ B와 C는 개인에게 보이스피싱 범죄 확산에 대한 책임이 있다는 것에 동의하지만, 정부와 은행의 책임에 대해서는 의견이 다르다.

03 정답 ②

제시문에 있는 수출가격을 구하는 계산식을 통해 확인할 수 있다. 환율이 1,000원/$일 때 국내 시장에서 가격이 1만 원인 국산품의 수출가격이 $10라면, 환율이 상승한 2,000원/$일 때 수출가격은 $5가 된다.

오답분석

① 수입 증가는 환율 상승의 원인으로 볼 수 있다.

③ 외국인들의 한국 여행은 환율 하락의 원인으로 작용한다.

④ 제시문에 있는 수입가격을 구하는 계산식을 통해 확인할 수 있다. 환율이 1,000원/$일 때 국제 시장에서 가격이 $100인 수입품의 수입가격이 100,000원이라면 환율이 900원/$일 때 수입가격은 90,000원이 된다. 따라서 환율이 하락하면 수입가격도 하락한다.

⑤ 외화를 많이 보유하게 되면 환율이 하락하면서 우리 돈의 가치가 증가한다고 볼 수 있다.

04 　정답　 ④

JJ은행의 당기순이익 대비 사회공헌금액 비중은 13.5%로 N은행의 12.2%보다 높다.

오답분석

① 5대 시중은행 중 N은행을 제외하고 당기순이익 대비 사회공헌금액 비중이 가장 높은 은행은 S은행이며 그 비중은 6.7%이다.
② 제시문은 전국은행연합회의 사회공헌활동 보고서를 기초로 분석한 결과에 대한 기사이다.
③ 5대 시중은행 중 사회공헌금액이 가장 작은 W은행의 액수는 1,354억 원이다.
⑤ 2019 ~ 2021년 동안 사회공헌금액이 가장 많았던 해는 2019년이다.

05 　정답　 ⑤

신용등급이 6등급인 L씨가 대출을 받을 경우 기준금리는 8.99%이고, 대출 후에 매월 원금에 대한 이자를 납입하고 최종 상환일에 원금을 납입하는 방법인 만기 일시상환 방법으로 대출을 하였으므로 첫 달에 지불하는 상환액은 5백만 원에 대한 이자만 지불하면 된다.

따라서 총대출이자는 $5,000,000 \times 0.0899 \times \dfrac{6}{12} = 224,750$원이며, 첫 달에 지불하는 상환액은 $224,750 \div 6 = 37,458$원이다.

06 　정답　 ③

2018 ~ 2021년 가계대출과 기업대출의 전년 대비 증가액은 다음과 같다.

(단위 : 조 원)

구분	2018년	2019년	2020년	2021년
가계대출	583.6−535.7=47.9	620−583.6=36.4	647.6−620=27.6	655.7−647.6=8.1
기업대출	546.4−537.6=8.8	568.4−546.4=22	587.3−568.4=18.9	610.4−587.3=23.1

따라서 2021년 기업대출의 전년 대비 증가액은 가계대출 증가액보다 높다.

오답분석

① 2017년 대비 2021년 부동산담보대출 증가율은 $\dfrac{341.2-232.8}{232.8} \times 100 ≒ 46.6\%$이며, 가계대출 증가율은 $\dfrac{655.7-535.7}{535.7} \times 100 ≒$ 22.4%이므로 부동산담보대출 증가율이 가계대출 증가율보다 더 높다.

② 주택담보대출이 세 번째로 높은 해는 2019년이며, 이때 부동산담보대출(284.4조 원)은 기업대출의 50%인 $\dfrac{568.4}{2} = 284.2$조 원보다 많다.

④ 2015년 은행대출은 459+462=921조 원이며, 2018년 은행대출은 583.6+546.4=1,130조 원이므로 2015년 은행대출은 2018년 은행대출의 $\dfrac{921}{1,130} \times 100 ≒ 81.5\%$이다.

⑤ 2014 ~ 2021년 주택담보대출의 전년 대비 증가액은 다음과 같다.

(단위 : 조 원)

구분	2014년	2015년	2016년	2017년
증가액	300.9−279.7=21.2	309.3−300.9=8.4	343.7−309.3=34.4	382.6−343.7=38.9
구분	2018년	2019년	2020년	2021년
증가액	411.5−382.6=28.9	437.2−411.5=25.7	448−437.2=10.8	460.1−448=12.1

따라서 전년 대비 주택담보대출이 가장 크게 증가한 해는 2017년이다.

07 정답 ⑤

기업 대표이지만 VIP이므로 고객구분은 ㄷ, 대출신청을 하였으므로 업무는 Y, 업무내용은 B가 적절하며, 접수창구는 VIP실인 00번이 된다.

08 정답 ④

- A, B : 대출상담과 대출신청을 나타내는 코드
- Y : 대부계 업무를 나타내는 코드
- ㄴ : 기업고객을 나타내는 코드
- 04 : 4번 창구를 나타내는 코드

09 정답 ③

if(i%4==0)에서, i가 4의 배수일 때, sum=sum+1이 수행된다.
i가 1부터 110까지 1씩 증가 될 때 4의 배수가 나오면 sum에 +1이 되기 때문에 110 이하의 4의 배수의 개수를 구하면 sum을 알 수 있다.
∴ 110÷4=27

10 정답 ②

제시문은 음악을 쉽게 복제할 수 있는 환경을 비판하는 시각에 대하여 반박하며 미래에 대한 기대를 나타내는 내용을 담고 있다. 따라서 (다) 음악을 쉽게 변모시킬 수 있게 된 환경의 도래 – (가) 음악 복제에 대한 비판적인 시선의 등장 – (라) 이를 반박하는 복제품 음악의 의의 – (나) 복제품으로 새롭게 등장한 전통에 대한 기대의 순서대로 연결하는 것이 적절하다.

11 정답 ③

ⓒ 2018 ~ 2020년에 사망자 수는 1,850명 → 1,817명 → 1,558명으로 감소하고 있고, 부상자 수는 11,840명 → 12,956명 → 13,940명으로 증가하고 있다.
ⓔ 각 연도의 검거율을 구하면 다음과 같다.

- 2017년 : $\dfrac{12,606}{15,280} \times 100 = 82.5\%$
- 2018년 : $\dfrac{12,728}{14,800} \times 100 = 86\%$
- 2019년 : $\dfrac{13,667}{15,800} \times 100 = 86.5\%$
- 2020년 : $\dfrac{14,350}{16,400} \times 100 = 87.5\%$

따라서 검거율은 매년 증가하고 있다.

오답분석

ⓐ 사고건수는 2018년까지 감소하다가 2019년부터 증가하고 있고, 검거 수는 매년 증가하고 있다.
ⓑ 2018년과 2019년의 사망률 및 부상률은 다음과 같다.

- 2018년 사망률 : $\dfrac{1,850}{14,800} \times 100 = 12.5\%$, 부상률 : $\dfrac{11,840}{14,800} \times 100 = 80\%$
- 2019년 사망률 : $\dfrac{1,817}{15,800} \times 100 = 11.5\%$, 부상률 : $\dfrac{12,956}{15,800} \times 100 = 82\%$

따라서 사망률은 2018년이 더 높지만 부상률은 2019년이 더 높다.

12 정답 ④

한 분야의 모든 사람이 한 팀에 들어갈 수는 없다는 조건이 있으므로 가와 나는 한 팀이 될 수 없다.

오답분석

① 갑과 을이 한 팀이 되는 것과 상관없이 한 분야의 모든 사람이 한 팀에 들어갈 수는 없기 때문에 가와 나는 반드시 다른 팀이어야 한다.
② 두 팀에 남녀가 각각 2명씩 들어갈 수도 있지만 (남자 셋, 여자 하나), (여자 셋, 남자 하나)의 경우도 있다.
③ a와 c는 성별이 다르기 때문에 같은 팀에 들어갈 수 있다.
⑤ 주어진 조건에 따라 배치하면, c와 갑이 한 팀이 되면 한 팀의 인원이 5명이 된다.

13 정답 ③

시행기업당 참여직원 수를 구하면 다음과 같다.

- 2018년 : $\frac{3,197}{2,079} ≒ 1.54$명
- 2019년 : $\frac{5,517}{2,802} ≒ 1.97$명
- 2020년 : $\frac{10,869}{5,764} ≒ 1.89$명
- 2021년 : $\frac{21,530}{7,686} ≒ 2.80$명

따라서 시행기업당 참여직원 수가 가장 많은 해는 2021년이다.

오답분석

① 직접 계산을 하지 않고 눈으로도 판단이 가능한 선택지이다. 2019년 이후 전년보다 참여직원 수가 가장 많이 증가한 해는 2021년인 반면, 시행기업 수가 가장 많이 증가한 해는 2020년이므로 둘은 동일하지 않다.
② 2021년 남성육아휴직제 참여직원 수는 21,530명이며, 2018년은 3,197명이므로 2021년의 참여직원 수는 2018년의 약 6.7배이다.
④ 2019년 대비의 2021년 시행기업 수의 증가율은 $\frac{7,686-2,802}{2,802}×100 ≒ 174.30\%$이고, 참여직원 수의 증가율은 $\frac{21,530-5,517}{5,517}×100 ≒ 290.25\%$이므로 시행기업 수의 증가율이 더 낮다.
⑤ 2021년 참여직원 수는 2018년 대비 18,333명 증가하였으므로 3년간 증가인원의 평균은 6,111명으로 6,000명을 넘는다.

14 정답 ①

인맥을 활용하면 각종 정보와 정보의 소스를 주변 사람으로부터 획득할 수 있다. 또한 '나' 자신의 인간관계나 생활에 대해서 알 수 있으며, 이로 인해 자신의 인생에 탄력을 불어넣을 수 있다. 게다가 주변 사람들의 참신한 아이디어를 통해 자신만의 사업을 시작할 수도 있다. 따라서 A사원의 메모는 모두 옳은 내용이다.

15 정답 ③

일반적으로 사탕을 선물하는 화이트데이에 사탕 대신 꽃을 선물하도록 하여 침체된 화훼농가를 돕고자 하는 농협의 '화(花)이트데이'에 대한 기사 내용이므로 제목으로 ③이 적절하다.

16 정답 ④

㉠ 탐색형 문제는 현재의 상황을 개선하거나 효율을 높이기 위한 문제이다. 눈에 보이지 않는 문제로, 이를 방치하면 뒤에 큰 손실이 따르거나 결국 해결할 수 없는 문제로 확대되기도 한다.
㉡ 발생형 문제는 우리 눈앞에 발생되어 당장 걱정하고 해결하기 위해 고민하는 문제이다. 눈에 보이는 이미 일어난 문제로, 어떤 기준을 일탈함으로써 생기는 일탈 문제와 기준에 미달하여 생기는 미달문제로 대변되며 원상복귀가 필요하다.
㉢ 설정형 문제는 미래상황에 대응하는 장래 경영전략의 문제로 '앞으로 어떻게 할 것인가'에 대한 문제이다. 지금까지 해오던 것과 전혀 관계없이 미래 지향적으로 새로운 과제 또는 목표를 설정함에 따라 일어나는 문제로서, 목표 지향적 문제이기도 하다.

17 정답 ④

'경위'를 A, '파출소장'을 B, '30대'를 C라고 하면, 전제1과 결론은 다음과 같은 벤다이어그램으로 나타낼 수 있다.

1) 전제1

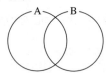

2) 결론

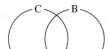

결론이 참이 되기 위해서는 B와 공통되는 부분의 A와 C가 연결되어야 하므로 A를 C에 모두 포함시켜야 한다. 그러므로 다음과 같은 벤다이어그램이 성립할 때 마지막 명제가 참이 될 수 있다. 따라서 빈칸에 들어갈 명제는 '모든 경위는 30대이다.'이다.

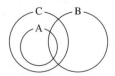

오답분석

①·② 다음과 같은 경우 성립하지 않는다.

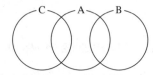

③ 다음과 같은 경우 성립하지 않는다.

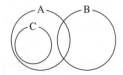

18 정답 ②

ⓑ 고객이 당장 오늘 내로 문제 해결 방법을 알려달라는 강한 불만을 제기했으므로 긴급하면서도 중요한 문제이다. 그러므로 제1사분면에 위치하는 것이 가장 적절하다.
ⓐ 다음 주에 상부에 보고해야 하는 업무는 중요하지만, 아직 시간이 조금 남아있는 상태이므로 긴급한 업무는 아니다. 그러므로 제2사분면에 위치하는 것이 가장 적절하다.
ⓒ 친구와의 약속은 업무에서 중요하지 않고 긴급한 일이 아니다. 그러므로 제4사분면에 위치하는 것이 가장 적절하다.

19 정답 ②

중도해지 시 받을 수 있는 중도해지이율은 36개월 미만으로 $2.5 \times 0.6 = 1.5\%$이다.

따라서 중도해지 환급금은 $15,000,000 \times \left(1 + 0.015 \times \dfrac{30}{12}\right) = 15,562,500$원이다.

20 정답 ③

리스크 관리 능력의 부족은 기업 내부환경의 약점 요인에 해당한다.
위협은 외부환경 요인에 해당하므로 위협 요인에는 회사 내부를 제외한 외부에서 비롯되는 요인이 들어가야 한다.

SWOT 분석
기업의 내부환경과 외부환경을 분석하여 강점(Strength), 약점(Weakness), 기회(Opportunity), 위협(Threat) 요인을 규정하고, 이를 토대로 경영전략을 수립하는 기법
• 강점(Strength) : 내부환경(자사 경영자원)의 강점
• 약점(Weakness) : 내부환경(자사 경영자원)의 약점
• 기회(Opportunity) : 외부환경(경쟁, 고객, 거시적 환경)에서 비롯된 기회
• 위협(Threat) : 외부환경(경쟁, 고객, 거시적 환경)에서 비롯된 위협

21 정답 ①

기업여신 자동심사 시스템은 심사 담당자 개개인의 능력에 의존하지 않도록 하는 시스템이다.

오답분석

② 미래 성장성을 반영하여 채무상환능력을 평가한다.
③ 기업들은 표준화된 심사기준을 적용받는다.
④ 기술보증기금 등 공공기관의 기술가치평가 결과를 참조하지 않아도 시스템 자체적으로 기술평가를 진행하여 반영하게 된다.

22 정답 ④

친환경 차량을 이용하고 있거나 노후 경유차 저감장치 부착을 이행한 경우에는 별도의 서류를 제출해야 하지만, 대중교통 이용 우대금리를 적용받기 위해서는 IBK기업은행 입출금 계좌에 연결된 교통카드를 사용하면 별도의 서류 제출이 필요하지 않다.

오답분석

① 친환경 차량을 보유하지 않더라도, 노후 경유차 저감장치 부착을 이행하고 있거나, 대중교통을 이용하고 있으면 우대금리를 적용받을 수 있다.
② 계약금액을 1,000만 원 이상으로 가입한 경우에 한해서만 제공되는 혜택이다.
③ 만기 후에는 기본금리가 아닌 만기 후 이율이 적용된다.

23 정답 ③

C씨는 본인이 사용하는 교통카드의 결제계좌를 IBK기업은행의 입출금 계좌에 연결해두는 것으로 우대금리를 적용받을 수 있다.

오답분석

① A씨는 개인사업자로 본 상품 가입대상이 아니다.
② B씨가 이용하는 전기차의 소유주는 본인이 아니고, 운전 또한 본인이 직접하지도 않으므로 본인 명의의 자동차등록증이나 보험 가입증서를 발급받을 수 없다.
④ 노후 경유차 폐차는 계약기간 이전의 일이며, 현재 친환경 차량을 이용하고 있지 않으므로 우대금리 적용 대상이 아니다.

24 정답 ②

i-ONE Bank를 통한 가입 시에는 국민건강보험공단의 재직정보를 통해 우대금리 적용대상 여부를 판단한다.

오답분석

① 납입금액의 상한이 월 20만 원이므로 가입기간 동안 저축할 수 있는 최대 금액은 240만 원이다.
③ 가입기간 내내 동의를 유지하였더라도 만기일 전일까지 유지하지 않으면 우대금리 적용 자격이 소멸한다.
④ 만기 후 1개월 이내에는 만기일 기준 고시금리의 50%를 적용하지만, 1개월이 지나면 만기일 기준 고시금리의 30%만을 적용한다.

25 정답 ②

이 상품의 기본금리는 연 3.2%이며, A씨는 직장인이므로 우대금리 0.3%p를 적용받는다. 또한 급여이체 실적과 카드 이용실적이 모두 만족되므로 주거래 우대금리인 0.7%p를 모두 적용받으나, 마이데이터 동의는 하지 않아 이에 대한 0.5%p의 우대금리는 받지 못한다.

따라서 A씨에게 적용되는 최종 금리는 3.2+0.3+0.7=4.2%이므로, 만기해지 시점에서 받게 되는 이자는 $100,000 \times \dfrac{0.042}{12} \times \dfrac{12(12+1)}{2}=27,300$원이다.

26 정답 ④

세레나데 & 봄의 제전은 55% 할인된 가격인 27,000원에서 10%가 티켓 수수료로 추가된다고 했으니 2,700원을 더한 29,700원이 결제가격이다. 따라서 티켓 판매 수량이 1,200장이므로 총수익금은 35,640,000원이다.

오답분석

① 판매자료에 티켓이 모두 50% 이상 할인율을 가지고 있어 할인율이 크다는 생각을 할 수 있다.
② 티켓 판매가 부진해 소셜커머스에서 반값 이상의 할인을 한다는 생각은 충분히 할 수 있는 생각이다.
③ 백조의 호수의 경우 2월 5일 ~ 2월 10일까지 6일이라는 가장 짧은 기간 동안 티켓을 판매했지만 1,787장으로 가장 높은 판매량을 기록하고 있다. 설 연휴와 더불어 휴일에 티켓 수요가 늘 것을 예상해 일정을 짧게 잡아 단기간에 빠르게 판매량을 높인 것을 유추할 수 있다.

27 정답 ③

오답분석

• B : 사장 직속으로 4개의 본부가 있다는 설명은 옳지만, 인사를 전담하고 있는 본부는 없으므로 옳지 않다.
• C : 감사실이 분리되어 있다는 설명은 옳지만, 사장 직속이 아니므로 옳지 않다.

28 정답 ④

A와 B사원은 모두 6급이므로 국내여비 정액표에 따라 다군에 속한다.
• 교통비 왕복 총액(2인)=105,200원
• 일비=2인×2만 원×3일=120,000원
• 식비=2인×2만 원×3일=120,000원
• 숙박비
  – 첫째 날 : 2명 이상이 공동 숙박하고, 기준금액(남원시, 5만 원)을 넘었으므로 5만 원
  – 둘째 날 : 2명 이상이 공동 숙박하고, 기준금액(5만 원) 이하로 지출했으므로, '4-나'를 적용하면 $\left(2-\dfrac{40,000}{50,000}\right) \times 20,000 \times 2$인 =48,000원

따라서 105,200+120,000+120,000+50,000+48,000=443,200원이다.

29 정답 ②

제시문은 텔레비전의 언어가 개인의 언어 습관에 미치는 악영향을 경계하면서, 올바른 언어 습관을 길들이기 위해 문학 작품의 독서를 강조하고 있다.

30 정답 ①

단리예금에서 이자는 예치금에 대해서만 발생하므로 이자 공식은 다음과 같다.

(단리예금 이자)=$a \times r \times n$(a는 예치금, r은 월 이자율, n은 기간)

따라서 은경이가 만기 시 받는 이자는 $5,000 \times \dfrac{0.6}{100} \times 15 = 450$만 원이다.

31 정답 ③

설문조사 비율의 합이 100%이고, H사 사원들도 100명이므로 연령 분석 결과를 정리하면 다음과 같다.

구분	합계	20대	30대	40대
복사기	15명	10명		
냉장고	26명			13명
안마의자	6명	0명	0명	6명
복합기	24명	12명		
커피머신	7명			
정수기	13명	0명	13명	0명
기타용품	9명	3명	3명	3명

사원 중 20대가 총 25명이라면 복사기, 복합기, 기타용품을 원하는 20대 인원이 25명이므로 냉장고를 원하는 20대는 없음을 알 수 있다.

오답분석

① 냉장고를 원하는 20대 인원수는 알 수 없으므로 적절하지 않다.
② 기타용품을 원하는 40대는 3명, 안마의자를 원하는 40대는 6명이다.
④ 20대를 제외할 경우 복합기를 원하는 남은 인원은 12명이므로, 복합기를 원하는 30대는 냉장고를 원하는 40대 13명보다 많을 수 없다.

32 정답 ②

VLOOKUP 함수는 목록 범위의 첫 번째 열에서 세로 방향으로 검색하면서 원하는 값을 추출하는 함수이고, HLOOKUP 함수는 목록 범위의 첫 번째 행에서 가로방향으로 검색하면서 원하는 값을 추출하는 함수이다. 따라서 [F2:G9] 영역을 이용하여 업무지역별 코드번호를 입력할 경우 VLOOKUP 함수가 적절하며, VLOOKUP 함수의 형식은 「=VLOOKUP(찾을 값, 범위, 열 번호, 찾기 옵션)」임을 볼 때, [D2] 셀에 입력된 수식은 「=VLOOKUP(C2,$F$2:$G$9,2,0)」이다.

33 정답 ④

수연이가 여행 전 800달러를 살 때 지불한 원화는 우대환율 70%를 적용하여 계산하면 다음과 같다.

구분	9월 14일	9월 15일	합계
적용환율	$1,152-(1,152-1,140)\times0.7$ $=1,143.6$원/달러	$1,155-(1,155-1,145)\times0.7$ $=1,148$원/달러	—
지불 금액	$1,143.6\times500=571,800$원	$1,148\times300=344,400$원	916,200원

여행 후 10월 16일부터 20일까지 현찰을 팔 때 우대환율이 20% 추가되어 90%가 적용된다. 날짜별 우대환율 90%를 적용한 후 800달러를 원화로 환전하면 다음과 같다.

구분	10월 16일	10월 19일	10월 20일
적용환율	$1,146+(1,158-1,146)\times0.9$ $=1,156.8$원/달러	$1,140+(1,150-1,140)\times0.9$ $=1,149$원/달러	$1,131+(1,143-1,131)\times0.9$ $=1,141.8$원/달러
환전 금액	$1,156.8\times800=925,440$원	$1,149\times800=919,200$원	$1,141.8\times800=913,440$원

- 10월 16일 : 925,440−916,200=9,240원 이익
- 10월 19일 : 919,200−916,200=3,000원 이익
- 10월 20일 : 913,440−916,200=2,760원 손해

따라서 수연이가 800달러를 원화로 환전할 때 날짜별 손익을 구하면 바르게 짝지은 것은 ④이다.

34 정답 ④

38과 95의 최대공약수는 19이며, 19cm 간격으로 꼭짓점을 제외하고 가로에는 4그루씩, 세로에는 1그루씩 심을 수 있다. 따라서 꼭짓점에 나무가 심어져 있어야 하므로 총 $(4+1) \times 2 + 4 = 14$그루가 필요하다.

35 정답 ①

사각뿔의 부피를 구하는 공식은 '$\frac{1}{3} \times$(밑면의 가로)$\times$(밑면의 세로)$\times$(높이)'이다.

따라서 부피는 $\frac{1}{3} \times 6 \times 6 \times 5 = 60 \text{cm}^3$이다.

36 정답 ④

B를 거치는 A와 C의 최단 경로는 A와 B 사이의 경로와 B와 C 사이의 경로를 나눠서 구할 수 있다.

ⅰ) A와 B의 최단 경로의 경우의 수 : $\frac{5!}{3! \times 2!} = 10$가지

ⅱ) B와 C의 최단 경로의 경우의 수 : $\frac{3!}{1! \times 2!} = 3$가지

따라서 B를 거치는 A와 C의 최단 경로의 경우의 수는 $3 \times 10 = 30$가지이다.

37 정답 ②

(나) 문단에서는 주택청약종합저축에 가입된 사람도 가입요건을 충족하면 청년 우대형 청약통장으로 전환하여 가입할 수 있음을 설명하고 있다.

따라서 '기존 주택청약종합저축 가입자의 청년 우대형 청약통장 가입 가능 여부'가 (나) 문단의 핵심 화제로 적절하다.

38 정답 ④

전체 12명에서 두 명을 뽑는 경우의 수는 $_{12}C_2 = \frac{12 \times 11}{2} = 66$가지이고, 여자 7명 중에서 2명이 뽑힐 경우의 수는 $_7C_2 = \frac{7 \times 6}{2} = 21$가지이다.

따라서 대표가 모두 여자로 뽑힐 확률은 $\frac{21}{66} \times 100 \fallingdotseq 32\%$이다.

39 정답 ②

'회의장 세팅'을 p, '회의록 작성'을 q, '회의 자료 복사'를 r, '자료 준비'를 s라고 했을 때, 제시된 조건을 정리하면 $p \rightarrow \sim q \rightarrow \sim s \rightarrow \sim r$이 성립한다.

따라서 항상 참인 진술은 '회의록을 작성하지 않으면 회의 자료를 복사하지 않는다.'이다.

40 정답 ①

같은 부서 사람이 옆자리로 함께 앉아야 하므로 먼저 부서를 한 묶음으로 생각하고 세 부서를 원탁에 배치하는 경우는 $(3-1)!=2$가지이고, 각 부서 사람끼리 자리를 바꾸는 경우의 수는 $2!\times 2!\times 3!=2\times 2\times 3\times 2=24$가지가 나온다.

따라서 조건에 맞게 7명이 앉을 수 있는 경우의 수는 $2\times 24=48$가지이다.

41 정답 ③

금융부실관련자 책임추궁에 따르면 금융회사 부실의 부분적인 원인을 제공한 경우에도 조사 대상이 된다.

오답분석

① 금융부실관련자에 대한 예금보험공사의 책임추궁은 예금자보호법에 근거하므로 적절한 설명이다.
② 예금보험공사는 검찰과 협조하여 금융부실책임조사본부를 발족하여 부실채무기업에 대해 조사를 수행하고 있으므로 적절한 설명이다.
④ 예금보험공사는 2013년에 부실채무기업의 증가에 따라 전담부서인 조사2국을 신설하여 대응하였으므로 적절한 설명이다.

42 정답 ①

(라)에서 금융상품의 종류를 분류하고, (나)에서 금융상품의 하위분류 중 주식과 예금의 대조적인 특징을 설명한 후, (나)의 결과로 사람들이 성향에 따라 각기 다른 금융상품을 선호한다는 사실을 (가)에서 설명한다. 다음으로 (가)의 고객의 성향에 따라 금융회사들이 고객에게 최적의 상품을 추천한다는 내용의 (마), (가)에서 언급한 고객의 투자 성향 판단 기준에 대한 질문을 도입하는 (다), 투자 기대 효용에 대한 고객들의 태도 차이를 고객 분류의 기준으로 삼는다는 내용의 (바)의 순서로 이어진다.

따라서 (라) – (나) – (가) – (마) – (다) – (바) 순으로 나열하는 것이 가장 적절하다.

43 정답 ①

9개의 숫자에서 4개의 숫자를 뽑아 나열할 수 있는 방법은 $_9P_4=9\times 8\times 7\times 6=3,024$가지이다.

여기서 5와 6을 제외하고, 1과 8이 포함된 4자리 숫자를 만들 수 있는 방법은 9개의 숫자에서 제외할 숫자와 포함될 숫자를 빼고, 남은 숫자 중에서 2개의 숫자를 뽑아 1과 8을 포함한 4개 숫자를 나열하는 것이다.

그러므로 계산하면 $_{(9-4)}C_2\times 4!=\;_5C_2\times 4!=\dfrac{5\times 4}{2}\times 4\times 3\times 2\times 1=240$가지이다.

따라서 한별이가 5와 6을 제외하고 1과 8을 포함하여 비밀번호를 만들 확률은 $\dfrac{240}{3,024}=\dfrac{5}{63}$이다.

44 정답 ②

두 번째 문단의 '시장경제가 제대로 운영되기 위해서는 국가의 소임이 중요하다.'라고 한 부분과 세 번째 문단의 '시장경제에서 국가가 할 일은 크게 세 가지로 나누어 볼 수 있다.'라고 한 부분에서 '시장경제에서의 국가의 역할'이라는 제목을 유추할 수 있다.

45 정답 ①

일반 시민들이 SNS를 통해 문제를 제기하면서 전통적 언론에서 뒤늦게 그 문제에 대해 보도하는 현상이 생기게 된 것이다.

오답분석

㉠·㉢ 현대의 전통적 언론도 의제설정기능을 수행할 수는 있지만, 과거 언론에 비해 의제설정기능의 역할이 약화되었다.
㉣ SNS로 인해 역의제설정 현상이 강해지고 있다.

46 정답 ①

임의로 전체 신입사원을 100명이라 가정하고 성별과 경력 유무로 구분하여 표로 정리하면 다음과 같다.

(단위 : 명)

구분	여성	남성	합계
경력 없음	$60-20=40$	20	60
경력 있음	$100\times0.2=20$	20	$100\times0.8-60+20=40$
합계	$100\times0.6=60$	40	100

따라서 신입사원 중 여자 1명을 뽑았을 때 경력자가 뽑힐 확률은 여자 60명 중 경력자가 20명이므로 $\dfrac{20}{60}=\dfrac{1}{3}$ 이다.

47 정답 ④

과일 한 상자의 가격을 사과 x, 배 y, 딸기 z로 가정하여 식을 세워보면 다음과 같다.

$x=10,000,\ y=2z,\ x+z=y-20,000$

$\rightarrow\ 10,000+z=2z-20,000$

$\rightarrow\ z=30,000$

$\therefore\ x+y+z=x+3z=10,000+90,000=100,000$

따라서 10명의 동네 주민들에게 선물을 준다고 했으므로 지불해야 하는 총비용은 $100,000\times10=1,000,000$원이다.

48 정답 ③

'1권 이상'의 성인 독서율은 2019년 대비 2021년 사례수 증가율만큼 증가한다.

빈칸 (가)의 50대 성인 독서율의 경우, 2019년 대비 2021년 사례수가 $\dfrac{1,200-1,000}{1,000}\times100=20\%$ 증가하였다.

따라서 '1권 이상'의 성인 독서율 (가)에 들어갈 수치는 $60\times1.2=72$가 된다.

49 정답 ②

연도별 누적 막대그래프로, 각 지역의 적설량이 바르게 나타나 있다.

오답분석

① 적설량의 단위는 'm'가 아니라 'cm'이다.

③ 수원과 강릉의 2019 ~ 2020년 적설량 수치가 서로 바뀌었다.

④ 그래프의 가로축을 지역으로 수정해야 한다.

50 정답 ②

각각의 조건에서 해당되지 않는 쇼핑몰을 체크하여 선택지에서 하나씩 제거하는 방법으로 푸는 것이 좋다.

• 철수 : C, D, F쇼핑몰은 포인트 적립이 안 되므로 해당 사항이 없다(③, ④ 제외).
• 영희 : A에는 해당 사항이 없다.
• 민수 : A, B, C쇼핑몰은 주문 후 7일 또는 10일 내 취소가 가능하므로 해당 사항이 없다(① 제외).
• 철호 : 환불 및 송금수수료, 배송료가 포함되었으므로 A, D, E, F쇼핑몰에는 해당 사항이 없다.

2024 최신판 SD에듀 All-New 기출이 답이다
NH농협은행 5급 필기전형 + 무료NCS특강

개정1판1쇄 발행	2024년 06월 20일 (인쇄 2024년 05월 17일)
초 판 발 행	2023년 06월 20일 (인쇄 2023년 05월 15일)
발 행 인	박영일
책 임 편 집	이해욱
편 저	SDC(Sidae Data Center)
편 집 진 행	안희선 · 정수현
표지디자인	김도연
편집디자인	양혜련 · 장성복
발 행 처	(주)시대고시기획
출 판 등 록	제10-1521호
주 소	서울시 마포구 큰우물로 75 [도화동 538 성지 B/D] 9F
전 화	1600-3600
팩 스	02-701-8823
홈 페 이 지	www.sdedu.co.kr
I S B N	979-11-383-7220-6 (13320)
정 가	22,000원

기출이 답이다 **NH농협은행**

정답 및 해설

시대교육그룹

(주)**시대고시기획** **시대교육**(주)	고득점 합격 노하우를 집약한 최고의 전략 수험서 www.sidaegosi.com
시대에듀	자격증 · 공무원 · 취업까지 분야별 BEST 온라인 강의 www.sdedu.co.kr
이슈&**시사상식**	최신 주요 시사이슈와 취업 정보를 담은 취준생 시사지 **격월 발행**
상대**이**	외국어 · IT · 취미 · 요리 생활 밀착형 교육 연구 **실용서 전문 브랜드**

꿈을 지원하는 행복…
여러분이 구입해 주신 도서 판매수익금의 일부
국군장병 1인 1자격 취득 및 학점취득 지원사업
낙도 도서관 지원사업에 쓰이고 있습니다.

금융권 필기시험 "기본서" 시리즈

최신 기출유형을 반영한 NCS와 직무상식을 한 권에! 합격을 위한
Only Way!

금융권 필기시험 "봉투모의고사" 시리즈

실제 시험과 동일하게 구성된 모의고사로 마무리! 합격으로 가는
Last Spurt!

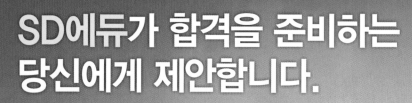

SD에듀가 합격을 준비하는
당신에게 제안합니다.

결심하셨다면 지금 당장 실행하십시오.
SD에듀와 함께라면 문제없습니다.

성공의 기회!
SD에듀를 잡으십시오.

NEXT STEP!

- 마크 트웨인 -

기회란 포착되어 활용되기 전에는 기회인지조차 알 수 없는 것이다.